本书由教育部人文社会科学基金（10YJC630342）、国家社会科学基金资助（12CZZ024）

# 行政人格的历史类型研究

杨 艳 著

中国社会科学出版社

## 图书在版编目(CIP)数据

行政人格的历史类型研究/杨艳著.—北京：中国社会科学出版社，2016.3
ISBN 978-7-5161-7823-2

Ⅰ.①行…　Ⅱ.①杨…　Ⅲ.①行政管理—研究　Ⅳ.①D035

中国版本图书馆 CIP 数据核字（2016）第 054793 号

---

| 出 版 人 | 赵剑英 |
|---|---|
| 责任编辑 | 王　茵　马　明 |
| 责任校对 | 任文娜 |
| 责任印制 | 王　超 |

| 出　　版 | 中国社会科学出版社 |
|---|---|
| 社　　址 | 北京鼓楼西大街甲 158 号 |
| 邮　　编 | 100720 |
| 网　　址 | http://www.csspw.cn |
| 发 行 部 | 010-84083685 |
| 门 市 部 | 010-84029450 |
| 经　　销 | 新华书店及其他书店 |
| 印　　刷 | 北京君升印刷有限公司 |
| 装　　订 | 廊坊市广阳区广增装订厂 |
| 版　　次 | 2016 年 3 月第 1 版 |
| 印　　次 | 2016 年 3 月第 1 次印刷 |
| 开　　本 | 710×1000　1/16 |
| 印　　张 | 24 |
| 插　　页 | 2 |
| 字　　数 | 393 千字 |
| 定　　价 | 88.00 元 |

---

凡购买中国社会科学出版社图书，如有质量问题请与本社营销中心联系调换
电话：010-84083683
**版权所有　侵权必究**

# 序

张康之

行政人格在广义上可以看作是行政人员的人格，而在狭义上，则应当理解为行政人员在公务活动中表现出来的人格，如果在功能上看的话，则可以看作是行政人员的人格对其公务活动的影响过程及其状况。关于行政人员的问题，近些年来得到了越来越多的人的关注，可以说行政人格的研究已经成为公共行政研究中的重要论题之一。就行政人格的问题受到关注而言，本身就意味着人类社会治理的转型，或者说，是因为人类社会治理的转型而促发人们想到了行政人格的价值。政府的行政管理活动是需要通过作为人的政府工作人员去付诸实施的，如果视行政人员为人的话，就必须承认行政人员的人格因素在其行政管理以及全部公务活动中都发挥影响，关于行政管理体系及其过程的设计应当着重考虑的是如何规范和引导行政人格发挥作用的问题，然而，现代政府的发展却走向了从忽视、无视到压制行政人格的方向，特别是在官僚制的非人格化要求导向下，每一个进入组织过程并担负公务职责的人，都必须防止其人格因素对公务活动产生影响。事实上，在政府的规则体系以及全部分工—协作体系中，都贯穿了防止行政人员的人格因素产生影响的规定和设置。

当我们把政府作为社会治理的行动者来看的时候，或者说，当我们在社会治理体系的意义上来认识政府的时候，我们依据政府发展的历史特征而将政府区分为统治型政府、管理型政府和服务型政府三种类型，认为这三种类型是分别与人类的农业社会、工业社会和后工业社会三个历史阶段相适应的。这样的话，我们就看到，在统治型政府中，作为从事行政管理活动中的人的重要品性，行政人格也在行政管理活动中发挥着重要作用。然而，管理型政府则是一种排斥了行政人格的政府类型。在管理型政府的

## 2  行政人格的历史类型研究

数百年成长过程中，由于走上了形式化的发展路径，特别是在"公事公办"这一反映了良好愿望的追求中，把行政人格也当作"价值巫魅"而加以祛除了。依法治理本身就意味着对行政人格的排斥，而行政过程的科学化也同样被片面地理解为包括行政人格在内的全部价值因素的否定，在某种意义上，可以认为，管理型政府关于行政主体的全部规定和管理活动都包含着排斥行政人格的内涵，都为了防止行政人格对行政管理活动产生影响。然而，20世纪后期以来，行政人格作为一个理论问题和实践课题都得到了关注，而且，研究和探讨这一问题的理论文献也迅速增多，如果说这意味着一场学术运动的话，其中是否包含着对管理型政府的怀疑呢？我们认为，答案应当是肯定的。可以认为，就行政人格这个问题的提出本身，就意味着对管理型政府排斥行政人格的做法的怀疑。进而，毫无疑问的是，必将提出一种不同于管理型政府的新型政府模式。从实际情况来看，也确实提出了服务型政府的构想。虽然服务型政府的构想不是在行政人格的研究中做出的，但是，对管理型政府排斥行政人格的做法做出否定本身，就是对服务型政府理论建构的一项贡献。这就是行政人格研究的意义所在。

我们知道，管理型政府基本上包含着三个方面所构成的或能够展开的一个完整的逻辑线条：其一，管理型政府从属于一种实体论的判断，政府以及整个社会治理体系都是可以静态把握的客观性存在，所有构成要素都被认为是明确的，而且在政府以及整个社会治理体系的建构中也遵从这一思路，即使理论和原则也需要转化为物化设置，一切神秘的和不可把握的因素都应加以剔除。其二，管理型政府从属于制度决定论的要求，在这一类型的政府以及社会治理体系中，制度受到了神化，政府在制度安排中运行，社会治理在制度的框架下展开，一切都被纳入制度的规范之中，一切无法实施制度规范的因素和一切制度规范力所不逮的地方都受到了排斥。其三，管理型政府从属于技术决定论的安排，遵从工具理性和技术合理性，可操作性是必须奉行的行为准则，一切无法通过科学解析而加以把握的因素，一切无法做出技术安排的因素，一切无法被纳入工具范畴中的因素，都违背了可操作性的原则，都被视作不支持目的甚至对目的构成挑战的因素。所以，行政人格受到了有意识的忽视和排斥。也正是由于上述原因，管理型政府的实体建构走上了形式化的道路，而其运行也在极大的程度上表现出了程式化，至于人格、情感乃至道德等因素都被看作是巫魅而被祛除了。但是，在管理型政府中开展活动的毕竟是人，只要是人在开展活动，就必然有着相应的人格与之相伴随。由此看来，管理型政府排斥了某种人格，但又造就了另一种人格，在管理型政府及其运行之中，依然存在着某种人格因素。如果我们认识到人格不仅从属于文化的理解而且也从属于科学的理解的话，就会看到，在管理型政府排斥了文化意义上的人格的时候，却同时造就了科学意义上的人格——工具人格。

这本书是杨艳在其博士论文的基础上进行再加工而成的一部理论性和学术性都较强的学术著作，我是杨艳博士学位论文的指导老师。在选题的设定时，我们的设想是对从属于科学更易理解的行政人格进行分析和解读，所以，在统治型政府、管理型政府和服务型政府的基本解释框架之下形成了依附人格、工具人格和独立人格这一次一级的解释框架。根据我的设想，是要在历史演进的线索中去对这三种人格类型进行分析，以通过行政人格的类型研究去把握不同类型政府的性质以及运行特征。从我们对这些人格类型的分类及其命名中就不难看出，这里所探讨的行政人格主要是从属于科学理解的人格，如果从文化的角度看的话，这一分类实际上有着许多无法自圆其说的部分。比如，在农业社会的历史阶段中，人们所推崇的也是人格独立，认为那是极权状态中的一种君子人格。这样一来，也就无法认为独立人格是服务型政府所特有的一种人格类型了。但是，作为科学理解中的人格，或者说从属于科学分类的人格，所呈现出的是完全不同的另一幅景象。这一点是需要说明的，那就是，这本书所探讨的行政人格类型是科学理解中的人格。

虽然杨艳的这部著作的论题是行政人格的历史类型，但他围绕行政人格的历史演进所做的探讨却是从属于服务型政府建设的主题的，应当视为服务型政府研究方面的一部具有明显开拓性的著作，所做出的是一项非常独特的贡献。显然，随着服务型政府建设的课题提出后，一度出现了服务型政府研究的学术热潮，这对于强化服务型政府的理念和传播服务型政府的观念来说是具有积极意义的，但是，在知识建构和知识扩散方面，我们并未见到更多具有积极意义的成果。显而易见，理论界关于服务型政府的认识存在着诸多错误，与服务型政府建设的实践要求相去甚远，甚至造成诸多误导，以致服务型政府建设的实践陷入某种格式化、口号化、形式化的误区。从学术界来看，我们甚至发现许多极其荒唐的事情。比如，有人频繁地发布服务型政府的指标体系。从实践来看，服务型政府尚属一种理念形态，服务型政府建设尚未成型，也就是说，我们并未见到服务型政府是什么样子，怎么就会为它确立量化指标体系呢？诸如此类的问题是很多的，它对于服务型政府建设的实践是非常有害的。我们认为，在服务型政府建设的实践追求中，我们需要更多的理论探讨和系统规划，杨艳这部著作对行政人格历史类型的研究可以说是理论探讨方面的创新性作品。可以相信，对于服务型政府的研究而言，这部著作的出版能够发挥推动作用，因而，是可喜的，是值得读者阅读的。

在20世纪，人格问题是行为主义的一个重要课题，首先反映在心理学领域中，其后被应用于管理学中，在微观系统的管理安排中，人格问题的研究成果得到了广泛的应用，而且也取得了诸多成效。但是，在政府作用于社会的过程中，或者说，在社会治理过程中，如上所述，人格的问题没有得到探讨，这是由管理型政府的性质所决定的。不过，对于这一问题，我们还需要从社会背景出发去进行观察。我们不断重申的一个基本判断是，工业社会所具有的是低度复杂性和低度不确定性特征，管理型政府是建立在低度复杂性和低度不确定性条件下的，适应低度复杂性和低度不确定性条件下的社会治理要求，由于我们上述所说的——实体论、制度决定论和技术决定论——三个方面的原因，能够在社会治理过程中做出良好的表现。然而，20世纪后期，人类社会呈现出了高度复杂性和高度不确定性，在此条件下，上述三个方面都出现了失灵的状况，以致人类社会陷入风险状态，而且必须面对危机事件频发的问题。显然，在高度复杂性和高度不确定性条件下，社会治理需要突出行动优先性的原则。这样一来，对于政府以及整个社会治理体系就不应做出静态的把握，而是需要在动态的过程中去认识和建构；面对瞬即出现和迅速变动的世界，制度不应束缚随机行动，反而需要在随机行动中去认识和建构制度；高度复杂性和高度不确定性也宣布了一切可复制技术的终结，而是需要突出创新的原则。所有这些，都需要去寻求行动者的行为支持因素，包括行为选择依据、行为规范、角色扮演的适切性等等，其中，行政人格就是一个重要因素。

应当指出，关于行政人格的类型研究还是初步的，特别是关于独立行政人格如何生成以及能够发挥什么样的作用，都还需要不断地去通过研究而确立起可行的路径。杨艳的这部著作可以说是一部在科学的视角中系统研究行政人格的著作，从中看来，已经做了基础性的工作，确立了一个基本研究框架。其实，当我们从社会治理的角度看到与统治型政府、管理型政府和服务型政府相对应的是三种不同的人格类型，也就基本上确立了关于行政人格研究和建构的方向。一方面，我们看到独立行政人格的建构是服务型政府建设的一个重要方面；另一方面，我们也可以在服务型政府建设的总的方向上去寻求独立行政人格建构的路径。事实上，这部著作在独立行政人格建构方面做出了诸多深入的思考，在基本方向上是正确的，为进一步的研究提供了可以无限拓展的空间。在此意义上，这部著作的出版是值得祝贺的。

2015 年 12 月

# 目 录

**第一章 服务型政府视野中的行政人格** …………………… (1)
 一 服务型政府：行政改革的当代模式 …………………… (1)
  (一) 回顾与反思：历次行政改革之得失 …………… (1)
  (二) 服务型政府：从理论到现实的建构之路 ……… (5)
 二 行政人格：服务型政府的主体支撑 …………………… (23)
  (一) 公共行政发展历程的人格解读 ………………… (23)
  (二) "服务"坐实的载体 ……………………………… (35)
 三 行政人格的学术追求 ………………………………… (39)
  (一) 行政人员的范围界定 …………………………… (39)
  (二) 行政人格研究的历史脉络 ……………………… (40)
  (三) 行政人格研究的本土化进程 …………………… (46)

**第二章 行政人格：内涵、本质及类型** ……………………… (57)
 一 行政人格的内涵 ……………………………………… (57)
  (一) 人格的多学科影像 ……………………………… (57)
  (二) 行政人格：个体之"格" ………………………… (63)
  (三) 行政人格：群体之"格" ………………………… (72)
 二 行政人格的本质 ……………………………………… (82)
  (一) 行政人格生成的现实基础 ……………………… (82)
  (二) 行政人员自我本质的实现 ……………………… (90)
  (三) 行政人员社会本质的实现 ……………………… (94)
 三 行政人格的历史类型 ………………………………… (99)
  (一) 历史类型之一般 ………………………………… (99)
  (二) 人格类型之考察 ………………………………… (105)
  (三) 行政人格的三种类型 …………………………… (110)

## 第三章　统治行政中的依附人格 ……………………………… (117)
### 一　"人的依赖关系"中的价值阶梯 ……………………………… (117)
#### （一）人身依附的普遍化 ……………………………… (117)
#### （二）社会治理结构的等级化 ……………………………… (126)
#### （三）湮没于伦法一体化中的个体 ……………………………… (133)
### 二　权治模式中的人格依附 ……………………………… (142)
#### （一）等级秩序构建中的权力 ……………………………… (142)
#### （二）权力体系的等级化 ……………………………… (151)
#### （三）权力梯度中的人身依附 ……………………………… (157)
### 三　等级社会中权威的人格化 ……………………………… (162)
#### （一）权威崇拜的人格化 ……………………………… (162)
#### （二）皇权权威下的双重人格 ……………………………… (172)
#### （三）神权权威下的奴性人格 ……………………………… (179)

## 第四章　管理行政中的工具人格 ……………………………… (184)
### 一　"人对物的依赖"中的价值追求 ……………………………… (184)
#### （一）向物而在：对人的摆脱 ……………………………… (184)
#### （二）人格独立的启蒙与构建 ……………………………… (193)
#### （三）向我而在：自由的陷阱 ……………………………… (201)
### 二　法治追求中行政人格的分裂 ……………………………… (210)
#### （一）社会治理的法治取向 ……………………………… (210)
#### （二）秩序构建中的制度供给 ……………………………… (221)
#### （三）公共行政的理性化 ……………………………… (226)
### 三　规则体系中行政人格的工具化 ……………………………… (234)
#### （一）科学精神追求中的官僚制 ……………………………… (234)
#### （二）官僚制理性化之殇 ……………………………… (244)
#### （三）行政人格的工具化 ……………………………… (257)

## 第五章　走向服务行政的独立人格 ……………………………… (263)
### 一　从历史中走来的独立人格 ……………………………… (263)
#### （一）市场经济中的人格独立 ……………………………… (263)
#### （二）社会交往中的人格转型 ……………………………… (272)

（三）公共领域中的行动 …………………………………… (278)
　二　独立人格的制度与组织基础 ………………………………… (283)
　　（一）社会治理的德治转向 …………………………………… (283)
　　（二）道德制度：独立人格的制度基础 ……………………… (294)
　　（三）合作型组织：独立人格的组织基础 …………………… (303)
　三　服务型政府中的独立人格实现 ……………………………… (317)
　　（一）服务价值追求中的人格独立 …………………………… (317)
　　（二）行政责任实现中的独立人格 …………………………… (325)
　　（三）交互主体性的实现 ……………………………………… (335)

**第六章　行政人员独立人格之构建** ……………………………… (342)
　一　独立人格的社会整合力 ……………………………………… (342)
　二　权、法、德的统一 …………………………………………… (345)
　　（一）服务型政府的整合机制 ………………………………… (345)
　　（二）独立人格的构建机制 …………………………………… (348)

**结语　历史与逻辑的统一** ………………………………………… (351)

**参考文献** …………………………………………………………… (355)

**后　记** ……………………………………………………………… (370)

# 第一章 服务型政府视野中的行政人格

## 一 服务型政府：行政改革的当代模式

毫无疑问，在现代社会，政治已与社会经济、生活融为一体，相互包含，相互决定，这种互为内涵式的发展赋予其无处不在的特征。政府行政作为政治的行动过程，"无论是就最近的物质层面抑或最远的精神层面而言，行政都是人们生活的一个重要方面"[①]，并日益成为理论考量与现实关怀之焦点：政府应当做什么，政府应如何做……，这些问题不仅仅存在于理论探讨中，更为根本的是随着政府外在生态环境的变化而存在不同的答案，亦即说政府的职能体系、组织结构、行为模式、文化观念是一个动态的发展过程，应随着外在环境的变化而不断改变以适应社会发展的多元化要求。这就是行政改革与发展，它是一个不断地根据公共利益之需求来重新为政府定位和不断调整政府职能的过程，是政府源于公共利益实现之需而对自身价值与合法性的持续求证。那么，我国的行政改革现状到底如何？从历史中寻找答案也许是最有效的途径。

### （一）回顾与反思：历次行政改革之得失

从历史来看，我国的行政改革是与新中国同步进行的，前后经历了数十次大大小小的改革。学界一般从国务院的机构改革角度，将我国迄今为止的行政改革分为两阶段十次改革，阶段的临分点就是推行改革开放政策的 1978 年。前一阶段共三次改革，这一阶段的改革是在不触动高度集权与以行政手段控制为主的管理体制和部门分割、条块分割的基本格局的前提下进行的，这种高度集中统一的行政体制有三大支撑点，即工作中心以

---

① Waldo D., *The Study of Public Administration*, New York: Random House, 1955, p. 70.

阶级斗争为纲，追求纯粹的公有制和计划经济体制，这使得这一时期的行政改革具有明显的意识形态化特征。也正因如此，这一阶段的行政改革基本上集中于机构改革，而很少涉及政府职能、行为模式等方面的改革，即使其中曾伴随着部分政府职能的重新配置，那也是在不触动高度集中统一的行政体制情况下的权力的上下左右移动。

中共十一届三中全会后，我国的行政改革逐渐被纳入制度化的途径。一般是每次党的全国代表大会确定下一届政府改革的主题、目标、任务及重点内容，随后召开的每一届全国人民代表大会一次会议形成并批准政府改革的具体方案，最后由国务院具体组织实施，先由国务院开始，然后地方政府改革逐次推进。[①] 因此，以政府届别来看，改革开放后我国经历了七次行政改革。1978年12月召开的十一届三中全会标志着我国的行政改革进入了新的历史时期，这一时期，行政改革的重点是政府下放权力，转变职能。实际上，1982年、1988年、1993年这三次改革尽管贯穿着"转变职能"这一主线，但事实是这三次行政改革仍主要局限于政府机构改革，明显特征就是政府机构组成部门数量仍陷入增增减减、循环膨胀的怪圈，这一数字上的反复直到1998年的大规模改革才得以遏制。[②] 是年被称为中国政府机构改革年，被认为是新中国成立以来规模最大、力度最大、决心最大的机构改革。从各级政府机构组成来看，这次改革后再没有出现以前的"循环怪圈"现象，从改革所取得的实际效果来看，转变政府职能的目标已深入各级、各地政府执政理念中，责任政府、有限政府、效率政府等已成为行政改革的方向，而建设服务型政府逐渐成为21世纪政府改革的主题，政府职能已切实地实现了很大程度的转变。在政府组织结构趋于稳定的基础上，优化组织结构，协调规范政府行为，构建新的职能体系成为行政改革的重点，这正是2003年行政改革的主要内容。

中国的行政改革历程是一个渐进的过程，说它渐进，乃因受历史积弊与现实状况之限制，无论是从理念确立到目标制定，还是从局部试验到全面展开，只能是一个渐进的过程。事实上，行政改革并不能简单等同于机构精简、裁撤机构、削减冗员，也不能机械等同于政府职能的精简。政府作为整个社会大环境的一个组成部分和一个环节，它与社会结构其他部分

---

① 杨艳：《公共行政的改革与发展》，中国人事出版社2014年版，第85—86页。
② 刘智峰：《第七次革命：1998—2003年中国政府机构改革问题报告》，中国社会科学出版社2003年版。

之间存在着相互制约和相互影响的关系,是故,政府职能的变化也需要其他条件的变化。随着市场经济的深入发展和不断完善,社会多元化色彩日益明显,不同社会阶层逐渐成长和成型,阶层分化带来的利益差别产生了不同的政治诉求和声音。因此,如何满足不同阶层的正当利益要求,回应社会公众的民主热情,需要政府行政更具灵活性与回应性。

积极回应时代要求,进入新世纪后的第一次行政改革提上议事日程。这次改革,国务院组成部门只比前次机构改革少一个,并新组建国资委、银监会、商务部、药监局等,以应对随着经济市场化改革深入而带来的国有资产流失和如何保值增值、金融业如何与国际接轨、流通体制如何改革以及生产安全频发等问题。这既有对政府行政发展之连续性、社会承受力、总体改革之需要等社会稳定的考虑,同时也表明中央政府已经明确意识到,机构改革本身不是目的,加强政府宏观调控、社会管理和公共服务的能力建设才是问题的关键。总而言之,2003年的行政改革是在保持相对稳定的情况下,进一步转变政府职能,改进管理方式,推进电子政务,提高行政效率,降低行政成本,目标是要逐步形成行为规范、运转协调、公正透明、廉洁高效的行政管理体制。

总体来看,通过这几轮改革政府职能已有重大转变,初步建立了以间接手段为主的宏观调控体系,政企逐步分开,政府对微观经济干预大大减少,政府机构数量趋于稳定,不再出现大规模的"精简—膨胀"的循环,政府机构人员数总体一直呈下降趋势,政府管理方式也不断创新,依法行政已成为政府运作的基本要求,电子政务得到推广,行政审批改革取得了显著成果。但是,政府职能转变仍然存在缺位、越位和错位现象,例如地方政府仍然热衷经济项目投资和GDP增长速度,忽视社会管理和公共服务等,政府机构设置也存在职责交叉重复、管理层次多,中央与地方事权划分不明确等问题,管理方式上也存在行政公开制度不完善、责任机制不健全、绩效考核机制不科学、行政成本居高不下、电子政务形式化等问题。随着民生问题的凸显和社会管理与服务的迫切需要,进一步贯彻科学发展观,构建和谐社会,要求政府进一步转变职能,创新管理机制,2008年的大部制改革借此登上历史舞台。

2008年行政改革的主要任务是进一步完善政府经济调节、市场监管、社会管理和公共服务四大职能,突出社会管理和公共服务,同时调整和理顺政府与市场、企业、社会的关系,推进政企分开、政资分开、政事分开、政府与社会组织分开。这次改革的一大特色是深化行政机构改革，建立"大部门体制"（俗称大部制）。这一思路在2013年的行政改革中得以延续，即在更广范围、更深层次上加快职能转变和理顺职责关系，重在向市场、社会放权，减少对微观事务的干预，同时改善和加强宏观管理，严格事后监督。

总结我国改革开放以来的行政改革，从中央关于每次改革的提法来看，结合每次改革的历史背景、主要目标和任务、基本内容和途径等，这七次改革可以党的十六大为界分为两个阶段。十六大之前，无论是在党的文件中，还是在政府工作报告中，我国的行政改革都是在"机构改革"的名义下进行的。从十六大开始，我国的行政改革在巩固和深化之前机构改革成果的基础上，更加关注政府职能、机构运行、人事改革等全方位的调整，努力形成行为规范、运转协调、公正透明、廉洁高效的行政管理体制。如果说前一阶段的改革是属于政治、经济方面改革的配套措施，是一种被动式的、回应式的改革，政府自身内部的改革一定程度上相对延后，退居于整个国家改革战略选择的后一阶段，那么第二阶段的改革则回到政府自身的改革上来，尤其是2008年和2013年这两次改革，主要是以建设服务型政府为目标，重点是推进政府管理模式的转变，进一步优化政府机构和职能配置，建立起职能相统一的"大部制"，加强政府社会管理和公共服务的能力建设。

政府能力建设一直是世界各国政府行政改革的目标。从宏观上讲，政府能力体现在政府的职能、结构，管理的技术与方法上，但并非仅限于此，政府能力最终要由且必然由政府组成人员的现实活动来体现。"人就是人的世界，就是国家，社会"[1]，因此，"国家的职能和活动是人的职能……国家的职能等等只不过是人的社会特质的存在和活动的方式"[2]。"政府行政组织，不仅是一个权力体系，职责体系，是一个僵化与静止的机构，更重要者，它是由公务人员所组成的一个人的群体。政府管理的效能固然取决于机构的合理设置和职掌分明，层级控制的管理体制，更重要者，它更取决于公职人员群体集体的奋发努力、精诚团结、热诚尽职，共同的合作。质言之，取决于一个良好的组织气候以及在此良好组织气候下

---

[1] 《马克思恩格斯选集》第1卷，人民出版社1972年版，第1页。
[2] 《马克思恩格斯全集》第1卷，人民出版社1956年版，第270页。

公职人员积极性、主动性与潜能的发挥与实现。"① 因此，无论是在静态的组织结构中，还是在动态的管理活动中，行政人员都是重要的主体要素，他以事实上的行政主体角色，承担着政府公共行政的具体职能，并且，在某种程度上，其行为甚至决定了政府这一功能能否实现或能否卓越实现。

这里需要深思的是：政府能力建设的关键是什么？对于行政改革以及当前的政府能力建设，学界多从政府机构组成的精简、职能体系的合理化、管理技术的革新等方面进行宏观探讨。这也成为历次改革的主要方向，但应明白的是，"政府行政，作为公共权威对整个社会公共事务的管理，其主体是政府的公职人员，因而用人以治事对政府有着至关重要的关系。……有什么样的公务人员，便有什么样的政府，用人以治事实为国家为政之根本"②。因此，制度、体制、技术等路径固然重要，但对政府行政人员予以热切关注，更确切地说，探讨行政人格之于公共行政的影响和意义，聚焦于政府行政中行政人员之个体人格的构建与完善，进而基于此来确立行政改革的目标和政府能力建设的方向更为重要，甚至唯有此才是破解行政改革"死乱循环"之难题的关键之解，也是塑造具卓越能力之政府的根本之选。③

政府能力建设取决于其组成要素中具有生命活力的公职人员或行政人员的能力。历史和现实证明，行政人员作为事实上的行政主体，其能力的高下、素质的良莠、品德的优劣往往是影响法律、政策等国家意志能否完全、充分实现的最为关键的主体要素。行政人员作为实践活动中的主体，尤其是从事公共事务管理这一特殊的社会活动中的主体，其本身的意识形态、价值偏好以及情感意志等相关的政治心理对活动的结果会产生重要的影响。因此，是否拥有具备良好人格的行政人员是政府再造成功与否的关键，亦理应成为行政改革之旨向。

**（二）服务型政府：从理论到现实的建构之路**④

如上所述，理想行政人格的构建应该成为行政改革的旨向，而当前我

---

① 张成福：《大变革——中国行政改革的目标与行为选择》，改革出版社1993年版，第143页。
② 同上书，第146—147页。
③ 杨艳：《服务型政府建设的导向：公务员独立人格的追求》，《南京社会科学》2005年第9期。
④ 杨艳：《服务型政府的概念、模式与构建路径》，《学习论坛》2014年第7期。

6 行政人格的历史类型研究

国政府的行政改革是致力于服务型政府建设,因此,塑造符合时代要求的行政人格则成为服务型政府建设的题中应有之义。自20世纪90年代中期"服务型政府"概念在学术界萌芽至2012年党的十八大报告提出要"建设职能科学、结构优化、廉洁高效、人民满意的服务型政府"以来,"服务型政府"已成为公众、学者、传媒、政府等多元社会主体互动频率最高的符号之一,成为当今中国社会主流的政治话语、学术话语和公众话语。① 当然,这样一个"合法的话语"的确立,既非单纯的概念逻辑演绎,也非自然的理论平面铺陈,而是经历了"线性、平面、立体"的三维历史生成过程。② 就学术界而言,近年来,关于服务型政府研究的内容不断拓展、视角渐次丰富、领域日益细化、方法有所创新,③ 涵盖了服务型政府的基本特征、理论依据、现实基础,或服务型政府的本质属性、价值取向、类型模式,或服务型政府的任务思路、经验困境、构建途径,或服务型政府的构成要素、标准体系甚至评估模型,等等。

1. 概念演绎:从理论到行动

任何一种理论,从语词到概念,再到体系,都是时代同仁的共同努力,服务型政府同样是当代中国学者的集体智慧和贡献,"服务型政府概念是在学术界多年讨论的基础上形成的"④,而这一讨论发生于20世纪90年代中后期,首先肇始于行政法学界对"服务行政"的引介和探讨,⑤ 随后延伸至行政学界并最终在行政学领域被提升为"服务型政府"。因此,从学说史的角度看,作为一种理论自觉和模式建构,服务型政府研究发生于20世纪末21世纪初应更为确切,而非仅仅从文献检索角度所追溯到的20世纪80年代。⑥ 提出这一问题并不是为了论功行赏,这自有历史的判断,而服务型政府建设也远未到盖棺定论的时候,更重要的在于,只有清楚了作为理论体系之核心概念"出场"的特定"场域"而不是纠结于某个语词出场的历史顺序,我们才能更好地理解和把握理论,否则就可能会各取所需、片面理解甚至出现偏差。很重要的一个现象是,当前大家都在

---

① 刘祖云:《服务型政府:"主体间"互动的视角》,《南京农业大学学报》(社会科学版) 2009年第9期,第1页。
② 刘祖云:《中国"服务型政府"研究:回眸与反思》,《甘肃理论学刊》2011年第5期。
③ 孙涛:《近年来服务型政府建设研究述评》,《中国行政管理》2011年第1期。
④ 程倩:《"服务行政":从概念到模式》,《南京社会科学》2005年第5期。
⑤ 陈新民:《公法学札记》,台湾三民书局1993年版。
⑥ 汪自成:《"服务型政府"概念辨析》,《太平洋学报》2009年第6期。

谈服务型政府，然而无论是作为理论解读，还是现实构建，却并未有一个统一的服务型政府概念，对服务型政府的理解或肤浅、或简单、或片面。

理论源自实践需要并指导实践前行，实践激发理论创新并推动理论发展，因循理论与实践的辩证发展逻辑，我国的服务型政府建设经历了"理论先导—地方政府率先实践—中央政府关注—回射学术界—成为行政管理体制改革的目标—理论与实践互动"① 这样一个过程。从整个人类政府治理的历史来看，如果说管理型政府在兴起与成熟的过程中凸显出公共服务的职能，② 20 世纪七八十年代聒噪于西方的新公共管理、新公共服务提出了公共服务的新思维，那么"服务型政府"则是中国的学者们在反思中国行政改革"要建设什么样的政府"中提出来的。但是，一提到服务型政府，学术界一些人总是自觉或不自觉地习惯于从国外去寻找理论根源和实践考证，这是一种不正确的理论倾向，更是对服务型政府的误读。③ 这种现象在其他领域的研究中也存在，即自觉或不自觉地"一路向西"或"寻根问祖"，似乎"无西不精"、"遗古不厚"，这实是缺乏学术自觉和学术不自信的表现，我们固然需要认真研究和积极借鉴西方发达国家治道变革的经验，需要仔细挖掘和继承发扬传统社会治理的有益成果，但我们更不能对正在形成并日益走向成熟的中国特色的社会治理实践视而不见甚至加以否认。

就改革开放至 20 世纪末这期间的四次较大规模的行政改革而言，1982 年的行政改革基本等同于机构改革和人员精简，1988 年的改革则首次提出转变政府职能的命题，但这时对于政府职能是什么、有哪些内容还缺乏明确认识，1993 年的改革尝试将政府职能界定为"统筹规划、掌握政策、信息引导、组织协调、提供服务和检查监督"，并首次将行政体制改革单独提出来。随着社会主义市场经济体制的建立和逐步完善，政府与市场、政府与社会的界限愈来愈清晰，政府职能的内涵也逐渐清晰起来，1998 年的改革将政府职能概括为"宏观调控、社会管理、公共服务"。从简单的梳理可见，1993 年之前的行政体制改革主要是以机构和人员为重点，是故常被称为机构改革，这之后才开始真正形成以政府职能转变为核

---

① 程倩：《服务型政府研究：十年历程及分析》，《行政论坛》2012 年第 1 期。
② 周军：《管理型政府公共服务职能兴起的理论考察》，《甘肃行政学院学报》2013 年第 2 期。
③ 张康之：《我们为什么要建设服务型政府》，《行政论坛》2012 年第 1 期。

心来整体推进行政体制改革,由此政府职能、行政机构、理顺关系被正式厘清为行政改革的内容框架,这也框定了学术界研究的主要内容。

客观地讲,改革开放后经过四轮行政改革,机构扩张的总体势头得到很好的遏制,政府职能转变走上正轨,政企关系逐步理顺,公务员制度得以推行,但同时也存在许多误区或缺陷:① 政府改革缺乏主动性、自主性和前瞻性;政府改革视角狭隘;缺乏对政府改革理论上的反思;政府改革孤立于政治和社会系统;效率主义典范局限。造成这些缺陷的原因是多方面的,学术界对行政体制改革在中国改革总体性战略中的地位、基本目标、方案设计、面临的难题及具体措施等方面进行了热烈的讨论,② 也包括对"服务行政"的探讨。正是在这一期间,有几位学者从政府职能角度开始使用服务型政府这一概念。皮纯协教授等在分析1993年的行政体制改革时,将行政体制改革的目标概括为服务、效率、廉洁三个方面,"也就是为市场经济服务、提高行政效率、建立廉洁政府",而"政府职能的转变,总的趋势是要变'管束型'政府为'服务型'政府"。③ 王仲田教授在解读1998的机构改革时,认为此次机构改革的思路主要表现在政府职能的转变上,目的是要"树立起'小政府,大服务'的观念,要由过去'管'字当头的管理控制型政府转向立足于服务和监督的服务型政府"。④

不同于政府职能角度的阐述,有学者开始在模式的意义上"有限定的"使用服务型政府。张成福教授在分析西方国家政府改革经验的基础上,提出了21世纪中国政府再造的八项基本战略,其一是"从控制导向的管理向服务导向的管理","建立一个服务于人民的政府"——服务型政府,"即将政府由原来的控制者,改变为兴利者和服务者",并强调"这也是中国政府再造的战略目标"⑤。徐邦友教授将我国传统政府行政模

---

① 张成福:《面向21世纪的中国政府再造:基本战略的选择》,《教学与研究》1999年第7期。

② 胡伟、王世雄:《构建面向现代化的政府权力:中国行政体制改革理论研究》,《政治学研究》1999年第3期。

③ 皮纯协、吴德兴:《90年代中国的行政体制改革与行政法制》,《行政法学研究》1993年第2期。

④ 王仲田:《谈政府机构改革》,《中国特色社会主义研究》1998年第3期。

⑤ 张成福:《面向21世纪的中国政府再造:基本战略的选择》,《教学与研究》1999年第7期。

式归结为全能统制型政府行政模式,认为自 1982 年开始的几次行政改革,虽然规模、力度、影响不可谓不大,但收效甚微,只是"致力于传统行政模式的局部修正,而不是行政模式的彻底重建",因此"社会变迁中的中国政府行政,必须通过改革努力实现范式转换或模式转型",即"创建一个与市场经济及现代民主政治相适应的有限服务型政府行政模式"。①刘艳良在评价 1998 年的改革时,认为"经过一系列行政改革,中国政府将完成其历史的使命——重建政府行政,由原来的全能型政府向有限型政府转换,由高度集权的权威政府向多元的民主政府转换,由统治管理型政府向协调服务型政府转换"。② 王和平、刘平治在回答"我们需要什么样的政府"时提出要"建立服务型的政府",关键是政府公务员要树立服务的宗旨意识,以及将传统的控制型、审批型政府管理体制转变为服务型体制。③ 颜佳华则从行政文化的角度提出,行政人员必须树立科学的行政意识——强烈的行政服务意识,在政府职能转变过程中,"从思想深处真心实意地转变为服务型的政府,真正是为人民服务的政府"。④

与之相应的是,张康之教授基于但不限于政府职能、机构、人员、行政文化等某一方面的研究,而是在此基础上对行政改革目标的整体模式进行了前瞻性的全方位思考和宏观预测。在 1998 年提出的"服务行政模式"基础上,⑤ 张康之教授在 2000 年的《限制政府规模的理念》一文中进一步明确提出了"服务型政府模式",他从政府体制、权力运行机制和政府职能发展的历史趋势深刻地分析了政府规模的膨胀根源,认为"限制政府规模的问题必须在政府类型的根本变革中才能得到解决,那就是用服务理念取代传统的统治理念和近代以来的管理理念,建立起服务型的政府模式",⑥ 同时他将传统的政府类型概括为统治型政府和管理型政府,这样,"服务型政府"就不仅仅是政府职能及其实现方式的一种概括,而是在政府发展的历史维度中被赋予了类型的含义。2002 年,刘熙瑞教授

---

① 徐邦友:《社会变迁与政府行政模式转型》,《浙江学刊》1999 年第 5 期。
② 刘艳良:《改革政府行政的几点思考》,《中国行政管理》1997 年第 6 期。
③ 王和平、刘平治:《我们需要什么样的政府》,《新东方》1998 年第 6 期。
④ 颜佳华:《简论当代中国行政文化的发展与整合》,《广州师范学院学报》(社会科学版) 1999 年第 20 卷第 6 期。
⑤ 张康之:《行政道德的制度保障》,《浙江社会科学》1998 年第 4 期。
⑥ 张康之:《限制政府规模的理念》,《行政论坛》2000 年第 4 期。

撰文认为，经济全球化背景下中国政府的改革目标就是建设服务型政府，[①]并对服务型政府做了至今被引用率最高的定义，这里的定义实际上已将服务型政府视为政府的一种历史类型。从中国知网统计来看，上述两篇文章是截至目前学术界有关服务型政府研究引用率最高的文献。可以说，两位学者的贡献不仅在于将服务型政府提升为政府的一种模式，更重要的在于其观点在学术界或被赞同、或被批评，就此开启了服务型政府研究的热潮，推动了服务型政府的"合法性"开始在学术界生长直至扎根于实践。

服务型政府的合法性构建不能脱离与实践的互动，这首先来自地方政府的推动。从地方层面看，明确的服务型政府建设实践要早于中央政府。2002年初，南京市政府提出了建设服务型政府的目标，将政府的一些公共服务具体分解，制订了"一年构建框架，三年逐步完善，五年全面完成"的计划，并于2003年2月出台《关于推进服务型政府建设的实施意见》。重庆、成都、大连、广州、深圳、苏州等地也陆续开展了以"服务型政府"为名的政府改革。2003年，重庆市制定了《关于建设服务型政府的工作意见》和《2003年建设服务型政府工作要点》，成都市政府发布了《关于全面推进规范化服务型政府建设的意见》。2004年，经中央领导关注后，越来越多的地方政府积极将服务型政府作为政府改革和发展的目标，并采取一系列具体措施，建立公共服务体系和框架。

服务型政府的合法性构建直接得益于中央决策层的关注和认可。2004年2月21日，时任国务院总理温家宝在中央党校省部级研讨班结业仪式上首次提出"要建设服务型政府"。同年3月8日，在参加全国人大会议期间，温家宝又强调："我们要把政府办成一个服务型的政府，为市场主体服务，为社会服务，最终是为人民服务。"2005年3月5日，国务院《政府工作报告》用一个完整部分来论述服务型政府建设，要求创新政府管理方式，寓管理于服务之中，更好地为基层、企业和社会公众服务。2006年10月，中国共产党第十六届六中全会通过《关于构建社会主义和谐社会若干重大问题的决定》，进一步明确要求"建设服务型政府，强化

---

① 刘熙瑞：《服务型政府——经济全球化背景下中国政府改革的目标选择》，《中国行政管理》2002年第7期。

社会管理和公共服务职能",服务型政府第一次被写入执政党的指导性文件中。2007年10月15日,党的十七大报告进一步强调要"加快行政管理体制改革,建设服务型政府"。2008年和2010年的《政府工作报告》也一再强调要建设服务型政府,"十二五"规划也提出了建设服务型政府的目标。上述文件尚未对"服务型政府"这一概念做明确界定,也无具体内涵的描述。2012年,党的十八大报告再次提出建设服务型政府,并首次赋予"服务型政府"明确的内涵。这样,建设服务型政府从学术讨论到实践推动,从地方先行到中央肯认,一步步被纳入国家总的方针和目标的轨道上,成为我国行政改革的基本目标和行动纲领。

2. 内涵界定:从分歧到融合

尽管实践中各地的服务型政府建设开展得热火朝天,但是由于"服务型政府"在理论上尚未定型,及其在现实中的多层次性、多维度性和多视角性,在理论和实践中都存在一定的混乱。一方面,由于"服务型政府"概念界定过于笼统和界限模糊,又缺乏实际制度和机制的支撑,使其成为无所不包、无所不能的政府发展工具,这也为人们"形塑"服务型政府提供了足够空间,学者们往往根据各自偏好加入诸多要素,在"政府"前面添加各种限定词;另一方面,实践中一些地方也是各取所需,为服务而服务、大搞形式主义,甚至成为政治口号,滥用、误用"服务型政府"处处可见。[①] 因此,首要的问题是"服务型政府"到底有什么内涵,它与有限政府、经济建设型政府、责任型政府、法治型政府、学习型政府等到底是什么关系?"服务"究竟指什么?

关于服务型政府认识的分歧首先表现在两方面:一是概念界定上的不统一,"一个概念、各自表述";二是与有限政府、法治政府、责任政府等的关系上不统一,它们之间到底是平行关系还是统属关系。这两方面都有学者进行过认真考察,此处只做简要列举。在概念界定上,存在五种代表性视角:政府宗旨角度[②];政府与社会关系角度[③];政府职能或者说服

---

[①] 杨建顺:《论"服务型政府"在行政法上的定位》,《河南省政法管理干部学院学报》2009年第1期。

[②] 张康之:《限制政府规模的理念》,《行政论坛》2000年第4期。

[③] 刘熙瑞:《服务型政府——经济全球化背景下中国政府改革的目标选择》,《中国行政管理》2002年第7期。

务内容角度，这一定义用的是"公共服务型政府"①；管理即服务的角度②；政府工作方式的角度。③ 如何看待这些表述各异的观点？

我们认为，这几种观点是从不同角度对服务型政府做出的理解，它们只是在不同层次揭示了服务型政府的不同面向，相互之间并非是绝对排斥的。政府的服务行为，既是目的与手段的有机结合，也是服务职能和服务方式的和谐统一，目的与职能是手段与方式的前提和基础，手段和方式是目的与职能的实现途径，相互之间不可分割。具体而言，这些观点从各自强调的侧重点，都或多或少地揭示了服务型政府的特质：④ 政府宗旨论强调服务型政府是人民的政府这一根本性质；政府职能论重点突出，贴合我国改革实际，抓住了行政改革的关键；"管理就是服务"则阐释了政府管理与政府服务的辩证关系；政府工作方式论关注具体操作，触及了与老百姓息息相关的行政细微之处；政府与社会关系论从行政理念、行为准则、政府责任等方面理性、全面、深刻地论述了服务型政府的本质。因此，我们在理解和运用"服务型政府"概念时，没有必要站在一个角度去否定另一个角度，也不能站在某一方面宣称权威而否定和排斥另一方面。当然，从理论建构来讲，我们必须意识到服务型政府的"多层次性、多维度性和多视角性"，进而保证其作为理论基础的概念的确定性和完整性。也就是说，各自侧重点的合理并不能替代对服务型政府的全面深刻理解，否则，这不仅是理论上认识的偏差，更容易造成实践中的简单化和片面化。例如，如果仅仅把服务型政府建设归结为政府职能和工作方式转变，局限于公共服务技术和方法改进的话，虽然对解决当下问题是有益的，但是对于服务型政府建设这样一项战略目标的转移而言，却是一种放弃理论追求的庸俗化的做法，⑤ 而现实中可能出现为服务而服务、搞形式主义，甚至为了服务而不计成本等问题，舍本逐末，追求服务表象而忽略了服务型政府的本质，进而影响服务型政府建设的有效性，导致服务型政府建设

---

① 迟福林：《全面理解"公共服务型政府"的基本涵义》，《人民论坛》2006 年第 5 期；李军鹏：《公共服务型政府》，北京大学出版社 2004 年版。
② 彭向刚：《论服务型政府的服务精神》，《社会科学战线》2007 年第 3 期；朱光磊、孙涛：《"规制—服务型"地方政府：定位、内涵与建设》，《中国人民大学学报》2005 年第 1 期。
③ 尹戈、陈先芳、姬书莹：《建设廉洁、高效的服务型政府》，《中国行政管理》2003 年第 3 期。
④ 何水：《服务型政府：争议中的透视》，《中国行政管理》2010 年第 10 期。
⑤ 张康之：《我们为什么要建设服务型政府》，《行政论坛》2012 年第 1 期。

本末倒置的异化。①

在实务界,实践者并不像学界那样追求概念的明确界定,而是在"服务型政府"概念下,面对社会发展的现实需要,进行各种创新实践,这是一种务实的态度。温家宝首次提出"服务型政府"时,就明确了建设服务型政府的基本内容:发展和提供公共设施、公共事业、公共信息,为社会公众生活和参与社会经济、政治、文化活动提供保障和创造条件。2005 年的《政府工作报告》从服务方式、行政效率、运行机制、群众参与、政府形象等五个方面阐述了建设服务型政府的基本思路。十六届六中全会的《中共中央关于构建社会主义和谐社会若干重大问题的决定》明确了"建设服务型政府"的目标要求,十七大报告则提出了与服务型政府相适应的行政管理体制——"权责一致、分工合理、决策科学、执行顺畅、监督有力",并在政府职责、政府与社会、政府与市场、政府行为、部门体制等方面做出了安排。在 2008 年 2 月 23 日的中央政治局集体学习上,时任总书记胡锦涛明确了服务型政府的宗旨、目的、关键、重点和基本目标等等。

总的来看,尽管十八大报告之前的中央文件没有明确告诉我们什么是服务型政府,但这些论述是在经过广泛而深入的调查研究之后所做出的重大决策,这不仅为服务型政府建设的实施提供了指南,也成为我国通过政府建设来促进社会转型、建设和谐社会的重要指导,服务型政府建设取得了令人瞩目的成效。这主要体现在:②着眼于保障和改善民生,以公共服务为重点转变政府职能,建立了相对完善的公共服务体系,重点涵盖公共教育、医疗卫生、社会保障、住房保障、公共文化、就业服务、人口计生、生态环境、基础设施、社会管理等方面,大力推进基本公共服务均等化,优化政府组织机构,改进行政运行机制,加大公共财政投入力度。在此基础上,2012 年 11 月召开的党的十八大,将服务型政府的内涵凝练为四个方面,这不仅是首次为长期以来备受歧义理解的"服务型政府"厘定了明确的内容,更重要意义在于,为我国今后的行政改革谋定了明确的目标追求,正式宣告我国的行政改革从机构增减的外延式改革转入职能转变、功能调整和完善的内涵式改革,从被动式、回应式的配套改革上升为

---

① 胡冰:《服务型政府异化的学理原因浅析》,《湖北社会科学》2005 年第 7 期。

② 马宝成:《中国服务型政府建设十年主要成就和未来展望》,《国家行政学院学报》2012 年第 5 期。

管理模式的主动求变。

具体来说，这四方面内容从职能、结构、运行和结果完整刻画了服务型政府应具备的形象。首先，服务型政府是职能科学的政府，这是服务型政府的前提和基础。自1988年首次提出"转变政府职能是机构改革的关键"到2003年将政府职能界定为"经济调节、市场监管、社会管理和公共服务"，我国的政府职能转变取得了显著成就，但是无论哪一部分都还未达到"科学"的程度，尤其是社会管理和公共服务方面的"科学化"任务还很重。其次，服务型政府是结构优化的政府，这是服务型政府职能实现的载体和手段。政府结构是指政府系统内部各构成部分或要素之间有机结合、整体运行的方式，实质是公共权力的配置及其运行，纵向上体现为政府的层级化，横向上体现为政府的部门化。"结构优化"乃指经过改革达成政府内部权力结构的合理配置，纵向上减少政府层级、实现组织扁平化，横向上强调部门协同、清除组织壁垒，这也是当前世界各国行政发展和改革的趋势。在"省直管县"、"乡财县管"等试点基础上，党的十八大明确提出要"优化行政层级和行政区划设置"，而横向上，以"大部制"为名的改革也在稳步推进。再次，服务型政府是廉洁高效的政府，这是服务型政府职能实现过程的总体要求，是行政人员和行政机关最基本的行为准则。最后，服务型政府是人民满意的政府，这是服务型政府建设的最终目的和评判标准，它贯穿并统率政府职能转变、结构调整及职能运行的整个过程。这里将"人民满意"纳入政府模式的内涵之中，不是对"人民主权"、"为人民服务"简单地再次确认，而是将公众提升为社会治理的主体要素，由此实现对政府本位、权力本位的反转，进而区别于传统的统治型政府和管理型政府。

如果说十八大报告为我们明确了"服务型政府"的形象，那么关于服务型政府与责任政府、法治政府之间到底是平行关系还是统属关系似乎还未有定论，这不仅存在于理论界，近年来中央一些重要文件也使用了"服务型政府"之外的概念。例如，2006年"十一五"规划的提法是"加快建设服务政府、责任政府、法治政府"，2008年十七届二中全会通过的《关于深化行政管理体制改革的意见》提出的是"建设服务政府、责任政府、法治政府和廉洁政府"。2011年国务院《政府工作报告》和2013年十八届三中全会《中共中央关于全面深化改革若干重大问题的决定》的提法是"建设法治政府和服务型政府"，2015年国务院《政府工作报告》提出"加快建设法治政府、创新政府、廉洁政府和服务型政府",而 2012 年国务院《政府工作报告》提出"建设服务、责任、法治、廉洁政府"。除了 2011 年和 2015 年的《政府工作报告》以及十八届三中全会将"法治政府"与"服务型政府"并列外,其他处提法均是"服务政府",而非"服务型政府"。我们认为,这一"型"字之差有着不同的深刻含义,"服务政府"更多是从公共服务的角度讲的,焦点在于政府职能,而"服务型政府"则是包含了政府职能、运行机制、行政文化等各方面系统的、完整的、深刻的转变的政府类型,意味着一种新的政府治理模式,意味着全新的行政理念、战略目标、政府职能、组织形态、行为准则和运行方式。

正是对此没有清醒的认识,理论上才会存在服务型政府与"其他"政府之间的关系到底为何的疑问和争论,这也一定程度上导致了一些地方在实践中难以找准切入点,或者将服务型政府建设泛化、口号化,最终导致服务型政府建设流于形式。例如,服务型政府建设的动机上只为"装点门面"、搞政绩工程、做表面文章,行政服务中心、县乡村三级服务站等机构的建立,仅在于简化手续;方法方式上搞"运动化"、"格式化",热热闹闹大张旗鼓,热过一阵后就偃旗息鼓,或者急功近利,为服务型政府建设拟定时间表,殊不知服务型政府建设是一个系统工程,涉及方方面面的深刻变革,是一次深刻的社会治理模式的历史转型。服务型政府建设也需要一个"可持续发展"。

3. 理论正觉:从职能到模式

服务型政府与责任政府、法治政府等"其他"政府间关系存有争议的实质在于将"服务型政府"局限于职能转变的角度,在于将"服务"仅仅理解为现实的公共服务行为和产品,没有意识到服务型政府是一种新的社会治理模式。这种理论的不自觉性几乎遍及关于服务型政府的所有讨论中。如在回答"为什么要建设服务型政府"时,常见的分析多是从经济决定政治,政治反作用于经济这一熟悉的原理出发,从政治、经济、社会以及政府自身发展的需要等角度来分析服务型政府建设的必要性、意义等等。这些分析固然没错,但还应更进一步理解,即服务型政府建设是后工业社会政府治理方式的一次深刻转变。

虽然我们说"服务型政府建设"是在中国行政改革实践中提出来的,但这并不影响我们去考察同一时期西方国家的行政改革。事实上,只有将我国服务型政府建设置于全球化的行政改革浪潮中,才能认识到提出"服务型政府"的重大意义。始于20世纪70年代末的西方国家的政府改革,一个共同点就是大量借鉴私营部门的经营理念,引入市场选择理论,将竞争机制引入政府管理中,"公司制"、"企业外包"政府大量出现,而最为人所熟悉和称道的就是"企业家"政府。这样一来,政府与公民的关系就由以前的"管理—被管理"转变为"企业—顾客"的关系了。这场改革运动无论是从实际运作还是观念转变上,都对政府管理产生了莫大的影响,其中最为重要的就是"提出了公共服务的新思维……把改进服务质量作为不懈的追求……使公众的满意度进入公共行政的中心"[1],以顾客为中心、以公民需求为出发点,意味着一种新的不同于传统的以政府为核心的社会治理模式可能会出现。

西方国家以"企业家"政府理论为指导的政府改革,播下并宣扬了"顾客中心"的理念,强化了公共服务的价值,很大程度上回应了民众需求,实现了社会服务的多样化,但是,这种种努力却仍然消除不了以往一些积弊诸如低效率、浪费、不公等改头换面的再现。甚至可以说,以"新公共管理"理论为指导原则的政府改革,不仅无法解决社会不公、贫富分化等社会问题,反而可能使其更加复杂化,"占领华尔街"运动便是很好的例证。理论界对于新公共管理运动的批评和批判自20世纪90年代开始,一直没有消停,最基本的观点就是认为它模糊了政府与市场的本质区别,过分强调市场的作用以及对经济和效率的痴迷,进而只是注重公共服务提供的技术和手段,忽略了体系设计和制度安排的根本转变。其实,从整个人类历史来看,当前政府治理出现的这些问题,根源在于自工业革命以来所形成的一种形式化治理,在于对经济和效率的过分注重,而政府被塑造为政治的和经济的政府,其道德性的一面被祛除了。[2] 因此,要解决政府的不道德性问题,必须在汲取政治、经济方面治理成果的基础上,确立道德的统合地位,并从政府自身做起,从根本上转变传统的政府自身法制化的形式建设,以一种新的价值理念作为政府改革和发展的总体目标。在公共行政的层面上,就是要确立起"服务"在政府体系中的核心价值地位,这正是我国学者提出服务型政府概念的立意所在,也是我国服

---

[1] 张康之:《公共行政学》,经济科学出版社2002年版,第32页。
[2] 张康之:《论公共行政的道德化》,《唯实》2001年第2期。

务型政府建设不同于西方国家行政改革的根本所在。

关于服务型政府的出现,张康之教授从人类社会治理的角度,做了深入的历史和逻辑证明。简言之,在传统农业社会,政府是以维护等级秩序为根本目的出现的,政府与公民处于"统治—被统治"的关系,强调的是权力的运用和"命令—服从"的统治方式,行政的公共性处于自发的状态,即使是有限的"服务"也是被纳入统治的框架中,形成的是统治型政府。在工业社会,行政的公共性进入自为建构过程中,政府为维护社会秩序充分运用法律制度,公共服务提供被纳入法治化序列,而主导公共行政的是效率的价值追求,效率追求在制度化的形式中得以保障,政府成为公共服务的唯一提供者,并处于绝对的主体地位,这时的政府属于管理型政府(也有学者称为管制型政府①)。在后工业社会,行政的公共性建构进入一个自觉时代,政府不再是社会治理中的唯一主体,它与社会其他组织甚至个人共同构成公共服务的提供者,政府与社会不再是"管理—被管理"的主客体对立关系,而是一种"主体—主体"之间的合作关系,效率不再是政府追求的最高和唯一目标,服务则上升为最高的核心价值,在政府的价值序列中从边缘走向了中心,这时的政府就是服务型政府。

4. 现实构建:从要素到路径

我们之所以说服务型政府是一种新的政府模式,不仅是因为"理解事物的唯一方式是对模式进行思考",模式是对现实的一种抽象和简化,是认识和再现现实的方法论,更在于政府行政总是展现出一种"自我加强、自行巩固"、"自我驱使"②的力量,这就是人类社会治理中"隐藏的逻辑",而这种力量或逻辑存在于多种要素的角力中。因此,在把握服务型政府内涵的基础上,应从模式继续出发,进一步深入分析作为模式的各构成要素及相互关系,进而为服务型政府的现实构建寻找可能的途径。作为一种正在生成的政府类型,穷尽其要素及相互关系几乎是徒劳的,而一切理论上的尝试也可能被打上乌托邦的烙印或被扣上宏大叙事的帽子,

---

① 管理型政府描述的是工业社会中政府的总体形态,而管制型政府强调的是政府对社会的单方强制,只不过这种强制不像传统农业社会中那样的权力直接作用,而是在法律框架内的强制性管理。工业社会以来,政府在社会治理中的角色并不总是处于管制状态,管制只存在于某些特定领域,因此也常被称为规制,社会有很大程度上的自治性。就此而论,管制型政府概念突出了某项特征但较为片面,管理型政府更加全面。

② [美]马克·布坎南:《隐藏的逻辑》,李晰皆译,天津教育出版社2009年版,第7、10页。

然而知识的增长或许并不限于科学的客观化路径,也存在于曾经大热如今又备受冷落或者奚落的质性的叙事逻辑中。

关于服务型政府的体系构成及构建路径也是学界关注的热点之一。目前学者们对服务型政府体系的认识各不相同,有代表性的观点如:"服务型政府体系由理念体系、目标体系、执行体系和监督体系四个分支体系构成"①;服务型政府体系涉及价值体系、权责体系、职能结构体系、组织机构设置、运行机制及规章制度体系等要素②。也有观点在"公共服务型政府"的概念下,将服务型政府体系建设理解为公共服务体系的建设③,包括"以市场要求和社会公共需求为导向"、"与公共化职能相适应"的战略规划体系、政策制度体系、工作运行体系、科学的政绩考核体系④。作为理论构建的"模式",服务型政府的构成要素是开放的、有层次性的,这种开放性源于实践中服务型政府的不断建构及其持续深化过程中的战略选择和阶段性的任务聚焦,而层次性使得从理论上来宏观把握服务型政府是可行的。

那么,如何确定服务型政府的构成要素?有两种方法:一是遵从于对政府的一般性分析框架,从"为什么要建设服务型政府"、"如何建设服务型政府"来思考,由此就涉及服务型政府的目的性质、职能内容、机构人员、手段方式、行为过程、评价机制,等等;二是在历史的维度中,从服务型政府与统治型政府、管理型政府的本质区别把握服务型政府模式的主要构成要素。张康之教授是服务型政府"模式"的提出者和首倡者,他关于统治型、管理型、服务型三种政府类型的论述,从属于其更为宏观的人类社会治理的分析框架。⑤换言之,张康之教授是在人类社会治理的

---

① 苏朝晖、陈东灵:《关于构建服务型政府体系的探索》,载《中国行政管理学会第 20 届年会论文集》,2010 年。

② 谢斌:《服务型政府体系——构成要素及内容》,《陕西行政学院学报》2011 年第 1 期。

③ 高尚全:《完善公共服务体系,建设服务型政府》,《人民日报》(理论版)2008 年 5 月 7 日。

④ 崔成男:《关于建设公共服务型政府的思考》,2005 年 12 月 24 日,吉林省民族宗教网(http://mw.jl.gov.cn)。

⑤ 张康之教授依据传统农业社会、工业社会、后工业社会的划分,区分了统治型、管理型、服务型三种社会治理模式,相应的治理手段则是权治、法治和德治,治理途径是权制、法制和德制,与此相对应的行政管理就是统治行政、管理行政、服务行政。参见张康之《公共管理伦理学》,中国人民大学出版社 2003 年版;张康之《公共管理:社会治理中的一场革命》,《北京行政学院学报》2004 年第 1、2、3 期。

历史进程中来深刻阐述三种政府模式的，综合大量相关文献，概括如表1—1、表1—2所示。

表1—1　　　张康之教授关于人类社会治理的分析框架

| 类型<br>要素 | 统治型社会治理模式 | 管理型社会治理模式 | 服务型社会治理模式 |
| --- | --- | --- | --- |
| 社会历史基础 | 农业社会 | 工业社会 | 后工业社会 |
| 社会基本特性 | 简单性、确定性 | 低度复杂性、低度不确定性 | 高度复杂性、高度不确定性 |
| 社会领域的分合 | 混沌未分 | 领域分化 | 领域融合 |
| 普遍社会关系 | 身份关系 | 契约关系 | 合作关系 |
| 共同体类型 | 家元共同体 | 族阈共同体 | 合作共同体 |
| 人际信任类型 | 习俗型信任 | 契约型信任 | 合作型信任 |
| 社会治理目标 | 等级秩序 | 法律秩序 | 道德秩序 |
| 社会治理主体 | 混沌一元 | 政府一元 | 多元化 |
| 治理主体结构 | 单中心的线性结构 | | 多中心的网络结构 |
| | 封闭的一维结构 | 中心—边缘结构 | |
| 组织整合机制 | 权威 | 契约—价格 | 信任—合作 |
| 组织类型 | 混元组织 | 官僚制组织 | 合作制组织 |
| 社会治理主导关系 | 权力关系 | 法律关系 | 伦理关系 |
| 社会治理主要手段 | 权治 | 法治 | 德治 |
| 制度体系 | 权制 | 法制 | 德制 |
| 行政模式 | 统治行政 | 管理行政 | 服务行政 |

表1—2　　　张康之教授关于三种政府类型的分析框架

| 类型<br>要素 | 统治型政府 | 管理型政府 | 服务型政府 |
| --- | --- | --- | --- |
| 核心价值 | 统治秩序 | 效率与公平 | 服务 |
| 政府目标 | 等级秩序的稳定 | 管理的效率至上 | 服务的人民满意 |
| 政府职能模式 | 保护型模式 | 干预型模式 | 引导型模式 |
| 政府职能内容 | 统治职能 | 社会管理 | 公共服务 |
| 公共组织类型 | 混元组织 | 常规组织（官僚组织） | 常规和任务型组织 |

续表

| 类型<br>要素 | 统治型政府 | 管理型政府 | 服务型政府 |
|---|---|---|---|
| 对外的行为方式 | 统治 | 管理 | 服务 |
| 行政人格类型 | 依附人格 | 工具人格 | 独立人格 |
| 公众角色 | 客体—被统治者 | 客体—被管理者 | 主体—合作者 |

需要指出的是，上述两份表格之举要在张康之教授的理论分析中并未做明确区分，这里是为理解服务型政府之便做了不成熟的变通。事实上，从人类社会治理的历史来看，政府一直是并将长期占据着社会治理的核心地位，因此人类社会治理主要体现为政府这样一种制度安排，二者内容具有内在的逻辑一致性。依据上述列表举要，我们可以从价值目标、政府职能、机构设置、运行过程、结果评价、制度文化等六方面来整体把握服务型政府模式的构成要素，而在系统论视角下每一方面又自成模式，这些要素确立了服务型政府建设的路径方向和基本内容。从我国当前的服务型政府建设来看，阶段性的战略选择放在了职能科学化、组织机构优化以及权力运行过程的监督方面。

转变政府职能一直是我国行政改革的重中之重，从概念提出、内容厘定到模式争论、路径选择，至今已形成了较为稳定的内容框架和明确的战略方向，但在有条不紊地推进过程中仍存在一些问题，如政府职能的"错位、越位、缺位"依然存在，市场秩序规范和监管的力度亟待强化，公共服务职能增长缓慢，等等，政府职能的科学化成了改革的新课题。关键是什么样的政府职能是科学的，或者说如何科学地配置政府职能？这需要从两个角度来思考：政府总体职能的确定，涉及政府与市场、社会之间的关系；政府体系内部的职能配置，包括政府部门间职能的划分和中央与地方职能的划分。就政府总体职能而论，当前的任务主要集中在三方面：一是政府从市场有序撤退，同时加强市场秩序监管；二是积极培育社会组织力量；三是突出公共服务职能。新一届政府成立以来，一方面承诺继续削减行政审批改革项目，激发市场和社会的活力；另一方面积极推进政府向社会力量购买公共服务，"放开市场准入，释放改革红利，创新公共服务提供方式"，同时提出要加强提供优质公共服务职责，将食品安全、环境保护等方面的监管放在突出位置，这一逐渐清晰的施政纲领开启了政府职能的科学化之路，并在十八届三中全会上得到进一步明确阐述。就政府体系内部的职能配置而言，主要是中央与地方的职能划分，十六届三中全会对此做了明确区分，但实践中的进展较为缓慢。当然，"科学"的政府职能不是一成不变的，政府职能科学化不是要在政府与市场、政府与社会之间划分一个明确的比例，而是适时动态地调整以满足市场和社会的需求，因此，要获得科学的政府职能就需要确立科学的政府职能模式——引导型政府职能模式①，通过提供"引导式的服务"，在政府与市场、社会之间建立稳固的有机联系，实质上是政府积极谋求与市场、社会等各方主体合作共治的过程。

机构改革是我国历次行政改革的主题，自1998年在机构数量上摆脱了"精简—膨胀—再精简—再膨胀"的循环后，围绕职能转变的政府结构优化、功能调整和完善则上升为改革的主要命题。结构优化包含两层含义，一是政府结构设计，包括横向上的部门重组和纵向上的层级调整，二是权责的合理配置，包括部门间的权责分配和中央与地方、省和市县之间的关系调整。结构优化的实质是通过机构改革促动"政府职能、管理方式及行政文化等方面的变革"，是"政府模式的重构"②。在中央政府层面，十七大后被明确冠以"大部门体制"的改革是结构优化的第一步。但是，目前"大部制"改革更明显的成就只是在形式上进行了合并与精简，在运行机制等内涵式改革方面还远未达到预定目标，是故需着力解决：大部之间职能边界的划分，避免在更大部门之间构筑藩篱；合并后原有部门间的整合；建立一体化的部门工作机制及内部协调管理等问题。在地方政府，"优化行政层级和行政区划"，减少管理层级、缩小管理幅度，将越来越多的资源向承担公共服务职能的部门转移，向贴近群众、贴近社会的基层政府倾斜，并配置合理的事权和财权，因为"每一个公民都不由'一个'政府服务，而是由大量的各不相同的公共服务产业所服务"③，这是结构优化的重要内容。

---

① 张康之：《政府职能的历史变迁》，《学术界》1999年第1期；《政府职能模式的三种类型》，《广东行政学院学报》1999年第4期；《建立引导型政府职能模式》，《北京行政学院学报》2000年第1期；郑家昊：《引导型政府职能模式的兴起》，中国社会科学出版社2013年版。

② 张康之：《走向服务型政府的"大部制"改革》，《中国行政管理》2013年第5期。

③ ［美］迈克尔·麦金尼斯：《多中心体制与地方公共经济》，毛寿龙等译，上海三联书店2000年版，第41页。

行政运行机制和政府管理方式的改革历来是重点也是难点，廉洁高效是最基本的要求。提高行政效率贯穿于我国行政改革的整个过程，早期所致力的公务员制度、电子政务等方面的建设为行政效率的提高奠定了必要的基础，当前行政效率提高的瓶颈主要是相关运行机制尤其是监督机制的缺乏，以及深层次观念变革的障碍。创新行政运行机制在当前及今后的行政改革中仍占有十分重要的地位，主要集中在：提升政府决策的科学化、民主化和法治化；在地方立法实践基础上，加快统一行政程序立法进程；拓展政务公开的范围和程度，包括官员个人财产公开；规范和强化行政问责制度。如果说廉洁是针对公务员个人行为的基本要求，那么高效不仅针对个人更指向于行政机关，但这里的高效不单单是指高效率，更应该是高效益、高效用，因此避免行政浪费，降低三公经费，建设一个廉价的节约型政府也是服务型政府建设的题中应有之义。

在"模式"的意义上来建设服务型政府，涵盖的不仅是职能、结构、运行等实体过程，还涉及行政价值、行政理念、行政文化的转变与重塑，在某种意义上，后者的构建才是服务型政府建设最为关键之处。因此，十八大报告将"人民满意"作为"服务型政府"逐次递进的四内涵之一就不难理解。如何做到人民满意？这既是一个历史命题，更是一个现实命题，它是政府自身合法性持续求证的过程，因而也就不可能有一个明确的时间表。就现实构建来讲，当务之急是：建立完善的均等化的基本公共服务体系；积极探索政社合作机制，充分发挥公民和社会组织在社会公共事务管理中的作用；推行以公众需求为核心的公共服务绩效评估制度。从长远来看，要建设人民满意的服务型政府，重要的是在制度建设中全面贯彻服务的价值和理念，将为人民服务的宗旨转化为切实的行动，以制度的形式保证政府的服务行为是一种稳定的、长期的、规范化的行为。反过来讲，就是要从事实、价值、理念层面将"服务"纳入正式的制度建设中，"以民之所望为施政方向"，"把人民群众的期待融入政府的决策和工作之中"，通过制度建设，改善政府机关和行政人员的行为，实现公众参与的制度化，在政府、社会、公民之间建立信任关系，通过多方的互助合作、双向互动、共管共治来追求公共利益的实现。

总而言之，服务型政府是现阶段政府治理的理想模式，但是正如彼得斯所认为的，持续不断的行政改革并非是单纯地为了寻求一个完美的行政实体，因为"每一种改革方案都会带来一些新问题，而这些问题又会引发一套新的改革方案",我们不能设想有一个"理想化的政府模式,只要将其选择的新模式制度化,便可有效地改善政府工作成效"①,服务型政府建设的本质是持续性地建构,只有在不断推进、渐次循环的"模式"构建中才能获得螺旋式的上升。在"模式"的意义上,推进服务型政府建设,既是学术共同体回应现实的自觉的"心灵联合",也是行政改革实践参与者自觉的时代使命。

## 二 行政人格:服务型政府的主体支撑

### (一) 公共行政发展历程的人格解读

1. 公共行政的典范

关于学科或某一科学及相应实践领域之发展历程的理论解读,最常用的或者说根本不可绕开的一个概念就是典范(Paradigm,也译为范式)。所谓典范,是指"那些公认的科学成就,它们在一段时间里为实践共同体提供典型的问题和解答",这些成就既能"空前地吸引一批坚定的拥护者,使他们脱离科学活动的其他竞争模式",同时"又足以无限制地为重新组成的一批实践者留下有待解决的问题"。库恩认为,在自然科学领域中,存在着表现为典范转移的常规科学与科学革命相交替的发展模式:前科学时期—常规科学时期—反常与危机—科学革命—新的常规科学时期。当然,这种典范的转移"远不是一个积累的过程",不是对原有典范的"修改或扩展",而是"在新的基础上重建该研究领域的过程,这种重建改变了研究领域中某些最基本的理论概括,也改变了该研究领域中许多典范的方法和应用"。②

库恩之典范概念是在对(自然)科学史进行综合性的社会学考察时所提出来的,这一概念提出后虽一度"引起科学史学家的大量讨论批评和得到认可",但逐渐被这些科学史学家(包括库恩本人)所放弃,相反在"哲学家、科学社会学家(以及诸如政治理论这样完全不同领域中的

---

① B. Guy Peters, *The future of governing: four emerging models*, Lawrence, KS: University Press of Kansas, 1996, pp. 5, 18.

② [美] 托马斯·库恩:《科学革命的结构》,金吾伦等译,北京大学出版社2003年版,第4、9、78页。

学者）中的影响要大于在科学家和实际科学史家中的影响"。① 换言之，尽管库恩之典范概念并无确切含义（库恩本人也是在两种甚至多种不同意义上使用乃至最后放弃），然而这一概念却奇怪似乎又很自然地在社会科学领域中坚强地生存下来，并成为学者们阐释学科发展最热衷使用的工具。诚如法默尔所认为的，在公共行政学科中，典范是一个常见的概念，这是"不得已而为之（reluctantly）……尽管对它的运用存在诸多不便之处，但能指示出我们正瞄准的一般方向（general direction）"②。那么，作为仅有百余年发展历史的年轻的公共行政学来说，是否存在库恩意义上的典范转换？如果存在，又存在什么样的典范？

对于前一个问题，澳大利亚学者欧文·休斯旗帜鲜明地坚持认为，"无论是采用'典范'的通常意义，还是与库恩著作相关的用法，'典范'这个术语无论指代传统行政模式还是公共管理改革都是合适的（这些公共改革联系在一起就被称为新公共管理）"③，亦即在公共行政学中是存在典范的，那就是传统公共行政（源自威尔逊、韦伯、泰勒等人的理论）和新公共管理（主要基于经济学理论与私营部门管理理论）。当然，如果说公共行政学中存在典范转移的话，那么典范毫无疑问也是"一个被过度使用的概念"（Henry，1975），因为在不同学者眼里公共行政学发展经历了不同的典范转换。除欧文·休斯外，持两种典范划分的还有美国学者奥斯特罗姆，他认为公共行政学有两种典范：官僚行政理论和民主行政理论，前者以威尔逊和韦伯的理论为基础，后者则根源于汉密尔顿、麦迪逊、托克维尔等人的思想。

公共行政学中广受关注的典范划分以尼古拉斯·亨利、罗伯特·登哈特夫妇、戈伦毕威斯基为代表。亨利以"定向"（Locus）和"焦点"（Focus）为坐标，将公共行政学的典范转换概括为五个阶段（如表1—3所示）。④ 所谓"定向"，是指作为一门学科其学科领域的固有"位置"（institutional "where"），即研究对象是什么，所谓"焦点"，是指该学科

---

① ［美］伯纳德·科恩：《科学革命史》，杨爱华等译，军事科学出版社1992年版，前言第8页。

② Farmer J. D., *The Language of Public Administration: Bureaucracy, Modernity, and Postmodernity*, Montgomery: University of Alabama Press, 1995, p. 3.

③ ［澳］欧文·休斯：《新公共管理的现状》，《中国人民大学学报》2002年第6期。

④ Henry N., "Paradigms of Public Administration", *Public Administration Review*, Vol. 35, No. 4, 1975, pp. 378–386.

研究的专门"内容"（specialized "what"）。这里，亨利对典范的使用是极不规范的，① 其观点与其说是公共行政学发展的不同典范划分，不如说是关于公共行政学发展的不同历史分期。

表 1—3　　尼古拉斯·亨利的公共行政学典范划分

| 典范 | 主题 | 时间（年） | 标志性要素 |
| --- | --- | --- | --- |
| 典范1 | 政治与行政二分 | 1900—1926 | 威尔逊《行政之研究》，怀特《公共行政研究导论》（1926），要点在于定向（公共行政的位置）、价值/事实二分加强政治与行政的二分。 |
| 典范2 | 行政原理时期 | 1927—1937 | 魏劳比《行政之原理》（1927），厄威克与古利克《行政科学论文集》（1937），提出POSDCORB。 |
| 典范3 | 作为政治学的公共行政学时期 | 1950—1970 | 1950年，拉斯韦尔在政治学中提出行为主义研究，试图解决有行政而无公共的困境，重建行政学与政治学的联系。案例研究；比较行政学（《行政生态学》）；发展行政学的兴起与衰落。 |
| 典范4 | 作为管理学的公共行政学时期 | 1956—1970 | 提供了焦点而非位置，提供了技术，组织理论被视为行政科学的重中之重；公共行政学从政治学领域的重点学科变为普通管理学院的分支学科；管理方法的引入和创新孕育出的公共政策产生了公共行政学学科独立性的诉求；新公共行政学诞生。 |
| 典范5 | 作为公共行政的公共行政学时期 | 1970— | 1967年，美国国家公共行政科学院成立；1970年，NASPAA成立，标志公共行政学成为独立自主的研究领域。 |

著名学者戈伦毕威斯基（Golembiewski）认为在公共行政学中并不存在库恩意义上的严格典范，如果非要说有的话，那也只是迷你典范（mini-paradigm）或微典范（sub-paradigm），进而他认为公共行政学存在三种广泛的典范形式：传统典范、社会—心理典范、人文/系统典范（如表 1—4 所示）。这些典范多元互补并广泛共存，不同典范的存在仅意味着不同时

---

① 颜良恭：《公共行政的典范问题》，台北：五南图书出版有限公司1998年版，第41页。

期研究者和实践者注意力的转移,任何一种典范都不能明显超越和排除另一种。①

表1—4　　　　　戈伦毕威斯基的公共行政学典范划分

|  | 传统典范 | 社会—心理典范 | 人文/系统典范 |
| --- | --- | --- | --- |
| 1. 政治哲学基础 | 集权 | 多元模式 | 市场模式(权力多元的相互制约) |
| 2. 主要分析单元 | 正式组织 | 非正式组织 | 消费者(个人) |
| 3. 中心论点 | 集体性 | 参照群体(集合体) | 个人利益和最小化政府 |
| 4. 核心概念 | 权力、责任、合法权威 | 内聚力 | 效益成本 |
| 5. 组织的隐喻 | 机械,自上而下 | 过滤,权威双向 | 系统 |
| 6. 激励和控制模式 | 命令服从 | 参与 | 竞争与合作 |
| 7. 行政人员角色 | 技术官僚 | 民选文官(政治回应力) | 有角色的代理人 |
| 8. 指导原则 | 秩序、层级控制 | 人的需要 | 个人平等、权利、正义 |

罗伯特·登哈特根据布雷尔与摩根在《组织分析中的社会学典范》(1979)中所做的分类,接受其"主观—客观"维度,即"从以强调人类事物主观本质的德国唯心论到以运用自然科学研究程序于人类行为分析的社会学实证论",并基于"公共行政本身的东西"用"政治—组织"维度取代"规则—变迁"维度,对公共行政学的发展历史进行解读。这里,政治维度强调的是民主、自由等价值,组织维度追求的是集权与行政控制,由此登哈特将公共行政的相关研究按照研究方法、研究主题及内容分别纳入四个象限。(如图1—1所示)

登哈特认为,"大部分公共行政学者的论著乃是基于客观的假定,并着重于组织问题,尤其是行政控制机制上",② 当然也有基于主观假定来

---

① Golembiewski, Robert T., *Public Administration As a Developing discipline*: Part 1, *Perspectives on Past and Present*, New York: Marcel Dekker, Inc., 1977, pp. 35-68.

② [美]登哈特:《公共组织理论教程》,项龙、刘俊生译,华夏出版社2002年版,第135页。

探讨组织问题的，另一部分学者则运用主观或客观假定探讨政治问题，前者如沃尔多对行政国家的探讨，后者如奥斯特罗姆的公共选择理论对政治结构的分析。登哈特也指出，上述分类并非僵硬，许多学者的著作跨越几种类别。总的来讲，20世纪50—60年代的大部分研究落入圈1中，80—90年代的许多著作落入圈2中，尽管这并不一定能说明是典范的转换，但也说明了研究重点的转变——"横轴上愈趋向主观方向，纵轴上尚称平均"（如图1—2所示）。① 这里也可看出登哈特对"典范"的使用是谨慎的。

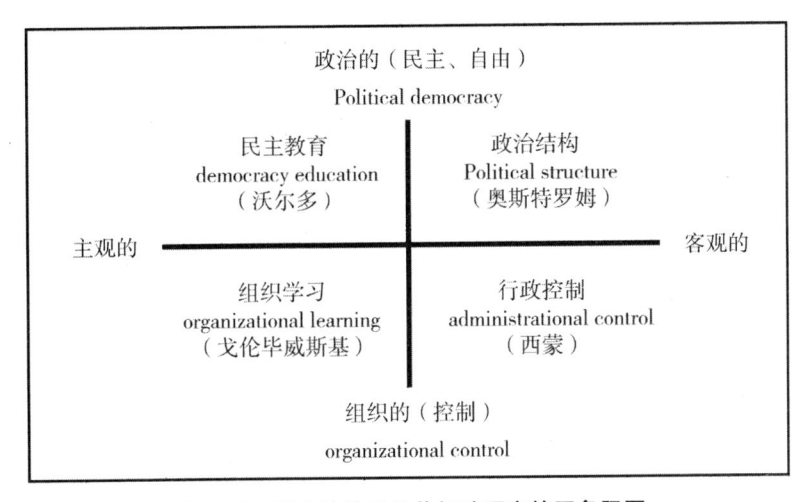

图1—1 登哈特关于公共行政研究的四象限图

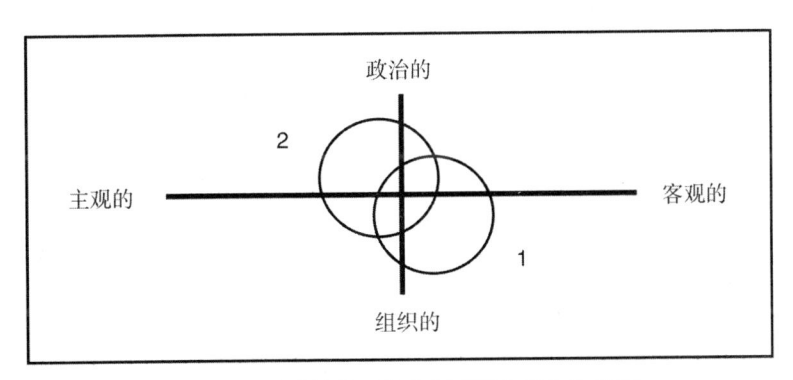

图1—2 登哈特关于公共行政研究重点的转变

---

① ［美］登哈特：《公共组织理论教程》，项龙、刘俊生译，华夏出版社2002年版，第136页。

与登哈特对典范概念的谨慎使用不同，一些学者更愿意用模式或学派等其他概念来解读公共行政学的发展历史。如行政学大师弗雷德里克森认为公共行政理论经历了传统官僚、新官僚、人际关系、公共选择、新公共行政等五大模式。[1] 简·莱恩认为公共行政学的发展存在四种学派：传统公共行政学派、管理学派、政策学派、新公共管理学派。[2] 查尔斯·福克斯和休·米勒将公共行政学发展概括为四种模式：传统治理、制度主义/宪政主义、社群主义/公民主义、话语理论/后现代公共行政。[3] 尤格斯与凯勒则认为美国公共行政实践经历了三种模型：派系冲突模型、派系规则模型、公共利益模型。[4] 著名的马克斯韦尔学院副院长梅戈特认为公共行政经历了四次浪潮：公共行政、公共事物、公共政策与公共管理。[5] 广为我国学者熟知的美利坚大学公共事务学院教授罗森布鲁姆则提出了公共行政的三种研究途径：管理、政治和法律。[6]

事实上，对于公共行政领域是否存在库恩意义上的典范，有一些学者明显持否定观点。格里宁（Gernod Gruening）认为政治行政科学不存在所谓的典范，因为"他们大多数没有统一以及一致同意的学科体系。公共行政是多重分裂的（multiple split），公共管理是分割的（fragmented），政策分析亦如此。他们都以理性主义、个人主义及其边界内的解放途径共在为特征"，因此，"对于政治行政科学来说有一个统一的典范是极不可能的，就连库恩为自然科学发展出的典范能否用来理解政治行政科学也是高度值得怀疑的。"[7] 台湾学者颜良恭对亨利和奥斯特罗姆所称的"典范"进行了质疑，认为他们并没认真对待"典范"一词，进而主张"公共行政在尚未成为严谨科学之前，不宜用典范概念来分析其发展状况，因而归

---

[1] Frederickson H. G., "The Lineage of New Public Administration", *Administration & Society*, Vol. 8, 1976, pp. 149-174.

[2] [英] 简·莱恩：《新公共管理》，赵成根等译，中国青年出版社2004年版。

[3] [美] 查尔斯·J. 福克斯、休·T. 米勒：《后现代公共行政》，楚艳红等译，中国人民大学出版社2002年版。

[4] 张梦中：《美国公共行政学百年回顾》（上），《中国行政管理》2000年第5期。

[5] 张梦中：《美国公共行政（管理）：历史渊源与重要价值取向》，《中国行政管理》2000年第11期。

[6] [美] 罗森布鲁姆等：《公共行政学：管理、政治和法律的途径》（第5版），中国人民大学出版社2002年版。

[7] Gruening G., "Origin and Theoretical Basis of New Public Management", *International Public Management Journal*, Vol. 4, No. 1, 2001, pp. 1-25.

结出公共行政与典范概念是不相干的,用'多元观点下的公共行政学科发展史'取代'典范概念',可能较符实际"。① 美籍韩裔学者全钟燮(Jong S. Jun)认为公共行政领域中的典范概念是模糊的,"属于这门学科的科学社群从未真正成立",而模仿自然科学对公共行政学的发展历史进行典范划分是不实际的,因此他反对使用典范概念并主张用"研究途径"(approach)来分析公共行政。所谓研究途径,"系指一组关于公共行政过程、设计及用以研究、解决问题之适当方法的广泛基本假定……与典范不同的是,理论途径显然较不刻意强调科学的预测性和经验性的检定之重要性"②。据此,全钟燮提出了公共行政学的六大研究途径:功能论、管理科学、行为科学、多元主义、公共选择和人文主义。

在国内,部分学者也对公共行政学及实践的发展进行了典范划分。如宁骚教授认为公共行政实践经历了三种典范:政治领袖典范、官僚制典范、企业型政府典范。③ 陈振明教授将公共行政学的典范变迁归纳为三种:公共行政学、新公共行政学和(新)公共管理学,④ 并明确提出愿意"将公共管理视为一种继传统的公共行政和政策分析这两种范式或途径之后的新途径、新范式"⑤。这里"范式"和"途径"的混合使用似乎透露出对"典范"使用的谨慎或者说不确信。毛寿龙教授认为公共行政理论存在四种基本典范:官僚制行政理论、新公共行政、新公共管理、民主制行政理论。⑥ 张梦中教授通过对行政与管理、科学管理、管理主义与新管理主义、新公共管理与公共管理等概念的区分,回顾了其他学者关于公共行政学发展历史或典范转移的不同观点,进而明确提出近代意义上的公共行政学经历了六次大的典范转变:科学管理(即正统的公共行政)、管理科学、公共事务、政策分析、新公共行政、新公共管理。⑦

在关于公共行政学之典范划分的讨论中,存在两个焦点:一是究竟存

---

① 颜良恭:《公共行政的典范问题》,台北:五南图书出版有限公司1998年版,第41页。
② [美]全钟燮:《公共行政:设计与问题解决》,黄曙耀译,台北:五南图书出版有限公司2001年版,第108、110页。
③ 宁骚:《行政改革与行政范式》,《新视野》1998年第3期。
④ 陈振明:《从公共行政学、新公共行政学到公共管理学:西方政府管理研究领域的"范式"变化》,《政治学研究》1999年第1期。
⑤ 陈振明:《理解公共事务》,北京大学出版社2007年版,第50页。
⑥ 毛寿龙:《西方公共行政学名著提要》,江西人民出版社2006年版,第13页。
⑦ 张梦中:《论公共行政(学)的起源与范式转变》(下),《中国行政管理》2001年第7期。

在几种典范（转换），二是新公共行政和新公共管理能否成为一种典范，尤其是近20年对新公共管理能否成为典范的持续争论。关于新公共行政，国外学者很少称其为典范而是顶多将其视为公共行政学发展过程中出现的一种理论流派，部分原因乃在于"新公共行政学缺乏概念上的连贯性，没有明确限定的宪法基础，没能生根立足，容易被反对者当作仅仅是一种情感的爆发而不予理睬"，[1] 有趣的是，很多国内学者更愿意将其视为一种典范，这或许是因为在中国公共行政从来就没成为过一门科学因而免受"科学"传统之束缚的缘故。

相较而言，学界的兴趣更集中于对新公共管理是否为一种典范的讨论。所谓新公共管理，是指兴起于20世纪70年代中后期英国、新西兰、澳大利亚等国并逐渐扩散于其他国家的一场政府改革运动，理论上其要义可概括为：[2]（1）公共部门中的专业化管理，强调自我管理及有效的责任承担；（2）明确的标准及绩效测量；（3）更重视产出控制，强调结果甚于过程；（4）拆分公共部门中的单位，破除单位间壁垒；（5）引入更多竞争机制，降低成本，改善质量；（6）强调对私营部门管理实践的借鉴；（7）强调厉行节约及资源的有效利用。这些以经济学基础的研究方法、以消费者为导向的公共服务研究主题，对公共行政的传统主流理论构成了严重挑战，[3] 围绕新公共管理，学界形成了褒贬明显对立的两派阵营。

支持者认为，无论从理论上还是实践中看，新公共管理都称得上是公共行政的一种典范革命。欧文·休斯认为这场运动中，"政府管理背后的理论基础已经发生了变革，我们完全可以用'典范'这一术语来描述它"，并认为对新公共管理的批评是"学术上的吹毛求疵"[4]。另一些学者虽没有使用典范（Paradigm）一词，但都相信新公共管理确实与传统公共行政有重要甚至本质性的不同，如凯特认为新公共管理所引致的政府改革成果极为丰富，产生了很多之前从未或甚少涉及的重大论题，是一场

---

[1] ［英］戴维·米勒等编：《布莱克维尔政治学百科全书》，邓正来译，中国政法大学出版社2002年版，第613页。

[2] C. Hood, "A Public Management for all Seasons?", *Public Administration*, Vol. 69, 1991, pp. 3–19.

[3] ［英］戴维·米勒等编：《布莱克维尔政治学百科全书》，邓正来译，中国政法大学出版社2002年版，第613页。

[4] ［澳］欧文·休斯：《新公共管理的现状》，《中国人民大学学报》2002年第6期。

"全球性的革命"[1]。与之相反，胡德则明确反对将新公共管理视为全球化的典范，[2] 认为新公共管理不过是一种没有实质内涵的"夸大伎俩"，是"皇帝的新装"，是"特殊群体谋利益的工具"，是"一场自我服务的运动"。[3] 格里宁认为对于政治行政科学而言，"新公共管理不是一个新的范式，政治行政科学家就学科体系远没有达成任何一致"。[4]

要言之，尽管新公共管理运动确确实实、真真切切为政府改革带来新气象，拓展了公共行政学的研究主题，扩大了"管理"的范畴，然其将政府无效或低效治理主要归因于政府的管理问题，忽略了政府组织与外在环境之间的互动，因而局限于向"管理"要效益，这种秉持经济化约论，基于理性的自利人假设所构建的理论将不免成为"单向度理论"。[5] 由此，学界又兴起了一场超越新公共管理或"后新公共管理"的运动，并各有名号，具有代表性的有"整体性政府（Whole-of-Government, Joined-up Government, Holistic Government）；协作性公共管理（Collaborative Public Management）；网络治理（Network Governance）；新公共服务（New Public Service）；电子治理（E-Governance or Digital Era Governance）；新公共治理（New Public Governance）；软治理（Soft Governance）；全球化公共管理（Global Public Management）；公共价值（Public Value）、元治理（Meta-Governance）、混合治理（Hybrid Governance）、新韦伯主义国家（Neo-Weberian State）等等"[6]，形成了公共行政研究新的"理论丛林"。总的来讲，"后新公共管理"研究的趋势与方向是，"把以管理流程有效性为导向的组织运作研究转移到以公众需求为导向的组织整合性研究上来，侧重通过组织间的协作与整合缓解政府在公共治理时代面临的管理

---

[1] Kettl, D. F., "The Global Revolution in Public Management: Driving Themes, Missing Links", *Journal of Policy Analysis and Management*, Vol. 16, No. 3, 1997, pp. 446-462.

[2] C. Hood., "Contemporary Public Management: a New Global Paradigm?", *Public Policy and Administration*, No. 2, 1995, pp. 104-117.

[3] C. Hood., "A Public Management for all Seasons?", *Public Administration*, Vol. 69, 1991, pp. 3-19.

[4] Gruening G., "Origin and Theoretical Basis of New Public Management", *International Public Management Journal*, Vol. 4, No. 1, 2001, pp. 1-25.

[5] 吴琼恩：《公共行政发展趋势的探究：三种治理模式的互补》，《公共行政学报》2002年第7期。

[6] 孙珠峰、胡伟：《后新公共管理改革的起因研究》，《学术探索》2015年第1期。

难题"①。

2. 行政人格：另类标准

针对公共行政领域"典范"的混乱情况，格里宁认为用费耶阿本德的科学无政府主义来描述当前政治行政科学的发展现状再合适不过了。② 当然，这种典范之乱并非意味公共行政学在当代面临又一次身份危机，相反，这些典范冲突只要能增加理论的严密性，利于增加检验不同典范之假设而设计的个案研究的选择性，能加强人们对一种新的综合理论的研究，那么这些冲突就是有益无害的。③ 如果说库恩之典范概念标准过高而难以适用于社会科学，因而一些学者降低标准或者干脆不予澄清其内涵（库恩也未给出确切含义）而直接"拿来"使用，那么学派、模式等概念似乎标准过低而被使用得又过于随意，因而在这些"低门槛"的归类中当前公共行政学呈现出一副欣欣向荣的"理论丛林"景象。除了典范、学派、流派、模式等概念外，对于公共行政领域的发展历史是否存在其他的解读标准？

毫无疑问新公共管理受到了理论上的多方位、多角度批判，然而除去欧文·休斯所言的理论界习惯的"吹毛求疵"外，新公共管理无论是在实践领域还是研究领域，对传统公共行政都带来了前所未有的冲击。在实践领域，这场运动在很多国家以相似的基本战略推动着政府变革：④ 更高生产率——以更少税收生产更多公共服务；更强的服务定位；市场化——利用竞争机制促进激励；分权——中央向地方的重心转移；政策化——剥离购买者与供给者；对结果负责。在组织层面，新公共管理一方面模糊了公私部门的界限，从而为公共服务或公共产品供给主体的网络化扫清了组织壁垒；另一方面在组织内部解除规制回归行政裁量权的本质，从而为增强部门的灵活性、回应性、责任性创造了前提。⑤ 在理论上，新公共管理

---

① 孙珠峰、胡伟：《后新公共管理时代钟摆现象》，《南京社会科学》2013 年第 9 期。

② Gruening G., "Origin and Theoretical Basis of New Public Management", *International Public Management Journal*, Vol. 4, No. 1, 2001, pp. 1-25.

③ [英] 戴维·米勒等编：《布莱克维尔政治学百科全书》，邓正来译，中国政法大学出版社 2002 年版，第 613 页。

④ Kettl, Donald F., *The Global Public Management Revolution*, Washington DC: Brookings Institution Press, 2000, p. 3.

⑤ Dunleavy, P., C. Hood., "From Old Public Administration to New Public Management", *Public Money and Management*, Vol. 14, No. 3, 1994, pp. 9-16.

强调"竞争价值、注重顾客服务、企业家精神、自我利益的集合"①等理念和价值，并围绕"管理"而重新将政治与行政有机连接起来，从而将服务塑造为政府行政的核心，服务质量、公众满意等进入政府改革议程。

可以说，新公共管理最重要的贡献莫过于其对"服务"的持续凸显与卓越追求，从而引发了一场社会治理模式的革命，②尽管这可能并非新公共管理运动的初衷。当服务型政府成为政府改革的目标和行动指向时，这不仅提出了对公共服务、公共产品与服务行为最直接的现实要求，同时也是对公民本位、权利本位、社会本位等治理价值的极度张扬，更是在深层次上要求将服务理念坐实于"政府各部门、各层次、各环节、各人员具体实践与行动中"。③这意味着政府价值序列发生了革命性转换——服务从边缘走向中心。

与此同时，各种踩在新公共管理肩上的"后……"超越行动，"集中于价值和伦理……是一种基于价值的文化层面的改革"。④正是因为新公共管理理论对20世纪90年代出现的诸多问题越来越不适应，才出现了这些超越，而这些超越实际上指向的是"建立强大和一致的关于价值、信任、协作和价值型管理的观念；团队构建；参与式组织；改善公务员的培训及自我发展"⑤，因此，"这就需要在公共部门中重建'共同伦理'和富于'凝聚力的文化'"⑥，并且"所有机构都应统一在单一的、独特的公共服务精神下"⑦。换言之，文化、价值、伦理成了超越新公共管理或者说"后新公共管理"运动的主题，最直接的代表就是公共价值理论

---

① 吴琼恩：《公共行政发展趋势的探究：三种治理模式的互补》，《公共行政学报》2002年第7期。
② 张康之：《公共管理：社会治理模式的转型》，《天津社会科学》2002年第4期，第57—63页；张康之：《公共管理：社会治理中的一场革命》，《北京行政学院学报》2004年第1、2、3期。
③ 杨艳：《服务型政府的概念、模式与构建路径》，《学习论坛》2014年第7期。
④ Tom Christensen, Per Lagreid, "The Whole-of-Government Approach to Public Sector Reform", *Public Administration Review*, Vol. 67, No. 6, 2007, pp. 1059-1066.
⑤ Tom Ling, "Delivering Joined-Up Government in the UK: Dimensions, Issues and Problems", *Public Administration*, Vol. 80, No. 4, 2002, pp. 615-642.
⑥ Norman, Richard, "New Zealand's Reinvented Government: Experiences of Public Managers", *Public Sector*, Vol. 18, No. 2, 1995, pp. 22-25.
⑦ Shergold, Peter, "Regeneration: New Structures, New Leaders, New Traditions", *Australian Journal of Public Administration*, Vol. 64, No. 2, 2005, pp. 3-6.

的崛起，并大有成为"新的公共行政学范式"① 的趋势。

如果将"后新公共管理"纳入公共行政学整个发展历程中来看，其对价值与伦理的彰显实质上是对公共价值、公共利益、公民精神等"政治"的再次强调。一言以蔽之，历年来公共行政学典范之争的实质在于对政治与行政、事实与价值、效率与公平相互之间关系的不同认知。公共行政学发展至今，尽管政治或价值因素数度回笼，但整个行政学的学科体系发展仍是囿于政治与行政到底是分还是合的纠缠中，效率仍是政府行为最高的功利追求，只不过这种追求掩藏于价值考量这样一种缓和社会矛盾的表象之下罢了。事实上，无论是新公共行政学派对公平正义的热切呼唤，还是西蒙决策理论与公共选择学派对管理人员或街头官僚实际决策者角色的赋予，抑或公共价值管理对公共管理者在"识别、发现、创造"② 公共价值中的责任承担，都无一例外地将行政人员在具体行为中的价值因素与潜在的伦理素质凸显出来。

格里宁认为"只要是价值而非事实构成了相关学科典范之'科学'争论的核心，那么典范转换就不能有效描述这一领域的科学发展"，③ 毫无疑问他把握到了公共行政领域典范混乱的根源所在，但能否对公共行政之发展做出典范之理解却持悲观态度，这是因为他忽略了价值背后的主体要素而仍然局限于"事实"逻辑做出的判断。如果将目光聚焦于公共行政之主体——行政人员的身上，这种价值与事实的博弈或许能实现共赢。人的因素不能也不应该在公共行政学中被忽视，从某些方面和某种关系上来说，公共行政研究的中心要素就是人本身，是通过在公共行政中从事这种行为和过程的人来进行的。④ 罗伯特·A. 达尔则强调公共行政科学之创立必须对人的行为进行研究，并断言：公共行政科学的发展，意味着在政府管理服务领域中的一门人的科学的发展。⑤ 正如大师们的早期忠告和

---

① 何艳玲：《"公共价值管理"：一个新的公共行政学范式》，《政治学研究》2009 年第 6 期。

② 杨博、谢光远：《论"公共价值管理"：一种后新公共管理理论的超越与限度》，《政治学研究》2014 年第 6 期。

③ Gruening G., "Origin and Theoretical Basis of New Public Management", *International Public Management Journal*, Vol. 4, No. 1, 2001, pp. 1-25.

④ Waldo D., *The Study of Public Administration*, New York: Random House, 1955.

⑤ [美] 罗伯特·A. 达尔：《公共行政科学：三个问题》，载彭和平、竹立家等《国外公共行政理论精选》，中共中央党校出版社1997年版，第 155—160 页。

深邃见解，从人的角度来解读公共行政学的发展历程不失为一条可行的道路。

本书以"行政人格"概念来指代公共行政发展中"人"的总体形象，将理论视角聚焦于行政人员身上，通过行政人员自身人格的发展历史，来理解公共行政发展的历史。马克思认为，任何人类历史的第一个前提是有生命的个人的存在，个人不仅是人类历史的"前提"，也是历史发展的目的。基于人的历史"前提"和"目的"性，可以说，任何一部历史事实上都是人的发展史。进而，马克思提出了著名的关于人与社会发展"三形态"理论，学界据此将人格的历史形态分成：依附人格、独立人格、自由人格。将马克思的这一真知灼见引入公共行政学的研究，不仅充实了马克思主义理论的发展，也回到了威尔逊、沃尔多、达尔等大师们所指明的道路。

进言之，在公共行政领域，由于行政人员在公共行政活动中的主体性和重要性，公共行政的历史本质上是行政人员个体的发展历史，具体表现为行政人格历史类型更替的渐进过程。这是因为，公共行政典范或模式的历史性决定了行政人格的历史形态，而不同历史形态的行政人格转变又反映了公共行政典范或模式的历史演进过程。因此，立足于行政人格的历史发展过程，能够超越政治—行政、事实—价值、意志—行动、手段—目的、效率—公平的理论纠葛，摆脱典范林立的苦恼，为把握公共行政的历史发展脉络提供一条清晰而简练的逻辑线索。

**（二）"服务"坐实的载体**

作为人类社会治理进程中政府的三种历史形态，统治、管理、服务在每一形态中都有其存在的基础，只是在不同历史阶段，各自所处的地位不一样。正如我们不能因为传统农业社会有法律就将其视为法治社会，也不能因为法治社会中有国家强制性权力的存在就称其为专制社会一样，同样也不能因为现代政府在实质上还没有发生政府性质和根本宗旨的转变，就将服务型政府仅仅视为政府服务工作方式的转变，从而否认其作为社会治理发展趋势的可能性。服务型政府的标志在于"服务"核心地位的确立，它并不否认这之前的政府也存在具体的公共服务，而实际上近代以来的管理型政府一直在注重公共服务的改善和服务品质的提升，只是没有将"服务"从边缘性的事实存在提升到价值谱系的中心而已，因而也就不可能实现政府形态的转变。

公共行政的公共性根源于社会的要求,政府的责任和义务就是服务于社会,如何服务?必须通过政府的行为来实现。如何保证政府行为服务社会?这就需要做出制度安排,规范和约束政府行为。如何保证制度不是偏向于政府?需要制度的公平公正。那么又如何保证制度的正义性?除了相应的现实的制度设计之外,必须真正确立"服务"的宗旨地位或者说核心价值地位。反过来,"服务"这一核心价值如何实现?需要通过一系列的制度设计和安排,既要规范和约束作为整体的政府行为,更要能指导政府工作人员的行为,如此一来,"服务"必须深深根植于政府及其工作人员的行为中,否则就可能出现提供公共服务的"皮"而无公共服务的"瓤"。[1]

服务型政府是对统治型和管理型政府的积极扬弃,作为模式的"服务型政府"中的服务,不仅仅是指制度供给服务、公共政策服务、公共产品服务、公共管理服务、社会保障服务等[2]政府服务职能和行为的事实描述,还是一种行政价值和行政文化。服务型政府的"服务"是集事实、价值、理念于一体的逻辑递进的概念。作为事实层面的"服务",指向的是公共服务、公共产品和服务行为,意味着政府职能以公共服务为主;作为价值层面的"服务",关注的是其在政府治理体系中核心价值地位的确立及其在政府行政中的实现,规范的是政府与市场、社会、公民之间的关系,由此实现政府本位向社会本位、由官本位向公民本位、由权力本位向权利本位的根本性转变[3];作为理念层面的"服务",贯穿于政府体系的构成及运行之中,是形塑政府的DNA,如果缺少服务的理念,也就不具备服务的价值,也就可能徒具服务的形式,甚至演化为暴力、强权,一种强买强卖,一种垄断。

服务型政府所讲的"服务",不仅仅是一个事实描述,还是一个价值要求,不仅仅是要求具体公共服务的输出,更重要者还是政府行为的最高价值准则和基本理念,是政府的价值归属。就学科构建而言,"如果不能

---

[1] 杨艳:《公共行政的改革与发展》,中国人事出版社2014年版,第293页。

[2] 燕继荣:《服务型政府的研究路向——近十年来国内服务型政府研究综述》,《学海》2009年第1期。

[3] 井敏:《构建服务型政府:理论与实践》,北京大学出版社2006年版,第20页。

清楚地确定规范性价值的地位,我们就不可能建立公共行政科学"[1],在实践层面,作为统摄其他不同价值理念的核心价值,"服务"必须渗透到政府管理的完整系统之中,最终落实和体现在政府各部门、各层次、各环节、各人员的具体实践与行动中。因此,无论是在事实层面,还是价值和理念层面,服务的真正实现都存在并依赖于行政人员的具体行为中。

谁都不会否认人应该成为公共行政的核心,然而无论是理论构建还是实践推进却又是"目中无人"。如果将公共行政研究的焦点定位于官僚制,那么关于公共行政的理论无外乎就是官僚制理论与反官僚制理论,在主流的官僚制理论中,官僚个体只具有工具性价值而失去了独立的人格地位,官僚制的种种困境往往归因于官僚制本身的不完备,即便意识到官僚作为人之主体地位丧失所导致的问题,其解决之道也只是寄托在官僚制之外具有非凡气质和能力的魅力型领导者的出现。[2] 而在形形色色的反官僚制理论中,尽管突出了价值"返魅",也一再强调行政人员或公共管理者们的角色担当,但始终无法为他们确定一个合适的形象。那么,在服务型政府已然成为行政改革之目标和旨向的当代公共行政领域,官僚或行政人员应该具有什么样的形象呢?

我们知道,人们在解释我国行政改革的缘起及成败得失的起因时,多是从经济决定政治,政治反作用于经济这一熟悉的原理出发,认为是经济体制的改革对政府行政提出了新的要求,市场经济的出现要求政府行政管理体制的改变。实际上还应该看到,在20世纪80年代我国大力推进行政改革的同时,世界上大多数国家也在进行规模大小不一的行政改革运动。因而置于全球化背景下来理解,此时我国的行政改革不同于以往的调适性改革,而是后工业社会的到来所促成的政府自身治理模式的变革。"模式"意义上的变革意味着政府重塑的关键不仅在于制度、规范等外在的形式建设上,还在于法律、政策之执行者——行政人员素质与能力的实质提高上。塑造行政人员的良好人格,是政府能力建设的基础性工程,良好行政人格是政府焕发活力的源泉,是政府卓越治理能力的主观保证。

---

[1] [美]罗伯特·A. 达尔:《公共行政科学:三个问题》,载彭和平、竹立家等《国外公共行政理论精选》,中共中央党校出版社1997年版,第155—160页。

[2] [美]登哈特:《公共组织理论》(第3版),中国人民大学出版社2003年版,第34—35页。

从公共行政的理论建构来讲，服务型政府的概念提出与理论建构需要有一个坚实的主体性支撑。这是因为，任何政府治理不能局限于在技术道路上孜孜不倦地追求效率，还必须在公平正义的轨道上虔诚地演绎着人类的价值谱系，"只有正视政府治理'为了谁'的问题，进而以此为价值导向，才能真正构建长期有效的政府治理模式。否则，脱离了价值导向的政府治理改革，将缺乏长远的战略考量，最终将成为短期的策略性措施，逐渐在不断变换而复杂的治理生态中陷入无效"[1]。服务型政府与传统政府的首要区别就在于将"服务"从边缘性的事实提升为价值谱系的中心，这一价值的张扬需要适格的主体形象，需要从事实、价值、理念进行三位一体无缝坐实的人格载体。然而，传统理论视域中的主体不是以"虚幻的共相"出现的政府或组织，就是被抽空价值内涵而以工具形象出现的官僚个体，因而难以承担"服务"价值实现的时代责任。是故，如要解锁公共行政领域的价值迷宫，这一主体必须承载价值意蕴与伦理精神并拥有独立性与创造性。

当然，以行政人格切入公共行政研究不仅是服务型政府理论建构的需要，同时也契合了当前哲学社会科学理论研究"人学"主题的趋向，还是为行政哲学体系建构寻求人格理论支持。全钟燮（此处所引文献译为朱恩）认为，行政哲学关注公共行政中概念性问题的研究，当代公共管理不可避免地与概念主义哲学相联系。他从管理哲学的角度把组织和人的关系视为行政哲学的本体论，而其认识论则要求通过行政管理现象的分析，为人们建立认识的途径和模式。[2] 两者并非相互排斥，而是互相补足的，并且共同聚焦于以管理者身份出现的行政人员身上。尽管行政哲学还没形成一个完善体系，但人性假设、行政主体、行政价值、行政伦理、行政文化、行政行为、行政权力与权威、公共利益等一直都是其主要研究内容，通过对行政人格的内涵、本质、生成基础以及历史类型的揭示，不仅极大丰富了行政人格的内涵，同时也为行政哲学各个领域的研究提供现实的支撑点。

---

[1] 杨博、谢光远：《论"公共价值管理"：一种后新公共管理理论的超越与限度》，《政治学研究》2014 年第 6 期。

[2] ［美］J. S. 朱恩：《什么是行政哲学》，《北京行政学院学报》2004 年第 4 期。

## 三 行政人格的学术追求

### (一) 行政人员的范围界定

行政人格是行政人员之"格"之规定，是行政人员的总体性形象。一般认为，行政人员就是指公务员。依据2006年实施的《公务员法》第二条的规定，公务员是指依法履行公职、纳入国家行政编制、由国家财政负担工资福利的工作人员。首先，依法履行公职是指按照国家法律法规规定，行使国家权力、执行国家公务的人员，这是从工作性质上的规定。其次，行政编制是国家人员编制管理中最基本、最重要的一种类别，是关于国家机构内部结构设置及职责权限、工作人员配备的结构比例及定员、领导职位数等方面的一种人事管理制度，是否纳入国家行政编制，由中央机构编制委员会负责确定。再次，由国家财政负担工资福利，是指公务员的工资以及津贴、补贴、奖金、基本医疗保险、养老保险等由国家财政全额拨款。上述三个条件中，纳入行政编制是核心，只有当一个工作人员同时符合或满足上述三个条件，才能说他或她可能属于国家公务员。同时，根据《〈中华人民共和国公务员法〉实施方案》（中发〔2006〕9号文件），我国列入公务员法实施范围的机关有：（1）中国共产党各级机关；（2）各级人民代表大会及其常务委员会机关；（3）各级行政机关；（4）中国人民政治协商会议各级委员会机关；（5）各级审判机关；（6）各级检察机关；（7）各民主党派和工商联的各级机关。上述机关的领导人员或工作机构的工作人员属于公务员。

限于研究主题及意义之规定，本书中的行政人员主要是指各级政府中依法履行公职、纳入国家行政编制，由国家财政负担工资福利的工作人员，即本书中行政人员的范围小于公务员范围。需要指出的是，真正具有独立人格与主权之现代法权意义上的国家直到16世纪才出现，换言之，新中国成立之前，以及西方国家在以三权分立作为国家制度建构原则之前，整个社会结构基本上处于一种混沌状态，传统的国家权力结构没有发生明显分化，因此这一时期并没有严格的现代意义上的行政人员。当时社会中的官僚从属于皇权或王权的权力结构体系，从事着维护阶级统治和一定的社会公共事务的管理活动，从这个角度来说，把这些官僚称为行政人员尽管不甚合适，倒也无其他更合适称谓。

总的说来，本书中的行政人员有两种指称：一是公务员制度建立之前国家政治体系中行使公共权力，进行社会公共事务管理的官僚，主要存在于传统农业社会中；二是公务员制度建立之后各级政府中履行公共事务管理的公职人员，主要存在于当代中国和工业化之后的近现代西方国家。当然，行文过程中，本书并不对其做区分。

### （二）行政人格研究的历史脉络[①]

尽管沃尔多、达尔等提出"人"在公共行政研究中具有核心地位，但他们自己并没有沿此道路研究下去，在随后的公共行政学领域，真正关注公共组织中人或人格问题的学者也寥寥可数。总体而言，在西方国家，人格更多的是作为心理学概念使用的，所以，关于组织中人格的具体研究，学者们一般都是从心理学角度，包括精神分析学、精神病理学，运用行为观察、性格测试等量化形式对组织中人员（主要限于公司企业等私人组织中，也包括学校行政人员）的行为进行解释，或者说西方学界其他学科关于人格的研究是心理学成果在不同领域的直接运用或各取所需的变通发展，其中以管理学领域的研究成果为代表，而令人瞩目的还有对人格与政治的关注与探讨，并由此构成了作为分支学科或者交叉学科之政治心理学的重要内容。

在管理学领域，有些学者从社会心理学角度对组织中人的行为和人格进行分析。珍妮佛·查特曼（Jennifer A. Chatman）与西格尔·巴塞德（Sigal G. Barsade）于1995年在《行政学季刊》上发表了他们关于组织中人的性格、合作行为与组织文化三者之间关系的研究成果。他们以组织中的合作行为为例，通过考察组织中人们的合作倾向，以及其行动产生的组织文化背景，描述行为产生的起因与境遇特征，然后揭示这些因素如何相互作用进而导致组织中合作行为的产生，最终试图阐明从个性预知行为的条件。但是，他们研究的最后结论是人的先天性格对行为起着决定性作用。[②] 而在此之前，菲利普·H. 安德森（Philip H. Anderson）和利·罗顿（Leigh Lawton）分别于1991年和1993年做了一项关于主导人格类型与企业全面模拟联系的研究，其目的是直接检验帕特兹（Patz）关于企

---

[①] 杨艳：《行政人格研究现状及述评》，《南京社会科学》2007年第1期。

[②] Jennifer A. Chatman, Sigal G. Barsade, "Personality, Organizational Culture, and Cooperation: Evidence From a Business Simulation", *Administrative Science Quarterly*, Sept., 1995.

全面模拟练习与通过 MBTI 法（当今世界广为流行的性格测试法）所测定之主导性格类型关系的假说。他们通过个体检测而不是组的样本选择，让每个学生在全面企业模拟中独自经营自己的公司而排除组织动力的影响，证明帕特兹将企业模拟练习中被测群体的表现与性格类型并不直接相关，他们更愿把模拟练习看成是与 MBTI 测试的相关参数有关。在报告结尾，他们指出在将来进行企业模拟练习的研究中，关注组织动力学可能会更有成果。[1] 约翰·B. 沃什布什（John B. Washbush）也通过实验证明 NT（内向思维型，intuitive-Thinking）类型性格与企业模拟练习之间没有绝对的关联，因此，帕特兹关于主导性格决定组织中行为的假说是不成立的。[2] 尼古拉斯·亨利根据萨洛韦的重要研究，认为一个人在家庭兄弟姐妹中的排行，是其在组织中行为的主要决定因素，尽管排行并不是确定一个人叛逆倾向（进行革命性的创造力）的万无一失的方法。换言之，这种达尔文主义的生物分化原则决定了组织成员的人格。[3]

在政治学领域，一些心理学者或政治学者运用心理学研究成果积极探索政治领域中的人格问题，人格与政治的关系一度成为政治心理学的核心命题。从研究对象而言，政治心理学关于人格与政治的研究包含两个方面，一是个人政治活动与人格特质之间的关系，二是政治活动中的人格类型研究。人格如何影响政治态度与行为？政治心理学对此的传统假设是人格与政治之间存在明显的因果关系，对此很多人格特征成为研究的热点，如政治效能、离群（anomie）和疏远（alienation）、权威主义（authoritarianism）、权力动机、政治信仰、政治意识形态等。人格与政治关系的明确假设构建了规范的政治理论和当下新闻界中的政治分析，然而这些与个人政治活动相关的特征往往被孤立地研究，这些研究要么是大量不着边际的缺乏实证支持的推论，要么就是大量堆积的缺乏理论分析的测试数据，[4] 而这种测量主要以使用大量分离或独立的人格因素而非完整的、全面的测

---

[1] Philip H. Anderson and Leigh Lawton, "Dominant Personality Types and Total Enterprise Simulation Performance: A Follow-up Study", *Developments in Business Simulation & Experiential Exercises*, Vol. 20, 1993.

[2] John B. Washbush, "Personality Characteristics and Group Performance in Total Enterprise Simulation", *Developments In Business Simulation & Experiential Exercises*, Vol. 19, 1992.

[3] ［美］尼古拉斯·亨利：《公共行政学》（第 7 版），华夏出版社 2002 年版，第 117 页。

[4] John B. McConahay, "Personality, Politics, and Path Analysis", *PsycCRITIQUES*, Vol. 21, No. 4, 1976, pp. 263-265.

量为特征①。行为遗传研究表明人格特质与政治态度可以受一般性遗传因素的影响,这说明人格与政治的关系并非严格意义上的所谓因果关系,②这种假设往往过于简单化③。实际上,人格与政治之间确实具有某种特定的相关性,但这不是仅指人格对政治具有决定作用或政治对人格具有决定作用,甚至说,即使可以假定人格对政治具有影响乃至决定作用,但这种影响和作用是有条件的,因此一些学者尽可能将人格影响政治的条件具体化。④ 正如史密斯在解释人格与政治的关系时认为,在社会行为的决定因素中,人格倾向和环境因素都必不可少,而心理学家和社会学家之间关于人格倾向和环境因素哪一个更重要的学科间争论则是"愚蠢的和过时的"⑤。

一般认为,政治心理学关于人格与政治的研究始于阿多尔诺等人于1950年出版的《权威人格》(*The Authoritarian Personality*),这是二战后一个由心理学家、社会心理学家组成的研究小组对德国纳粹反犹太主义之人格因素的研究成果。自《权威人格》之后,关于个体人格或群体人格的类型研究成为政治心理学中人格与政治的另一重要主题,相较而言,人格类型研究比个体研究对政治心理学起到了更重要、更积极的推进作用。⑥ 当然,无论是以个体人格需要为基础或为取向的人格研究还是人格类型研究,前者强调的是人格对政治行为和意识形态的单向关系,后者关注的是从某一类型人格与政治的关系推导普遍意义上的人格与政治的关系,都存在以下弊端:一是可能不会充分利用有关构成集合的部分的心理证明,二是陷入心理学的还原论,三是从心理类型中得出集合性结论的努力,经常会被仅仅从历史过程和社会政治结构中归纳出个人心理的错误推理所破坏。⑦

---

① Edward Bell, Michael A. Woodley, Julie Aitken Schermer, Philip A. Vernon, "Politics and the General Factor of Personality", *Personality and Indvidual Differences*, No. 53, 2012, pp. 546-551.

② Ibid..

③ Brad Verhulst, Peter K. Hatemi, Nicholas G. Martin, "The nature of the relationship between personality traits and political attitudes", *Personality and Individual Differences*, No. 49, 2010, pp. 306-316.

④ Paul M. Sniderman, "Personality and Democratic Politics", in *Political Psychology: Classic and Contemporary Readings*, New York: Paragon House Publishers, 1993, p. 109.

⑤ Fred I. Greinstein, *Personality and Politics Problems of Evidence, Inference, and Conceptualization*, New York: The Norton Library, 1975, pp. 126-127.

⑥ Ibid., pp. 118-119.

⑦ Ibid., pp. 120-122.

在公共行政研究中，韦伯在创建理想组织结构——官僚制时就已经注意到了严格的层级制对个体独立人格的排斥，以及非人格化扩张所带来的长期社会问题，但他却抱着悲观的态度仍预言人类不可避免地将进入这座"新的奴役铁笼"，只是将逃离这一铁笼的唯一希望寄托于具有非凡气质和能力的魅力型领导者的出现。[①] 1940年，美国社会学家默顿在《社会理论和社会结构》中讨论了官僚制中因组织结构的内部紧张和冲突而导致的官僚人格变异。官僚制是一种接近于完全消除人格化的关系和非理性考虑的结构，这种结构强调精确、效率和顺从等，其内部压力和限制将导致胆怯、保守主义和技术主义。同时，默顿还指出，官僚的人格类型是非人格化规范的核心，官僚遵循抽象规定的绝对化趋势往往会造成官僚与公众或顾客之间的紧张关系。进而，默顿呼吁加强对官僚制和人格的相互作用进行经验性研究，并认为这特别有助于我们对社会结构的了解，甚至进入"所罗门的圣殿"。[②] 阿吉里斯在《人性与组织》（1957）中提出了官僚组织中人类行为的"成熟与不成熟理论"。他认为，人格健康成长的成熟个体从婴孩期到成年期，总会经历从被动到主动，从依赖到独立，从有限的行为范围到较大的行为范畴，从肤浅的兴趣到深刻的兴趣，从关注眼前小利到放眼长远，从从属地位到平等的地位乃至上司的地位，从懵懂无知到启蒙觉醒的成长过程。但是，"成熟的组织"是与"不成熟"的个体相适应的，一个"成熟的组织"只能使人保持在"不成熟"的阶段，从而妨碍组织成员之自我发展，并导致组织的混乱与不安。[③]

马威克（Dwaine Marvick）对官僚在公共组织中所起的作用进行了细致研究，并从公共官僚的个人目标与理性的角度，依照职业风格将公共官僚分为三类：体制主义者、专家和混合类型。简言之，体制主义者是相信组织的具有"高尚"职业承诺的人，通常为中间层的官僚；专家则是与体制主义者完全相反，并不追求自己在组织中的地位，而是无意识地要求发挥自己的职业技能；混合型的人则是政治化的专家，他们并不追求任何

---

① [美]登哈特：《公共组织理论》（第3版），中国人民大学出版社2003年版，第34—35页。

② Robert K. Merton, *Bureaucratic Structure and Personality*, 载竺乾威、马国泉编《公共行政学经典文选》（英文版），复旦大学出版社2000年版，第83页。

③ Argyris, Chris, *Personality and organization: the conflict between system and the individual*, New York, Harper & Brothers, 1957, p. 50.

高尚的职业目标,而是特别注重自己在政府中的职位和仕途,因此也是组织中的现实主义者。① 1967 年,安东尼·唐斯在《官僚制内幕》中为构建一种有用的决策理论,深刻透析了官员与官僚组织行为。唐斯通过对官员一般动机、普遍存在的共同局限和偏见、目标、行为模式等方面的经典分析,探讨了官僚组织所承担的社会职能及其所处的环境对其结构、行为和决策的影响,全面透视了官僚制内幕。同时,唐斯基于官员动机的不同组合,提出了官员的五种类型划分:权力攀登者、保守者、狂热者、倡导者和政治家。② 在 1965 年出版的《人、管理与道德》一书中,戈伦毕威斯基从标准的人际关系出发,着重批判了传统的组织理论将重点放在自上而下的权威,层级控制以及标准的工作程序上。他认为,这样的组织理论是无法兼顾个人发展的,它对个人自由问题的忽视,恰恰显示了传统理论对个体工人的道德状况不够敏感。他的目标是试图在组织中扩大个人裁量的空间进而以提高个人的自由。③ 但是,登哈特夫妇认为,由于戈伦毕威斯基缺乏对个人自由与组织效率冲突可能性之解决的讨论,因而从其理论中给人的感觉是:人际关系学派只是为管理者提供更多的技术,是一些在伦理道德基础上可以贩卖给工人的技术。④

关于组织中的人的问题,有些学者更加明确地从伦理或法律角度进行了充分探讨并提出了解决之道。小威廉姆·H. 怀特(Jr. William H. Whyte)在《组织人》(1956)中论述了组织中的基本的个人伦理自主性。他认为,当前我们处于一个组织的时代,组织伦理的实质就是鼓励对组织的首要认同感,它使社会对个人的压制在伦理上得以合法化。因此,怀特旗帜鲜明地反对组织对个人价值观、世界观和行为的控制,主张保持一种组织生活中的个人主义,坚持个人道德的首要性。⑤ 威廉姆·斯科特和大卫·K. 哈特通过对现代组织中的"角色等级"的分析,详细论述了"组织控制"方面的问题。他们认为,"组织控制"已经改变了美国的价值观,并悲观地预测"集权主义的美国"已然来临。他们把避免这一悲剧

---

① [美]尼古拉斯·亨利:《公共行政学》(第 7 版),华夏出版社 2002 年版,第 115—116 页。
② [美]安东尼·唐斯:《官僚制内幕》,中国人民大学出版社 2006 年版。
③ Golembiewski, Robert T., *Men, Management, and Morality: Toward a New Organizational Ethic*, New York, McGraw-Hill Book Co., 1965.
④ [美]登哈特:《公共组织理论》(第 3 版),中国人民大学出版社 2003 年版,第 112 页。
⑤ Whyte, William, *The Organization Man*, New York: Simon and Schuster, 1956.

的希望寄托于"职业人物"对现代组织的改造,进而重建"个人控制"。① 这与韦伯的观点不谋而合。阿勒多·格雷罗·拉莫斯则为解决全面的组织控制问题提供了一套综合方法。拉莫斯将现代行政理论看作是市场主导型的社会现实的产物,它将利益最大化当作首要追求,而组织中个人成为一种"操作性的人",其潜能的实现完全屈从于经济原则。为此,拉莫斯提出一种"解释性的人"的替代模式,通过社会系统的分析和再设计,实现对"组织的限定"。所谓组织限定,就是限制自己对组织的忠诚度,并以一种有意识的、积极的和系统的方式参与组织活动,从而限定组织对自己职业行为的控制。② 库珀在此基础上认为,组织中的公共行政人员必须从美国政治共同体中吸纳和培养价值观,除此之外还应该培养自己的身份认同资源,并具体提出了三种途径:职业身份认同、政治身份认同和社区身份认同。③ 大卫·尤因则从一个宪法与行政法专家的角度为解决组织中的个人困境问题提供了一种法律导向的更具体的解决方案。他指出,个人在进入组织后,言论自由、出版自由、集会自由等宪法权利则被丢在了组织之外,因此,要解决这一组织控制下的"无权"现象,必须对组织中的人进行法律上的保护。库珀将这种解决方法称为组织立宪主义。④ 毫无疑问,个人裁量权以及伦理自主等彰显组织成员主体性与独立性的内容进入了学者们的视野。

人格是存在于文化中的现象。一些西方学者也尝试将文化概念引入人格与政治的关系中,但实际上他们是把文化与人格看作是偏见、种族中心主义和激烈冲突相并列的驱动力。⑤ 兴起于 20 世纪上半期的文化途径由于可用研究的概念工具和方法工具都过于原始和简单,这种努力在 20 世纪 60 年代就宣告终结。⑥ 总而言之,在西方学界,由于公共行政作为独

---

① William G. Scott and David K. Hart, *Organizational America*, Boston: Houghton Mifflin, 1979.

② [美] 库珀:《行政伦理学:实现行政责任的途径》(第4版),中国人民大学出版社 2001 年版,第 209—211 页。

③ 同上书,第 212—213 页。

④ 同上书,第 213—215 页。

⑤ 王丽萍:《人格与政治:政治心理学领域核心关系分析》,《北京大学学报》(哲学社会科学版) 2002 年第 39 期,第 2 页。

⑥ John Duckitt., *Culture, Personality and Prejudice*, in *Political Psychology: Cultural and Cross-cultural Foundations*, London: Macmillan Press Ltd., 2000, p. 89.

立的学科领域仅有百余年历史,公共行政领域关于行政人格之研究乃至其概念界定之基础理论较为薄弱;相对而言,心理学或社会心理学相关领域的研究则提供了最直接、最有效的基础,然而这些内容并不能完全满足公共行政领域行政人格研究的需要,至少在中国语境下面临着种种困境和诸多问题。

### (三) 行政人格研究的本土化进程

纵观国外相关研究,存在多途径、多视角的趋势,且颇具理论深度,但总体来看,这些研究多是在心理学之"人格"概念下开展的。事实上,与心理学家不同,政治学家常常将"人格"等同于自我防卫,所谓人格与政治之间的关系实际上就是个人精神病理学对政治的作用。[①] 如此一来,政治学通常将与个人活动有关的人格特征孤立起来加以研究,视角较为单一,[②] 而其他角度的研究更多地局限于官僚组织内部,较少考虑社会体制、制度、文化等因素,并且批判性成分多,建设性观点不足,因此西方关于行政人格的研究并未形成专门化的理论体系。相比较而言,国内相关研究则明确提出了"行政人格"的概念,并自 20 世纪 90 年代中后期开始已初步形成行政人格的含义、特征、构成、类型、功能、塑造途径及意义的体系化研究,成绩显著。此外,还有一部分学者从心理学、管理学角度,对行政人格的类型、行为动机以及行政人员与组织间关系等进行了实证研究。

我国台湾行政学者张金鉴在《行政学典范》一书中借鉴阿吉里斯的研究成果,从管理与激励的角度,对行政人员的人格做了分类,提出了"幼稚型"与"成熟型"两种人格类别,进而提出塑造"成熟人格"的设想,主张管理者适应员工的"成熟人格"而为因应措施,发挥激励作用。[③] 另一位行政学者张润书在其著作中从心理学角度探讨了行政人员在

---

[①] Fred I. Greinstein, *Personality and Politics Problems of Evidence, Inference, and Conceptualization*, New York: The Norton Library, 1975, p. 4.

[②] Jeanne N. Knutson, *Handbook of Political Psychology*, San Francisco, Ca.: Jossey-Bass, Inc., Publishers, 1973, p. 39.

[③] 张金鉴:《行政学典范》第三十二章第四节"成熟人格与激励管理",台北:中国行政学会 1986 年版。

组织中的行为、工作态度与人格的关系。① 王沪宁、竺乾威编写的《行政学导论》从心理学角度分析了行政人员的能力、性格、气质与行政行为的关系，并"按照个体独立性程度"把行政人格分为"顺从型"、"独立型"两种人格类型。② 当然，上述研究只是存在于教科书中，没有得到进一步的阐释与发展。

由于中国的传统文化一直以人的道德水准与道德理想境界作为人之为人的规定，"人格"在中国话语环境中更多的是被赋予了伦理道德的意义，成了"人品"的替代词。因此，国内学者多从哲学和伦理学角度来探讨行政人格。李春成博士在《行政人的德性与实践》中遵循亚里士多德之德性论传统，提出功能性的"德性行政人"概念，详细分析了行政人作为道德主体的可能性与必要性，探究行政人的道德品质及其价值选择与伦理责任，最后还分析了德性行政人生成的不同路径。③ 王伟教授在《行政伦理概述》中明确提出了行政人格的概念，并将行政人格定义为包括党政机关、国家公务员在内的公共管理主体的人格，进而对行政人格的内涵、作用等做了大致论述，将之视为行政伦理价值目标的核心。④ 张康之教授主编的《行政伦理学教程》，专列一章对行政人格做了较为详细的论述。该书从人的类本质出发来认识和理解行政人格，把行政人格理解为行政人员个体之格。同时，既注重研究个体之个性特征的结构层次及其形成和发展的条件、机制和动力，又强调个体人格之社会类本质的生成性，并且站在历史唯物主义角度，将行政人格的历史类型划分为依附人格、工具人格、独立人格，并将独立人格视为当前我国行政人格的理想形态。⑤ 在2004年出版的《公共行政中的哲学与伦理》一书中，张康之教授单列专节论述了公共行政中独立人格的生成。他指出，人的人格发展是社会关系的产物，具体而言就是依附人格是分配关系的产物，而独立人格则在交换关系中生成。但是，在交换关系占主导地位的条件下，公共行政领域却仍然存在依附人格产生的基础，这与独立人格的社会普遍性相矛盾，为

---

① 张润书：《行政学》第十章第二节"人格、行为与工作态度"，台北：三民书局1976年版。
② 王沪宁、竺乾威：《行政学导论》，上海三联书店1988年版，第194页。
③ 李春成：《行政人的德性与实践》，复旦大学出版社2003年版。
④ 王伟：《行政伦理概述》，人民出版社2001年版。
⑤ 张康之：《行政伦理学教程》，中国人民大学出版社2004年版。

此，必须加强能力本位主义的行政文化改造，注重权力结构的改造，营造独立人格生成的制度环境。① 黑龙江大学何颖教授在《行政哲学研究》中将行政人格视为一个道德范畴，并集中讨论了主体性行政人格的含义、特性及能力要素，分析了主体性行政人格的功能与价值，提出了主体性行政人格的生成方法，发掘行政人员的内在潜能、提升行政人员的自主决策能力、以具体实践能力的提高推动道德主体性生成。② 湘潭大学陈建斌教授在国家社科基金的资助下完成了《文明行政视野下的行政人格》，从行政人格与文明行政的内涵及特征、行政人格的结构与冲突、行政人格与制度的关系出发，探讨了文明行政视野下行政人格的评价与现实中的演变及冲突，进而提出了文化建设、制度创新、教育培训和自我修养等行政人格塑造的四种途径。③

自20世纪90年代中期开始，已陆续有明确以"行政人格"为名的研究文章散见于杂志上。1994年，马文运在《社会转型中的行政人格》一文中提出了行政人格概念。他指出，行政人格是行政人在执行公务中的行为特征，具体体现在三方面：在法律上，体现了作为行政主体之承担义务享受权力的资格；在伦理学上，体现了行政人的道德品质；在心理学上，体现了行政人的性格、气质、能力等特征。该文还从正反两方面具体分析了市场人格对行政人格的双重影响。④ 此后，行政人格研究逐渐进入学者们的研究视野，并在21世纪后曾经一度成为关注的热点，这可从国内"行政人格"研究之文献数量的时间分布得以佐证（如图1—3所示）。

基于中国知网（CNKI）文献库，笔者以"行政人格"为主题搜集了1994—2013年间的有关文献，⑤ 并剔除一些只是简单提及行政人格但并未详细论述的文献，进而得出有效篇数，同时也重点关注了硕博论文的情况。单从文献数量来看，我国的行政人格研究总体上还处于起步阶段，当然这是仅指在"行政人格"概念下的研究，不包括心理学者们运用不同量表对不同干部群体或公务员群体所开展的研究。从时间分布上看，我国的行政人格研究在20世纪90年代中后期其概念被提出后，2002年开始出

---

① 张康之：《公共行政中的哲学与伦理》，中国人民大学出版社2004年版。
② 何颖：《行政哲学研究》，学习出版社2011年版。
③ 陈建斌：《文明行政视野下的行政人格》，湘潭大学出版社2013年版。
④ 马文运：《社会转型中的行政人格》，《决策探索》1994年第12期。
⑤ 中国知网（CNKI）（www.cnki.net），2014年8月5日。

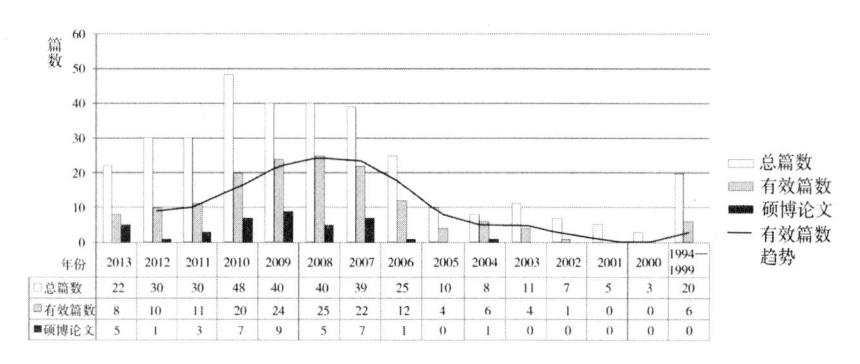

| 年份 | 2013 | 2012 | 2011 | 2010 | 2009 | 2008 | 2007 | 2006 | 2005 | 2004 | 2003 | 2002 | 2001 | 2000 | 1994—1999 |
|---|---|---|---|---|---|---|---|---|---|---|---|---|---|---|---|
| 总篇数 | 22 | 30 | 30 | 48 | 40 | 40 | 39 | 25 | 10 | 8 | 11 | 7 | 5 | 3 | 20 |
| 有效篇数 | 8 | 10 | 11 | 20 | 24 | 25 | 22 | 12 | 4 | 6 | 4 | 1 | 0 | 0 | 6 |
| 硕博论文 | 5 | 1 | 3 | 7 | 9 | 5 | 7 | 1 | 0 | 1 | 0 | 0 | 0 | 0 | 0 |

图1—3　1994—2013年国内行政人格研究的文献分布

现增长趋势，2007—2010年期间达到小高峰，这与我国关于"服务型政府"研究文献的发展趋势相一致，① 这是因为我国的行政人格研究是服务于服务型政府的理论研究与现实构建的，是作为服务型政府之主体性理论基础而展开的。此外，行政人格研究自2006年后成为我国研究生群体中为数不多的公共管理或行政管理专业研究生所热衷的选题之一，这既是理论传承之需，更凸显出青年学子们对理论与现实的热切关注方向，然而职业学者的集体缺席又彰显着行政人格研究的尴尬与无奈。尽管如此，仅有的百余篇文献却初步形成了对行政人格的内涵与特征、功能与构成、塑造途径、类型与评价等方面的体系化构建。

关于行政人格的内涵及特征，李建华等认为，行政人格是国家行政人员在公共事务中区别于社会其他成员的内在性规定，是行政资格、行政规格、行政品格与行政风格的内在统一。行政人员作为一种特殊的职业主体，内在地规定了行政人格具有与其他职业人格迥然不同的特质，集中表现为行政人格的公共性、服务性和责任性。② 进而，行政人格具有多种对内对外的功能，其对内功能主要表现为价值定向、动机整合以及行为调控等，对外功能则体现为榜样激励、体系维护、社会辐射等。但这些功能并非万能和无条件的，行政人格功能的域限在于其本身价值的可效性、功能

---

① 程倩：《服务型政府研究：十年历程及分析》，《行政论坛》2012年第1期；董娟：《服务型政府研究文献的统计分析》，《理论与现代化》2011年第5期。

② 李建华、夏方明：《行政人格内涵新析》，《长沙电力学院学报》（社会科学版）2004年第19期，第2页；《简论行政人格的特质》，《湖南行政学院学报》2004年第3期。

对象的可纳性、道德环境的可宜性。① 陈建斌则将国家公务人员的人格称为公仆人格，就是指党政干部作为国家公职活动主体的承担者，在其职业劳动过程中形成的优良的情感意志、合理的智能结构、稳定的道德意识和个体的内在的行为倾向性，是公仆行为规范与人的个性化发展的辩证统一，具有组织人格与个体人格二重属性。② 郑建辉认为，行政人格是公务人员作为公共利益的承担者和维护者的尊严与品格的总和，并区分了行政人格之一般与现代行政人格的概念，进而探讨了行政人格的最高境界、根本出发点和归宿点，以及原动力。③ 许志江认为，行政人格是行政人在先天遗传因素与后天行政职业文化——环境共同作用的结果，通过行政人在行政活动中的学习过程，从而逐渐形成的一种在行政活动中持久性的心理特征总和，是行政人的内心活动与外在行为的统一，展示出行政人的整个精神面貌或特征。人格的结构是多层次、多类型的，具体包括五个层面的内容：日常行政行为、行政角色认知、行政气质、需要动机、行政价值取向。④

还有部分学者对行政人格进行现状分析并提出了塑造途径。张康之教授从行政人员的道德定位出发，主张强化行政人员道德意识的监督机制，进而促成行政人格的生成，达至行政道德的最高境界。同时，行政文化作为行政体系的重要组成部分，在行政人格的塑造中表现为对行政人员心灵的冶铸。⑤ 王爱芳、刘爱莲从行政伦理教育、行政监督和行政官员自身道德修养三方面论述了现代化进程中行政人格的塑造。⑥ 李颖、赵有声从公仆精神、民主精神、法治精神等九方面论述了行政人格的塑造与完善。⑦ 陈建斌认为，组织人格与个体人格常常产生对立和冲突，主要表现为价值

---

① 李建华、夏方明：《论行政人格的功能及其域》，《湖南文理学院学报》（社会科学版）2005年第30期，第3页。
② 陈建斌：《论公仆人格及其冲突与调适》，《上海交通大学学报》（哲学社会科学版）2003年第2期。
③ 郑建辉：《完善行政人格》，《新东方》2003年第10期。
④ 许志江：《行政人格的涵义与结构试析》，《理论观察》2006年第1期。
⑤ 张康之：《行政人员的道德意识与行政人格的生成》，《云南行政学院学报》1999年第2期；《行政文化在行政人格塑造中的作用》，《青海社会科学》1999年第6期。
⑥ 王爱芳、刘爱莲：《论现代化进程中行政人格的塑造》，《江南社会学院学报》2004年第4期，第2页。
⑦ 李颖、赵有声：《论公共行政精神与公务员行政人格的塑造》，《云南行政学院学报》2004年第2期。

观念与行为方式的冲突，组织依附与个性独立的冲突，行政人格与经济人格的冲突，公仆职权与其公民权的冲突等等。调适这些冲突必须从加强思想教育、健全各项制度和培育公仆文化等方面入手。[1] 陈建斌等论述了行政制度对行政人格的塑造作用以及行政人格的行政制度建树作用;[2] 王光升从制度视域详细分析了行政人格冲突的根源，并论述了非正式制度、激励机制、监督机制、考核机制及职位分类设置等方面的调适途径。[3] 另外，黄金声、郭俊强还论述了现实中领导者的双重人格现象，主张把塑造优良人格、提高人格素质作为一项刻不容缓的重大政治任务。而塑造领导者的优良人格，应包括自我塑造与组织培养两个途径，提高人格素质则应该在人格选拔、人格教育、人格监督、人格榜样等环节上下功夫，逐步形成人格塑造的系统工程。[4] 陈建斌等认为，组织中行政人格塑造的原动力是心理契约，重塑行政人格的基础和根本途径分别是保持心理契约的平衡发展和通过引入激励式管理来重构心理契约。[5] 王敏认为，应该把人格建设作为干部队伍建设的重要内容，具体途径是：激活人的内在机制、强化道德意志实践、建立良好的身心整合系统、优化外部环境、加大考核力度。[6] 还有人以我国首次载人航天飞行成功为契机，通过对载人航天精神与现阶段我国行政人格塑造过程存在的不足进行比较分析，提出行政人员可以通过塑造或完善勤政人格、廉政人格、责任人格、拼搏人格、务实人格、创新人格、服务人格与合作人格来弥补现存的一些不足。[7] 为解决公共行政中公平与效率的矛盾，刘湘宁从行政自由裁量存在的客观性以及行政权力从抽象走向具体的必然性角度出发，呼吁加强行政组织的伦理道德建设和公务员行政人格的培养，并认为培养和完善行政伦理人格，主要应

---

[1] 陈建斌:《论公仆人格及其冲突与调适》,《上海交通大学学报》(哲学社会科学版) 2003年第2期。
[2] 陈建斌、伍小乐:《行政制度与行政人格关系探析》,《云南行政学院学报》2008年第4期。
[3] 王光升:《制度视域中行政人格冲突的根源及调适途径》,硕士学位论文,湘潭大学,2007年。
[4] 黄金声、郭俊强:《论领导者的人格及其塑造》,《政工学刊》1998年第1期。
[5] 陈建斌、伍小乐、徐艳红:《心理契约对行政人格塑造的影响及启示》,《重庆工学院学报》(社会科学版) 2008年第9期。
[6] 王敏:《人格建设应作为干部队伍建设的重要内容》,《理论学刊》2001年第4期。
[7] 杨钊:《我国行政人格塑造的新思路——以载人航天精神为契机》,《甘肃行政学院学报》2004年第2期。

通过行政伦理的他律和自律及其对立统一的过程。①

行政人格具有哪些类型，如何进行评价或测评也是学者们关注的焦点之一。张康之等创造性地吸收马克思主义人学观，从人类社会治理模式发展的历史进程将行政人格区分为依附型、工具型、独立型依次递进发展的三种人格类型。②李建华等认为，行政人格是个体人格与群体人格的统一，从人格自我同一性过程的变化规律出发把行政人格划分为自我同一（健康型）、自我分化（双重型）、自我分裂（病态型）三种类型；从人格主体把握必然获得自由的发展程度出发把行政人格划分为他律、自律、自由三种类型；从人格主体对社会角色要求的遵从程度出发把行政人格划分为盲从—依附型、屈从—虚伪型、信从—忠诚型、自主—创造型四大类型；从行政的政治特征角度把行政人格划分为统治型、管理型、服务型三种类型。③高云认为，解决当前行政人格不尽如人意之关键在于创新行政人格评价机制。他指出，传统行政人格评价机制存在评价角度单向性、评价过程封闭性和神秘性、评价程序机械性等特征，应建立一种多向性的、公民可参与性的全面评价机制。④陈建斌等以工具型人格向独立型人格转型为出发点，以独立型人格塑造为切入点，认为确定行政人格评价体系指标权重是科学评价行政人格的前提，并基于行政人格的内涵，引入层次分析法，选取道德格、性格格、智慧格三因素作为准则层构建递阶层次结构，初步构建出行政人格的评价指标体系。⑤

值得指出的是，国内一些心理学者尝试引入各种理论开展不同领导干部群体或公务员群体的人格测评研究。张丽锦使用经修订的艾森克（EPQ）人格问卷和爱德华个人偏好问卷（EPPS），对行政管理人员做不同职级人格特质的比较研究表明：行政管理人员在总体上人格维量表现为

---

① 刘湘宁：《论公务员行政的伦理道德依据及行政人格的培养》，《湖南社会科学》2005年第3期。
② 张康之、杨艳：《论行政人格的历史类型》，《江海学刊》2004年第6期。
③ 李建华、夏方明：《论行政人格的基本类型》，《湖南科技大学学报》（社会科学版）2005年第8卷第5期。
④ 高云：《略论行政人格评价机制创新》，《云南民族大学学报》（哲学社会科学版）2003年第20卷第6期。
⑤ 陈建斌、胡晓庆、陈文满：《基于层次分析法的行政人格评价指标体系权重确定》，《中共青岛市委党校学报》2006年第4期；胡晓庆：《行政人格评价指标体系及模型的构建研究》，硕士学位论文，湘潭大学，2007年。

低精神质（P），较高的情绪稳定性（N）和掩饰性（L），并在行为的内外倾（E）方面与一般人员无明显差异；人格维量与影响管理潜能的六种行为倾向之间存在着一定相关性，这种相关性随职级的变化而呈现一定规律性。[1] 翟洪昌等通过对河北省委党校培训班学员98人进行卡特尔个性测验，经过因素分析得出管理人员个性特质的5个主要因子：控制力、情绪感染力、成熟性、处事风格、理智风格。[2] 赵国祥通过实验表明，我国处级党政领导干部的个性特质由六个因素构成，即责任心、社交性、情绪稳定性、创新性、决断性及自律性。[3] 敖小兰运用心理学性格测试法MBTI中文修订版对我国领导干部的人格类型进行了分析。通过对中国东部、中部、西部共745名领导干部的测试，得出了我国领导干部人格类型的总体分布情况，以及不同性别、不同年龄、职务级别、单位性质、工作属地、学历的领导干部在16种人格类型上的分类。其研究结果是：我国领导干部人格类型以ESFJ（外向感觉情感判断）类型居多，其次为ESTJ（外向感觉思维判断）类型，并且更多地偏向"S"（感觉）、"F"（情感）和"J"（判断）。[4] 李晧等采用艾森克人格量表与症状自评量表（SCL-90）对公职人员的人格和心理健康状况及其相互间关系进行了研究，结论是公职人员整体的心理健康水平较高，但男性机关公务员及年长者的心理健康值得关注，神经质与心理健康高度关联。[5] 赵世明、郑日昌运用《明尼苏达多相个性测量表中文版（MMPI-2）》，《卡特尔十六种人格因素量表（16PF）》和自编的《领导者心理健康量表》3种不同类型和功能的心理测验，对领导干部的心理健康和人格特征进行了分析。[6]

霍团英采用卡特尔16种人格因素（16PF）对中青年干部的测量表明，其人格特征表现为情绪稳定、独立积极、沉着自信、自律严谨及敢作敢为等，但创造性、有恒性有待提高。同时，相比较而言，男性更内向独

---

[1] 张丽锦：《不同职级行政管理人员人格特质的比较研究》，《宁夏大学学报》（人文社会科学版）2000年第2期。
[2] 翟洪昌等：《管理人员个性的因子分析及其科学评价问题的研究》，《心理科学》2002年第2期。
[3] 赵国祥：《185名处级领导干部的个性特质的研究》，《心理科学》2002年第2期。
[4] 敖小兰：《中国领导干部人格类型研究》，《心理科学（沪）》2004年第3期。
[5] 李晧等：《公职人员的人格与心理健康研究》，《中国临床心理学杂志》2004年第3期。
[6] 赵世明、郑日昌：《领导干部人群的心理健康及其人格特征分析》，《中国浦东干部管理学院学报》2008年第3期。

立、自信现实、情绪稳定,女性更外向、乐群、敏感。① 针对以上情况,王登峰、崔红指出,直接采用西方人格量表测试中国党政领导干部的人格特质不甚合适,而自编问卷可能由于项目取样方面的局限导致研究结果的稳定性较低,因而他们采用中国人人格量表,从7个维度、18个次级因素对基层党政领导干部的人格特点与行为类型进行了研究。② 之后,他们还用中国人人格量表(QZPS)与西方五因素人格问卷(NEO PI-R)对领导干部人格特点与工作绩效之间的关系进行了比较研究,认为"西方的量表如果不做彻底的修订是无法应用于对中国人的测量的"③,进而提出西方人格量表在中国本土化的必要性和重要性。孟凡菊、邢占军则建议将16PF应用于党政领导干部人格评价时应重新修订,并考虑制定新的常模。④

与公共行政学领域对行政人格研究的不足相比,其他学科中的人格研究取得了不少成果,其中与本书的研究思路及视角相关的著作有:《人格论》,该书纵论西方各派人格理论,并集中论述了我国传统社会的人格状况;⑤《从圣贤人格到全面发展》,该书从历史与现实的系统性出发对中国社会的理想人格做了宏观探讨,详细论述了传统人格及其在近现代的裂变,勾画了当代中国现代化人格的前景;⑥《亦主亦奴——中国古代官僚的社会人格》,这是论述我国古代官僚人格的第一本学术专著,该书认为亦主亦奴是中国古代最具普遍意义的社会人格,而官僚的政治人格又是主奴综合意识的典型代表;⑦《哲学人格》,该书从哲学角度对人格问题进行了系统探索,通过对"价值生命"、"价值时空"、"价值自我"、"价值适然"等范畴的阐发,论述了图腾崇拜下的"族群人格",价值阶梯上的

---

① 霍团英:《中青年处级干部心理健康及人格特征调查研究》,《中国健康心理学杂志》2004年第4期;《杭州市中青年领导干部人格特征研究》,《中国健康心理学杂志》2005年第5期。

② 王登峰、崔红:《基层党政领导干部的人格特点与行为类型》,《应用心理学》2005年第3期。

③ 王登峰、崔红:《领导干部的人格特点与工作绩效的关系:QZPS与NEO PI-R的比较》,《心理学报》2008年第7期。

④ 孟凡菊、邢占军:《卡特尔16种个性因素量表(16PF)在党政领导干部人格评价中的应用分析》,《中国健康心理学杂志》2008年第10期。

⑤ 李江涛、朱秉衡:《人格论》,辽宁人民出版社1989年版。

⑥ 朱义禄:《从圣贤人格到全面发展——中国理想人格探讨》,陕西人民出版社1992年版。

⑦ 张分田:《亦主亦奴——中国古代官僚的社会人格》,浙江人民出版社2000年版。

"依附人格"以及价值追求中的"人格独立";①《独立型人格建构——人格转型与教育改革》,尽管该书是从学校教育改革入手,但书中对中国传统教育中的依附性人格观及其根源,现代化历程个人的逐渐独立化等分析,其意义已经超出教育学理论领域。②《伦理文化的人格透视》论述了文化与人格的关系,对中国传统文化中的儒家伦理、道家伦理、佛家伦理思想进行了较为深刻的人格透视,并从士农官商的社会分层,对当代中国的伦理文化和人格建设问题进行了有益探索。③《柏拉图"理想人格"思想研究》系统梳理和解读了柏拉图的理想人格思想:正义是理想人格的本质,幸福是理想人格的结果,教育是完善理想人格的途径。④ 还有部分著作也涉及从哲学、历史等角度研究人格,由于非其主题,故不予罗列。

尽管有如前述很多相关文献,但是要在公共行政领域开展行政人格研究面临着不少的困难。⑤ 首先,近代科学之客观性路径造成的困难。近代科学的客观性追求泛化的结果就是唯科学主义的兴起,进而把世界中空间结构所体现的价值等级体系给摧毁了,⑥ 具体表现为价值与事实、法律与道德等多方面的分裂,更为深层的是它在社会中形成了一种普遍的主客二分、非此即彼的对立思维方式,产生了狭隘的"人类中心主义",而现代社会以来个体人格的建构正是建立在这一根深蒂固的认识基础上的。⑦ 因此,要破除这一"理性"的偏见,必然要遇到"理性"的挑战。其次,官僚制之形式合理性与非人格化特征所造成的困难。官僚制是以其形式合理性与非人格化特征而适应于现代性对稳定、效率、公平等价值之要求的,官僚制组织中的人格形象被塑造为一种普遍的事实,而要做一种替代性的研究就得面临普遍事实的诘难与"乌托邦式"的指责。再次,法律规范与规则之可操作性所造成的困难。自启蒙运动以来,人格的独立性追求被纳入法制化的途径,而法律制度之形式化特征逐渐演化为人们对法治秩序的信任与认同甚至权威性的崇拜。任何"背离"法制化的途径都将

---

① 余潇枫:《哲学人格》,吉林教育出版社1998年版。
② 丁念金:《独立型人格建构——人格转型与教育改革》,吉林教育出版社2002年版。
③ 孔润年:《伦理文化的人格透视》,中国社会学出版社2010年版。
④ 张之锋:《柏拉图"理想人格"思想研究》,人民出版社2013年版。
⑤ 杨艳:《论行政人格的历史类型》,博士学位论文,中国人民大学,2006年。
⑥ [法]让-马克·夸克:《合法性与政治》,中央编译出版社2002年版,第138页。
⑦ 关于公共行政领域的更多评述参见 Farmer J. D., *The Language of Public Administration: Bureaucracy, Modernity, and Postmodernity*, Montgomery: University of Alabama Press, 1995。

视为离经叛道,在这一背景下,研究独立人格的生成路径就可能面临冒天下之大不韪的风险。最后,服务型政府理论之未定型造成的困难,在这种未定型的理论中探讨独立人格的生成就必须小心翼翼地消除各种不确定性。也许,正是这些困难的存在,为行政人格研究留下了足够自由发挥的空间和理论建构的着力点。

# 第二章 行政人格：内涵、本质及类型

从静态的制度层面上讲，公共行政是社会为适应其政治、经济、文化等各方面稳定存在和良性运行之要求而建立起来的对国家和社会之公共事务进行管理的组织结构和系统，它从属于政治学（宪政）研究范式。从动态的行为层面讲，公共行政是指包括国家政府机关在内的各种社会公共组织及其组成人员对国家法律、公共政策等相关事务的执行，它从属于管理学的研究范式。在社会建构论的视域中，"公共行政的现实是由客观化的社会因素以及行政管理者的主观行为决定的。……一个社会环境能改变行政管理者思维和计划的方向，同时，行政管理者根据他们的知觉、知识和体验解释着社会环境。通过与环境和公民的互动，行政管理者建构了社会环境的意义。因此，公共行政是一个正在进行中并存在于社会、制度、行政知识和个体之间的辩证发展过程"[①]。行政人员作为实践活动中的主体，尤其是从事公共服务和公共管理这一特殊的社会活动中的主体，其本身的意识形态、价值偏好以及情感意志等相关的心理对活动的结果会产生重要的影响，并且在这一活动过程中，行政人员把对自身与社会、与他人关系的认识、对自身社会角色的意识自觉等主观精神情状通过外显的行为表现为一种现实性的整体存在，这就是行政人员的行政人格。

## 一 行政人格的内涵

### （一）人格的多学科影像

1. 人格概念的演变

尽管公共行政甚或政治都绕不开行政人员的话题，然而人格与公共行

---

① [美]全钟燮：《公共行政的社会建构：解释与批判》，孙柏瑛等译，北京大学出版社2008年版，第51页。

政之间的关系却绝非学者们愿意更多投入精力的领域，重要原因就在于"每一位理论家都以不同的建构应用到'人'这个概念上"①，人格概念的确切内涵难以捕捉，难以按照既有的学术标准进行深入分析。从历史来看，对人格的研究是从戏剧和传记素描开始的②。"人格"一词源自拉丁文的"persona"，其原意是指"面具"或"脸谱"（mask），即在戏台上表演的角色显示给观众的面目，代表着戏中角色的特定身份。我国京剧中的脸谱也表明了人物的性格和角色特征。在词源上，persona 可以追溯到公元前一百年古希腊的戏剧中。传说当时一位著名罗马演员为遮蔽其不幸致残的眼睛，佩戴自制面具登台演出，后来罗马人就把其佩戴的面具称作 persona。而与此同时，一些注重人的心理研究的学者，通过对个体身心及相关行为表现的观察发现，每个人稳定的行为表现和一定特质的模式显露，具有相关的倾向性和特定性，它往往反映某一类个人由表及里，包括身心一致性的真实品格——正像戏台上不同类型角色所佩戴的面具一样，向观众显露着这个角色一部分的自我本质。于是，"面具"一词被喻义并被借用而成为"人格"。

Persona 被借用为"人格"的指称后，被人们赋予了不同的含义。公元前一世纪，古罗马政论家西塞罗在其著作中把"人格"引申为四种含义：③（1）一个人给他人的印象；（2）人的社会身份或角色；（3）特指有优异品质的人；（4）人的尊严和声望。科恩指出："在古典拉丁语中，'persona'一词从未指过个体的肉体、生理特征（面貌、身段、外表）。当古代罗马法学家宣布司法只承认'人身、财物和行动时'，'persona'也不是指某一特殊的个体特性集合或系统，而仅仅是指自由人。"④ 换言之，这一时期的人格仅仅是法律意义上的，即相对于奴隶的自由公民之不可侵犯的人身资格。

到了中世纪，拉丁文中"persona"则既指面具、戏剧角色，又指人的个体特征（包括肉体特征）和人的社会地位、官阶。中世纪以后，"人格"一词的含义进一步得到引申和扩展，出现很多相关的派生词，并被

---

① Kelly G. A., *The Psychology of Personal Constructs*, New York: Norton, 1955, p. 40.
② ［美］G. 墨菲、J. 柯瓦奇：《近代心理学历史导引》，林方、王景和译，商务印书馆 1982 年版，第 581 页。
③ 余潇枫：《哲学人格》，吉林教育出版社 1998 年版，第 23—24 页。
④ ［苏联］科恩：《自我论》，生活·读书·新知三联书店 1986 年版，第 117 页。

广泛应用于哲学、伦理学、政治学、法学、社会学、心理学、宗教学、教育学、人类学、生物学等各种领域中,且不同学科从各自学科的特点做出独具特色的理解,为人格范畴概括了各种各样的定义,同样也为人格概念编织了一层神秘面纱,让人总有一种摸不着、看不透的感觉。

"人格"在中国古代典籍中未曾出现,[①] 中文"人格"一词是从近代日文中引进的,日文中的人格则是对英文 personality 的意译,而英文 personality 又是借鉴拉丁文形成的。但是,这种词源上的历史生成逻辑未能形成"人格"本质上的"一脉相传"。由于中国传统文化一直以人的道德水准与道德理想境界作为人之为人的规定,因此,"人格"在中国话语环境中更多的是被赋予了伦理道德的意义,成了"人品"的替代词。[②] 当然,由于知识的"全球化",一门学科不可能局限于本国文化资源做敝帚自珍式的发展,作为人类共同文明的成果,西方现代人格的理论逐渐被我国学者吸收,并尝试应用西方人格理论的研究手段和方法,进行现代西方模式的人格理论著述。

2. 人格概念的学科视角

如前文所述,不同学科对人格的理解和把握有所差异,下面我们概略介绍几门主要学科对人格的一般理解。

生物学上的人格研究以人的体格为基本内容,关注的是人的"自我的外延",其人格通常代表人的外表样子、容貌和给人的印象等,更多的是一种自然体形外貌的显露。社会学和心理学上的人格往往以人的规格、样式为基本内容。社会学强调人格是"持久的自我",即人对其周围环境的行为方式的统一性与固定倾向性,从复杂的社会互动过程出发,探讨人的存在方式、发展方式和作用方式。它着重于人在社会中的角色和地位、个体与社会的关系、个性的发展等的研究。心理学强调人格是一个"统一的结构性自我",其人格是指人的性格、气质、能力等心理特征的总和,或指人与外在情景相融合的"自我统一体",注重从每个人的个性出发对人格展开研究,以揭示人的内心活动。它主要探讨的是人格的层次结

---

[①] 张岱年:《中国古典哲学中的人格概念(未定稿)》,1989 年。

[②] 为此,丁念金指出,与我国传统话语中之人格概念对应的英文应是 personalismo,而 personality 应译为个性而非人格。但无论哪种译法,英语中人格概念乃借鉴拉丁文都是确定无疑的。丁念金:《独立型人格建构——人格转型与教育改革》,吉林教育出版社 2002 年版,第 28—29 页。

构、人格的内在动力、人格的形成发展、人格的类型差异、人格的评估鉴定、人格的治疗矫正以及人格与社会化的关系等。这三门学科对人格的理解偏重于人的自然属性，尤其是生物学和心理学，但又注重人的二重性整合，即人之自然属性与社会属性的有机统一。

法学上的人格研究以人的资格为基本内容，关注的是人的"有存在价值的自我"，其人格通常是指对作为主体（包括法人）之权利义务的确认。古罗马法中有三个关于人的概念，即 homo、caput 和 persona。homo 是指生物学意义上的人，不一定是权利义务的主体，例如，奴隶原则上不能作为权利义务主体，只能作为自由人权利的客体。caput 则由户籍登记时家长权利能力之确立被转借为权利义务主体，表示法律上之人格。persona 因在剧中不同角色之表示而被用来指权利义务主体的各种身份，如一个人可以具有家长、官吏、监护人等不同身份。① 可见，古罗马法中对人的区分标准是推其有无权利义务之身份资格，并且，其具体内容投射出强烈的人身依附性和等级差别。伴随着近代西方启蒙运动以及资产阶级革命的胜利，个人主义和自由主义兴起，法律中的人格概念发生了革命性的转变，主要表现在其外延向一般社会成员的扩展及其平等权利地位之确立。

伦理学上的人格以人的品格为其内容，关注人的"崇高的自我"，其人格是指能区分人之高卑的品质、境界、道德水准以及人的尊严等。哲学上的人格以人的主体性资格为其内容，关注人的"有自由价值的自我"，强调人的主体的自我确证与人之为人的根本性质的历史获得。俄罗斯哲学家尼古拉·别尔嘉耶夫曾经指出，"persona"一词经古罗马哲学家的运用，尤其是经过中世纪经院哲学的发展，其词义逐渐确定为"人格"，即表示理性的，个别（体）的存在。② 人格概念的这一内涵在西方理性主义传统中得到极为详尽的表达和阐述。哲学与伦理学中之人格更多关注的是人的社会属性。

目前，在我国，人格一词主要是从心理学、伦理学、法学角度来理解的。1996 年出版的《现代汉语词典》人格一词有三个含义：（1）人的性格、气质、能力等特征的总和；（2）个人的道德品质；（3）人的能作为

---

① 周枏：《罗马法原论》，商务印书馆 1994 年版，第 97 页。
② [俄] 尼古拉·别尔嘉耶夫：《人的奴役与自由》，贵州人民出版社 1994 年版，第 16 页。

权利、义务的主体的资格。① 《汉语大辞典》中的解释与此基本一致。②这也几乎是我国所有学者对人格理解的三个主要角度。

3. 人格概念的界定

尽管以上不同学科对人格的理解各有侧重，但它们都共同关注于对"个体"的研究，这主要是受西方文化对人格（personality）理解的影响。深具自由传统的西方文化比较多的是从心理学"个体化"的层面诠释其词义。在他们看来，人格就是单个个人的个性特征，就是使一个人成为他自己并且与其他人区别开来的东西，它涉及个人活动（包括思维与行动）的一切方面。然而，人格虽然实际上是个人的人格，但每个个人的人格之间都有着同一性。这种同一性在于，每个人的人格都有共同的社会基础，即都是从人的族类那里获得其规定性的，都有作为整体的类的人的尊严。在此意义上，人格就是人与动物相区别的规定性，有着人的尊严和权利，因而都应当在社会中受到人的待遇。换言之，人的类本质的研究为人的个性特征的研究提供了基本的思想和方法基础，是人格理论研究的出发点；对个性特征的研究则是对人的类本质的研究提供了深化和丰富的条件。

循此思路，本书主要从哲学和伦理学角度对人格进行理解，同时吸收其他学科如社会学、心理学、文化人类学的发展成果，也就是从人的类本质出发，既注重研究个体之个性特征的结构层次以及其形成和发展的条件、机制和动力，又强调个体人格之社会类本质的生成性，而不是仅仅对个体进行人格上的生物学式的"解剖"。

具体地说，要准确理解人格的定义，应把握以下几点：（1）人格是一种社会规定。首先，人格是"人"之格而非他物之格，人格首先区别了人与动物的存在；其次，人虽乃自然界之成员，其自然属性决定了人与自然其他物种具有生物、物理和化学上的同一性，但同时人又是生活在社会之中的，人只有在与他人发生关系的过程中才真正成为人，"人的本质在其现实性上是一切社会关系的总和"。③ 所以，人的本质规定来源于社会生活中，人格便是人的社会本质的实现，是人的社会本质性的规定。

---

① 中国社会科学院语言研究所词典编辑室：《现代汉语词典》，商务印书馆1996年版，第1062页。
② 汉语大辞典编纂委员会汉语大辞典编辑处：《汉语大辞典》，上海辞书出版社1986年版，第1046页。
③ 《马克思恩格斯选集》第1卷，人民出版社1972年版，第18页。

(2) 人格是个体之类本质与个体独特性的统一。就人格与社会的关系而言，人之自然属性与社会属性的两重性生命本质，决定了现实的人格只能是个体的，即人格是人与人之间相互区别的独特性，同时，随着人的历史生成与发展，个体人格又不断地丰富着人格的社会内涵和体现着人格的类的本质力量。(3) 人格是一种社会存在方式。洛克认为，人格是"有思想、有智慧的一种东西，它有理性、能反省，并且能在异时异地认自己是自己，是同一的能思维的东西"①。人的社会本质的实现是通过社会实践活动完成的，在实践过程中，个体不仅实现着其价值创造，并且将其内在的心理、意识等外显于行为中，体现了主客体互化的统一及自我价值实现与自我价值评价的统一。人格便是在实践活动中个体之价值实现与价值评价相统一的现实的总体性存在方式。(4) 人格是一种伦理存在。在人类生活中，伦理关系是一种普遍存在，是"一切社会关系"中最本质、最核心的关系，故在此意义上，可以说伦理关系是对人之物质和精神上的社会联系的超越，人的存在是一种伦理存在。人格就是伦理关系或道德关系的自我塑造过程。

从以上可以看出，人格既是一个历史范畴，又是一个总体范畴，这是由人的社会本质属性所决定的。② 人格概念的历史性，从人类整体来看，既是区别于他物的共时性规定，也是种族延续之历时性规定，它体现为文明的继承和发展。因此，随着社会历史条件的变化，人格发展呈现出不断更替的模式演进。从个体来看，人格是个体适应社会的本质性规定及其展现，它既是个体成长之外显"格"的不断塑造和定型化，也是人之类本质在个体上的传承和发展，这样，人格被打上时代烙印，不仅区别于类上的前代，也在自身发展中前后有变，同时，还横向区别于所有他者。因此，人类历史进程中，人格发展出现了类型的多样化。

人格概念的总体性，既在于人类作为一种生命存在之类别的总体意义，也在于具体的、历史的个体是一个多重构成的现实的总体。人的社会属性不可避免地决定了人格的总体性，这种总体性的人格不是个人的总和，而是人类历史发展过程中的定位，其总体性的实现世俗化为不同群体的人格类型以及人之类本质在个体人格中的实现。同时，作为具体的、历

---

① [英]洛克：《人类理解论》，关文运译，商务印书馆1959年版，第309页。
② 杨艳：《行政人格研究现状及述评》，《南京社会科学》2007年第1期。

史的个体，这种总体性的人格是现实的人格，它包含了成就其自己的所有要素，既包含着家庭、社会影响之下的心理与生理特征，也蕴含着道德与非道德的内容。而现实存在的人格总体，既是过去一切活动的成果，又包含着实现未来目标的"生存计划"。因此，总体性的人格是过去、现在和未来的构成物。

从理论发展的历史来看，无论是过去还是现在，"人格"一词都缺乏行为之参照和客观的确定性，因而也规避了严格的类似于自然科学的分析和评估。然而人格范畴的总体性与历史性特征，表明行政人格既是个体之格，也是群体之格，这也决定了我们不能站在某一学科的角度对行政人格进行单向度的静态研究，而是应该在充分借鉴和吸收其他学科研究成果的基础上，从社会制度、体制、文化等方面对行政人员这一特定群体进行动态研究。这既需要从个体层面对行政人格的动力机制、类型特征、人格评价等进行具体性的研究，如心理学、社会学等学科所从事的定量化、模型化研究，也需要从社会历史发展的宏观角度，剖析行政人格各种表现的深层社会根源，探讨理想行政人格的塑造途径。这两方面都不能偏颇。[①] 因此，本书认为，所谓人格就是指人与其他动物相区别的内在规定性以及在此基础上的人与人之间相区别的独特性，是个人在社会生活中通过自身的创造活动所完成的人的类本质的实现，是个人之内在主观情状与外在客观行为相统一的现实性的总体存在，是一种体现个人的尊严、价值、品格的伦理存在。

**（二）行政人格：个体之"格"**

1. 行政人员的多面向

任何一种社会理论或学科包括公共行政学都不可避免地或深或浅、或明或暗地以对人的理解作为其理论的主体性深层基础，即以一定的人性假设为基础。正如休谟所言："在我们的哲学研究中，我们可以希望借以成功的唯一途径，即是抛开我们一向所采用的那种可厌的迂回曲折的老方法，不再在边界上一会儿攻取一个城堡，一会儿占领一个村落，而是直捣这些科学的首都或心脏，即人性本身；一旦被掌握了人性以后，我们在其

---

[①] 杨艳：《行政人格研究现状及述评》，《南京社会科学》2007年第1期。

他方面就有希望轻而易举地取得胜利了。"① 从管理学发展历史来看，对人性认识假设大致经历了古典时期的"完全理性人"假设、泰罗的"经济人"假设、梅奥的"社交人"假设、马斯洛的"自我实现人"假设、西蒙的"有限理性人"假设、沙因的"复杂人"假设。基于这些假设产生了 X 理论、Y 理论、超 Y 理论与权变理论等多种管理理论。管理学发展历史中对人性善恶价值的不同判断，在公共行政学发展的不同时期得到了回应。

在威尔逊—韦伯的传统行政学时期，行政人员的人性观遵从于"完全理性人"假设，公共行政理论表现为一种"执行论"。为了解决当时政党分肥、组织混乱、低效无能的美国政治现状，威尔逊提出要像建立自然科学那样建立一门具有普遍意义的"行政科学"。他认为，行政不同于政治，因为"行政领域是一种事务性（business）领域，它与政治领域的那种混乱和冲突相去甚远。……行政置身于'政治'所特有的范围之外。行政问题并非政治问题，虽然政治为行政确定任务，但政治却无须自找麻烦地去操纵行政"。因此，威尔逊完全接受德国学者布隆赤里的观点：政治是重大且具普遍性事务的国家活动，而行政是个别和细微事物的国家活动，前者是政治家的特殊活动范围，后者则是技术官员的事情。② 威尔逊对政治与行政的区分被古德诺从宪政与行政法学角度进一步明确化。他从政府功能区分的角度明确提出政治与行政是政府的两种不同功能，政治是国家意志的表达功能，而行政则是国家意志的执行功能。③ 既然行政只是关于政策的执行，那么，政府就要像企业那样来运作。行政研究（administrative study）之目的就在于把行政方法（executive methods）从经验性实验的混乱和浪费中拯救出来，并使它们深深根植于稳定的原则之上。④ 政治与行政分离的价值取向主导了传统行政学的发展方向，在魏洛比、古利克、厄威克、怀特等人的努力下，具有普适性意义的行政原则得以建立，

---

① ［英］休谟：《人性论》（上册），商务印书馆1997年版，第7页。
② Wilson, Woodrow, "The Study of Administration", *Political Science Quarterly*, No. 2, 1887, pp. 209-210.
③ ［美］弗兰克·J. 古德诺：《政治与行政》，载彭和平、竹立家等《国外公共行政理论精选》，中共中央党校出版社1997年版，第28页。
④ Wilson, Woodrow, "The Study of Administration", *Political Science Quarterly*, No. 2, 1887, p. 210.

行政学似乎向科学迈得越来越近了。① 因此，在政治与行政分离的原则指导下，行政人员唯一需要做的就是不折不扣地执行国家的意志——法律和政策，此时的行政人员超脱于政治之外，具有严谨的科学精神，以效率为其行为的目标和指南。

当然，政治与行政二分，并不完全是"意志"与"行动"之间的区别。威尔逊当时曾明确指出，行政官员在为了完成其任务而选择手段时，应该有自己的独立意志，而不能是一种纯粹被动的工具。行政科学的目的之一是研究如何才能使政府服务成为官员们最普遍、最珍视、最崇高的兴趣。然而，对行政科学的崇拜和行政效率的终极追求，事实上将行政人员置于没有政治信仰的完全理性的政策执行人，行政人员的能动性就是在具体手段上的选择理性，这种理性是计算尽可能少的费用或成本。

将行政人员完全理性化的是韦伯官僚制理想类型的建立。尽管韦伯清醒地意识到典范的官僚和官僚制必然会导致"官僚主义"，且更可怕的是，官僚制在全社会的横行，必然导致社会生活的常规化、定式化和僵化，但由于他秉行科学研究之价值中立，进而在给官僚套上锁链之后，把民族的动力钥匙交给政治家，由政治家在各级社会组织中做出价值判断和选择。② 因此，在官僚体制中，官僚的荣誉所在，"是他对于上司的命令，就像完全符合他本人的信念那样，能够忠实地加以执行。即使这命令在他看来有误"③。保证官僚"无恶无好"、"公正无私"地奉命行事的最好方式就是官僚制组织，它以严格的等级制度、规范的法律程序、合理的专业分工保证了效率的最大化实现。在这一组织中，官僚们被去人格化，被机械化为官僚机器上的"螺丝钉"和"齿轮"，他们完全无须也不能有自己的价值倾向和判断，只需也应该严格按照规则办事，并且唯有按照既定规则去行为，才能获得最高的效率。通过官僚组织所实现的行政人员的理性化，实际上是一种工具理性，行政人员的理性在于忠实地看守规则，自觉

---

① 登哈特正确地指出，早期的政治与行政两分法从未像后来的一些评论者认为的那样进行过明确的划分，常常被引证为倡导严格的政治—行政两分法的著作（古德诺的《政策与行政》，魏洛比的《现代国家的政府》）对两分法所持立场非常谨慎。事实上，古德诺可以被认为是从根本上反对将政府功能划分为行政、立法和司法三个部门的。但毋庸置疑的是，正是从他们对政治与行政的讨论开始，二者出现了或明或暗的分离。[美] 登哈特：《公共组织理论》（第三版），中国人民大学出版社2003年版，第50—51页。

② 苏国勋：《理性化及其限制——韦伯思想引论》，上海人民出版社1988年版，第249页。

③ [德] 马克斯·韦伯：《学术与政治》，生活·读书·新知三联书店1998年版，第76页。

把自身理性化为一种从属于目的实现之手段。

这种"完全理性人"的假设实际上就是（效率）最大化原则，不同于古典经济学中之经济人假设的是，传统行政学中的理性人所追求的目标是外在于自身的组织利益之最大化实现。事实上，西蒙指出，这种完全理性人在现实中也是不可能的，他从知识的不完备性、困难的预见、可能行为的范围三个方面论述了理性的限度，进而提出著名的有限理性观。① 西蒙对传统的政治与行政二分进行了批评，从价值与事实的区分，认为行政决策遵循的是"满意原则"而非"最佳原则"。西蒙把传统经济学中的"完全理性"称为客观理性，认为这种客观理性或绝对理性能够使利益最大化的观点是无法证明的。因此，他主张用"行政人"取代"经济人"，这种"行政人"的基础就是"有限理性"。问题是，尽管西蒙已意识到，政治与行政、事实与价值并不能截然分开，但他所提出的决策也只是政策执行过程中的一环，决策只是"行政"中的一个步骤而已，是故，基于事实基础上的有限理性同样会导致行政人员对价值的漠视，行政人员只是"有限理性"地去分析、选择满意的目标的手段，从而不断接近客观理性。可以说，西蒙的以有限理性为基础的"行政人"对传统的"完全理性人"的取代，只是使得理性人的假设更为精致，理性假设的边界得到了力求符合现实的修正罢了，而其价值无涉与效率标准之主张，只是权威主义之老调重弹。

在公共行政学发展历史中，对理性人假设发挥到极致的是公共选择理论。以邓肯·布莱克、戈登·塔洛克和詹姆斯·M.布坎南等为代表的公共选择学派将传统的"经济人"假设推广到政治领域，其宗旨是把经济行为与政治行为纳入单一的模式。布坎南在《公共选择理论》中指出，实施政府行政行为的政治官员也会追求自身利益的最大化，即"政治家们被假设为具有能使他们再次当选的机会最大化的行为"。② 公共选择理论尝试将经济学之经典假设"经济人"运用于公共领域和政治领域来模拟政治过程中的行为选择和集体行动，公共政策的制定者包括政治家、政府官员都被视为追求自我利益最大化的理性经济人，不仅如此，公民作为选民也是理性经济人，他们以个人的成本——收益计算作为决定选举行为

---

① ［美］赫伯特·西蒙：《管理行为》，北京经济学院出版社1988年版，第79—82页。
② ［美］萨缪尔森、诺德豪斯：《经济学》（下册）（第12版），中国发展出版社1992年版，第628页。

的基础和依据。"经济人"假设早在18世纪70年代就由亚当·斯密进行了大胆猜想,并在19世纪末由意大利经济学家帕累托正式提出,其基本观点是:人是理性的自利者。经济人与理性人是有区别的,经济人是理性的,但理性人不一定是经济人,更不能等同于自私自利的经济人。因此,作为经济学学科基础的拱石之一,经典经济人假设受到多方责难,并逐步演化为理性人假设,强调经济主体总是追求其目标值或效用函数的最大化,至于这种目标是利己还是利他则不做具体的界定。布坎南等将经典"自利"经济人假设引入政治行为研究中,尽管很好地解释了政府许多行为,尤其是政府失灵现象,具有一定真实性和经验性,但这一基本假设无疑有悖于经济学发展的历史逻辑,相对于传统行政学中对人性的基本认识,更是一种倒退。因为,传统行政学中"完全理性"与"有限理性"的认识还不至于把公共部门降低为私利的追逐场,而公共选择理论的"经济人"假设则赤裸裸地把政治领域描述为私利竞逐的自由市场,行政人员的道德伦理被断然否定了,而失去了道德判断的人在公共领域中无非只是利益的计算器。

上述理性人假设之主流观点遭到了众多学者诸如人本主义者或者组织行为主义学派的责难和挑战。他们批评基于传统理性人假设的官僚制都主张单一的、绝对的权威,都以经济学的效率、速度、专业知识、统一、绝对服从和遵循"有怀疑时不怀疑"(when in doubt don't)[①]经验的官僚人格等作为核心概念。这些批评在一般管理学中表现为"社会人"、"自我实现人"、"复杂人"等人性观的建立,在公共行政学中言辞最为激烈的要算著名政治学者罗伯特·达尔。他批评厄威克的组织理论事先假定了一种实质上理性的、顺从的个人,这种个人将接受符合逻辑的组织,不会反对它或者默默地用更适合其个性需要的非正式组织取代它。劳动机械化、程序化和专业化的迅速发展,使反复无常的个人行为和个人差异服从于生产过程的有秩序的要求,使得在组织生产过程中,不可能去过多考虑生产过程中人们的多样化的个人特性,把这种资本主义生产过程中的理性人运用到公共行政学中,实际上是把真正意义上的人从中排除出去了。"然而,将人排除在外肯定会使公共行政学的研究毫无建树、徒劳无功,并从

---

[①] Robert K. Meton, Ailsa P. Gray, Barbara Hockey, Hanan C. Selvin, eds., *Reader in Bureaucreacy* (2$^{nd}$), New York: The Free Press of Glencoe, 1960, p. 378.

根本上说是不切实际的。……我们不能按照一种机械化的'行政人'来创造一种18世纪理性人的现代后裔,并靠这种方法创立一门科学。"① 随后,新公共行政学派从社会公平的角度提出要建立强有力的行政的或执行的政府,即汉密尔顿所说的"行政人员的活力",强调公共行政的"公共部分",主张抛弃机械性的效率观念,而代之以与公共利益、个人价值、平等自由相结合的社会性效率观念。② 阿勒多·格雷罗·拉莫斯将传统组织中的人看作是市场主导型的社会现实的产物,它将利益最大化当作首要追求,是一种"操作性的人",他提出用"解释性的人"来解决组织控制问题。③

相对于传统公共行政学中具有明确的人性假设之称谓而言,反"传统行政"理论并没有统一的行政人员的抽象的称谓。国内有学者从政治学角度提出了"公共人"假设,认为我国社会主义制度下政府实际上是公众利益的代言人和代理人,政府行政行为的分析应该建立在"公共人"人性认识的基础之上。"公共人"假设下政府的人格特征表现为:公共利益的最大化是政府人追求的目标;政府人的公共管理权力来自公众的授权;社会公众向政府人提供全部的生活资料;政府处于公众的监督之下。④ 政府人的"公共人"人性假设是从政治学的角度提出来的,强调的是政府作为政治意志执行工具的政治性功能。事实上,这种"公共人"假设论述的是以追求社会公共利益,公共福利,公平和正义为根本目的的政府,更像是政治学中常见的政府角色或功能探讨,而从根本上模糊了作为实体的"政府"和个体的"行政人员"之间的区别,无形之中抹杀了行政人员个体的自身需要。张康之教授则从人的社会属性出发,站在公共领域与私人领域分化的历史角度,论述了"公共人"产生的深刻历史根源,并直接把这种"公共人"特性定格于行政人员身上,认为行政人员在公共领域里的"公共支付"行为体现了其作为共同体成员的"公共人"特性,而这种特性一定程度上表现为人的道德性,这种"公共支付"也

---

① [美]罗伯特·达尔:《公共行政科学:三个问题》,载彭和平、竹立家等《国外公共行政理论精选》,中共中央党校出版社1997年版,第159—160页。
② [美]乔治·弗雷德里克森:《论新公共行政学》,载彭和平等《国外公共行政理论精选》,中共中央党校出版社1997年版,第298—316页。
③ [美]库珀:《行政伦理学:实现行政责任的途径》(第4版),中国人民大学出版社2001年版,第209—211页。
④ 刘瑞、吴振兴:《政府是公共人而非经济人》,《中国人民大学学报》2001年第2期。

是一种道德化的支付。① 需要指出的是，"公共人"特性所表现出来的道德性，包括形式理性的成分，更重要的是还具有实质理性的内容。

行政人员到底是一种"什么样的人"？不同的人性观给出迥然各异的答案，对人的本质或本性之不同认识，导致了理论流派的多元繁荣，也埋下了理论分歧与冲突的伏笔。事实上，这种分歧与冲突往往在于理论对人之片面认识的执着。同时，这种理论分歧也正显示了现实中行政人员的多面向。人不仅具有理性的一面，以理性观照现实，还具有非理性的一面，以感性融入现实生活，正是理性与非理性的有机结合，才构成完整的人。在公共领域中，行政人员表现出经济人的现实一面，传统理论中经济人假设的描述将其普遍化为一种事实，这是一种客观摹写而非规范描述，因而，尽管其具有有效的现象解释力，但却是片面的。公共领域中对人的经济理性的片面强调并将其普遍化，其结果就是"公共人"特性在不同程度上被遮蔽掉，这对于未来政府治理模式的选择及行政道德建设无疑是灾难性的。

2. 行政人格的伦理之维②

从理论上讲，"在主张'以人为本'的现代社会中，任何学科都要包含对人的研究"③。就现实而言，任何管理（包括行政管理）是人们谋求通过集体行动来满足其需求时所产生的一种必不可少的活动，任何管理活动的开展都离不开对人的认识，任何管理思想、理论的提出也离不开人性的假设。作为人的一种社会实践活动，管理活动并非一个纯粹经济学意义的范畴，而是一个超越经济范畴的社会历史范畴。因为人的实践活动并不都是为了利益和效用而进行的，其更为本质的意义还在于能够在活动中实现自己的创造、自由和尊严，实现自己作为人而不是作为物的内在本

---

① 张康之：《寻找公共行政的伦理视角》，中国人民大学出版社2002年版，第158—164页。

② 自黑格尔在《法哲学原理》中对伦理与道德进行明确、辩证地区分以来，伦理往往被视为是道德发展的高级阶段，是法与道德的统一，是道德活动现象、道德意识规范和道德规范现象的统一。这表明，伦理与道德是有区别的，但这并不意味二者相互割裂。事实上，在黑格尔那里，伦理（Sittlichkeit）是指人类群体生活中的规范、价值观念和制度的意义，而道德（Moralität）则是作为人的以内心、意向和良心为出发点的行为标准，是个体自由意志的内部规定，道德是伦理发展的一个环节和必经阶段，伦理的核心内容是对道德的研究。因此，公共管理中伦理关系的个体化实现，其实就还原为行政人员道德本质的生成。

③ 王世洲主编：《人格》（代序言），北京大学出版社2014年版。

质——人的主体地位和人的自由自觉能动性。在人的管理活动中，人必然要把自己的观念、思想、情感等贯注其中，也就是说，管理活动必然包含某种"伦理因子"。因此，管理活动必须从根本上将人视为目的本身——这是掩藏在人性假设演进背后的伦理线索。由"经济人—社会人—自我实现人—复杂人"的转变与发展，以及管理模式的不断完善，实质上就是管理向人性回归的过程，是从刚性管理向柔性管理转化的过程，也是人的主体性不断张扬的过程。这本身就表明，随着社会的进步，不断发展的管理本身就蕴含着高尚的伦理追求和道德价值判断。

一谈到人性，就不可避免地要讲伦理，两者相互依存：没有人性，就没有伦理；而没有伦理，人类就不能生存，任何人性（包括人的恶性）也都不能维持。[1] 这也是本书选择伦理学角度作为界定行政人格之主要途径的原因之一。而作为一门应用伦理学，行政伦理学对行政人格的定义应从属于一般伦理学对人格的定义。在一般伦理学中，"所谓人格，就是指人与其他动物相区别的内在规定性，是个人做人的尊严、价值和品质的总和，也是个人在一定社会中的地位和作用的统一"[2]。这里，一般伦理学强调对个体的研究，在此基础上发展起来的传统职业伦理学也往往关注对职业群体中个体道德规范的研究，且多把这一研究视角限定在职业范围之内，而至于职业活动之外的因素，是不在其研究对象之中的。换言之，传统职业伦理学往往把职业活动视为与个体私人生活相分离的行为，职业与个体生活的分离，造成个体社会本质的分裂，因此，职业伦理学所提倡的个体职业道德规范常常与一般伦理规范发生冲突，进而导致从业者在执业中不能遵循所谓的职业道德规范，甚至出现有违一般伦理规范的行为。

行政人员作为行政管理这一特殊职业的从业者，不仅是来自普通公民，而且他的行政管理活动本身就是最直接、最紧密地与社会生活联系在一起的，行政管理活动的过程与结果直接地对社会发生影响，并对一般社会成员的行为选择有着调节和导向作用。在行政行为过程中，行政人员自身的心理素质、意识形态、价值偏好以及情感意志等对活动的结果会产生重要的影响。所以，基于行政行为（职业活动）之范围、方式、内容等方面的特殊性和复杂性，行政伦理学要求行政人员把"做人与从业统一

---

[1] 赵敦华：《人性和伦理的跨文化研究》，黑龙江人民出版社2003年版，第1页。
[2] 罗国杰：《伦理学》，人民出版社1997年版，第438页。

起来,把个人生活与职业活动统一起来"。① 也就是说,行政伦理学作为一门新形态的职业伦理学,它不容许这一职业活动与个体意义上的私人生活相分离,它把行政人员视为具有社会生活之实质内容的整体意义上的人,即其职业活动与他的全部社会生活和个人生活统一在一起的整体。

行政人格是行政人员在行政管理活动中通过连续和持久的道德行为选择所表现出来的自我道德完整性,是行政人员道德意义上的整体性存在形态。也就是说,当行政人员开展行政管理活动的时候,能够通过对自身与社会、与他人之间关系的认识而形成自我的角色意识,并根据自我的角色意识在行政管理活动中做出道德行为选择,由于这种道德行为选择不断地重复出现而形成了他独有的道德特征。这种道德特征是他的一种自然而然的行为表现,是可以被认识到的他的道德行为的一贯性。就行政人员自身而言,他并没有刻意地追求这种道德行为,但他的行为却总会具有与以往他所做出的道德行为所共有的特性。这样一来,也就证明他所做出的道德行为选择不是由于一时一地受到一定的外在影响的结果,而是他自身作为一个完整的道德存在物的必然显现。②

要而言之,所谓行政人格,就是指行政人员与社会其他成员相区别的内在规定性,是行政人员在行政行为中自我价值与行政价值的共同实现,是行政人员心理、观念、意识、理想等与外显行为相统一的总体性存在,是一种体现了其自我价值、尊严、品格的伦理存在。

从上述定义来看,行政人格具有以下几个特征:(1)行政人格是行政伦理观和行政价值观在公共行政主体中的体现,即行政人格具有伦理的蕴涵;(2)行政人格之"人"是专门从事行政管理这一特殊职业活动的行政人员,它是"群体人",也是"个体人";(3)行政人格是行政人员所理解和欲实现的价值总和,是行政人员之价值实现与自我价值评价的统一;(4)行政人格形成于行政管理的实践过程中,因此,它为行政人员所特有,并由此区别于其他社会成员之人格;(5)行政人格也是行政人

---

① 张康之:《公共管理伦理学》,中国人民大学出版社2003年版,第17页。
② 需要指出的是,行政人格作为一种道德存在,与西方17、18世纪由休谟、亚当·斯密和塞缪尔·克拉克、沙夫茨伯利伯爵、弗朗西斯·哈奇森和约瑟夫·布特勒等提出的"道德人"概念有区别。他们把道德看成是人的自然本性,人的生存、本质、本性和权利都是自然所赋予的,他们遵循自然法的管辖。这种生活在"自然状态"中的"道德人",是单个的人,是国家和社会的基础,并成为所有理论建构的起点。参见赵敦华《人性和伦理的跨文化研究》,黑龙江人民出版社2003年版,第46—47、54—58页。

员自我评价和社会评价的标准之一。

3. 行政人格是行政人员个体性的体现

从现实角度看,人格作为人的社会存在方式,所体现的是人的现实存在和活动,因此,人格必须通过个体"生命"才能实现自身。马克思强调,"任何人类历史的第一个前提无疑是有生命的个人的存在"。① 个人不仅是人类历史的"前提",也是历史发展的目的,"人们的社会历史始终只是他们的个体发展的历史"。② 因此,人格只能落实到个体人的存在上,换言之,只有个体的人才会拥有独立而完整的人格。所以,行政人格也只能是作为个体的行政人员的"人格"。当然,强调行政人格的个体性,并不否定个体人格所具有的社会性质;相反,正如前面所述,一切人的人格都是一种特殊的社会人格,行政人格必须把社会内涵自觉地纳入其意义之中。

从一般意义而言,行政人格具有人格的各项特征,但由于其主体之身份的特殊性,行政人格又具有自己的独特性,也正是这种独特性使得行政人员与社会其他成员具有"格"的区别。行政人格最根本的特征就是行政价值与自我价值的统一。价值本质上是以主体的内在尺度为特征的一种关系,是人与物之间特有的一种社会评价关系。也就是说,价值是属人的,没有主体人的参与,这种关系就破缺。而由于价值主体的多样性,价值以人为尺度就有不同的含义,行政价值也是如此。行政价值生成于行政行为过程中,体现为行政行为之主体即行政人员与行为客体之间的一种关系,这种关系既为绝大多数行政人员所认同并实践着,同时也是社会对行政人员整体上的一种评价关系。行政价值被行政人员个体所认同并践行,就体现为一种自我价值。行政人格就是行政人员行政价值与自我价值的统一。

## (三) 行政人格:群体之"格"

1. 职业与分群

自工业革命以来,职业逐渐成为现代社会中人之社会本质实现的最重要途径,职业化成为社会分层与流动的主要渠道。职业化的发展始自社会

---

① 《马克思恩格斯全集》第 1 卷,人民出版社 1956 年版,第 242 页。
② 《马克思恩格斯全集》第 27 卷,人民出版社 1972 年版,第 478 页。

经济发展演进的需要,是人类社会进入现代化过程中的必然产物。伴随着工业革命的延伸,系统的社会分工和科学革命的发展,促进了社会生产和生活不同领域职业化的迅速发展。

西方学界通常区分职业(profession)和工作(occupation),认为二者并非是对应的概念。工作是职业的初级阶段,随着社会分工的细密和知识体制的强化与扩张,工作发展到一定阶段时,才成为职业。社会学家威尔伯特·墨尔(1970)将职业化看成一个发展过程,包括渐进的几个阶段:工作(occupation)、天职(calling)、正规化的组织、要求教育的组织、倾向服务的组织以及享有独立自治权的组织。换言之,工作向职业的转变就是职业化(professionalization)的过程(Wilensky,1964),职业化的最高阶段就是组织享有完全的职业自治权(complete professional autonomy)。基于这种认识,关于职业的特征成为社会学家研究的重点。亚伯拉翰·福来克斯纳(1915)最早明确描述职业的六点特征:个人责任感、科学和学问的基础、实用的专门化知识、通过组织分享普遍的技术、自组织形式、利他主义意识。[1] 关于职业及其特征,学界并没有一致的看法。米歇尔·贝利发现,尽管学者对职业的界定各不相同,但是大多数学者对职业的定义都包括三个基本的因素:从事一种职业需要经过广泛的训练;训练的内容涉及某些重要的知识和技能;掌握专门的技能者为社会提供重要的服务。巴伯认为,职业人士的行为有四个方面的基本特质:具有高度的系统化的知识;以社会的利益为取向而非以自我的利益为取向;由职业道德所产生的高度的自我控制力;作为工作成绩象征的报酬制度。[2]

对职业特征的研究最终发展出职业主义(professionalism)意识形态,其两个基本要素就是专门化(specialized)知识和自治权(autonomy),职业化是基于共同知识的专业化与基于独立利益的自治的形成过程。总而言之,职业主义具有两个层面的意义:在工具理性层面,职业主义意味着以科学化的知识体系为基础,发展出一套理性的技术、方法,以解决问题,达成目标;在价值理性层面,职业主义是一种职业所具有的内在价值,这种内在的价值是透过职业的教育和社会化的过程所形塑出来的,它所关注的不仅仅是专业的技术,更是职业的精神和责任。[3] 概言之,职业主义既

---

[1] 宋臻:《专门化、自治权抑或对人性的压抑:名家评职业化》,《职业》2004年第7期。
[2] M. D. Bayles, *Professional Ethics*, CA: Wadsworth Publishing Co., 1981, pp. 7-11.
[3] 张成福:《公共管理的职业主义与职业伦理》,《新视野》2003年第3期。

包括专门化的知识，又内含着丰富的职业道德和伦理规范。

但是，在职业化发展过程中，职业活动的开展与职业主义的形成并没有建立起相应的令人满意的职业伦理学，尽管存在各种各样的属于应用伦理学的职业伦理学。这要从与职业化运动的前提——社会分工谈起。① 人类的职业活动是在分工的前提下展开的，或者说社会生产活动的分工造就了现实的职业化运动。虽然人类的职业活动有着悠久的历史，但是，职业活动迅速分化的历史是与工业社会同步的。自工业革命以来，随着社会分工的发展和科学技术的进步，至现代社会，职业化已成为劳动社会化分工条件下的组织原则，也是劳动力市场构建的一种方式。

社会分工导致了职业的产生，最初由社会分工引起的物质劳动和精神劳动的分离，就产生了思想家、僧侣等职业。实际上，"在一切国家和一切政治制度中都有职业划分，即社会劳动的分工"。② 随着社会分工的发展，人们的职业划分也进一步细化，"每一种职业都是社会分工中的一定部门"。③ 人们对职业的理解正是在社会分工的视域中展开的。从劳动过程的主客体角度理解，社会分工的一切类型，都包含两个方面：劳动的划分和人力的分配。一方面，分工表现为劳动本身的分化和独立化，是为劳动分工；另一方面，分工又表现为社会成员在各种劳动上的固定分配，是为劳动者分工，直接结果就是不同职业群体的形成。分工造成的职业群体的出现，取决于劳动本身的划分。整个社会劳动发生分解的同时，劳动者也就分解为若干部分。在分工这一统一体中，劳动本身的划分是劳动者划分的基础，它决定了劳动者的划分。这样，劳动主体就丧失了能动性、自主性。由于人们的生产越来越专门化、技术化，职业对人的限制也越来越强。这也就是说，"分工使工人越来越片面化和从属化"。④

实际上，劳动者分工所形成的职业群体是在劳动过程还依赖于人力（人的自然能力）的历史阶段上，随着生产技术的提高，生产技术构成愈高，生产过程就将逐渐形成以机器自然力为主体。这时，职业群体不再以

---

① 最早研究分工的学者可以追溯到古希腊的柏拉图，对之较为系统研究的则是近代以来的学者们，主要有亚当·斯密、斯宾塞、埃米尔·涂尔干等，而真正解开社会分工之谜的是马克思。马克思在《资本论》中区分了分工的两种形式，即学界通称的"社会分工"和"劳动分工"。

② 《马克思恩格斯全集》第47卷，人民出版社1972年版，第334页。

③ 《马克思恩格斯全集》第26卷（上），人民出版社1972年版，第415页。

④ 《马克思恩格斯全集》第42卷，人民出版社1979年版，第53页。

社会分工为逻辑前提，尽管产生这一结果的历史前提（生产技术的提高、生产力的进步）是由于劳动分工产生的。"在人类社会早期的发展历程中，社会因分工而分群，因分群而分化，分工是一切社会现象的基本前提和总根源。"可以说，近代以来的整个人文社会科学体系，在最根本的意义上，就是建立在这一还原论的逻辑基础上的。然而，不以社会分工为前提的职业群体发展的趋势，在现代社会，表现得越来越明显，尤其是存在于社会生活领域中的职业活动。也就是说，现代社会的生产生活领域，存在着不是由于社会分工原因造成的人的分群，而是由人的分群造就的分工的社会现象。[1]

分工不再成为职业的唯一前提，社会分群前提下的职业日益生成，并逐渐成为职业的决定性因素。从社会结构来看，职业是分工与分群之间的中介，无论是分工造就了分群还是分群造成了分工，都以职业为中介。职业已成为现代社会中人之社会角色的主要载体，或者说，职业活动是人的社会生命的主要途径。[2]然而，在主要由分工造就分群的历史阶段，由于工业革命对科学理性的张扬，对效率的尊崇，导致在分工视角下理解的职业，排除了对伦理学的思考，即使存在各种各样的职业伦理学，这些伦理宣言无非是空洞的"形而上"发言。

马克斯·韦伯从新教之禁欲主义的伦理角度阐述了现代意义上的"职业"，并"强调固定职业的禁欲意义为近代的专业化劳动分工提供了道德依据"，[3]但他基于一种矛盾心态把这种道德依据托付于神意，而主张一种理性主义的职业概念，强调科学的"职业化"，这就意味着把洞悉自然奥秘的科学当作一项为世界"祛魅"的事业，其本身并不关涉人生的意义和价值。[4]涂尔干（Durkheim，又译为迪尔凯姆）把社会分工看成是道德的基础，社会分工并不只是增加生产的有效手段，其主要功能更在于加强社会团结，而社会团结乃是道德的表象。随着社会分工从单一向复杂化发展，道德标准也从单一化走向多元化。这里，涂尔干很大程度上谈

---

[1] 张康之：《公共管理伦理学》，中国人民大学出版社2003年版，第115页。
[2] 同上书，第120、129页。
[3] ［德］马克斯·韦伯：《新教伦理与资本主义精神》，生活·读书·新知三联书店1987年版，第128页。
[4] ［德］马克斯·韦伯：《〈学术与政治〉"以学术为业"》，生活·读书·新知三联书店1998年版。

的是由分工造成的职业道德。他指出，由于自由主义和功利主义造成了社会失范和道德混乱，要实现道德重建，法制建设固然重要，但首先要建立具有强制作用的道德共同体——超越地域限制的职业群体（法人团体），即基于社会分工的规范性创造。①

涂尔干是在根据实证科学方法去研究道德生活，运用观察法收集的事实以推导道德的普遍性，进而试图建立起一种道德科学。他提出的通过道德共同体的建立实现社会道德重建，具有很大启发性。但是，如上所指出，在分工视角下，以科学的态度研究职业道德，这与现代社会分群已成为职业之前提的事实不符合，同时，后来职业伦理学的发展表明，在科学名义下实际上必将造成伦理学的事实上缺位。因此，对职业的伦理建构不能站在分工的视角下，而必须转向分群的现实中来。职业以分群为前提，对职业的认识以及通过职业来理解整个社会，就需要从伦理的视角出发。事实上，各种传统应用伦理学，在职业的名义下所考察的是人与人之间的关系和群与群之间的关系，然而，这种人际关系、群际关系在分工视角下被描述成一般伦理学的简单运用。一般伦理学或者从人出发，或者从群出发，职业伦理学如果不基于这一前提，势必造成马克思所说的"职业痴呆"，个人也会被相应地限制在特殊职业范围内。职业伦理学作为应用伦理学，并非一般伦理学原则的套用，②它应该有自己的基础前提，这就是社会分群。③

2. 公共行政的职业化

社会分工的逐步细化促成了社会生产与生活领域的不断分化，政治领域与经济领域、公共领域与私人领域的逐渐分离，不同领域职业化表征越来越明显。与一切社会活动职业化的进程相一致，社会治理活动也越来越成为职业化的活动，公共行政的职业化已成为公共行政的一个重要特征和趋势。

在传统社会中，社会治理活动的职业化程度很低。传统社会涵盖奴隶

---

① ［法］埃米尔·涂尔干：《社会分工论》，生活·读书·新知三联书店2000年版。
② 赵敦华教授认为应用伦理学是伦理学的当代形态，并非是传统道德哲学之"用"，应用伦理学应该有自己的道德哲学、中间原理和应用规范。参见赵敦华《人性和伦理的跨文化研究》，黑龙江人民出版社2003年版，第176页。
③ 在一定程度上，涂尔干对职业伦理的讨论事实上是基于社会分群为前提的，只不过这一社会分群的现实状态归属于社会分工的名义下。在其《职业伦理与公民道德》一书中，跳离社会分工而直接从社会分群入手的倾向更为明显。

制和封建制两个时期,这一时期的行政人员作为社会中实际存在的一个阶层,是身份群体与职业群体的统一。行政人员因职业而获得身份,反过来又因身份而加强其职业地位。① 尽管所有行政官员从未形成一个其成员拥有一致目标与观念的同质和统一的群体,但是作为一个整体,尤其是官僚的上层和中层,却无时无刻不在进行着谋取政治与社会生活的自主化:政治、身份、经济领域中的自主性与独立性。"官僚实现身份自主的努力的主要焦点,在于他们把官僚活动的专业—行业(以及在某些时候,权力)的方面,强调为社会身份的主要独特来源;以及对于发展一种半职业的意识形态的特殊重视,这种意识形态强调职业自主性,并将之纳入了社会身份的象征之内。"② 然而,由于传统社会中国家的职能在于政治统治,官僚在本质上代表着统治阶级的利益,是阶级统治的工具,因而,其身份自主性总是取决于统治者的目标与政策。同时,官僚在取得身份自主地位后,转而强调自我利益之扩张,通过强调其地位、权力的独特性,通过把自身的先赋标准和价值强加于身份体系,通过对诸多地位、权力和威望的来源以及对之加以分配的权力的垄断,而限制了身份体系的灵活性,使得官僚体系具有强烈的封闭性。这样一来,在世袭制作为社会关系基本格局的条件下,身份往往冲淡了公共行政的"职业"色彩,官僚活动具有明显的身份特征,更为普遍的是,这一职业的获得首先取决于先赋性身份的取得。

一切从身份地位出发和依据身份地位而开展的活动,都不是真正的职业活动……职业活动的前提是必须抽象掉人的身份地位方面的因素。③ 以此观之,职业活动的真正进程始自近代社会由身份向契约的转变,换言之,职业化运动实际上就是从身份到契约的运动。"身份到契约"不仅是职业化运动的前提,也是传统社会向现代社会转变的重要标志。

在欧洲中世纪晚期,政府官员大都是兼职性和荣誉性的。随着政府管辖范围扩大,政府功能相应增加;统治和保卫需要投入更多的力量、行政、财务和司法部门需要扩充,君主与等级议会的关系需要进行协调……15世纪以后,西欧各国出现了一类由君主直接任命和指挥,协助君主进行统治、管理,对君主负责,依赖和效忠君主的文职人员,这就是早期的

---

① 张康之等:《公共行政学》,经济科学出版社2002年版,第41页。
② [以色列]艾森斯塔得:《帝国的政治体系》,贵州人民出版社1992年版,第170页。
③ 张康之:《公共管理伦理学》,中国人民大学出版社2003年版,第119页。

文官。从早期文官的出现到现代职业文官的形成，西方各国的发展经历了专制君主—恩赐制时期、资产阶级权贵—个人赡徇制时期和政党政治—政党分肥制时期。在专制君主—恩赐制时期，文官是国王或封建君主的忠实奴仆，每一个官职都是君主的恩赐品；在资产阶级权贵—个人赡徇制时期，官员的任用是由选举产生的掌权者根据个人好恶与个人之间的关系来决定。可以看出，这两个时期的文官职业明显与身份相连。在政党政治—政党分肥制时期，官职被视为肥缺或战利品，由在选举中获胜的政党以党派意识为标准进行分配，一般都大肆使用本党派人士担任公职，官员效忠于某个政党，随政党在选举中成败而进退。

  始于19世纪中叶的现代意义上的公务员制度以及"文官改革"运动与进步主义运动，为公共行政的职业化提供了坚实的背景。威尔逊对建立行政科学的真诚建言，韦伯对以理性——法律为基础之官僚制的倡导，则为公共行政的职业化做了很好的理论注脚，也提供了一种现实的框架。随后，各国公务员制度的建立与不断完善，进一步推动了公共行政的职业化进程。进入20世纪，公共行政的职业化已经成为不争的事实。这不仅仅表现为公共管理领域职业人员云集，成为莫舍所言的"职业人员国家"(The Professional State)[1]，更主要的是公共管理本身已经成为一个专门的职业，主要表现为:[2] 公务职业已经永业化；公共管理已经发展出一套比较完整的、相对独立的知识体系；公共管理知识和技能的获取必须通过职业的教育和训练，而从事公共管理专门教育和训练的组织不断发展；各种各样的公共管理学术团体和职业团体大量出现；公共管理已经发展出职业的伦理和道德规范。

  公共行政职业化的直接结果就是行政人员作为一个职业群体的出现。这一职业群体并非完全是由社会分工所决定的。在传统社会这不言自明，在现代社会，抽象掉身份等先赋性特征之后的公共行政职业，是基于共同知识的专业化和自立的自治权。共同知识的专业化意味着共同的知识话语与规则的形成，以及拥有同样的生产关系（话语的生产和分配）的阶层的形成，而所谓的自治既包括职业独立，独立于社会其他组织之外，也包

---

  [1] Frederick, C. Mosher, *Democracy and the Public Service* (2$^{nd}$ ed.), New York: Oxford University Press, 1982.

  [2] 张成福：《公共管理的职业主义与职业伦理》，《新视野》2003年第3期。

括职业自律，职业角色通过职业理念和精神的内化而成为职业良心。通俗地讲，要获得公共行政的职业，必须"德才并举"，既要经过严格训练，接受专门教育，具备相应专业知识，取得一定资格，也要认同并遵守相关职业伦理规范，具有一定的职业良心。这一过程不再是限于活动意义上的"分工"，而是职业活动主体意义上的"分群"。当然，尽管在公共管理活动内部存在主体上的分工，但它在社会整体中是首先作为一个独特的职业群体而存在的。这一独特性就在于该职业的内在规定性。

3. 公共行政职业的内在规定性

行政人员是公共行政职业的从业者，其社会生命之获得的主要途径就在于该职业角色之丰富和完善。公共行政职业自身内在的独特规定性，使得这一从业者群体成为一个独特的职业群体而存在，也正是这一内在规定性，赋予行政人员这一群体一种"格"。也就是说，行政人格因此具有了群体的意义，即行政人格是一种群体之格。

正如世界上不存在两片相同的树叶一样，社会中也不存在任何相同的两种职业，每一种职业都有其独特的内在规定性。相比于社会其他职业，公共行政职业的独特性表现在以下几方面。[1] 其一是公共行政职业的公共性[2]：追求公共利益之实现，行使公共权力，参与公共事务管理，提供公共服务。行政人员群体是一种特殊的职业群体，它掌握着公共权力，并在公共管理的职业活动中代行这一权力。其二是公共行政职业的服务性：服务于公民、服务于全社会。按照社会契约理论，政府的权力来自公民之间的契约或公民与政府之间的权能委托，政府不仅要为公民、社会提供服务，还应提供尽可能好的服务。公共行政的职业化意味着"官僚不仅仅是其活动领域的法律专家，而且还是专业的管理专家，善于满足公民或用户的需求"[3]。其三是公共行政职业的政治性：国家基本职能活动的权威性。行政人员的所有职业活动，是对体现为国家权力机关意志之政策与法律的具体实施，以国家名义进行，代表国家并以国家强制力为后盾。总而

---

[1] 张康之等：《公共行政学》，经济科学出版社2002年版，第44—46页。

[2] 关于公共行政之"公共"的详细阐释，可参见［美］乔治·弗雷德里克森《公共行政的精神》第1章，中国人民大学出版社2002年版。

[3] Christopher Pollitt and Geert Bouckaert, *Public Management Reform: A Comparative Analysis-New Public Management, Governance, and the New Weberian State* (Third Edition), Oxford: Oxford University Press, 2011, pp. 118-119.

言之，公共行政作为社会中的一种职业并非其专业知识或技术能力本身，而在于社会的公共选择，一如芬纳所言："我们所需要的，不是技术能力本身，而是由公众及其授权的代议机构所界定的服务公共福利的技术能力。"①

行政人格作为群体之格，是行政人员之社会属性的显现。一般而言，在现代社会，人格通常表现为角色人格。人格是通过个体表现出来的，但人格不仅仅是个体的，人格是社会性的集中表现，它带有角色与职业的特征，不同的角色、不同的职业有不同的人格特质和模式要求。既然公共行政是一种特殊的职业，那么对行政人员也就有着特殊的从业要求。这种要求体现为法律要求和道德要求两方面，具体说来就是各种法律法规、职业规范、职业道德和职业价值取向等等。正是这些共性的要求把行政人员连接成一个职业群体，并且与其他群体相区分，使得行政人员具有大致相同的人格特质和模式。进一步讲，行政人员之社会属性的现实表现在于其职业行为的组织特性，或者说，行政人格的形成，来自公共组织的塑造。行政人员作为公共组织中的一员，代表国家从事社会公共事务的管理，因此，从表面上看，行政人员的职业行为是一种组织行为，各种从业要求也往往是针对公共组织而言的，这些要求构成了行政人格生成的组织环境。任何组织中的人格，都是组织结构、制度规范、权力运作方式、组织气候等对组织中的人员进行形塑而成的，这样，组织成员的人格不可避免地被打上组织烙印，同一组织中的人具有大致相同的人格，形成一个独特的人格群体。

需要指出的是，在组织化的现代社会（Organization-Society）中，职业行为无一不是以组织名义出现，个体人格的组织烙印，使得职业群体的人格形象被理解为一种组织人格。有些学者在对行政人格下定义时将其理解为组织人格与个体人格的统一，有代表性的如"所谓行政人格，就是指党政机关和国家公务人员等公共行政主体与其他部门、其他职业者相区别的内在规定性……，它为各级党政机关和国家公务人员等公共行政主体所特有"。② 我们认为，把行政人格之"人"理解为包括党政机关在内的公共行政主体是不准确的。从表面上看，作为对一般伦理学和传统职业伦

---

① Herman Finer, "Administrative Responsibility in Democratic Government", *Public Administration Review*, Vol. 1, No. 4, 1941, pp. 335-350.

② 王伟：《行政伦理概述》，人民出版社2001年版，第97页。

理学片面强调个体性的反动,行政人格把党政机关纳入自己的定义之内无可厚非,但更深入思考就会发现,虽然党政机关在我国的现实生活中有时会成为集体主体或社会主体,成为"人格代表"或"人格化身"(马克思语),但党政机关作为主体其活动基础只能是个体的人,"其需求性能只有在体现于有生命的个体人身上时才具有直接性,并且只有通过生命的个体人的行动才能获得现实性"。[①] 因此,如果人格不落实到个体人格上,所谓人格就不过是一个"虚幻的共相",不会是现实的具有生命力的可体验到的存在,而各项社会制度包括法律法规、组织规范等也只有以从个体角度出发,才能真正发生效力。

也就是说,组织人格实际上是一种"幻相",是一种虚拟人格,实际存在的只是个体人格以及共存于一个组织中的具有共同组织特征的群体人格。当然,"组织人格"概念本身作为一种抽象,适宜理论探讨和建构,但在现实中会带来简单化的后果。更致命的是,在传统组织理论中,组织的经典模式是追求理性行为、专业化分工、权力作用和严密控制的官僚制组织,通过设立繁文缛节给组织成员编织了一道道藩篱,从而抑制组织成员自主、创造、负责等健康人格倾向的成长。尽管组织理论与实践已发展出新的模式,组织人性化管理取得不小的成效,但仍未撼动官僚制组织之主流地位。如果把行政人格理解为一种组织人格,还可能会出现轻视个体之合理需求,以组织取代个体的情况发生,并形成一种组织整体至上的意识形态,这在过去的公共行政实践中多有佐证。实际上,"组织人格"是社会分工视角下的人格形象。社会分工对组织的影响是,组织功能的合理分化与配置,组织结构的合理设计、职责权力的分层设置等等,组织成员只是组织设计中的一环,从未被当成职业活动的主体来对待。当社会分群成为职业的决定性因素时,职业群体所展现出来的人格形象尽管仍带有组织的烙印,但它不再是过去那种被组织所决定的人格,而是以个体人格充分发展的群体形象出现。这一群体之格内含着职业的内在规定性。

当然,尽管行政人格在某种程度上是行政管理职业群体的内在规定性,但这只是从整体上就职业群体相互间进行区别而言的。如前所述,行政人格作为行政人员的"格"之规定,为行政人员个体所具有,只有把行政人格落实在个体人格的具体性和真实性上才是对行政人员作为人的本

---

① 余潇枫:《哲学人格》,吉林教育出版社1998年版,第56页。

真存在的肯定。因此，行政人格是行政人员的个体"格"。但是，既言之"个体"，是相对社会而言的，即行政人员是社会成员的一分子，具有社会成员的一般属性。共性寓于个性之中，而个性又不在共性之内，所以，现实存在的是作为个体的行政人员之格，同时也存在具一般意义的行政人员群体之格。

## 二　行政人格的本质

### （一）行政人格生成的现实基础[①]

1. 行政裁量[②]的客观性

随着19世纪末20世纪初"行政"国家的出现和发展，"从摇篮到坟墓"，社会生活的各个领域无处不渗透着行政权力的影响。行政权力的扩张是人类理性化的结果。现代化是一个理性作用于人类思想和行为的多元变化过程，它导致了人与自然、人与人之间关系的复杂化，其具体表现为新型社会关系和社会事务的剧增。而理性化在客观上要求这些社会关系和社会事务应得到有序安排，行政裁量权作为一种管理能力，其扩增就成为一种合理的需要。尽管行政裁量作为公共行政领域的客观事实在不断增长，然而公共行政学对此的理论研究却严重滞后。行政裁量不仅为"积极行政"的历史登台、政府职能的扩容、效率追求的合法性提供了现实的根据，同时也为公共行政学的研究注入了新的活力因素[③]，公共行政学或者更确切地说行政伦理学对行政人员的理解和把握正是从行政裁量权的形式入手，探讨行政人员的伦理主体性、道德责任与义务、道德教育和行政伦理建设等问题。

行政裁量是西方近代法学上的概念，其客观性地位的获得伴随着近代确立以自由、人权为基础的成文法治国原则，排除君主、贵族、高官的特权和专横的漫长历史过程，是在人类与自然的抗衡、文明社会内部的阶级

---

[①] 杨艳：《行政裁量：行政人格生成的现实基础》，《南京社会科学》2008年第7期。

[②] 杨建顺教授从词源翻译及德日（大陆）法与英国法比较研究的角度，指出目前国内学界通行的"行政自由裁量（权）"概念的泛化，实是一种观念上的误区，进而提出用"行政裁量"以代之。参见杨建顺《论行政裁量与司法审查——兼及行政自我拘束原则的理论根据》，《法商研究》2003年第1期；《行政裁量的运作及其监督》，《法学研究》2004年第1期。

[③] 张康之、张乾友：《行政裁量为公共行政学注入新的因素》，《四川大学学报》（哲学社会科学版）2013年第4期。

斗争、人类对自然和社会的不断认识的推动下完成的。在古典法治主义时期，倡导"无法律则无行政"，行政处于严格的法律控制之下。然而，尽管成文法治国原则在很大程度上保证了社会关系的连续性、稳定性和可预见性，使人们可依赖预先知晓的行为规则设计自己的行为，避免对自身不利的后果，① 但是，由于人类理性的有限、社会生活的纷繁复杂、语言本身的局限、规则内在的"空缺结构"以及法律普遍公正与现实不公之间的矛盾等，导致了规范性法律和行政实践活动之间的空间隔离，为行政裁量提供了现实的生长沃土。"规则本身是使用语言的一般规则，而一般词语的使用本身也需要解释，……它们不能自己解释自己。"② 因此，博登海默说："只有那些以某种具体的和妥切的方式将刚性与灵活性完美结合在一起的法律制度，才是真正伟大的法律制度"，而弥补这种僵硬性、保守性的途径，便是赋予行政裁量以合法地位，以便能把法律制度的"稳定连续性的优长同发展变化的利益联系起来"。③

关于行政裁量行为的含义，几乎所有论述都将其定义为行政机关的行政行为。我国著名行政法学者王名扬指出："自由裁量是指行政机关对于作出何种决定有很大的自由，可以在各种可能采取的行动方针中进行选择，根据行政机关的判断采取某种行动或不采取某种行动。"④ 德国行政法学者哈特穆特·毛雷尔认为："行政机关处理同一事实要件时可以选择不同的处理方式，构成裁量。法律没有为同一事实要件只设定一种法律后果，而是授权行政机关自行确定法律后果，例如设定两个或两个以上的选择，或者赋予其特定的处理幅度。"⑤ 在美国，行政裁量权的行使也不可避免地被认为在本质上是行政机关对相互冲突的各种私人利益进行调节的一个立法过程。⑥ 从制度主义角度把行政裁量行为定义为"组织人"的活动，其直接原因是近代以来宪政运动发展的结果。

进一步考察，上述关于行政裁量行为的定义体现了近代社会管理主义

---

① 沈岿：《超越成文法律规则的有限选择——浅议行政诉讼中的司法自由裁量权》，《行政法学研究》1995 年第 3 期。
② [美] 哈特：《法律的概念》，中国大百科全书出版社 1996 年版，第 128 页。
③ [美] 博登海默：《法理学——法律哲学与法律方法》，邓正来译，中国政法大学出版社 1999 年版，第 405 页。
④ 王名扬：《美国行政法》，中国法制出版社 1995 年版，第 545 页。
⑤ [德] 哈特穆特·毛雷尔：《行政法总论》，法律出版社 2000 年版，第 125 页。
⑥ [美] 斯图尔特：《美国行政法的重构》，商务印书馆 2002 年版，第 21 页。

组织行为模式的特点，其深层意识是西方社会根深蒂固的"人性恶"的幽暗意识。这类定义对行政人员在实际行为中拥有"自由"裁量权力的现实视而不见，或者过于担心而表现出对行政人员的偏见，其出发点是对行政人员专业自主性的限制和伦理自由特性的怀疑。它仅仅关注于行政管理职业在组织体系内的位置，而没有注意到行政人员的职位和岗位也直接地构成了其多元社会角色中的一种。① 抱着对行政人员道德伦理意志之自主性的不信任态度来讨论行政裁量行为，进而建构行政裁量的组织规范控制理论，其最终结果只能是陷入无边无际的规则之网中，而规则本身又存在上述天然缺陷，这正是当前有关行政裁量及其控制的论述始终无法令人满意的逻辑悖论所在。

2. 行政裁量权是行政人格生成的现实基础

行政裁量是行政人员专业自主性的真实体现，或者说，行政人员行使裁量权的合法性是以公共行政专业为基础的。所谓公共行政专业，可以概括为："公民经过宣誓或签订职业合同，表达了他或她对于从事公共行政管理职业所必须承担的责任与义务的承诺，也表明了他或她愿意遵守相关的规章制度和纪律；国家和社会也相应地赋予了他或她作为一名行政人（公务员）所应当具备的正当权益，包括行政管理的专业自主性权力。"② 在经历了古典法治主义之"无法律则无行政"时期后，随着社会发展的专业化、技术化以及社会关系的复杂化和价值多元化，国民的生存和幸福权利不再依赖行政避让和消极，而是托荫于行政官员主动、仁慈的干预，寄望于行政人员的专业能力和技术。正是行政人员专业能力应对复杂多变社会及公共事务的优势，才使得行政裁量具备了合法性基础；反过来，行政裁量也只能建立在行政人员专业能力的基础上，才具有存在的现实的根基。

当然，历史地看，行政人员的职业化是行政人员专业化的必要前提，③ 公共行政的专业化是与行政管理的职业化联系在一起的，而这一联

---

① 张康之：《公共管理伦理学》，中国人民大学出版社2003年版，第124—125页。
② 李春成：《行政人的德性与实践》，复旦大学出版社2003年版，第108页。
③ 本书中，"专业"是指专门化（specialized）知识、能力及其相关运用等，相当于英文中"speciality"或"specialty"，是一个中性概念，只含工具性价值；而"职业"除专业化知识外，还包括基于此所获之社会角色，包括各种资源，如物质保障、自治权力等，相当于英文中"profession"，是一个蕴含价值理性或道德规范的概念。但在社会发展过程中出现了专业主义或职业主义意识形态，尽管这两者似乎应有所区分，笔者认为在意识形态层面，两者其实可以等同，对应英文为"professionalism"，故后文对二者不作区分。

系又是伴随着工业化进程中的社会分工产生的。而从社会分工的自然历史进程来看，分工从属于科学技术化和形式合理性的追求，有着更多的超越政治的、非价值性的特征，这一特征成为其后几乎所有学科研究和发展的共同特征。传统行政法学对行政裁量的论述正是在工业化进程中社会分工的视域中进行的，并以法律（形式合理性追求的最典型表现）是否给行政主体留有选择、裁量余地为标准，将行政行为分为羁束行政行为和裁量行为，更进一步将裁量行为分为法规（或羁束）裁量行为和自由（或便宜）裁量行为。事实上，这种分类不过是一种观念上的虚构而已，现实中并不存在纯粹的羁束行政行为，当然也不存在绝对的自由裁量行为。所谓羁束，传统观点就是法规之约束，无任何裁量之余地，而如前所述，法律规则"试图对各种特殊而细微的实情开列出各种具体的、实际的解决方法"[①] 并不切实际。因此，在此意义上，可以说，现实中行政人员的具体行政行为实质上就是行政裁量行为。[②]

跳离行政裁量之法律控制的唯一性，放眼于公共行政职业化的历史进程，我们可以看到，行政裁量不仅是行政人员专业自主性的真实体现，同时它还为行政人员道德伦理意志自主性提供了生长的空间。行政人员在从事行政管理的职业活动过程中，获得其职业角色的定位。从狭义角度看，行政人员的职业角色以职务、岗位的形式出现，有着明确的责任义务内容，承担这些责任和义务就达到了职业要求，其职业角色与行为的一致性并不包含道德判断。而从广义角度看，在总体的职业体系中，行政人员的职业与社会有着直接的联系。职位、岗位不仅意味着特定的组织行为体系中的责任义务，而且直接的就是根源于整个社会的责任义务，这对于行政管理这一职业而言，更为明显。因为作为一种社会治理活动，行政管理职业具有更强的社会性，行政人员不仅仅是对行政组织体系负责，而且还通过其现实的行政裁量行为，行政人员以从业者身份直接和社会相联系，直接对社会负责。

行政人员选择了行政管理这一职业，事实上就选定了其作为人之社会

---

① 梅里曼语，转引自徐国栋《民法基本原则解释》，中国政法大学出版社 1992 年版，第 152 页。

② 当然，行政裁量行为不仅仅是指行政人员个体之公务行为，也包括行政机关的组织行为，但不只限于后者。从此角度而言，传统行政法学关于行政裁量行为的定义并没有错，只是片面而已。

生命获得的主要途径，并在具体的行政裁量行为中，将职业价值体系内化为自己的社会生命的内容，从而使得这一职业成为其具体的、稳定的社会角色。① 具体而言，行政人员的职业角色进而其社会角色是通过其在职业活动中的自由行为来实现的，这一自由的职业行为，就是行政裁量行为。在此行为中，行政人员具有行为主体的自由选择和价值判断的权利，而不是或不仅仅是驯服和机械的顺从，正是自由、选择等权利的引入，使得行政裁量行为具有了伦理特性，成为人类活动中的伦理性活动模式。② 奥地利自由法学家埃利希认为，自由意味着责任，意味着加强行政官员的责任感和行政官员在行政行为中可以充分发挥自己的个性，意味着对行政官员素质的更高要求以及对其任用的适当选择。相反，成文法对行政机关的限制不过是立法者将责任转移给行政官员而已，意味着消灭行政官员的个性。③ 因此，行使裁量权并非必然导致"恶"的产生，反而是行政人员有意义生活的基本条件，是行政人员主体性得以展现的基本保障。概而言之，行政裁量是行政人格生成的现实基础。

需要指出的是，我们把行政裁量视为行政人格生成的现实基础，而行政裁量本身作为一个概念及其理论建构却是近代才出现的，但这并不意味在此之前的行政人格就失去了生成的现实根基。因为，概念和理论之有无并不能否定历史与现实的存在，也就是说，行政裁量是在三权分立之宪政运动中逐渐得以确立的，而在此之前的传统农业社会中官僚们的行为尽管称不上严格的具"现代"意义的行政行为，而实际上官僚行为的"裁量"权更为宽松，可以说，这一历史时期的"行政裁量行为"普遍存在，这既是我们将行政人员之具体行政行为的实质看成是行政裁量行为的原因之一，同时也是进行历史类型研究所必然会面临的概念"缺失"的困境。

3. 对行政裁量之任意的限定

行政裁量权作为社会分工的产物，是行政权力的伴生物。行政权的存在作为一种影响和支配相对人的权力，是保证一个社会有序运行的基本条件，但同时，由于行政权的支配性和单方性，使其具有一种天然的扩张性，如果不对其限制，势必会对公民、法人或其他组织的合法权益造成严

---

① 张康之：《公共管理伦理学》第五章"公共管理职业活动的伦理规定"，中国人民大学出版社 2003 年版。
② 李春成：《行政人的德性与实践》，复旦大学出版社 2003 年版，第 109 页。
③ 叶必丰：《法学思潮与行政行为》，《浙江社会科学》2000 年第 3 期。

重损害。现实中，行政权的这种特性常常表现为行政裁量权的恣意扩张。事物的相互作用原理告诉我们，权力界面越大，受到的阻力和约束就越大。行政裁量是行政人员自由的职业行为，但这种自由并非绝对的自由，而是一定界限内的自由。传统行政法学将这一界限理解为"制度约束"，这一"制度"包括两个层次的含义：一是各种羁束性的规章规则，二是代议制民主典则。[①]

事实上，所谓"制度约束"下的行政裁量之控制是遵循三权分立之原则的。行政裁量权是行政权的重要组成部分，而行政权在国家权力中的作用和地位经历了"绝对行政—被动行政—能动行政"三个阶段。传统农业社会中，严格来讲，并不存在现代意义上（三权分立）的行政权，行政权在国家机构体系内是一种从属于王权或君权的行政特权，而对外，其指向的客体只能绝对服从，可以说，此时的行政裁量接近于任意或恣意，此时的自由是一种变态的自由。工业社会中，文艺复兴和启蒙运动的兴起，人权天赋，人生而自由平等的个性得到极大张扬，这种建立在个人主义基础之上的人文精神要求个人权利的尊重和保护。随之而来的宪政运动摧毁了封建专制的坚固堡垒。宪政之要义乃限制政府权力，保障公民权利，换言之，行政权应在法律的严格控制和约束下被动地使用与运行，而行政裁量更是被视为禁区，行政人员不能做任何决定，只能是以国家意志之名而存在的他人（民选政治家）意志的执行者。

但是，随着时代的进步和社会的发展，传统宪政观念在19世纪末20世纪初又发生了转变，由单纯强调公民个体权利之保护转向个体权利与整体权利之并重，政府由"守夜人"转变为社会的"总管家"。1959年印度《德里宣言》提出了四项法治基本原则之第二项强调"法治原则不仅要对制止行政权的滥用提供法律保护，而且要使政府能有效地维护法律秩序，借以保证人们具有充分的社会和经济生活条件"。宪政思想的发展不是让社会重回到行政特权的封建专制时代，而是让行政权在一定的制度框架下合理地行使和运用，从而更好地发挥其服务于民的作用，"宪政政体必须不只是限制权力的政体，它还必须有效地利用这些权力制定政策，提

---

[①] 李春成：《行政人的德性与实践》，复旦大学出版社2003年版，第112页。该书此处是为正面论证行政裁量权存在之缘由而提出来的；但反过来，从对行政裁量权之控制来看，这种概括也是适用的。

高公民福利"①。

　　传统法学理论已然看到行政裁量权之存在和扩大的历史必然性，但在解决行政裁量权行使中可能之任意时，主张通过行政程序和监督（主要通过司法审查）方面以更严格的法律规范来指导其合理正当地行使。这一看法在法学界中几乎是一种普遍共识，在此不予赘述。同时，在广泛存在行政裁量的现代行政过程中，除了司法审查与其他各种监督机制互为补充，形成对行政权运作的规范和制约作用之外，行政部门的自我拘束（自律）的法理亦是确保依法行政、合理行政所不可或缺的重要因素。②行政自我拘束的原则，强调的是基于行政机关自身所制定的基准、所做出的决定乃至所采取的措施的拘束性，其直接渊源是现代国家宪法上的平等原则，目的在于禁止行政恣意，这实际上是在行政机关内部倡导一种类似于司法活动中的判例原则。

　　在当代美国，为解决行政裁量之非法行使和滥用，实践中已提出一系列替代方案，如放松管制和撤销管制机关，以非人格的市场交换规则取代官员的自由裁量权；贯彻实施禁止授予立法权原理，阻止立法机关宽泛授权；要求行政机关通过制定标准而使其行政裁量权的行使具体化，回应传统之形式正义观念；采用资源配置效率作为衡量行政裁量行为的实体标准，依赖"专家知识"来满足消费者的偏好。③然而，上述替代方案本身存在许多不足，并没有为控制行政裁量权提供一个可供选择的、普遍适用的框架。进而，实践中又发展出利益代表模式以实现对传统行政法模式的扩展，但这一模式在现实中实行起来困难重重、成本巨大，而其"公共利益"之虚无观念的前提假设，使得以此模式对美国行政法之重构的愿望破灭。

　　总而言之，对行政裁量之任意的控制都是立足于对作为整体的行政机关的法律控制，而没有从解决行政人员个体行为之任意性着手。当然，此种论调的支持者可以争辩说，控制住了行政机关的行为，也就控制住了行

---

① ［美］埃尔金、索乌坦：《新宪政论：为美好的社会设计政治制度》，生活·读书·新知三联书店1997年版，第165页。
② 杨建顺：《论行政裁量与司法审查——兼及行政自我拘束原则的理论根据》，《法商研究》2003年第1期。
③ ［美］斯图尔特：《美国行政法的重构》第二部分"解决行政自由裁量权的可替代方案"，商务印书馆2002年版。

政人员的行为,殊不知,关于行政机关行为的规则和程序无论制定得多么完善,其行为最终还是必须由行政人员的现实活动来体现。在"制度约束"的途径中,羁束性法律规章规则之限制实际上是运用成文法追求对行政人员的具体控制,将其工具化为行政机器上的螺丝钉,而代议制民主典则制则把行政人员视为不折不扣的政策执行工具。这两种途径对行政裁量权的限制,实质是奉行着法制主义的逻辑,企图用法律之箍锁住行政人员的思想、行为和感情。法制主义本质上是一种严格的规则主义,其本身是理性主义的逻辑表达。但理性主义追求完美却又企图固化现状,"为了防止可预期的恶,我们总是企图将有限的理性认识制度化为行为戒律、自由底线。然而往往由于过于凸现由法律制度所规定的底线伦理,而使德性伦理显得不合'常规'。"[①] 法制主义追求的理性是一种工具理性,具体被归结为数学上的可计算性、逻辑上的形式化和机械上的可操作性。工具理性建立在事实与价值、法律与道德分野的基础上,排除了行政人员个人情感以及对生活的认知,因此,严格的规则主义下的行政人员事实上沦为规则的奴隶,实际表现出来的人格模式是一种工具性人格。如果不引入行政人员的伦理因素,不赋予行政人员自由能动的选择和判断权利,一味相信规则的魔力,抱守规则之外在约束的硬途径,只能自缚于规则之茧中,而这本身却背离了行政裁量产生的真正根源。

一般而言,在民主政府中,对行政裁量之控制以及对这些控制之缺陷的补救主要有两种措施:"一是立法机关和司法机关对官员的持续监督;二是政府人员无处不在的对于公众的责任感。"[②] 这里,作为对传统理论过分注重规则之外在约束的硬途径的反论,笔者更愿意从伦理学角度出发,将解决行政裁量之任意的出路放在行政人员身上,寄望于行政人员主体性的充分发挥和健康人格体的建构。传统的"制度约束"追求的是形式正义,仅仅规范行政裁量权行使的方式,而不是其实质内容,而规范的现实性和有效性往往取决于这一实质内容的实现。当代德国著名法学家雅科布斯认为,规范只有在提供了指导交往的标准时,也就是说,只有当规范决定着必须如何与某种行动连接时,它才是现实的;而纯粹处在制裁的

---

① 李春成:《行政人的德性与实践》,复旦大学出版社2003年版,第112页。
② Herman Finer, "Administrative Responsibility in Democratic Government", *Public Administration Review*, Vol. 1, No. 4, 1941, pp. 335–350.

外部实施中的规范的现实性,是暴力,是自然,而并非社会。① 也就是说,控制行政裁量之规范的现实性不在于制裁的外部实施,而是存在于行政人员基于该规范而进行的交往活动。这就要求我们不能把规范理解为一种控制命令,这种命令达于根据该命令而相应地控制其身体的人之上就完成了。规范的有效性不在于这种命令逻辑,而是在于人格体的主体自觉,也就是人格体的主体性张扬。② 主体性不仅仅体现在人在实践活动中的外部能动性,更为根本的是,是在这种外部实践活动中形成独立的内在自我,达至精神上的人格独立性,以确认自己的本质,找到自由的真正归宿。行政裁量行为是规范约束之下的行政人员的职业活动,相关规范的真正实现,需要行政人员发挥主观能动性,充分理解并认同该规范,能够满怀信赖地把该规范作为行动准则来接受。因此,这就需要建立对行政人员的信任。

当然,这并不是否定规则的必要性。如果彻底推翻规则的权威,完全抛弃法律的外在客观性,而一厢情愿地依赖于行政人员高度的自由自觉和高尚的职业道德,这也不现实。失去规则约束的自由是一种任性,就会演变为对更大自由的践踏,制度规则的存在,就是防止这种自由陷入情感主义。事实上,当否定了法律的外在客观性时,就会产生对个体理性的崇拜,而人的有限理性又往往使得单个个体不足应付解决所有问题,这时又会转向并求助于新的权威,形成一种依附或服从权威的权威性人格,这在专制社会足以得到确证。所以,行政裁量任意之控制的切实路径是在确保规则之必要的前提下,充分激发行政人员的伦理道德特性,促成行政人员健康人格的形成。

### (二) 行政人员自我本质的实现

自古希腊圣哲苏格拉底发出"认识你自己"的宣言后,对人的认识一直是西方学界探讨的主流话题,但是传统理论对人的理解往往走不出抽

---

① [德]京特·雅科布斯:《规范·人格体·社会——法哲学前思》,冯军译,法律出版社 2001 年版,第 44—45 页。

② 雅科布斯区分了人格体与主体的区别。简言之,主体是自我理解的人格体,而人格体并不总是主体,人格体是主体的必要条件而非充分条件。参见[德]京特·雅科布斯《规范·人格体·社会——法哲学前思》,冯军译,法律出版社 2001 年版,第 51—54 页。关于人格主体的思想,一直是西方学术思想史的主题之一。自古希腊苏格拉底时期之萌芽起,中经奥古斯丁、帕斯卡尔等,在克尔凯郭尔、尼采那里得以真正确立,最后由存在主义者雅斯贝斯等加以完善。

象化人性观的误区。因为它们的思维方式总是遵循着"物种"即"物的逻辑"去看人，把人"实体化"、"归一化"、"原型化"。① 现今思想界"百科全书式"的德国著名哲学家恩斯特·卡西尔认为，"如果有什么关于人的本性或'本质'的定义的话，那么这种定义只能被理解为一种功能性的定义，而不是一种实体性的定义。……人的突出特征，人与众不同的标志，既不是他的形而上学本性也不是他的物理本性，而是人的劳作（work）。正是这种劳作，正是这种人类活动的体系，规定和划定了'人性'的圆周"②。在卡西尔看来，人并没有什么与生俱来的抽象本质，也没有什么一成不变的永恒人性；人的本质是永远处在制作之中的，它只存在于人不断创造文化的辛勤劳作之中。因此，人性并不是一种实体性的东西，而是人自我塑造的一种过程；真正的人性无非就是人的无限的创造性活动。卡西尔的认识是非常深刻的，但是在他"人类文化哲学"中，"人"被完全融化在"符号"中，失去了自己感性的、现实的存在，因此，他所尽力把握的现实的人仍然是抽象的人。

其实，早在卡西尔之前，其同胞马克思就已经深刻指出："费尔巴哈把宗教的本质归结于人的本质，但是，人的本质并不是单个人所固有的抽象物，实际上，它是一切社会关系的总和。"③ 人之为人，在于"人是类的存在物。……人把自身当着现有的有生命的类来对待，当着普遍的、因而也是自由的存在物来对待"④。也就是说，人之为人的本质在于人本身，在于"类"的活动。⑤ 人的活动超出物种的规定，同时也意味着人的自我形象也超出了物种的规定，人在实践活动中不断实现对自然、自然性、自

---

① 一般而言，存在三种探讨人之存在的方式，其一是按规定物的属性的方式，从人与物的不同之处寻找人的属性；其二是从人的发生本源上寻找人的先定本质，认为人的发展无非是先定本质的展开和完善；其三是从人的诸多特性结构中寻找某种起决定性作用的特性，进而把人看成是由某一决定性特性所支配的存在物，如政治人、宗教人、符号人等。参见高清海、余潇枫《"类哲学"与人的现代化》，《中国社会科学》1999年第1期。

② [德] 恩斯特·卡西尔：《人论》，甘阳译，上海译文出版社1985年版，第87页。

③ 《马克思恩格斯选集》第1卷，人民出版社1972年版，第18页。

④ 《马克思恩格斯全集》第42卷，人民出版社1979年版，第95页。

⑤ "类"与"种"是相对立并具不同性质的概念。"种"是对动物属性的存在规定，揭示动物之为动物的根本性质和特征，即动物本质的先定性、自然性、相对固定性、与生命活动的直接同一性、无个体性等。"类"作为人的存在特性揭示的是人之为人的根本性质与特征，即人的器官的未特化性，人的本质的后天生成性、自主自为性、动态性，生命活动的自我否定性、个体性等。概言之，"类"的本质否定了"种"的本性。

然关系的否定和超越，不断获得和提高人的人格性。同时，人要摆脱和超越"种"或物的逻辑，就不能盯着各种当下的出场物不放，而应深入意义绝对之域，把人的生命活动与人的自我存在意义、自我实现关联起来，形成从自身出发的自我意识，因为，基于他者（他人、他物）的自我认识无非是一种物或"种"之逻辑下的效用计算。

按照马克思关于人的本质的逻辑思路，人格作为人的本质的现实表现，是人的社会关系，包括伦理关系、道德关系的一种自我塑造过程。具体而言，人格的本质是主体的人在社会生活中所进行的创造活动的结晶，尤其是对社会人际关系规范的创造活动，同时人格也是作为客体的人自我认识、自我完善和自我确立的价值评价，是主体人的创造活动与客体人的自我价值评价的统一。这一过程自始至终都统摄于现实生命体之自我本质实现与自我存在意义的追求和探索中，换言之，这一过程就是建立与实现统一人的活动的"绝对目的"，即人活动的终极依据或全部生存的意义，人的自我身份的确立和自我规定性的实现。

行政人格作为人格的特殊形态，反映了行政人员作为人的类本质的实现。在行政活动中，行政人员作为管理活动的主体，其管理主体的角色是社会所赋予的，是组织所"施与"的，而非由其自己所主观决定的，这对于他来说，是一种外在的客观存在，他只有选择从事或不从事这一管理活动的自由，而没有决定管理角色既定的社会内容的自由。这一管理角色是随着社会分工或分群的发展而形成的，并成为一种管理的职业。也就是说，这种管理角色就是行政人员的职业角色。由于管理活动的公共性、社会性，这种职业角色的历史使命就是要承担社会所赋予其的对社会公共事务的计划、组织、指挥、协调、监督的管理责任。因此，行政人员的第一要务就是要完成行政职业角色所赋予其的行政管理责任，甚至可以说行政管理的职业就是行政人员社会生活的全部。

当然，行政人员作为一个个体，在实现行政管理职业角色的同时，也具有社会一般成员的其他角色。现实中，行政人员的职业角色与他所具有的社会一般角色往往存在冲突，因此，如何协调与解决多重角色之间的冲突，实现不同角色间的统一，就是行政人员所面临的抉择。这一抉择是行政人员的自主选择。因为，尽管公共行政职业是社会选择的结果，行政人员没有选择这一职业既定社会内容的自由，但进入这一职业并以此职业为其社会活动的主要途径，是他或她的自由，而成为这一职业的从业者后，处理职业活动中不同角色之间的冲突，更是行政人员自主选择的自由。就现时态而言，行政人员处理不同角色之间的冲突，实现不同角色间的统一，是其社会生活的全部，也是其职业活动的主要内容。

行政管理的功能实现本身就是体现在行政人员个体的具体行政行为（职业活动）之中的，没有行政人员的具体活动，这种管理功能就是一句空话。在行政管理活动中，行政人员充分调动自己的积极性，利用一切可资利用的资源，努力追求行政管理功能的实现。在此过程中，一方面，行政人员作为行为的主体，有着自身对行政管理这一职业的理解和认识，并在法律规范与行政程序允许的前提下，将已形成的行政价值、行政理想等运用到管理活动中，同时作为其行为之主观构成的心理、个性、情感等非理性因素也在此过程中表现得淋漓尽致；另一方面，行政人员在行为中，既要遵循管理客体中物质形态体系的客观规律，还要与作为管理对象的相对人（包括各种社会组织与团体）以及管理主体之间打交道，在交往中创造并遵守一定的人际关系规范。这两方面的活动有机统一于行政行为中，前者是行政人员主体客体化的创造活动，后者是行政人员客体主体化的自我塑造过程，主客体互化的结果便是行政人员自我价值的实现，是对个体生命的社会超越。

行政人格是行政人员自我价值实现的总体性存在方式，它既是一种现实的存在，同时又是自我本质不断实现与不断超越的双向统一过程。在马克思主义看来，人作为人生存在于，在其自觉存在的任何时刻，他不能静止、限制在给定的和既成的事实范围，即使是他曾成就的自身，"在这里，人不是在某一种规定上再生产自己，而是生产出他的全面性；不是力求停留在某种已经变成的东西上，而是处在变异的绝对运动之中"①。这就是说，人的生成发展是一个不断展开人格化运动的过程，而人格化的实现，恰恰就是个体化与社会化在人的价值实践中的辩证统一。因此，行政人格首先是行政人员的人本质不断生成发展的历史过程，这表明在历时性上，行政人格不是一个完成了的静态结果，对行政人员个体而言，其人格化运动的完成在其个体生命终结之时。其次，在共时性的横断面上，行政人员人格化运动历史过程的现实结果表现为某一行政人格的形成。这时的行政人格既是前一阶段人格化历史运动的终点，又是下一阶段人格化运动

---

① 《马克思恩格斯全集》第26卷（上），人民出版社1972年版，第486页。

的出发点。当然,行政人格的现实和超越这两方面并不是割裂开来的,而是统一于行政人员的现实行动中,事实上,行政人格在现实中也从来不是从这两方面来分别发挥作用的。

行政人格生成于行政行为中,其本质就是行政人员自我塑造、自我完善的持续过程。由于人之为人,在于他与对象(他人,它物)建立起共在的社会性关系。"社会关系"不是独立于人的"实体",而是人的社会性本质的客体化。这样,行政人格的生成过程既表现为行政价值观与行政伦理观在行政人员个体及职业群体上长期稳定的具体体现与境界升华,也表现为行政人员个体生命与社会生命的整合,即行政人员社会本质生成的历史与现实的统一。

### (三) 行政人员社会本质的实现

1. 公共性之信仰

从唯物史观出发,行政人员自我本质与价值的充分实现不仅仅表现为个体普遍性的实现,还会造就普遍的、丰富的社会关系,并在普遍的交往形式中为个体之全面本质的实现提供真正的历史前提。这一过程就是行政人员社会本质的实现。具体而言,行政人员社会本质的实现在于其对"公共性"的信仰与追求,在于其通过具体活动提供公共服务与公共产品、实现公共利益的过程。

社会经济的发展与进步,文化的多元化与世界化,构造了一个全球文明的公共空间,形成了公共的生活世界,社会公共性日益凸显。由于以政府为主体的公共部门在社会公共生活中的特殊地位和作用,公共行政学对"公共"的研究越来越深入,公共性、公共权力、公共物品、公共服务、公共利益等概念已然成为该学科的核心概念和基本范畴。美国著名行政学家德怀特·沃尔多运用社会学、人类学等学科概念和结构—功能、文化概念分析方法,从三个方面阐释了对"公共"含义的理解:(1)可以根据政府与国家之类的词给"公共"下定义,这就涉及主权、合法性、普通福利等法律概念、哲学概念和普通政治理论方面的问题;(2)可以按照特定社会中人们对公共职能或公共活动之认识简单地从经验方面给"公共"下定义;(3)可以根据政府所执行的职能或活动的常识性方法来定义。① 由于不同学科所切入视角有异,人们之认识常有偏差,以及现实中政府行为之不稳定或不确定,使得关于"公共"之普遍共识难以达成,但是,对于政府公共性之客观存在的事实却是谁也不可否认的。

公共性是公共部门、政府的根本属性,它根源于人类社会"公有现实"的客观存在,是人类社会发展到一定历史阶段的产物。哈贝马斯指出,公共性作为一个独立领域,直到18世纪末才出现。② 这就是说,在传统社会中,尽管存在一定的共同事务和共同利益,但这种共同性因素只是社会秩序的自然本性反映,自然经济之分散、社会结构之等级化、宗法伦理之一体化以及社会治理之阶级性,阻碍了公共性的生长,"公共"并非一种自在存在,③ 公共性没有也不可能被人们自觉意识到。作为一个历史范畴,公共性是随着近代工业化进程中公私领域不断分化而逐渐凸显的。对于近代政府而言,政府的公共性是一个逐渐生成的过程,是随着政府统治功能和管理功能此消彼长的过程而开始产生和成长。随着公私领域的不断分化以及公共领域的复杂多元化,公共性逐渐成长为政府行为和制度设计的指导理念。同时,公共性不仅仅是政府抽象的根本属性,还具有内在的空间与时间内涵,因为"任何在公共场合出现的东西能被所有人看到和听到,有最大程度的开放性"。④ 换言之,公共性已逐渐坐实到现实中来,贯穿并体现于政府公共管理的整个过程之中。

政府之公共性体现在政府具体行为过程中的主体、客体、手段与价值观等要素上。其一,政府行政组织是公共管理的核心主体,具有不同于其他私域组织的公共性特征,主要表现为代表性、公务性、公益性以及权力的法定性上。其二,政府行为首先从公共问题入手,通过对公共事务的管理,向社会和公众提供公共产品和服务,其最终目的或宗旨是实现社会公共利益。其三,政府管理活动所赖以实现的后盾和基础是公共权力的行

---

① Waldo, D., *The Study of Public Administration*, New York: Random House, 1955, p. 15.
② [德]哈贝马斯:《公共领域的结构转型》1990年版序言,曹卫东等译,学林出版社1999年版,第2—3页。曹卫东指出,在哈贝马斯那里,"öffentlichkeit"在思想层面上是指"公共性",在社会层面上是指"公共领域"。参见曹卫东《哈贝马斯·公共领域·其他》,《中华读书报》1998年11月4日。
③ 有学者通过"公共"与"公共性"的概念辨析,认为"公共"是行政的一个事实问题,而"公共性"是对行政的评价问题,是价值事实。因而,"公共"自人类社会之始便存在,只是在人类社会之初是一种自在存在。这种观点混淆了事物的表象与本质,是在唯物主义旗帜下对物史观粗浅的、机械的套用。
④ [美]汉娜·阿伦特:《人的境况》,上海人民出版社2009年版,第32页。

使，公共权力的公共性是政府之公共性的充分体现。其四，政府一切活动均以平等、正义、公平、民主等价值观为其依归，以实现社会公众在政治生活中的民主参与、社会公平、为公众谋求福利等为己任。① 概言之，政府的公共性在于政府提供公共产品和公共服务，追求社会稳定、繁荣、发展，确保社会公共利益之最大化实现。

在以往公共行政的理论与实践中，所提供的公共产品和服务之数量与规模成为政府能力高低的衡量标准，效率成为政府行政的功利追求，因而，在数字化的外表下导致了公共性的实质性丧失，其直接结果就是公共行政的职业腐败屡屡发生，政府信任陷入危机。事实上，政府的公共性不仅仅在于提供公共产品和服务，其公共性还在于政府如何履行行政事务，弘扬公共行政的基本精神。美国著名行政学者弗雷德里克森指出，当代公共行政面临着一个挑战，那就是理解并清楚地表达职业的公共服务与公民之间的关系，并认为公共精神是建立在对所有公民乐善好施的道德基础上。② 登哈特夫妇在新公共服务的规范下强调民主参与和公民权的实现。这表明政府之公共性实质上是一个关于政府与公民关系的伦理问题。这一伦理关系实现的传统途径往往偏爱行政和法律之控制，而行政上的处罚和法律控制实际上是把行政人员做了公民定位。我们认为，消除公共行政之职业腐败的根本途径是在行政人员中倡导并形成对公共性的信仰和践行，这既是政府公共性的本质要求，也是公共行政职业的内在要求。毋庸讳言，提供公共产品与服务是政府的功利性追求，但这种功利性追求排斥着行政人员作为个人的功利。在此意义上，行政人员这一职业群体"应当是一个纯洁的统一整体，社会整体的公共利益是他至高无上的追求，一切属于他个人的愿望和要求，都是在他无条件服务于公共利益的严格自律中实现的"。③

2. 公共性之人格实现

社会治理领域中之公共性的生成是一个客观的历史进程，如果说工业

---

① 王乐夫、陈干全：《公共管理的公共性及其与社会性之异同析》，《中国行政管理》2002年第6期；蔡立辉：《公共管理：公共性本质与功能目标的内在统一》，《中国人民大学学报》2003年第2期。

② [美]乔治·弗雷德里克森：《公共行政的精神》，中国人民大学出版社2003年版，第12页。

③ 张康之：《公共行政中的哲学与伦理》，中国人民大学出版社2004年版，第291页。

社会中政府公共性的程度提升"需要通过政府的制度、体制和运行机制的变革和完善来加以建构",那么对于后工业社会中的政府而言,其公共性的提升与实现"需要通过行动来诠释公共性,需要让每一项来自于政府的行动、发生在政府中的行动以及由政府承担的行动都包含着公共性。其中,政府的行动又是由行政人员承载的,因而,政府的公共性也需要更多地得到行政人员的诠释。或者说,政府的公共性是包含在行动中的,是行动者的行动赋予了政府每一事项以公共性,并使公共性得以实现"。[1]反言之,公共领域从社会中的生长与分离,政府公共性的凸显与坐实,为行政人员社会本质的实现提供了充分的历史前提,公共性的人格化实现则是以公共行政的职业化为现实基础的。公共行政职业化后,行政人员的职业角色从社会一般成员的角色中分离出来,并成为其实现社会生命的主要途径,而行政人员在其具体的职业活动中所形成的行政人格,从身份、意志、价值等方面无不带有明显的"公共性"特征。

　　首先,就身份获取而言,作为社会治理活动之行动主体的行政人员必须经过公开考核、平等竞争、公开公示等法定程序进入社会治理活动领域以获得其职业身份。一俟行政人员获得公共行政职业,就具备了代表政府从事公共事务或社会事务管理的资格,这是由公共行政本身的职能和要求决定的,而不是出于个人本身的自然人格。正如黑格尔所言:"行政事务和个人之间没有任何直接的天然联系,所以个人之担任公职,并不由本身的自然人格和出生来决定。"[2] 这样,政府之公共性经由行政人员而获得了现实的人格化身。其次,在主体意志特征上,行政人格体现的是"公意"而非"众意"也非"个别意志"。行政人员对公意之践行的权利代替了个体的嗜欲,义务代替了生理的冲动,形成由社会公约赋之以生命而其全部的意志就叫作法律的道德人格。[3] 再次,在主体人格的社会价值特征上,行政人格对于社会有一种示范和教育作用,较之其他社会成员的人格具有更大的社会建构力。在现实中所表现出来的行政人格,对行政人员之外的社会其他成员来说,是一种看得见、可体验到的客观存在,而这种客观存在既是他们认识的对象,也是与之交往的另一种主体性存在。因此,在行政管理活动中,行政人员的一举一动、一言一行都会对社会其他成员

---

[1]　张康之:《公共行政的行动主义》,江苏人民出版社2014年版,第113页。
[2]　[德] 黑格尔:《法哲学原理》,商务印书馆1996年版,第311页。
[3]　[法] 卢梭:《社会契约论》(第3版),商务印书馆2003年版,第21、25页。

产生重要影响。最后，从主体人格的形成过程看，行政人格是自觉建构而非自发生成。这种自觉性既是由对行政人员"自利性"之外在监督和约束所促成，表现在一系列的法律道德规范和行政程序等，也是通过行政人员自身对公共性内涵之理解和认同，内化为自觉的道德意识，树立对公共性之信仰而实现的，"公共行政人员的道德自觉和行政伦理，直接决定了公共利益的实现与否"[①]。而对于社会一般成员之人格生成，更多的是一种自发过程，尤其是缺乏明显的外在约束与规范。

当然，与政府公共性之生成是一个渐进的历史过程相一致，其人格化实现也不是一种自然逻辑过程，而行政人格的生成也并非必然具有公共性的内涵。一方面，公共性本身是一个历史范畴，有其产生的特殊历史背景；另一方面，即使公共性已经被现实地凸显出来，也不会自然而然地在现实中被人格化实现，这取决于多种因素，如社会的治理模式、公共行政体制、运行机制、公共行政文化等等。如前所述，在传统农业社会中，尽管政府也现实地承担着一些公共工程的建设和维护以及社会秩序的供给功能，但这种秩序供给并非是统治者自觉自愿地奉献，而是出于统治功能实现之必需。更进一步讲，这种秩序是一种群体意义上之共同体存在的必要前提，具有强烈的自然本性，反映了人与人之间的一种群体性社会关系，具体到社会治理领域中，就是公共性受到阻止而未现实地生成，或者说公共性被一种自然的群体性所取代。在宗教伦理、身份等级的强化下，个人的群体性特征形成了对其个体性特征的否定，而由于公共性的匮乏，从事社会治理活动之官僚的人格是一种依附于人身、权力的被扭曲了的变态人格，并非是其社会本质的真正实现。而在近代社会中，公共性已成为不可回避的事实，但由于社会治理模式本质上是一种管理型模式，官僚制组织在社会中占有绝对统治地位，行政人员在官僚制机器中，失去主观性、自主性、独立性，对公共性要么视而不见、无动于衷，要么爱莫能助、无能为力。在此背景中，行政人员处于两难境地，造成所谓的"组织人格"与个体人格的冲突，公共性或被扭曲，或被压制。这样一来，公共性失去了个体的现实支持，逐渐成为政府的空洞口号和意识形态宣传，而失去了个体的公共性，不仅会导致政府公共性的衰落，还会导致整个社会中公共性的丧失。公共性的人格化实现必须经由行政人员将之内化主观过程，理

---

[①] 张成福、李丹婷：《公共利益与公共治理》，《中国人民大学学报》2012年第2期。

解之、认同之、信仰之，并转化为一种绝对的"道德命令"，上升为自我存在意义之自我意识，然后再经由具体行为得以外显。

综上所述，行政人格是行政人员自我本质和社会本质实现的有机统一，是行政人员作为人的本质的全面实现。人的社会本质是个人在积极实现自我本质时的直接产物，是人追求自我存在意义的自然延续，而人的社会本质的实现为自我本质的实现提供了真正的历史前提。事实上，现实中并不能明确区分这两种本质的实现过程，它们内在统一，且具有逻辑的同一性，强调其中任何一面都会造成人本质的断裂。行政人员在职业活动中完成自我本质实现的同时，也实现了公共性的人格转化，从而实现自己的社会本质，并且，行政人员只有在完成公共性的人格转化后，才是自己人本质的全面实现，才会真正实现自我人格的完美建构，现实中的人格建构往往有意无意地强调某一面而忽略了二者的统一性和互为性。

## 三　行政人格的历史类型

### （一）历史类型之一般

作为理论研究而言，阐明了行政人格的内涵和本质远远不够，还必须明确现实中的行政人格到底是什么样的。因此，这就涉及行政人格的外延，即历史上一切行政人员的人格，为了对"一切"有概括性认识，需要获取现实中关于行政人格的确切信息，为此必须对普遍现象进行"类化"或"类型化"，尽管任何"行之有效的理论不能建立在凡事都与众不同的假设之上。……但是一个学术领域走向相对成熟的标志，却体现在它对于类型化差异的关注"。[1] 行政人格作为人格一般的特殊形态，既是一个历史性范畴，也是一个总体性范畴，其历史性决定了行政人格在人类社会发展过程中不断更替的模式演进，其总体性决定了世俗化过程中不同群体之人格模式，二者共同决定了行政人格类型的多样化。

"类型"（Type；Typus）作为理论研究的一种重要方法，其存在的哲学前提是承认主体在认识理性上的有限性以及关于客体之信息获取上的不完全性，在现象学上的依据则是事物多次重复出现的而且具有大致相同的

---

[1] ［美］汤普森：《行动中的组织：行政理论的社会学基础》，敬乂佳译，上海人民出版社2007年版，前言第16页。

外部特征。① 这就是说，类型由一些基本特征结构而成，在类型中这些特征可以或强或弱、或明或暗。因此，它只反映人类对客观世界认识的现实程度。需要指出的是，构成类型的基本特征是事物之本质显现，或者说，是事物的本质特征，这样，类型实质上是其所描述对象的本质概括。"类型"在方法论中之合理地位的取得在于以下作用：② 首先，类型之引进打破了抽象与具体在方法论上之二元对立，"抽象"往往隔绝事物间之丰富联系，遮蔽事物本相，而过于注重"具体"则阻止认识之深化；其次，类型贴近社会现象，凸显事物个性，直观性较强，同时其普遍性又使之区别于个别事物；再次，类型在解释上具有独特功能，兼具宏观与微观解释力，因其本身就是事物的本质特性与具体特征的结合；最后，类型是一种多元聚合，在结构上具有开放性，偏爱群体性描述而非精确归类，这一写实主义立场使得类型可以利用其开放结构随时捕捉人类对客观世界的认知信息，与时俱进地更新其内部特征。

谈到类型研究，最有名的莫过于韦伯的"理想类型"。③ 所谓理想类型，简单点说，就是试图仿效自然科学研究中普遍采用的"理想模式"的方法，先进行超经验的、纯观念的研究，然后再以这种研究所假设的"理想类型"作为参照系来解释经验的、现实的对象或关系。在韦伯那里，理想类型可分为三种：历史事件的理想类型（把总的历史实在性和独特的历史实在性加以重现）、确定历史实在性之抽象组成部分的理想类型（有助于确定真实历史总体的特点）以及具有独特性质之行为的理性化再现组成的理想类型（即行动类型）。④ 前两种是历史学的理想类型，即在时空条件下形成的，亦即是在具体的历史进程中形成的；后一种是社会学的理想类型，其在具体的历史过程中很少存在，但作为一种抽象原则

---

① ［德］亚图·考夫曼：《类推与"事物本质"：兼论类型理论》（译序），台北：学林文化事业有限公司 1999 年版。

② 李可：《类型思维及其法学方法论意义》，《金陵法律评论》2003 年秋季卷。

③ 由于类型具有典型之意，国内有学者在翻译韦伯的"ideal type"时译成"理想典型"，如李秋零等所翻译韦伯的《社会科学方法论》，中国人民大学出版社 1999 年版。国内其他关于韦伯此著作之译本多译为"理想类型"，如杨富斌译本（华夏出版社 1999 年版）、韩水法等译本（中央编译出版社 1998 年版），是为国内通行译法，本书采用后者。

④ ［法］雷蒙·阿隆：《社会学主要思潮》，葛智强等译，华夏出版社 1999 年版，第 349—350 页。

或典型却又是应当在任何时空条件下都可能存在的。① 一般所说的作为韦伯社会学方法论概念的理想类型主要是指后者,也被称为纯粹的理想类型。

韦伯的方法论观点是其所处时代之不同哲学流派交锋的反映,具体而言,其社会学方法论受到了英法实证主义、德国浪漫主义和德国古典哲学三种思想体系的影响。② 作为一名新康德主义者,韦伯反对德国人文主义和历史学派过度个体化和特殊化的倾向,反对认识论上的非理性主义;而作为社会唯名论者,韦伯不承认"社会结构"与"社会事实"的存在,反对自然主义、实证主义在社会科学中大行其道,认为个人才是社会行动的真正主体,极力彰显个体在构筑社会关系中的主体性。为了弥合社会学研究中主观与客观、实证与人文的矛盾对立,韦伯提出了理想类型的方法,然而其方法论本身却也难免具有内在的主体性和客体性、特殊性和一般性的冲突。③ 尽管如此,但也许正是由于这一矛盾性特征,使其方法论更富建设性,蕴含多种发展可能。

本书所采历史类型不同于理想类型,首先区别于韦伯"历史学的理想类型",因为后者是站在否认"社会事实"的唯名论立场上,进而不承认人类社会发展具有内在的规律性,这样,历史学的理想类型只能是个别现象的因果解释,过于强调经验——历史的心理作用和制约,难免走向片面化而失去理论本身的普遍解释力。历史类型运用马克思主义唯物史观,既强调个体在社会关系建构中的主体作用,又看到了个体身后的坚实社会背景,是对整个人类历史发展规律的把握。同时,历史类型也不同于"纯粹的理想类型",它并不仅仅限于一种主观的思维建构,也不仅仅是成为认识的手段而已,而是既从现实中来,最终则要回到现实中去,它与现实的关联并没羞涩地回避。整体来看,尽管韦伯清醒地认识到价值在人文社会科学研究中的作用,但其理想类型却是秉持价值中立,强调价值无涉。韦伯通过"价值关联"和"价值分析"将价值置于研究活动之前而排除于过程之中,其所倡导的尽力避免个人主观之影响而客观求真的态度

---

① [德] 马克斯·韦伯:《新教伦理与资本主义精神》,生活·读书·新知三联书店1987年版,第51页。
② 苏国勋:《理性化及其限制——韦伯思想引论》,上海人民出版社1988年版,第51页。
③ [德] 马克斯·韦伯:《社会科学方法论》,中央编译出版社1998年版,汉译本序第26—30页。

和精神确是任何研究都必需的,这是一种原则,但是在确立科学对象的条件和根据,确定研究选题、意义、方向之后,完全排除价值于研究过程中不仅是不可能的,也是没有必要的。因为研究活动本身并非原子式的单个人行动,具不同价值观的人对同一问题之不同研究只会导致对同一问题更为深刻的认识,只要研究者具有对科学真理价值的信念,作为研究方法的价值涉入与价值无涉之原则并不矛盾。

历史类型虽然与理想类型具有以上本质区别,但都作为类型之研究方法,前者吸收和继承了后者的合理成分。具体说来,本书之历史类型具有以下基本内涵。

第一,历史类型是一种"片面的深刻",它是撷取社会生活中某一最足以代表事物本质与特征的内容来作为对整个事物进行分析的框架,因而它也就不需要穷尽事物的全部特征。也就是说,本书对行政人格的历史类型研究,并不是基于对人类历史上所有行政人员之人格特征的全面统计,也不是对任一具体行政人员人格特征的详尽描述,而是从不同历史阶段之行政人格的典型特征入手,揭示其本质以进行的类型划分。这种类型划分的片面性并不因此而否定其科学性以及在学科研究中的意义。因为,"连续性绝不是历史的最显著特征",即使是从"片段"概念出发的历史审视和社会研究,也"并不意味着我们不能对社会变迁提出一些一般化的概括,也不等于说我们要放弃所有用来分析变迁的概念"。① 正如格林斯坦在谈到人格与行为的关系研究时所指出,这一研究既不是指某个个体的人格与行为之间的关系,也不是指某一类型的人格与行为之间的关系,而是泛指作为普遍现象的人格与行为之间的关系。② 事实上,"在人类认识发展或一门科学的发展过程中,当人们还未获得对研究对象的细致、深入的总体认识之前,总会出现一些片面地、孤立地研究问题的某一方面的理论;而这些片面的理论,只要深入地考察和揭示了某一方面的具体关系和具体问题,它就为整个科学的发展提供了有益的思想材料,从而具有不可

---

① [英]安东尼·吉登斯:《社会的构成》,生活·读书·新知三联书店1998年版,第361页。

② Fred I. Greinstein, *Personality and Politics Problems of Evidence, Inference, and Conceptualization*, New York: The Norton Library, 1975.

否认的科学价值和积极的意义"。① 同时，历史类型之深刻还在于其包含着一般与个别的辩证关系，即历史类型作为一种抽象之一般，都是个别的一部分或一方面或本质，只是大致地包括个别，而任何个别一定与一般相联系而存在，任何个别都是一般，每一个个别都居于一定的类。具体就本研究而言，后文所划分的三种行政人格历史类型只是对不同历史阶段中行政人员之人格的大致包括，各种类型都是每个具体行政人格的一部分，都是其本质的概括，而任何单个的行政人格都必定与属于一般的人格类型相联系，都具有历史类型所揭示出的人格本质特征。

第二，历史类型是一种理性模式建构，但并非是向壁虚构。历史类型源于现实，是根据经验现实所获致的解决相关问题之基本思路，并在这些相关经验中获得一种规律性的理解，最后将其确立为解决相关问题的一种通则性的方法。当然，由于历史类型只是某一社会现实的抽象的、近似的概括，因而必然会出现与其不符的偶然或例外情况。例如，本书将传统社会中的行政人格定性为依附人格，但这并不意味着传统社会中不会出现一些颇具独立特征的人格形象，但从普遍现象来看，传统社会中的社会治理结构、权力运行机制、伦理文化等不允许独立人格的存在，大多具有独立倾向的名士往往被视为时代的异类，最终要么归隐山林，要么自取其辱甚至自寻死路。独立人格在传统社会中得不到制度、文化等环境的支持，只能被排除出行政体系，而"独立"人格之偶然或例外现象正孕育着现代社会独立人格之必然与普遍的种子，被传统社会排除的"偶然"在现代社会行政人员之个体那里找到了合理的位置。这具有历史发展的逻辑一致性。

第三，历史类型是一种方法论上的分析结构，是用来比较和衡量实在的手段，并因此而成为引导人们达到实在知识的指示，使人们借此进入对于历史事件本身的因果解释。这就是说，历史类型在研究者手中，实际上就是一把尺子，用来衡量特定历史阶段中人的具体行为，确定具体情况与现实生活的同一或者差异。这对于研究具有高度启发价值，可以提高我们在研究中的能力，为我们在分析现实时提供明确的表达手段。② 历史类型

---

① 樊纲：《现代三大经济理论体系的比较与综合》，上海三联书店、上海人民出版社1994年版，第149页。

② ［德］马克斯·韦伯：《社会科学方法论》，中央编译出版社1998年版，第47、51页。

的建立确立了行政人格研究的视野,同时还为人们提供选择材料、寻求行政人格生成的因果或其他联系提供一个图式。这是因为,传统公共行政学研究对于行政人格研究关注甚少,即使已有部分学者着手行政人格研究,但要么是就当前现实泛泛而谈,要么是从心理学角度进行刺激——反应的横断面解剖,这都是一种静态的研究方法,根本无法揭示出行政人格生成之内在深层次的历史原因。作为理论建构所概括出的一般性要素是必要的,但这仅能提供静态的理解,要进行理论创新和突破,还必须认识到一般要素是可变的。历史类型的提出为更好地把握社会演变过程中行政人格的动态发展提供了内在的逻辑结构,使得人们对不同社会现象的比较成为可能。

第四,历史类型内含着价值考量,并且价值成为联结类型中所有可能事件的坚强纽带。类型思考"是一种价值导向的思考程序",① 历史类型更不例外。在对经验——历史进行归类的过程中,各种价值之间的评价性比较是不可或缺的过程,"或多或少,或强或弱"的考量始终是类型思考过程的根本特点。本书在对行政人格进行历史类型化的过程中,价值考量贯穿始终。一方面,由于历史类型主要是将事物投放于历史过程中而对其进行本质归类和概括,而对人的本质界定是以人本质是否得以全面实现为基准的,因而对人格之非本质特征关注甚少。另一方面,人本质的全面实现本身是一个历史过程,其评判标准并不是追寻到人类社会的起点,而是推及马克思所言的历史终极之时。这就涉及一个问题,即运用现代观念定义行政人格,对历史上其他行政人格形态是否适用,所概括出的历史类型是否能代表其时的社会形态。对此,马克思曾给出了巧妙而精辟的回答:"人体解剖对于猴体解剖是一把钥匙。反过来说,低等动物身上表露的高等动物的征兆只有在高等动物本身已被认识之后才能理解。"② 这种"从后阅读"绝非价值无涉,而通过行政人格的"现代"定义,为我们理解"前现代"社会中的行政人格开启了方便之门。

总的说来,历史类型作为一个用来解释一种独特历史状况的概念系统,试图说明某些种类的行为和信念是怎样倾向于与其他种类的行为和信

---

① [德] 卡尔·拉伦茨:《法学方法论》,台北:五南图书出版有限公司1996年版,第113页。

② 《马克思恩格斯全集》第46卷,人民出版社1979年版,第43页。

仰走到一起的，因此，它允许提高我们对社会的一般认识水平。① 历史类型作为一种研究方法，既是对典型事件的概括，又以开放结构容纳非典型个例；既是对多数事件的本质抽象，又在具体现实中找到合理位置；既是一种理想化的价值诉求，又深深根植于历史发展之现实进程中。换言之，历史类型是典型与非典型、抽象与具体、理想与现实的有机统一。

**（二）人格类型之考察**

人格是一个总体性范畴，内涵复杂丰富，具有整体性、综合性的基本特征，这决定了人格概念向着众多学科枝蔓繁衍的必然趋势，成果显著且影响深远的是人格哲学与人格心理学。人格哲学主要是从最一般意义上研究人格，抽象与思辨是它的特色。人格心理学主要是从人格内在结构、特质、因素、类型、模式、人格发展的动力系统和人格障碍等视野去探索人格的意蕴。在此阵营中，大致存在四个派别：精神分析学派、新精神分析派、行为主义与人本主义心理学。与人格哲学相比，人格心理学具有实验科学的品性，描述性、预测性、部分可验证性是其三大基本特征。② 人格类型研究一般是在人格心理学阵营中，③ 人的自然、生物特征以及文化、社会因素是其主要划分依据。

在人格心理学研究中，对人格的描述历来存在两种不同方式。一种方式是只用一种特征来说明某人是什么样的人，如权力型、悲观型、理智型等。这种采用单一的人格特征为基础对人做若干分类的理论，就是人格类型论。另一种描述人格的方式是同时用多种特质来说明某人是什么样的人，如说某人是一个乐观、进取、聪明而又勤奋的人，就是同时使用数个特质来描述一个人。这种以多个人格特质为基础来描述人格的理论，称为人格特质论。④ 类型是将人归属的一种方式，同一类型的人有相同的人格

---

① ［美］昂格尔：《现代社会中的法律》，译林出版社2001年版，第21页。
② 朱义禄：《从圣贤人格到全面发展——中国理想人格探讨》，陕西人民出版社1992年版，第6页。
③ 其他学科中的人格类型研究几乎无一例外都是心理学中人格类型理论的具体运用。例如，美国著名职业指导专家霍兰（Holland）创立的"人格—职业"类型匹配理论，就是从心理学价值观理论出发，经过大量职业咨询指导实例积累而提出的。他从职业活动的意义上把人格类型划分为六种，即现实型、研究型、艺术型、社会型、企业型和常规型，与其相对应的是六种职业类型。
④ 郑敦淳、郑雪等：《经典人格论》，广东人民出版社1988年版，第158页。

特征。

人格类型理论可以追溯到春秋战国及古希腊时期。我国春秋战国时期的医术《内经》，根据阴阳五行学说，把人格划分为太阳、少阳、太阴、少阴、阴阳和平五类，并分别叙述了每一类型的性情、体质和形态等。古希腊著名医生希波克拉底根据人体内的四种液体的不同配合比例，将人分为相应的四种气质类型——多血质、胆汁质、黏液质和抑郁质。近现代的人格类型理论更是复杂多样，影响较大的有：生物学的类型论、血型论和激素论、文化与社会学的类型论、高级神经活动类型论以及心理学的类型论等。陈仲庚、张雨新将现代人格类型理论归纳为生理类型和心理类型，生理类型即指生物学的体质类型、血型和激素论等，而以心理或行为的特征将人予以分类的属于心理类型。[1] 显然，这种二分法并不全面，忽略了文化与社会学的类型论。

生物学的类型论从人体体质生物学的观点出发，通过观察人的体格或体型（胖瘦程度）与人的行为之间的关系，总结出人的气质类型，代表性的学者有德国精神病医生克瑞奇米尔、美国心理学家谢尔顿。另一些学者认为人的气质是由血型或内分泌腺的活动所决定的，并主张以此划分人格类型。俄国生理学家巴甫洛夫根据高等动物的条件反射研究，发现人的气质特征差异与大脑皮质神经过程的特性有关，进而主张依据高级神经活动类型划分人格类型。通过研究，他划分出活泼、安静、不可抑制、弱型等四种高级神经活动类型，并认为这与希波克拉底的四种气质类型一致。德国哲学家斯普兰格提出从社会文化生活理解人格类型，他以人类六大生活基本领域为基础，划分出理论型、经济型、审美型、社会型、权力型和宗教型六种人格类型。[2]

从以上可以看出，传统人格类型理论把人格类型当作经验的概括进行研究，通过相关联的特征，揭示人格的典型特征。生物学的类型论把临床观察到的体态与精神病特征之间的某些一致性当作规律以偏概全，并主观地扩展到正常人身上。这种观点虽然看到体型对塑造人格之现实活动的影响，但忽略了环境、年龄增长等对体格的影响，尤其是忽视了社会因素对

---

[1] 陈仲庚、张雨新：《人格心理学》，辽宁人民出版社1986年版，第122页。
[2] 郑敦淳、郑雪等：《经典人格论》，广东人民出版社1988年版，第159—164页。

人格的塑造作用。同样原因，血型与激素人格学说也容易陷入遗传决定论的困境。巴甫洛夫为研究气质的生理基础提供了一条科学的途径，但其结论是以动物实验结果为基础进行的推论，具有很大理论局限性。斯普兰格的人格类型论突破了传统人格类型研究的生物学、生理学框架，为人格类型研究开辟了新的途径，提供了一种新的视角，大大丰富了人格类型的研究方法。但这种人格理论只是根据西方社会生活的现象进行分类，既不具有普适性，更没有看到这些现象背后的深层原因，存在明显的社会阶级局限性。① 上述人格类型的研究尽管存在诸多局限与不足，却大大推动了人格类型的研究。由于人格本身是人之自然属性与社会属性的统一体，随着人格研究的不断深入，学界对人格认识的角度也在不断变化，表现为从类型论到特质论的转变、多维描述对单维描述的取代、从外部表象到深层研究的发展趋势。

人格特质论深化了人格类型的研究。美国著名心理学家阿尔波特是人格特质理论的创始人，极力主张人格心理学应集中研究个人特质而非共同特质。他把个体人格理解为一种动力组织，即由动机发生的、生长着的系统，并提出机能自主作为解释这一系统的基础。在此基础上，阿尔波特发展了斯普兰格的人格类型论，他不把它们看作是六种类型的人，而是每个人都具有六种基本的可变价值方向，它们以不同的程度建构于生活的一致性之中。因此，没有一个人能够绝对地归于一种类型，而是不同的人在其生活中有不同程度和不同特色的价值组合。② 这就改变了斯普兰格的原意，实现了个体人格的描述从单维向多维的转变。英国心理学家卡特尔认为特质是人格建筑的基石，他区分表面特质与根源特质，并发现了十六种根源特质，每个人的人格特征差异就是由这十六种人格因素在个人身上组合不同所决定的。德国心理学家艾森克不同于其他特质理论家，他认为对人格的研究不是必须在特质的水平，许多美国心理学家都从事或偏重特质水平，如社会性、冲动性、易激怒等，但以"型"的水平进行人格研究更有优点。③ 因此，他的工作主要集中于"型"。通过多年反复试验和分析，艾森克绘制出不同特质交互相关的人格构造图，这意味着人格结构是

---

① 郑敦淳、郑雪等：《经典人格论》，广东人民出版社1988年版，第191—193页。
② 陈仲庚、张雨新：《人格心理学》，辽宁人民出版社1986年版，第77页。
③ 同上书，第121页。

有层次的,具体表现为三个维度,即内外倾性、情感稳定性和心理变态倾向,这三个因素构成了人格的互相垂直的三个维度,也是决定人格的三个基本因素。

关于人格类型的心理学研究,精神分析学派(包括新精神分析派)中最为著名的要数瑞士分析心理学家荣格和奥地利心理学家阿德勒。荣格认为可以从态度、心理机能和心理水平三个角度对人格进行分类。态度即定势,是"里比多"(libido)活动的定向,具体存在指向个体内在世界的内倾定势和指向外部环境的外倾定势。人的心理机能包括感觉、思维、情感、直觉四种,心理水平包括意识水平和无意识水平两种。在此基础上,荣格把两种态度和四种机能结合起来加以分析,得出八种人格类型:思维外倾型、情感外倾型、感觉外倾型、直觉外倾型、思维内倾型、情感内倾型、感觉内倾型、直觉内倾型。当今世界上应用最为广泛的性格测试法 MBTI,就是依据并发展荣格的学说所设计的一种人格量表。阿德勒人格理论的中心内容可以概述为:个人以独特的生活风格克服自卑感以力求优越感。由于其早期理论把人看成都是自私自利的而饱受批评,于是,他提出社会兴趣的概念,即一种与他人和谐生活、友好相处的先天潜能。阿德勒根据人所具有的社会兴趣的程度,划分出四种人格类型:统治—支配型、索取—依赖型、回避型、社会利益型。其中,只有社会利益型的人才有希望获得充实和有意义的生活,前三种人的生活风格都是错误的,他们缺乏正确的社会兴趣。

与阿德勒一样,霍妮、沙利文、弗洛姆等新精神分析派非常重视社会文化因素对人格及其形成的作用。他们认为,自我是人格结构中独立的、居统治地位的部分,而不是依从于本我,吁求自我的解放。但是,自我在寻求解放过程中,要受到种种因素的限制。霍妮认为,妨碍自我机能正常发挥的最主要因素是基本焦虑,这是一种消极的情感,因此,需要一种经常使用的行为策略以防御基本焦虑,这就是神经质需要。她列举了十种神经质需要,并将其概括为三种适应模式,即趋就人、背离人和反对人。其中,趋就人适应模式是对情爱、主人和对他人赞赏的神经质需要,因此也被称为依从类型;反对人模式包括对力量、利用他人、荣誉和个人成就的神经质需要,采用这种适应模式的人是敌意类型的人;离开人适应模式包括对独立性、完美无缺、限制自己生活需要的神经质需要,这也被称为背离类型。① 弗洛姆则强调孤独感对自我和人格的作用。与霍妮强调基本焦虑源于家庭环境和亲子关系不同，弗洛姆把重点从家庭转移到整个社会经济、政治制度和文化形态上，认为孤独感来源于社会历史发展中的人的个性化过程。他认为，人的孤独是与不断扩大之自由相关联，要摆脱孤独，就需逃避自由。为此，他提出了四种称之为动力倾向的方法：接纳倾向性、剥削倾向性、贮藏倾向性以及市场倾向性。弗洛姆认为这四种倾向性都是一种病态，唯一健康的倾向性是生产倾向性，即人利用自己力量和实现自身遗传潜力的能力。② 这已经非常接近于人之自我实现本质的认识。

尽管精神分析学派内部存在分歧，但对安全需要是潜意识动机的根源，是人格发展的主要动力这一点上是基本一致的。霍妮认为社会中安全需要得不到满足产生的基本焦虑决定了一个人的行为模式和人格特征，而弗洛姆主张安全需要得不到满足所产生的孤独感决定人的动机。事实上，安全需要并不能充分体现人的特殊性和本质，这是人和动物生下来就具有的本能倾向，因此，新精神分析的人格类型划分仍没有摆脱弗洛伊德主义的生物本能决定论的影响。当然，他们强调社会文化因素在人格形成发展中的重要作用具有积极的意义，至于人在社会过程中如何被塑造，则是由行为主义学派通过学习理论的建立来完成的。和传统心理学相反，行为主义否认意识，主张研究行为；反对内省，主张用客观方法；反对本能论和遗传决定论，提倡环境决定论，重视学习在个体行为发展中的作用。行为主义的这些立场对推动心理学摆脱宗教的束缚，走向客观的研究道路起到了积极的作用。但是他们在强调环境因素、刺激—反映的行为模式时却又陷入另一个极端，忽略了人格发展过程中人的内在动因和机制。对行为主义的直接反叛促成了人本主义心理学的诞生。人本主义心理学作为"第三势力"，认为行为主义与传统精神分析理论都是决定论和还原主义，进而主张人性的复归，力图恢复人特有的主观性和丰富性，突出人的选择性、创造性等，关心和重视人性、人的价值和尊严，力求人的自我实现。这些理论为确立人格类型划分的实质标准指明了方向，这就是人的自我本质实现的程度。

---

① 郑敦淳、郑雪等：《经典人格论》，广东人民出版社1988年版，第113—117页。
② ［美］弗洛姆：《为自己的人》，孙依依译，生活·读书·新知三联书店1992年版，第103页。

人本主义以前，心理学传统学派对人性的探讨一般仅限于强调人与生物界的连续性，而忽视人与一般动物的本质区别。人本主义心理学对人性自然因素的研究虽然也着重于人与生物界的连续性，但他们在这种连续系统中看到的是人类进化中人格特性的出现，这为人类对自己的本质的研究开辟了新的领域。事实上，置于更广的社会背景中，可以看到，人本主义心理学的哲学基础是现象学和存在主义。存在主义反对脱离人的抽象唯理论和思辨哲学，鼓吹个人的绝对自由性、选择性和创造性。人本主义心理学循此理论之脉，过分强调人的自我需要的实现，并且这种需要实质上被视为人的生物本性，因而也就看不到人的需要的发展最终并非取决于原有需要的满足，而是社会历史发展的结果。人的自我实现，不仅仅局限于自我需要的满足，不仅仅是自我本质的实现，而是最终必将导致人的社会本质的实现。这表明，人格类型划分的实质标准应是人的自我本质与社会本质的实现，即人本质的全面实现，而人格正是人的自我本质与社会本质的有机统一体。

### （三）行政人格的三种类型

由于人格概念的一般性或全球性，其内涵难以界定进而不同学科往往赋予其不同的含义，而其对于政治学、行政学往往比对心理学有着更为复杂的隐含意义。[1] 但是，从以上考察可以看出，传统人格类型理论中的"类型"所归类的对象，要么是人的某一外形特征，要么是其内在的性格、态度或意识等，这不仅混淆了"人格"概念与气质、体质、性格、个性等概念的本质区别，所谓归类无非是对人的片面强调，而且对人的把握是一种静态的理解，无法形成对人的全面认识。人格作为总体性范畴，是人之自然属性与社会属性的统一体，因而对其进行类型划分就必须把握人之二重性的协调统一；作为历史性范畴，人格是人之自我本质与社会本质全面实现的历史生成过程，因而人格的类型划分必须反映其生成之内在的历史原因。这一人格类型划分的方法就是历史类型。尽管历史类型之构成是以其特征结合成的整体形象为依据，但这其中亦有一个从量变到质变的辩证过程，[2] 新"质"的生成就使得类型具有了时空维度和历史意义。

---

[1] 王丽萍：《人格与政治：政治心理学领域核心关系分析》，《北京大学学报》（哲学社会科学版）2002年第39期，第2页。

[2] 黄茂荣：《法学方法与现代民法》，中国政法大学出版社2001年版，第480页。

对人的科学理解是由马克思完成的。马克思主义认为，在所有社会现实中，经济是决定其他一切社会现象的基础部分。经济状况，从而生产力与生产关系的状况，无不影响到人们的思想、意识、道德风尚和人格模式。人格的生成发展是一个历史的过程，而这一过程总是与人们当时处身其中的物质生产方式紧紧结合在一起。作为主体的人，不能离开历史的客观环境和物质生产条件进行任何的实践创造活动，作为客体的人，其自我意识的萌发、完善和确立也是有限与无限相统一的过程，它产生于历史的物质生产过程而结成的社会关系之中，主客体之间的统一便凝聚为一个个历史性的总体存在。由于社会物质生产发展的历史阶段性，以此为基础所形成的人的意识、观念、思想以及风俗、习惯等主体显示也表现出不同阶段的渐进形态，因而，作为人之存在的人格也有不同的历史形态。马克思在《〈政治经济学批判〉（1857—1858年草稿）》中提出了著名的关于人与社会发展的"三形态"理论："人的依赖关系（起初完全是自然发生的），是最初的社会形态，在这种形态下，人的生产能力只是在狭窄的范围内和孤立的点上发展着。以物的依赖性为基础的人的独立性，是第二大形态，在这种形态下，才形成普遍的社会物质交换，全面的关系，多方面的需求以及全面的能力的体系。建立在个人全面发展和他们共同的社会生产能力成为他们的社会财富这一基础上的自由个性，是第三个阶段。"[①]据此，我们认为，人格的历史形态也有相应的三种类型：依附人格、独立人格与自由人格。其中自由人格是未来共产主义社会中人格的现实形态，而目前的社会仍然处于市场经济模式中，整个社会以物的依赖性为基础，与此相应的便是独立人格形态。但是，由于社会制度、文化等客观原因，市场经济模式中的独立人格并没有在社会所有领域中普遍地生成，在不同领域存在不同的人格状态。因此，作为历史类型的考察，本书主要研究前两个历史阶段的行政人格形态。

依附人格是与自然经济时期相适应的人格类型，其人格特点主要体现为对人群和自然的依赖关系的简单性、封闭性、狭隘性。在农业社会，也就是我们通常所称的传统社会中，劳动工具不发达，生产力水平低下，社会生产多凭借自然体力，分工依据人的自然生理区分，人的联系主要依靠

---

[①] 《马克思恩格斯全集》第46卷（上），人民出版社1979年版，第104页。

自然的血统、地理因素来维系,城市与交换都是自然成长起来的,经济制度、政治制度建立在自给自足的生产方式基础之上。在这种生存状态下,单个个体很难与恶劣的自然环境和社会环境相抗争,因此,生存的需要使得人们必须"以群的联合力量和集体行动来弥补个体自卫能力的不足"[①],个人依附群体才能存在,人以群体的方式发挥着其主体性,因此,形成的是集群主体形态,个人只不过是"一定的狭隘人群的附属物"而已,与此相应,人几乎没有自我的人格意识,族群群体的"大我"是人所唯一意识到的自我内容。

在传统农业社会中,生产力水平的低下决定了分配关系在整个社会关系中一直处于主导性地位,这种分配关系事实上包含着对人的"自然差异"的承认,是一种建立在人的差异基础上的分配关系。反过来说,差异本身在人与人之间划分出等级,差异等级的存在为分配关系提供了现实的基础,而分配关系的确立又不断强化着社会等级差别,因此,在农业社会中,分配产生等级差别,等级差别也必然要求分配关系与之相伴。分配关系与等级差别的现实制约并影响着政治、文化、社会等各个领域,具体表现为:整个社会结构分化水平有限而等级化成为一种普遍事实,宗法伦理呈现一体化并与官僚政治相混融,社会治理体系以权力为中心而追求社会秩序的超稳定。在这一社会条件下的社会治理模式是一种权治,相应的公共行政是统治行政,而治理结构中的官僚人格则是等级社会中分配权威的人格化现实,实质上是一种依附人格。

独立人格是与商品高度丰裕并充分流转的市场经济相适应的人格类型。在近代社会,工业革命和商品经济突破了自然关系的限制而代之以社会性的纽带,把人对人的人身依赖关系转变为对"物"的依赖关系,并孕育着交换关系的普遍生成。交换关系作为社会关系的主导性关系,要求交换的主体是自由、自立、平等的,并遵循自由自愿的原则,交换的任何一方当事人都不得把自己的意愿强加给对方。因此,独立自主与平等原则体现了商品经济关系的本质特征和市场经济的基本法则,也构成了独立人格的基本特性和价值框架,成为近现代人格独立的重要标志。总而言之,在社会中,市场经济的确立保证了个体活动的自主性,促成了社会上"以

---

① 《马克思恩格斯选集》第 4 卷(第 2 版),人民出版社 1995 年版,第 30—31 页。

物的依赖性为基础的人的独立性",个体主体形态成为可能,独立人格具有了现实基础。

然而,社会中交换关系的普遍性并没有促成独立人格的普遍生成,这主要表现在公共行政领域仍然存在依附人格和工具人格。当然,这并非反证在公共领域也应该遵循市场交换原则,因为,在交换关系占主导地位的社会中,存在着不可交换的因素,如公共权力及一切与之相关的因素。公共领域并不是一种交换领域,决不允许交换关系在此领域中生存,公共选择学派把市场理论运用到公共领域实际上是一种庸俗的将市场交换原则普遍化。事实是,近代以来的行政体制设计并没有正确意识到和面对交换关系占主导地位的事实,而是更多地考虑行政体系对社会的功能角色,考虑公共行政相对于政治的工具性和作为统治与管理手段的有效性,因此,行政体系设计依然受与分配关系相适应的传统政治文化的影响,被设计成以层级和职位差别为基础的金字塔状的权力结构,与传统农业社会中的权力结构不同的是,工业社会中的权力结构是以严格的、普遍的制度化为基础的,在这一体系中的行政人员不再是对人的具体的、随机的依附,而是转变成对制度的理性依附。[①] 换言之,依附人格被制度化了。

随着民主和科学的发展,在公共行政法制化、科学化的过程中,依附人格具有了新的形式和内容。在工具理性得到充分张扬的国家中,因从属于科学理性的需要和效率的追求,以层级化的制度设计为主要特征的官僚制应运而生并逐步完善,公共行政逐渐远离价值考量而一步步被工具化,整个社会治理模式由权治走向形式化的法治,法治下的公共行政成为政治的社会治理工具,被贴上管理行政的标签。在官僚制结构中,行政人员之间的关系主要依赖于各种各样的制度规章和行为规范来建立,在对制度规范的依附中获得形式上的独立与平等。实质上,这种形式化的制度设计,将行政人员降格为管理生产线上的一颗螺丝钉,行政人员只要按照既定的制度规章去办事而无须发挥太多能动性,就能实现行政管理的目标。因此,在现代官僚制中,行政人员完全成了管理的工具,其所形成的人格是一种工具人格。

---

[①] 张康之:《公共行政中的哲学与伦理》,中国人民大学出版社2004年版,第324—329页。

随着后工业社会的到来,生产力的高度发达,社会生活内容的多元化,市场经济中得以充分张扬的个性,给社会治理者提出了新的要求,行政体系的内部关系逐渐得到重视。市场经济中个人利益的充分张扬,凸显了公共利益的重要性。传统社会中,公、私利益混沌不分,整个社会呈现出以国家与社会、政府与公民的一元从属关系为核心的领域合一的结构形式,导致私人利益不"私",公共利益不"公",二者经常相互否定、相互排斥,进而国家、政府与社会、公民在形式的统一表象下达到实质上的分裂,公民和社会失去自身独立行为的领域。近代市场经济的发展,在促进社会各个方面迅速分化的同时,出现了公共利益与个人利益的领域分离。市民社会的不断完善,社会自治组织的兴起,不断冲击着由政府唯一代表公共利益的传统观念,虽然国家和政府仍在社会生活中处于主导地位,但社会和公民越来越显示其相对独立的性质,对国家和政府发挥着越来越大的制约、支配和监督作用。私人领域的发展壮大,并不是彻底否定国家、政府的介入,而是向国家、政府提出新型的管理方式或模式。也就是说,社会治理主体多元化的趋势,意味着政府不再是社会秩序唯一的供给者,社会团体和自治组织与政府成为竞争性的社会秩序供给者。这就促使政府治理的角色需要转变,即政府的治理活动首先是发生在社会中的,是内在于社会的治理,其次才把社会作为治理的对象看待。这样一来,对自身的治理成为政府首要的任务。

  信息革命尤其是网络通信技术的跨越式发展,对政府的管理体制、组织结构、运行机制、行为模式及文化心理等带来多方面的影响,既为政府快捷高效的服务提供了技术上的支持,同时也向行政人员提出比以往更高的要求,这一要求首要的体现就是行政人员必须具备服务精神和理念,确立以"服务"为核心价值的行为选择标准和依据。服务行政是服务型社会治理模式的制度形态与物化形式,因此,服务型社会治理模式的基本价值也是其共有的核心价值,这就是"服务"。强调服务是服务行政的核心价值,并不否认传统的统治型与管理型行政存在服务的行为,只是这一时期,服务处于整个价值体系的边缘地位,"甚至还可能并未成长为一种价值,只是作为一种边缘性的观念或理念而存在"。[①] 在统治行政中,秩序居于核心价值地位,其他一切价值均服从于统治秩序的需要,因而统治秩

---

[①] 张康之:《公共管理伦理学》,中国人民大学出版社2003年版,第306页。

序的获得成为政府所有行为的根本目的。在管理行政中，尤其是行政管理科学作为解决政党分肥、效率低下之弊端而被威尔逊提出以后，公平与效率一直居于核心地位，但是，由于这种价值追求的活动建立在事实与价值分离的认识论基础上，而以工具理性原则指导下的官僚制将这种分离予以制度化，因而，现实中，二者永远处于矛盾和冲突之中。在服务行政中，服务在价值体系中由边缘位移至中心，成为基本的价值取向，这意味着无论是在组织结构、行为规范等静态的制度设计中，还是在行政人员的具体行动中，政府都要以服务价值的实现为根本目标。在服务价值的统摄之下，传统政府管理模式中的价值实现不再表现为手段与目的、实体与过程、理论与现实的分离式追求，它们之间的冲突和矛盾在得到消解的同时也得到提升。

因此，适应社会发展的需要，服务行政开始了自己的历史进程。服务行政作为一种新型的社会治理模式，以服务作为自己的价值选择，在其行为中突出了管理的伦理内涵，此时的行政人员不再隶属于严格的层级等级制度，而是在权力关系、法律关系、伦理关系中自由发展的个体，并完全实现了其个体存在的道德意义。所以，我们认为，在服务行政的治理模式中所形成的行政人格是一种独立人格。

总而言之，行政人格作为一种历史生成，在不同历史阶段有着不同的历史表现，即有不同的行政人格模式，具体表现为：依附人格、工具人格、独立人格。行政人格的三种历史类型作为"类"的意义具有本质区别，作为主导性人格模式存在于前后相继的人类历史发展过程中。在一切符合不同人格类型生存条件的地方，都可能会形成相应的行政人格类型。就当前中国社会发展现状及社会治理的总体环境而言，行政人格的三种类型都有可能产生，并且这三种人格类型有相互转化的可能性。当然，就这三种行政人格类型先后相续的历史阶段而言，主要是依附人格向工具人格转化或者直接向独立人格转化，以及工具人格向独立人格转化，而行政人员一旦形成了真正的独立人格，就会以一种伦理存在的方式持续展现，而不会向依附人格或工具人格逆向转化。（如图2—1所示）因此，我们并不否认在历史中行政人格的三种类型曾经共存并在相当长一段时期可能会继续共存，但各自在不同历史时期所处地位不同，在服务型政府已走向现实的过程中，独立人格是这一社会治理模式中行政人格的理想人格形态。

→ 表示转换

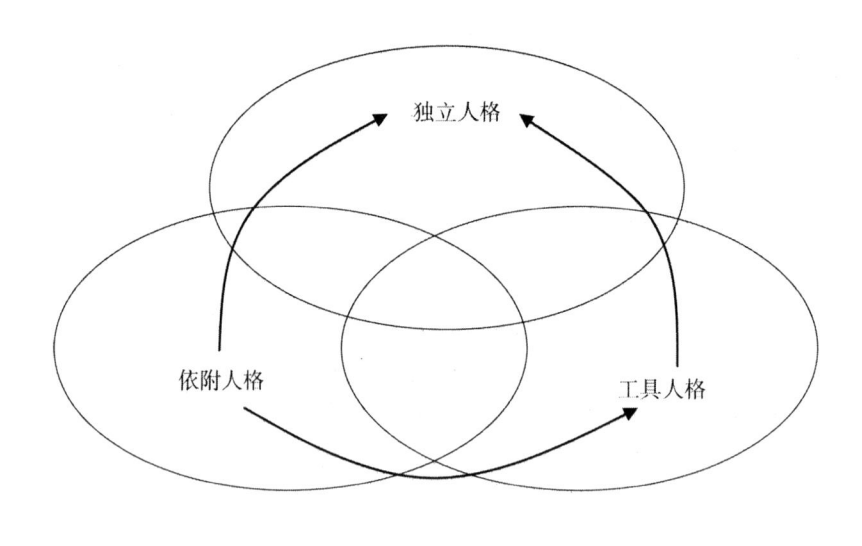

图 2—1　行政人格类型及其转换

# 第三章　统治行政中的依附人格

任何人物类型或人格类型都是社会经济基础的产物。经济基础由生产力和生产关系组成，而以劳动对象、劳动工具、劳动者为基本要素的生产力又起着决定性的作用。经济基础对人格的影响，主要表现为生产方式对人们思想、道德、心理等因素的影响。无论是在原始社会、奴隶社会还是封建社会时期，整个社会的生产能力低下，生产方式相对于工业社会比较原始，自给自足的自然经济造就了分配关系的主导地位，以家庭为核心的等级秩序和伦理观念辐射到社会生活各个领域，建立在自然差异基础上的人身依附在社会中表现为以父家长为中心的社会结构的等级化和以皇帝独尊为特征的专制皇权主义，而宗教、法律、道德伦理的一体化为这种自然等差的社会秩序提供了强有力的精神支持和意识形态上的合法性。在社会关系上，人与人之间的关系是建立在直接面对自然的直接的、完全的依赖关系，个人无独立意识，也无独立个性，个体直接与群体等同，个人仅在其所处的等级地位角色中获得其有限的非自我性的人格权，人的性质还得在其所属的等级群体中获得给予的规定。因此，在传统社会中，人身依附的普遍性决定了这一时期的行政人格是依附于宗教神权或宗法皇权的依附人格，是皇权或神权权威的人格化实现。

## 一　"人的依赖关系"中的价值阶梯

### （一）人身依附的普遍化
1. 自然经济与农业社会

对于人类社会发展的历史，学界常从不同角度或以不同标准做出不同类型划分。① 其中，社会五形态说在国内影响最大，但随着社会历史理论研究的进展，尤其是马克思大批手稿的公布与亚细亚生产方式问题研究的深入，不少学者已开始提出质疑，如有学者认为这种形态划分违背形式逻辑的一般规则，误以社会经济形态概括社会形态，误以"单线"历史观描述"多线"历史过程。② 毋庸讳言，历史分期与分型问题，本质上是社会形态的分类问题，而要使此分类能够真正把握住社会总体，就必须抓住决定了它存在的最基本和最一般的内容。要做到这一点，就需要给社会一个准确的定义，为此，首先就需要从组成社会的人入手。

尽管马克思主义唯物史观把历史过程中的决定性因素归结于现实生活的生产与再生产，但这并不意味着经济因素是唯一决定性的因素。③ 恩格斯多次讲过："经济条件归根到底制约着历史的发展"，但他又做注解说："种族本身就是一种经济因素。"④ 他这里所谈的经济条件仅仅是相对于思想、政治条件而言，包含了物质生产和人自身生产两个方面。马克思主义创始人始终把人自身的生产置于重要地位，与物质生产同等看待，认为在阶级产生之前人自身生产关系是社会结构的决定性因素。正是从人的历史发展角度，马克思提出了著名的"社会形态三阶段"说。人作为一种自然与社会的二重存在，主要表现为人的自身生产、物质资料生产与精神生产及相应之社会关系的统一体。在人类社会发展过程中，这三种关系并非独立发生作用，而是相互影响并制约，只是不同时期所占之主导地位不同而已。在人类社会初期及之后相当长一段时间，即原始社会、血缘家庭部落社会、母系氏族社会时期，人类自身生产成为一切社会活动的最高目的，人自身生产关系占据着社会关系的主导地位，人与人之间的关系以血

---

① 例如，从生产力或经济发展水平角度，有丹尼斯·贝尔的农业社会（前工业社会）、工业社会、后工业社会（或信息社会），伦斯基等人的采集社会、游牧社会、园林社会、工业社会；从生产关系或经济基础出发，有由斯大林明确提出而广为传知的原始社会、奴隶社会、封建社会、资本主义社会和共产主义社会五种社会形态；托克维尔以政治之民主程度将人类社会分为专制型社会和民主型社会。相映成趣的是，社会学领域倾向于社会类型二分法，如英国的 H. 斯宾塞将社会划分为军事社会与工业社会，法国的涂尔干将社会划分为"机械联系社会"和"有机联系社会"，德国的 F. 滕尼斯将社会划分为礼俗社会与法理社会，韦伯将社会划分为前现代社会和现代社会，美国的 G. E. 梅因将社会划分为身份社会与契约社会，贝克将社会划分为宗教社会与世俗社会，等等。
② 袁林：《两周土地制度新论》第一章第二节，东北师范大学出版社 2000 年版。
③ 《马克思恩格斯全集》第 37 卷，人民出版社 1971 年版，第 460 页。
④ 《马克思恩格斯全集》第 39 卷，人民出版社 1974 年版，第 199 页。

缘家庭关系为主，个体依附于族群共同体。随着新石器革命带来的劳动工具的发展，铁器和牛耕的使用，水利灌溉技术的进步，社会生产力水平有了较大幅度的提高，此时的人类社会开始进入以农业为主的自然经济时期，物质生产关系已上升为社会的主导关系，而这一关系在人身上的表现就是人身依附关系和等级制。换言之，自然经济占主导地位的生产条件，决定了人身依附关系的普遍存在和社会结构的等级化。

  研究前资本主义生产方式的一个重要的理论与方法论原则，就是要认识到，作为前资本主义社会生产关系存在形式的个人血缘关系或个人依附关系，其基础按性质和形式而言是自然经济的生产。[①] 至于何谓自然经济，并没有统一定义。自然经济（Natural Economy）的概念来自古希腊。古希腊哲学认为，凡是自然的，就是合理的，应予肯定。而经济，希腊语是"家庭管理"，是为了获取自然供给的东西，因而是合理的。按照亚里士多德的理解，所谓自然，是指合乎人类和事物的本性，而分工是由于人的天赋本性不同（如男与女），所以家庭管理（即经济）肯定分工（当然是指自然分工）。[②] 1848年，德国旧历史学派的B. 希尔德布兰德在《现在和将来的国民经济学》一书中，以财货的流通形态为标志，将经济发展阶段的过程划分为：自然（实物）经济，即物物交换的经济；货币经济，即近代市民社会，包含有资本主义经济一切特征的经济阶段；信用经济，即可解除"贫困"的理想经济状态。[③] 马克思给出了"自然经济"的经典定义，所谓"……自然经济，也就是说，经济条件中的全部或绝大部分，还是在本经济单位中生产的，并直接从本经济单位的总产品中得到补偿和再生产。此外，它还要以农村家庭工业和农业相结合为前提"。[④] 这里的"经济条件"是马克思经常谈到的"生产要素"，不是单指生产资料而言，而是包括了生产资料（物的要素）和劳动者（人的要素）在内。生产资料和劳动者在任何社会中都是生产的要素，二者相结合才能进行生产；它们结合的特殊方式，是区分不同社会经济形态的根本标志。[⑤] 马克

---

  [①] 尤·米·拉钦斯基：《研究前资本主义生产方式的基本理论和方法论原则》，载《马克思主义来源研究论丛》（第15辑），商务印书馆1993年版，第26—28页。
  [②] ［古希腊］亚里士多德：《政治学》，商务印书馆1965年版，第15页。
  [③] 《中国大百科全书》编辑部：《中国大百科全书·经济学》，中国大百科全书出版社1988年版，第92—93、430页。
  [④] ［德］马克思：《资本论》第3卷，人民出版社1975年版，第896页。
  [⑤] ［德］马克思：《资本论》第2卷，人民出版社1975年版，第44页。

思是从人与自然、人与人关系所反映的个别劳动与社会劳动的关系出发，以劳动交往关系为主线，从使用价值与交换价值的对立出发，来考察自然经济的。凡生产是直接用于满足生产者个人或经济单位的需要，而不是用于交换的经济，不论它在人类历史上以何种形式存在，都可以认为它是自然经济。

进一步而言，自然经济占主导地位的人类社会是传统的农业社会。这是因为，其一，农业是整个社会经济的基础，是自然经济时期社会中最具决定性的生产部门，土地、农具、役畜、种子、肥料等是主要的生产资料，在这些生产资料中，土地占有更为重要的地位，它既提供农业劳动资料，又提供劳动者以立足地和活动场所。其二，农业人口占整个社会人口的绝大多数，农业生产所需要的劳动力不是从流通领域取得，或者不是以流通为媒介，农业劳动者包括自耕农、佃农、农奴以及庄园农、公司农、集体农等并非是他们劳动力的出卖者。其三，农业劳动者通过各种方式与土地联结在一起，有的作为土地的附属物存在，有的通过对土地所有者的某种依附关系而占用土地，有的则直接是小块土地的所有者，在这种条件下，农业劳动者再生产自己的生活资料，一般而言是通过在他们实际占有或实际使用的土地上劳动，通过与自然界发生的物质变换而取得的，也就是说，直接或间接地"从自然界再生产自己"[1]。其四，尽管这一时期已经存在独立于农业的各种手工业，但这些独立的家庭手工业和工场手工业在社会经济中占的比重很小，只是作为农业（它是基础）的副业，是这种自然经济赖以建立的生产方式的条件。[2] 换言之，尽管在许多非农业活动领域存在商品经济的形式，但"商品市场发展不是以农产品的普遍剩余和富足为基础，而是与'糊口农业'相联系"，[3] 这些简单的商品交换活动仍依附于农业活动，其目的是为支付代役租和缴纳赋税等而非获取利润，农业仍然是以自给性生产为基础的。这表明，商品交换率存在一定的虚假成分，对传统社会并未构成一个内在的威胁机制。[4] 在此意义上，我

---

[1] 《马克思恩格斯全集》第46卷（上），人民出版社1979年版，第103页。
[2] ［德］马克思：《资本论》第3卷，人民出版社1975年版，第886页。
[3] 黄宗智：《中国经济史中的悖论现象与当前的规范认识危机》，《史学理论研究》1993年第1期。该文此处描述的是我国明清市场发展状况，本书认为这一概括对之前的传统社会也是适用的。
[4] 侯建新：《现代化第一基石：农民个人力量与中世纪晚期社会变迁》第九章，天津社会科学出版社1991年版。

们说，自然经济形态为主的社会就是农业社会。因此，农业社会作为一个类概念，就包含了自然经济形态占主导地位的所有历史阶段，这样，广为传知的奴隶社会、封建社会都可称为传统的农业社会。在本书中，自然经济与农业社会所代表的历史阶段实际上是一致的，两者都是以人身依附关系为特征的，只是它们所认识与理解社会的角度不同而已，前者单从经济形态角度而言，后者就整个社会形态而论。

2. 分配关系的主导性

在经济活动中所形成的社会关系造就了相应的人格模式，人格本身是社会关系的产物。在人类历史上的不同阶段，由于占据主导地位的社会关系的不同，产生了不同的主流人格形态。在自然经济占主导地位的社会形态中，社会生产力水平普遍低下，物质资料尤其是物质生活资料的匮乏，确立了分配关系在社会关系中的主导地位。

分配关系之主导地位是与自然经济为主的经济条件相适应的。一般而言，生产、分配、交换和消费是现代市场经济中社会生产和生活的中心环节。自然经济条件下，社会生产能力不高，社会物质财富极度匮乏，更谈不上积累，"生产或者是为了生产者本身的直接消费，或者是为了他的封建领主的直接消费，只有在生产的东西除了满足这些消费以外还有剩余的时候，这种剩余才拿去出卖和进行交换。"① 即使是存在部分剩余产品和商品交换活动，且其实质上"……是以交换和创造交换价值为基础的，但在这里生产的直接的主要的目的，是保证手工业者、手工业师傅的生存，因而是使用价值，不是发财致富，不是作为交换价值的交换价值"，② 也就是说，此时人类的生产是为了满足自身的基本需要，包括生产者本身和封建领主、地主等的消费，消费与生产直接同一，而作为劳动产品的流动形式不是以交换的形式在社会中流通，而是以分配的形式在共同体成员中予以终极地使用和消费。交换关系被扼杀甚至根本就没有真正大规模地形成过。

自然经济形态中的分配关系是以社会等级差别为其现实基础的。在原始氏族公社中，人与人之间的差别主要是生理上的"自然差异"。出于氏族存在与发展的需要及"自然共同体"之内在自生秩序的目的，氏族首

---

① 《马克思恩格斯选集》第3卷，人民出版社1975年版，第441页。
② 《马克思恩格斯全集》第46卷（上），人民出版社1979年版，第516页。

领在氏族成员之间对人的生存必需品进行有限的平均分配。个体在分配关系的调整下整合并依附于以血缘关系为天然纽带的共同体中，同时形成对分配的心理认同，这也为阶级社会的产生奠定了社会的心理基础。进入阶级社会后，这种自然差别的强大历史惯性在整个传统农业社会中得以延续和保留，并形成以等级差别为本质的各种各样的差别形式，例如血统差别、权力差别、教育差别以及行业差别等等。整个社会的存在以等级秩序的确立和巩固为前提，而分配关系在等级序列中得以实现，并进一步维护和强化着等级差别的存在。基于等级差别的分配，对个体人格的产生和建构具有先在的规定性，而个体性格、气质、能力的差异本身又通过分配关系成为等级差别的个体化表现。

任何分配都会在具体实施过程中造就出主持分配的权威，而分配又总是以一定的权威为其提供保障。在自然经济时代，分配关系必须以一定的集权为前提条件，也就是说，集权以及与集权相应的权威，是分配关系得以成立和发展的支撑点。因为，分配行为和原则在社会成员处获得的心理认同是出于一种外在的无奈，而非是内在的自觉自愿的接受。基于等级差别的分配行为，是通过外在的实物、荣誉或称号等形式对人与人的差异的物化，并将之固定为一种制度，这是与人的本性背道而驰的，进而，社会中孕育着随时破坏分配关系的冲动。因此，分配关系必须借助于某种强制性的力量来加以维持，而政治运行中集权恰恰是最为有效的强制性力量。在阶级社会之前，这种集权是氏族首领从氏族成员那里获得的由整个共同体无形支持的氏族权力和个人权威，在国家出现后，这种集权就以国家机器，如军队、监狱等为其强大后盾。历史证明，政治集权的衰落和权威的流失必将导致分配关系的混乱，而集权的权力和权威的稳定则保证了分配关系的有序化。[①]

分配关系在集权的保障下，分配行为自上而下逐级进行，形成了一种垂直的、单线的"关系链"，分配者与分配接受者之间处在一种单线式的两极互动中，自上而下和从下到上的关系链通过集权结构的纽结将社会成员整合成上下有别、尊卑有序的共同体而排斥着社会成员之间的横向联系，这就使得社会失去生机，个体失去独立人格生成的现实空间。在分配

---

[①] 张康之：《公共行政中的哲学和伦理》，中国人民大学出版社 2004 年版，第 49—50 页。

体系中，分配者作为主体一方，具有决定分配接受者命运的权力，而分配接受者是被动的一方，他作为人的全部主动性和能动性在于他自觉地对分配者的依附，并且，这种依附泛化为一种依附文化和人身依赖制度。也就是说，分配关系造就了依附关系，而依附关系生成着依附人格，依附人格又以文化心理和观念的形态守护着依附关系并为其注入合理性和合法性。在社会治理领域，就表现为人们把人对人的依赖看作是自然而然的事情，即使偶尔有良知之士的觉醒，也会将此看作是现实的无奈而默默接受。普遍存在的是，人们遵从依附秩序，用自己的依附行为、仆从心态以及作为分配接受者对分配者的身份、地位和权威的崇拜，去自觉或不自觉地维护依附关系和生成依附关系的分配制度。

3. 人身依附的普遍生成

一个社会有什么样的生产方式，就会产生什么样的人格，人格产生并形成于社会成员谋取社会生活所必需的物质资料的活动中。自然经济赖以存在的社会条件是："物质生产的社会关系以及建立在这种生产基础上的生活领域，都是以人身依附为特征的。"[①] 这就是说，自然经济时代的经济关系是人对人的依赖关系。血缘的、宗法的依赖关系是自然发生的，在这种关系中，人必须依赖、服从家族、氏族、部族，在其血缘或宗法的集体中居于一定位置、获得一定保障、无条件地接受一定的约束。而对奴隶主、领主、贵族地主、豪绅的人身依附关系并非自然发生，而是压迫者、剥削者通过统治力量强加给依附者。在这种人身依附关系下，主人可以不通过交易而直接占有依附者的劳动，同时给予一些生活资料或生产资料（主人所强占的劳动成果或生产条件的一部分），算是作为依附者的生存保障。

原始社会，社会生产能力极其低下，社会生产活动具有浓厚的自然色彩，人们的生活以狩猎、采集为主，劳动工具基本上是利用天然实物略做加工而成，单独的个人无法与恶劣的自然环境做斗争，为了生存，为了获得生活资料，人们只能以"集群"的方式结成一体，共同劳动，平均分配。集体生产的成果归集体所有，形成了原始的生产资料公有制。与这种生产关系相适应的原始社会组织的基本单位是以血缘关系为纽带的氏族，它既是社会的基层单位，也是社会的生产组织。在这一社会组织中，血族

---

① ［德］马克思：《资本论》第1卷，人民出版社1975年版，第94页。

关系是最基本的社会关系，起着决定性的作用，从而形成了一系列以血族关系为基础的社会结构，"父亲、子女、兄弟、姐妹等称谓，并不是简单的荣誉称号，而是一种负有完全确定的、异常郑重的相互义务和称呼，这些义务的总和便构成这些民族的社会制度的实质部分"①。在原始共同体内部，人们根据血缘关系相互依附成一个整体，从而使共同体的社会结构、制度，成为"自然赋予的最高权力，个人在感情、思想和行动上始终是无条件服从的"②。因此，这时的"人"等于人的群体，群体怎样存在，人就怎样存在，个人无独立的意识，也无独立的个性，当然也就没有独立的人格。

　　血族关系所确定的人身依附关系实质上是自然形成的人类对自身的保护，反映了当时人类对自然的屈从，因此，血族关系只能使人类在各自封闭的社会结构中缓慢前进。当人类认识、控制和改造自然的能力不断提高，社会生产力已发展到能为社会提供部分剩余产品的水平时，血族关系就日益成为社会前进的阻力。进入奴隶社会，铁器和牛耕的使用，水利灌溉技术一定程度的进步，使得生产力水平有了较大幅度的提高，从而出现少量剩余产品，私有制就此登上历史舞台。进而由于分工的出现、交换的产生、贸易的发展等生产条件的变革，社会出现利益分化和阶级分化，国家得以形成。整个社会分化为最为简单的两级，即居于统治地位的奴隶主阶级和不具人之身份的奴隶阶级。尽管奴隶制在当时是一个巨大的进步，③它突破了血族关系对人类片面的、狭隘的规定，肯定了个人劳动的价值，但这种"肯定"只是"占有"的代名词，而人的性质仍然并非来自他们的个体。奴隶是奴隶主的"私有物"，只是"会说话的工具"，也就根本不会具有独立的人格。而奴隶主虽具有"社会"的人的身份，但他必须从国王或城邦共同体那里分有人的资格、身份、地位和性质，他只有在奴隶面前才有所谓的人的尊严，而这种尊严并非真正的具有普遍意义上的尊严，因而也就无所谓独立的人格。由此推及，即使是国王也没有独立人格，他只是自然神格的附属物而已，仍未摆脱因低下的社会生产力而形成的"人对人的依赖"。

　　随着手工业、商业从农业中的分离，封建社会的农民，已是使用铁制

---

① 《马克思恩格斯全集》第21卷，人民出版社1965年版，第40页。
② 同上书，第113页。
③ 《马克思恩格斯全集》第20卷，人民出版社1971年版，第197页。

农具和牛马畜力并具有自有经济和一定独立性的生产者，他们比原始社会和奴隶社会的生产者具有更高的生产积极性，具有更优越的生产条件和更高的劳动生产率。与原始社会、奴隶社会相比较，封建社会中生产者产品自给的品种、数量和质量都得到大幅度提升。人类进入封建社会时期，整个人类在自然面前获得了"尊严"，不同阶级、等级的人不再只具有服从的意识，只是一种"他物"，而是具备了相对完整的自我意识。然而，这种已经觉醒的自我意识仍没有造就出独立的人格形态。在奴隶社会晚期和封建社会，尽管也存在商品和交换，但这种交换在形式、规模、范围等方面显然无法与近代商品经济中所产生并在现代社会得到极度发展的市场交换相比较，社会的经济基础仍是自给自足的自然经济，最基本的生产方式还是局限于土地之上的以家庭为基本单位的手工劳动。

"劳动愈不发展，劳动产品的数量、从而社会的财富愈受限制，社会制度就愈在较大程度上受血族关系的支配。"① 恩格斯的这句名言不仅仅是只适用于原始社会，在整个资本主义以前的自然经济时代，它都是一条基本法则。正如新旧生产关系可以在一定时期内共存一样，在奴隶和封建社会，血族关系以其"天赋的生命力"仍然顽强地存在着。事实上，原始社会中，血族关系所造成的人身依附是以土地的物化形式出现的。"土地是一个大实验场，是一个武库，既提供劳动资料，又提供劳动材料，还提供共同体居住的地方，即共同体的基础。"② 共同体成员只有通过共同体这一生产前提，才能把自己看成土地的所有者或占有者。人们将共同体的土地作为血族关系的物化形式加以依附，而共同体成员之间的相互依附与他们对土地的依附是高度一致的。在奴隶社会和封建社会，土地的性质发生了变化，但是在自然经济条件下，人们对土地继续保持着依附性。由于土地已是"表现为与个人隔离的虚幻共同体（国家、法）的传统权力"③ 的基础，即土地已被虚幻的共同体（国家）或私人占有，因此，对土地的依附转变为对阶级的人身依附，其绝对形式就是对人身的占有。而土地性质的改变，又影响甚至决定了血族关系所造成的人身依附发生变化，这种人身依附由"个人对劳动的客观条件的所有制的一定形式来决

---

① 《马克思恩格斯全集》第 21 卷，人民出版社 1965 年版，第 30 页。
② 《马克思恩格斯全集》第 46 卷（上），人民出版社 1979 年版，第 472 页。
③ 《马克思恩格斯全集》第 3 卷，人民出版社 1960 年版，第 81 页。

定"①。也就是说，在阶级社会里，人身依附不再是单纯的自然人联合，而是具有血族关系与阶级关系的双重依附，其实质上仍是建立在直接面对自然的人与人之间的完全的依赖关系上。

人身依附的普遍性与传统社会中分配关系的主导地位是一致的。进入阶级社会后，分配关系所强化的"自然差异"由社会等级差别所替代，在自上而下的分配行为中形成了等级化的社会结构，因此，基于自然经济基础所形成的国家共同体是一种等级有序的实体组织，实质上是一种神权等级共同体或皇权共同体，人在宗教或宗法的等级关系中并未摆脱"人的依赖关系"的生存状态，个人仅在其所处的等级地位角色中获得其有限的非自我性的人格权，人的性质还得在其所属的等级群体中获得给予的规定。行政依附人格便是产生在这种宗法皇权或宗教神权社会中。

### （二）社会治理结构的等级化

#### 1. 等级结构的制度化

人身依附关系在传统农业社会政治生活中的具体化，就是社会结构的等级化，其直接表现就是等级制度。社会结构是指某一社会制度的基本成分之间有组织的关系，②它是构成社会的诸要素间相对恒常的结合，"这些构成要素可以从接近个人行动层次（微观层次）到整个社会的层次（宏观层次）划分出若干阶段，按着微观到宏观的顺序可以排列为角色、制度、社会群体、社会、社会阶层、国民社会"③。历史唯物主义在对社会变革过程的分析中把社会结构抽象为生产力和生产关系、经济基础和上层建筑两对基本概念的组成。这表明，社会结构不仅仅限于可经验观察到的或田野调查所描述的社会关系要素，还应该有组成社会之成员的精神素质，包括一定历史时期内建筑在一切习惯、道德、观念、信念、意图和知识之上的人类思想意识和精神文明水平。组成社会的诸具体要素如角色、群体、制度之间的关系无不有其特定的社会基础条件，这就是生产力和经济基础。正是自然经济和传统农业生产方式决定了社会结构的等级化或者

---

① 《马克思恩格斯全集》第46卷（上），人民出版社1979年版，第484页。
② ［美］伊恩·罗伯逊：《社会学》（上册），商务印书馆1990年版，第104页。
③ ［日］富永健一：《社会结构与社会变迁——现代化理论》，云南人民出版社1988年版，第19—20页。

说导致了社会等级制的出现。① 传统农业社会中的社会等级制是由原始社会分配关系中的自然差异发展演变而来，经过等级分明的宗族家长制而扩展至社会生活的各个领域包括社会的治理领域，逐渐形成政治的和行政的等级制。

等级制在任何民族的传统历史时期都曾出现过。《共产党宣言》指出："在过去的各个历史时代，我们几乎到处都可以看到社会完全划分为各个不同的等级，看到由各种社会地位构成的多级的阶梯。在古罗马，有贵族、骑士、平民、奴隶，在中世纪，有封建领主、陪臣、行会师傅、帮工、农奴，而且几乎在每一个阶级内部又有各种独特的等第。"② 不但奴隶主、封建主中有等级，平民、农民中有等级，就是奴隶阶级中也有诸多等级。事实上，各种阶级关系都笼罩在等级制中，等级制既是阶级关系的最直接表现形式，也是阶级关系得以实现的载体。③ 作为一种统治阶级的上层建筑，等级制是在原始共同体瓦解之后形成的。然而，它是从血族关系中逐渐派生的。④ 在人的自身生产占主导地位时，由于人与人之间在体质、智力及适应自然之能力等方面的自然差异，受自然选择之法则的支配，人们结成一定的血族关系，自发地调节由自身差异造成的矛盾，建立起人所共遵的社会秩序。

根据血族关系所确定的等级，是自然产生的。而随着生产力的发展，在阶级社会中，这种自然产生的等级与在社会分工和财产分配中形成的阶级相结合，形成新的社会等级，产生真正的特权，继而构造出等级制。血族关系在阶级社会中是通过父权家长制而得以延续的。原始共同体中的血

---

① 一般而言，等级制有两层含义：一种意义上专指权力分化的社会构造，如国家权力结构、地方管理体系以及工作场所的权力安排等；在另一种意义上，"等级"一词可以仅仅含有分层的意思，这种分层是由数量特征决定的，可以出现在任何一个社会领域，如家庭内部、性别之间，或者表征量化的社会分层，如人口结构、年龄结构等，而非仅仅限于正式权力与权威的秩序领域。参见刘能《等级制和社会网络：社会场域中的权力与交换关系》，《河南社会科学》2004年第1期。

② 《马克思恩格斯选集》第1卷，人民出版社1972年版，第251页。

③ 在阶级社会中，阶级关系是人与人之间最根本的关系，它是经济关系的一种表现。在传统农业社会，尽管阶级现实存在，但反映经济关系的阶级关系非常模糊，而反映政治身份的等级关系则要清楚得多。

④ 赵明：《关于人身依附关系和等级制的社会根源理论试探》，《江西师范大学学报》1994年第1期。

族等级最主要的就是血缘家族的辈分关系和老者享受的特权。① 随着婚姻关系的固定，家庭逐渐成为社会的基本组织形式，而母系氏族到父系氏族的转变，则逐渐确立了父权家长制在整个社会结构中的基础地位。无论是国家对家族的替代，还是家族与国家的混融，② 都不可否认传统农业社会中的政治制度和意识形态无不是家庭结构、功能、伦理等内容的放大，以家庭为基础，在西欧，形成了受基督教伦理控制的领主附庸制、分封制、世袭制，在中国，形成了以儒家学说、三纲五常为准则的君君、臣臣、父父、子子的社会等级。尽管中西家庭各成一系、别有千秋，但二者同多异少，其差异主要表现在程度方面而非实质方面，家庭关系都围绕父权家长制而展开。③

2. 等级制中的人身依附

在等级体系的樊笼中，人在社会活动和社会交往中所凭据的不是自己的才能、智慧和能动性，而是自己的血统、地位、财产多寡等等。人与人之间的关系是不平等的，社会生活的一切方面都打上等级身份的印记。按照马克思的看法，在等级制度占统治地位的国家里，人类简直是按抽屉来分类的，就像分裂成许多不同种的动物群，决定他们之间的关系不是平等，而是法律所固定的不平等。因此，等级制度是"精神的动物的时期"，即被分裂的人类世界，而反映等级制度的法律是"动物的法"。④ 在《德意志意识形态》中，马克思考察了西欧封建的或等级的所有制及其法权关系，认为西欧封建所有制是在日耳曼人的军事制度影响下建立起来的，"这种所有制与部落所有制和公社所有制一样，也是以某种共同体为基础的，但是作为直接进行生产的阶级而与这种共同体对立的，已经不是古代世界的奴隶，而是小农奴"。在西欧中世纪社会，所有制主要通过两种形式表现出来：一方面是地产和束缚于地产上的农奴劳动，另一方面是拥有少量资本并支配着帮工劳动的自身劳动。在封建制下，等级结构表现

---

① 法国社会主义者拉法格认为：老年人受尊敬是出现在人类社会里的第一种特权。参见[法] 保尔·拉法格《财产及其起源》，生活·读书·新知三联书店1962年版，第74页。

② 著名哲学史家、历史学家侯外庐指出，"如果我们用'家族、私有、国家'三项来做文明路径的指标，那么，'古典的古代'是从家族到私产再到国家，国家替代了家族；'亚细亚的古代'是由家族到国家，国家混合在家族里面，叫做'社稷'"。参见侯外庐《中国思想通史》第1卷，人民出版社1957年版，第11页。

③ 马克垚：《中西封建社会比较研究》，学林出版社1997年版，第456、473页。

④ 《马克思恩格斯全集》第1卷，人民出版社1956年版，第142—143页。

得异常明显，在乡村里有王公、贵族、僧侣和农民的划分，在城市里有师傅、帮工、学徒的划分。土地占有的等级结构以及与之有关的武装扈从制度，使贵族掌握支配农民的权力。所以，中世纪的生产方式，"在政治上表现为特权"，站在封建社会等级结构这座金字塔顶端的是封建国王或君主，"领导统治阶级组织即贵族组织的到处都是君主"。①

马克思在研究东方社会发展问题时，以印度村社制度为例，对亚细亚社会的等级关系结构做了深入的考察。在印度村社的行政管理体制中，存在以下政治等级：总管村社事务、调解居民纠纷、行使警察权力、执行收税职务的帕特尔或村社首脑；负责督察耕种情况，登记耕种事务的卡尔纳姆；搜集犯罪及过失情报，护送外村行人的塔利厄尔；保护庄稼和帮助计算收成的托蒂；保护村社边界的边界守卫者；分配农业用水量的水库水道管理员；等等。②马克思引述英国下院委员会报告资料之目的在于从社会分工的角度探讨这种分工关系与村社等级体系之间的内在同一性，进而揭示印度村社制度是一种自然生成的等级有序的地方自治共同体。印度村社内部的等级关系反映了村社制度自治性的特殊性质，并通过与印度社会的种姓制度相融合，把实现分工的原始形式在宗教关系中编制成种姓等级制度。印度村社内部的等级关系，构成了印度村社制度孤立性和内在封闭性的重要社会政治基础，它使村社成为一个完全独立的组织，自己成为一个小天地或"田园共和国"。在这一村社中，人与人之间存在着严格的界限，村社成员总是处于不同的社会地位之中，个人与村社的关系，实际上是一种秩序分别、等级森严的金字塔式关系。这种村社关系的等级性，使个人丧失了作为人的类本质，抹杀了人的自由本质。

要言之，在一切自然经济占主导地位的传统农业社会中，整个社会结构都是以等级制形式出现的，中国传统农业社会也不例外。并且，中国传统农业社会的历史存续之长，等级结构之完善，对个体人生道路及社会面貌影响之深刻和广泛，奠定了其农业社会之典型形态的地位。③

我国的奴隶制时代，按血缘亲疏之宗法制度所规定的等级关系逐渐严密起来，在适应国家机器运转的过程中，从中央到地方的一套完整的等级

---

① 《马克思恩格斯全集》第3卷，人民出版社1960年版，第375、23页。
② 《马克思恩格斯全集》第9卷，人民出版社1958年版，第147—148页。
③ 因此，出于理论探讨前提所需要的完备性与理想性，下文主要以中国传统农业社会为讨论对象。

隶属结构初步形成。春秋社会，按照社会地位的等级差别，大致存在贵族和非贵族两大等级，活跃在政治舞台上的是贵族中的大夫而非已跻身于贵族等级的士。① 战国时期，新的封建官僚政治之下的等级制度，继承并进一步巩固了西周、春秋时期在土地等级占有和宗法等级从属之基础上形成的"王臣公、公臣大夫、大夫臣士"的等级隶属关系和所谓"九仪之命"的爵位。秦废"世亲世禄"而代之以"官爵合一"，建立自公士至彻侯的二十等爵，使等级制度更加严密并法律化。至两汉，随着官僚制度之发展与完善，又一变而为官与爵分，俸与职应。魏晋南北朝时期，以"九品"定官阶，从此，品第成为区别官职高下和等级尊卑的主要标志。唐以后九品之中又分"正"、"从"十八级，九品十八级中又分高、中、低三个基本层次，四品以上为高级官吏，五品至七品为中级官吏，七品以下为低级官吏，这三个等第一直延续到明清，基本未变。除表示实际行政职务级别的品和阶之外，还有表示身份地位、功勋等的爵和勋，以及没有实际职务而徒属荣誉性质的各种散官称号，这些就构成了一套严格的官僚等级制度。在以宗法等级结构为基础的官僚系统中，上与下各自统属，内与外互相节制，名分与职责严明，权力与义务相称，既不许逾越，也不得专擅。为了维护这种等级制度，由秦至清各朝都制定有详略不一的确认官僚等级秩序的行政立法和"以礼入法"，保证了官僚组织的严密，特权的固定，等级的森严，运转的协调。②

　　社会治理体系的等级化，反哺着宗族家庭的等级结构，官僚体系的等级化支持并一再巩固和进一步强化家庭的等级结构，进而整个社会成为一个等级森严的一体化系统。就等级关系而言，中国传统社会可以划分出形式上不同而在结构上本质完全一致的等级系统：第一种等级系统是以血缘为纽带的个体家庭内部的等级系统，包括家庭成员之间和家庭成员与其血缘祖先之间两种等级关系形式；第二种等级系统是以家国同构为契机的国家政治生活中的等级系统，表现为帝王—官僚—庶民三个主要等级；第三种等级关系是社会生活中的等级系统，它是家庭内部等级系统的泛化。③就现实的制度而言，这些等级关系表现为具体的宗法等级、爵秩等级、官

---

　　① 何怀宏：《世袭社会及其解体——中国历史上的春秋时代》，生活·读书·新知三联书店1996年版，第81、83页。
　　② 葛承雄：《中国古代等级社会》，陕西人民出版社1992年版，第4—5页。
　　③ 刘广明、王志跃：《中国传统人格批判》，江苏人民出版社1995年版，第247—248页。

僚的秩品阶位等级、户等等级、职业等级、种族等级等多样化的等级制度。① 等级制度使社会成为一个网络，每个人成为这一网络上的网结，个人完全依附于等级结构，其个体地位、角色由等级决定并通过等级来体现。因此，等级关系中的个体人格是一种依附人格，而由于官僚在社会中的地位与作用，其亦主亦奴的人格形象则成为这一时期依附人格的典型代表。

3. 社会治理的特殊主义取向

社会结构之外延十分宽泛，囊括社会生产方式、生活方式以及意识形态观念等方方面面，其等级化是对社会资源之占有与分配关系的结构化与制度化，衣食住行、婚丧家族、财产法律、官制礼仪等各个具体环节无不体现出一种严格的等级化特征。② 社会结构的等级化不仅将个体固定于现实的等级网格中，还在社会中形成一系列与之相适应的价值观念，表现为一种强调亲缘地域、身份先赋的特殊主义取向。

亲缘关系包括血缘和姻缘关系，其组织形式主要以家族、宗亲会等形式出现。家族、宗族和氏族等组织含义各异、形式有别，③ 但总体而言，亲缘关系对社会治理体系的影响就是对裙带关系的强调。在夏、商、周的奴隶社会时期，由血缘关系所确立的自然差异发展成社会等级差别，形成了世袭世禄的官职获取模式，"血而优则仕"，表现为凝固的、封闭的等级。官职与爵位的获取及地位之尊卑不在于个人才能的真实体现，而是由臣与帝王、下级与上级之间血缘姻戚关系的亲疏远近而定，并且，个人所获取之官爵还可因血缘关系以世袭延续。与亲缘关系紧密联系的是地缘关系，其组织形式主要是乡村和会馆。作为一种地缘组织，乡村组织更多地具有血缘色彩，而会馆兼有业缘和血缘特征。在社会治理体系中，地缘关系的凸显就是官僚党群关系的产生，同乡官僚之间往往组成一种外地人难以打入的帮派群体，相互提携抑或相互利用。无论是亲缘关系生成的官僚体系，还是地缘关系造就的乡党群体，既强化和巩固着社会的等级结构，

---

① 刘泽华主编：《中国传统政治哲学与社会整合》，中国社会科学出版社 2000 年版，第 45 页。
② 有学者分别从财产、建筑、服饰、车轿、婚姻、丧葬、家族、官制、法律、礼仪等方面对此进行了详细的专门研究。参见葛承雄《中国古代等级社会》，陕西人民出版社 1992 年版。
③ 刘泽华、汪茂和、王兰仲：《专制权力与中国社会》，吉林文史出版社 1988 年版，第 62—67 页。

又始终张扬着一种以亲缘地域之远近为判断标准的特殊主义价值取向。

自春秋战国之后，社会流动逐渐加强，秦汉以后更是对社会流动进行了制度性的探索，形成了社会成员较为固定的上下流动渠道，从而表现出中国古代等级社会开放与流动的特征。① 此时，亲缘关系或地缘关系不再是官职获取的唯一途径。在社会治理领域的突出表现，就是士逐渐成为官僚的主体构成，尤其是隋唐以后的科举制，从制度层面为士人进入官僚体系建立了正常的渠道。随着士人的兴起，士人的求职途径逐渐以学缘关系代替亲缘地域关系，但是，这种学缘关系仍具有强烈的等级特征，师生之间、士与士之间，都存在尊卑、长幼的严格的等级身份之别。同时，为求"登科入仕"，中国古代的知识分子往往自觉拜倒于名门望族或投身于达官贵人府中，成为食客、门生甚或义子，主要目的就是为自己步入仕途寻求亲缘或地缘上的"合法性"。

亲缘、地域、学缘等关系在社会治理体系中既可独立发挥作用，更多时候是相互影响、互相作用，它们的渗透与融合就形成了一种身份取向的特殊主义价值取向。官职之取得以及官僚仕途之升沉荣辱取决于其在上述关系中亲疏远近的程度或者说在该等级序列中的身份地位。换言之，官僚的职业生涯发展并非完全取决于个人才能的高低，且主要由其是否具有某种先赋性的身份来决定，这尤其表现在官职获得的环节上。当然，随着社会分层标准——财富、权力和威望等——之间一定程度的分化，身份体系出现灵活性和相对"开放性"，而这些标准之间逐渐出现某种越来越大的结构性和组织性分化。这就是说，官僚体系中的部分官僚并非根植于任何先赋性的身份群体、角色或地位之中。伴随着固定的、先赋的特殊主义标准的衰落，官僚体系中已发展出成就的标准，官僚之地位和成员资格可以由世袭以外的方式获得。但这并不意味着先赋的特殊主义的身份标准已经被废弃，或者说已经不再占据主导地位。事实上，评价角色的先赋的特殊主义标准仍然占有优势。② 以成就标准为主要流动通道的最好例证就是隋唐以后的科举制度。但是，科举取士并没有改变整个社会治理体系的特殊主义取向；反而，由于其考试内容完全由儒家伦理、宗法纲常等构成，并

---

① 相比较而言，古印度的种姓制度以及欧洲中世纪的等级制度更为森严和封闭。但是，中国古代社会等级的多样性和开放性不仅没有改变中国古代等级社会的性质，反而更加强化了等级的稳定性，通过等级成员上下间的流动和变换，使得等级制的生命力更强、更顽固了。

② ［以色列］艾森斯塔得：《帝国的政治体系》，贵州人民出版社1992年版，第84—96页。

不包含任何专门化的知识，加上整个社会结构等级化的现实，传统社会中的士阶层职业高度单一化，经济上、政治上、意识上的人身依附关系十分严重。

等级结构中的特殊主义取向是与社会结构分化程度之有限息息相关的，艾森斯塔得认为社会结构的分化程度是由自由市场经济、身份灵活的标准和普遍主义的价值取向加以衡量的。① 也就是说，社会结构的等级化有其客观的自然经济基础、政治制度的保证和伦理道德的文化支持。有限的农业生产方式和资源的分配方式，是社会等级结构存续的决定性因素，僵化的、先赋的身份等级是这一等级结构的现实体现，并维护着等级结构的存在，而宗法伦理的混溶和一体化则为等级结构之长期延续提供了社会心理因素和内在的精神原因，也正是在宗法等级伦理的教化下，"……使每个人都觉得自己的位置是'安置好'的，他必须在给自己安定的位置上履行自己的特别义务，这种观念处处支配着所有的生活关系。他的自我价值感和他的要求都只是在这一位置的价值的内部打转"。②

### （三）湮没于伦法一体化中的个体

#### 1. 宗法宗族制

宗法宗族制，③ 既是一种具有政治性的社会体制，同时也具有意识形态的内涵。在传统社会中，宗法制是以血缘关系为基础、以父权家长制为内核、以大宗小宗为准则、按尊卑长幼关系制定的封建伦理体制。自宗子之制废，以孝悌及尊祖敬宗为核心的尊卑长幼伦理体制始终在持续，它贯穿于整个封建社会历史时期。宗族制则指宗法制的具体运用和体现形式，它同宗法制并不密切吻合，但又紧密联系在一起，因此一般皆宗法宗族连称。④

宗族宗法制的发展变化要受一定的物质经济条件所支配和制约，大致

---

① ［以色列］艾森斯塔得：《帝国的政治体系》，贵州人民出版社1992年版，第275—276页。

② ［德］舍勒：《价值的颠覆》，罗悌伦、林克、曹卫东译，生活·读书·新知三联书店1997年版，第21页。

③ 在古代西方，以宗族宗法制为核心的社会结构和意识形态也在一定范围内存在，只不过没有中国的情况那样典型、普遍和持久。

④ 李文治、江太新：《中国宗法家族制和族田义庄》，社会科学文献出版社2000年版，第1、56页。

可以划分为三个时期。第一个时期即由西周至春秋初期，世袭领主制占据统治地位，宗法制体现为贵族宗子制。原始社会末期出现的以血缘家庭关系为纽带的父权家长制氏族在奴隶制阶级社会中以变化了的形式继续发展，最终在商朝形成并于西周得以确立宗法制度。西周的社会组织，是一种"同姓从宗合族属"的血缘实体。为了别其亲疏、示以系统，以明亲亲合族之义，首先确立了"宗"的地位。宗者，尊也；凡有所尊，皆可曰宗。宗分大小，"别子为祖，继别为宗，继祢者为小宗"①。自此，嫡长子继承制和家长制逐渐确立。这一宗法制度，行之于宗族内部，以家长制来编织关系网，直接表现为大宗统率小宗，宗子、族长享有立庙祭祖的特权和对族众有直接裁判权、财产支配权以及生杀予夺权；行之于国家内部，族权与君权牵混一体，表现为政治关系，周天子既是天下姬姓的大宗族长，又是西周国家至高无上的君主，分封制的等级序列，与血缘关系的亲疏远近相吻合，建立了天子统辖诸侯，诸侯统辖卿大夫，卿大夫统辖士及平民的等级结构社会。②第二个时期是东汉后期历魏晋至南北朝，世袭地主占据统治地位，隋至唐代中叶，权贵门阀地主占据统治地位。这一时期宗法宗族制以世家权贵门第为特征，虽然也具有重伦常孝悌、同财共济之类内涵，但更能突出时代特点的，是重门第、谱牒的等级性，是世族门阀的宗法宗族制。这种类型宗法宗族制是由当时世族门阀地主制经济派生出来的，实际是门阀世族地主统治农民的工具。③第三个时期即宋代以后，主要是明清时期，占统治地位的是一般宦室及庶民地主，宗法宗族制以宦室和庶民户对等为特征，而且庶民地主和官僚地主可以相互转化。这时，族姓之间的门第等级关系相对削弱。

宗法宗族制之存在是自然经济包括封建地主经济的产物，随着土地关系的变化而有不同发展和表现形式。但无论哪一种形式，任何宗族制实际上都是一个以血缘为核心的家族共同体，它包括三个组成部分：以孝悌伦理为主的思想结构；实现孝悌伦理的组织机构，即设置族房长，建祠修

---

① 《礼记·大传》。所谓"别子为祖"，即为始祖；"继别为宗"，乃指由继承别子（始祖）的嫡长子一人为宗主，并按嫡长子世袭制原则推演下去，组成一个系统，是为大宗；"继祢者为小宗"，乃指除嫡长子之外，其余嫡子及庶子所分别组成的系统。
② 葛承雄：《中国古代等级社会》，陕西人民出版社1992年版，第258页。
③ 李文治、江太新：《中国宗法家族制和族田义庄》，社会科学文献出版社2000年版，第17页。

谱，制定族规，借以宣传孝悌，实现睦族，约束族众；为聚合族众追宗祭祖而设置的祭田以及赡给族众的族田。① 这表明，宗族宗法制既包括宗法组织，也包括宗法观念。甚至有学者认为，从时间角度来看，宗法制度主要实行于周代，周代以后所盛行的主要是宗法观念。② 具有政治权力统治和血亲道德制约双重功能的西周宗法制度，奠定了中国传统社会结构的定势。春秋时期，西周之宗法分封制逐渐由家臣制替代，秦汉时期国家政权和家族组织已出现分离，汉代以后到魏晋至唐末五代，门阀士族盛行，宋至明清，谱牒学勃兴，累世同居之大家庭出现。尽管这些不同的家族或宗族以不同形式出现，但这都不可否认，这些组织都延续或者说贯穿着宗法观念，恪守严格的尊卑等级秩序，遵循着顺从与礼让的伦理道德和家族观念，维护着封建等级和家长制特权。从某种程度上讲，正是宗法宗族制所代表和宣扬的文化观念和价值形态支撑着其自西周宗法分封制解体后于各朝各代以各种不同变体的形式存在，以至于有学者认为，宗法制之所以成为中国的长命锁，其钥匙就在于中国古代人的永生观念，魂灵不灭维系着生者与死者的血缘关联，魂灵到神灵的转变为家族和宗法制度提供了强有力的精神保证，并促进了宗族成为一个荣辱与共的社会群体。③

2. 家国同构

宗法观念的现实表现尤其是在社会治理领域的坐实就是家国同构，而宗法制度之历久不衰，不竭之生命之源的真正奥秘就在于中国传统社会的家国同构体。尽管严格意义上的宗法制度在西周末年已开始瓦解，但宗法制的影响在中国却十分久远：父系单系世系原则盛行——主要体现在公共职务和私有财产的继承方面；家族制度得以维系——由血缘纽带维系着的宗法性组织是构成中国社会的基石；家国同构的社会格局——家庭、家族与国家在组织结构方面的共同性。家国同构的实质是源于氏族社会血缘纽带解体不完全、不充分而遗留下来的血亲关系对人们社会关系的深刻影响，这种独特的"家国同构"格局，致使摆脱血亲关系而建立的奴隶——封建社会地缘政治、等级制度等社会结构，始终未能独立于血亲——宗法关系而存在，中国历史上出现的任一奴隶制国家或封建制国

---

① 李文治、江太新：《中国宗法家族制和族田义庄》，社会科学文献出版社2000年版，第27页。
② 岳庆平：《中国的家与国》，吉林文史出版社1990年版，第109页。
③ 刘广明、王志跃：《中国传统人格批判》，江苏人民出版社1995年版，第114—121页。

家，始终都是以变体的父权家长制形态出现的，家与国的组织系统和权力配置都严格按照父权家长制而建立。

两周时期，专制主义中央集权的统一国家尚未建立，宗法宗族制盛行，国家政治生活与宗族生活重叠，父子关系放大为君臣关系，辈分关系转化为等级关系，宗法制度由维系血统的力量变成了国家生活的组织原则，由此，宗法制度不仅是奴隶社会统治阶级的家庭制度，也是奴隶制国家的政治和组织制度。在此制度下，宗法家族和奴隶主国家在结构上完全一体化。随着社会生产方式的发展，一批不属于宗法制国家中的大家族孕育而生，最终导致以血缘家族进行统治的宗法体系崩溃。但永生观念、祖先崇拜并未随奴隶制一同被埋葬，它仍然作为精神渴求驱使着家长制的诞生。秦至南北朝，世袭地主及门阀世族的盛行，使得家族组织机构与国家组织机构之同构的实现极其困难，家庭与国家的关系更多的是以矛盾为主，家庭与国家体系不再是一体化，家国之同构主要表现在父子和君臣的关系同构上。唐末及宋之后，累世同居家族逐渐普及，出于对自己子孙长享富贵之希望以及从社会组织上巩固封建统治之需要，一种以建祠堂、置族田、修家谱为主要原则的新型宗法制度形成。皇权—族权，政治制度—祠堂，地主经济—族田的两两对应，在儒家正统思想和家规家法、谱牒的黏合下，经由忠孝观念的传导，父子关系转换为君臣关系，对族权的敬畏转化为对皇权的顺从，对家族的依附演变为对国家的依赖。这样，家族和国家就在同样的原则下，同步运转起来，这不仅大大强化了家国一体观念，还从组织、思想上保证了中央朝廷对地方的控制，并使儒家的家国一体的梦想成了生活的现实。①

事实上，家国同构并不意味着家庭与国家总是存在完全的一致，② 如上所表明，从纵向历时态看是如此，从横向共时态看，家与国在经济、法律、秩序政治、道德等方面存在内在的和谐，而在财富、职能、观念、人伦、家庭结构等方面却重重矛盾。③ 这就是说，家国同构的内涵在不同时期具有不同的内容和不同的表现形式，但纵观中国传统社会发展的历史，

---

① 刘广明、王志跃：《中国传统人格批判》，江苏人民出版社1995年版，第125—130页。
② 如马基亚弗利就认为家庭原则不能等同于国家原则，家庭原则是亲和，国的原则是政治的优秀性。梁漱溟认为，如果按照家的原则来治国，往往不通。参见梁漱溟《中国文化要义》，学林出版社1987年版，第73—75页。
③ 岳庆平：《中国的家与国》，吉林文史出版社1990年版，第49—55页。

可以发现，家国同构的基本内涵还是一致的。首先，血缘成为家国同构的基本依托点。家庭是建立在血缘纽带基础上的"亲亲"组织，而国家统治集团和行政组织则是通过血缘关系组织起来的大家族。正是基于血缘关系的共同依托，家与国表现出了类似的等级性。其次，忠孝是家国同构在伦理层面的结合，抽掉家国同构的外壳形式，其实质是忠孝一体。"忠臣以事君，孝子以事其亲，其本也"。① 孔子曰："孝慈则忠。"②《孝经》更是直接移孝做忠："君子之事亲孝，故忠可移于君。""孝"和"忠"既属礼之范畴，而礼之本质是等级性，又属道德范畴，共同成为维护封建专制主义之伦理基础。

家国同构作为一种体制和观念，对中国传统政治产生了重要影响。其一，内在结构的一致性保证了封建统治之社会基础的稳固，并将封建政权之"合法性"建立在情感基础上。忠是政治关系上的等级，孝是血缘关系上的等级；忠基于更多的理性判断，孝注入了更多的情感内涵；忠反映下对上的单向服从，孝反映上与下的亲亲互动，忠孝一体实现了理性与非理性的统合，保证了权威之心理认同的可能。其二，家国同构在强化国家力量的同时，压制了社会力量的成长，阻碍了家庭独立观念的形成，结果是家国未能形成良性互动，家成为国家的附庸，以家庭为基本元素的社会处于软弱和分散状态，缺乏活力和凝聚力。其三，家国同构促进了政治伦理化。家庭伦理统摄政治理念，政治之独立发展受到影响，衡量人们政治行为的标准是忠孝之道；家长制横行，家长特权被剽窃，关注权力的功能和效用，而对权力之分配与运行及其内在矛盾与协调缺乏深刻认识；民间方式官方化，政治角色缺位，"官场话语"让位于"家庭话语"。

3. 伦法一体

尽管周代以后宗法制出现崩溃，但经过儒家伦理政治学说的宣扬和教化，却促成了宗法观念的盛行。等级结构贯穿着宗法原则，家国同构践行着宗法观念，而家国同构体中的等级关系集中表现为礼。礼既是维系社会等级秩序之繁杂的礼仪制度，又借助"援礼入法"，成为法律之基本精神并以法律形式固定下来，还是日常生活中普遍通行的行为准则和伦理规范。

儒家思想之第一要义在于"克己复礼"，而所复之礼是为周礼，其本

---

① 《礼记·祭统》。
② 《论语·为政》。

身是社会结构等级化的体现。据考证，礼起源于原始氏族社会的礼仪巫术，至西周，已演变为一套琐细的标志血缘和等级差别的礼仪规范、道德准则和治国典章。宗族宗法制下，家国不分，家礼即国法，逾越礼制便是对国家政治秩序的破坏。是故，以亲亲、尊尊为框架，确立上下等级、尊卑长幼等明确而严格的规定，由此发展成以嫡长子为中心的宗法制、分封制和继承制，进而，通过与权力、财产分配的结合，形成了较为完备的周礼。其中，"以血缘父家长制为基础（亲亲）的等级制度是这套法规的骨脊，分封、世袭、井田、宗法等政治经济体制则是它的延伸扩展"①。此后，经过孔孟等儒家大师的努力，礼发展成中国传统社会规范体系的核心，被制度化为规范人们生活、行为、人际关系的各种具体措施，而以礼治国成为历代统治者采取的基本方略。

礼制的功能性目标就是维护家与国的等级化，即别尊卑、明贵贱。由于"名位不同，礼亦异数"，②即根据每个人的身份，确定相应的"礼数"。首先，就生活方式而言，礼"始于冠、本于婚，重于丧祭，尊于朝聘，和于射（射礼）乡（乡饮酒）"，③体现在服饰、车马、宫室、饮食、丧葬等各个方面。如在周礼中，嫡长子的冠礼（成人礼）要在阼阶上举行，④"故冠于阼，以著代也"，⑤意即"冠于阼阶之上，明其将代父而为主也"。⑥由此，嫡子进入本氏族的宗法序列当中，且其他各种仪式都围绕这一意义而展开。⑦其次，伦理道德也遵循"别异"原则，即身份等级不同，在人际关系中所遵循的道德准则亦不同。"礼者所以定亲疏，决嫌疑，别同异，明是非也。"⑧具体而言，礼就是"序尊卑、贵贱、大

---

① 李泽厚：《中国古代思想史论》，天津社会科学出版社2003年版，第4页。
② 杨伯峻：《左传注〈庄公十八年〉》，中华书局1981年版。
③ 《礼记·昏义》。
④ 露丝·本尼迪克特指出，"这种授予新的地位又委以新的义务的仪式就像地位和义务本身一样各有千秋且受着文化的制约"，因此"我们毋宁只需了解在不同的文化中人们把什么东西看成是成年的标志，以及他们承认这种新资格的方法"。参见［美］露丝·本尼迪克特《文化模式》，生活·读书·新知三联书店1988年版，第27页。
⑤ 《礼记·冠义》。
⑥ 孙希旦：《礼记集解》，中华书局1989年版，第1413页。
⑦ 例如，男子成年都要取"字"，取字方式是："曰：伯某甫，仲、叔、季，唯其所当。"（《仪礼·士冠礼》），并以此区分大宗、小宗的行辈关系。女子与此类似。
⑧ 《礼记·曲礼上》。

小之位，而差内外、远近、新故之级者也"，①"上下有义，贵贱有分，长幼有等，贫富有度，凡此八者，礼之经也"②。凡此所论，无不是强调一种与等级名分相应的伦理道德，这种等级性伦理道德实际上是一种身份伦理，即伦理规范与道德准则皆与特定的身份相适应。再次，在社会治理领域，礼是用权力统治、分配财产的体现。经济匮乏的客观现实，财产的占有与消费受到严格控制，有财产并不能随意消费，必须受到身份品级的限制，这是实施礼制的通则。各阶层的等级名分常通过土地分封而形成，其财产和政治地位最初都由君主赐予，这种关系决定了他们在君王面前不能不居于从属地位。事实上，礼制最重要的作用就是强化各阶层的从属意识，麻木乃至泯灭他们的独立性意识。③

礼对人的制约是在儒家仁学的体系化过程中实现的。孔子为复周礼，创造仁学体系以维护礼，发扬礼，实践礼。④ 仁者爱人，以孝为本，经三纲五常之充实，孝所体现的二人亲缘关系扩展为一切社会关系，孝传至贞，推及忠，构筑了一种单向的、向外的社会人际关系，为父权、夫权、君权的盛行做了合法性注脚。当二人关系经孝、贞、忠之传导而泛化为社会人际关系时，就将子孙所应承担的血缘义务、夫妻所应恪守的行为规范及臣僚所应担负的政治责任放大为一种普遍的道德义务，而那种单向的、外向的趋向上辈、君王的等级关系投射到国家以及社会的集体形象上，个体对血缘集团的顺从经由家国同体之映象演变为专制政权对个体的任意支配，从而将个体对上辈的孝道恶性膨胀为个体对国家、社会的无保留奉献，在家族主义、集团主义和专制主义的礼赞中埋没了个体的独立性。

当然，仅仅认为以仁为内容的礼排斥压抑天性，使个人屈从于身份品级之下，未免有些简单化。有学者从"人学"角度，指出孔子仁学结构包括血缘基础、心理原则、人道主义和个体人格等四因素，其"在内在方面突出了个体人格的主动性和独立性"，⑤ "在中国文化的价值系统中，

---

① 董仲舒：《春秋繁露卷九〈奉本〉》。
② 《管子·五辅》。
③ 葛承雄：《中国古代等级社会》，陕西人民出版社1992年版，第32页。
④ 关于孔子思想到底是以仁还是以礼为核心，存在两种截然相反的争论："仁为内容，礼为形式"抑或"礼为目的，仁为手段"。在此，笔者倾向于后者，因为，尽管仁是以礼为其主要内容并以礼为形式展开，但礼才是仁所追求的目标，二者类似于现代政治话语中的制度与意识形态的关系。
⑤ 李泽厚：《中国古代思想史论》，天津社会科学院出版社2003年版，第19页。

人的尊严的观念是遍及于一切人的……中国文化把人当作目的而非手段,它的个人主义(Personalism)精神凸显了每一个个人的道德价值;它又发展了从'人皆可以为尧舜'到'满街皆是圣人'的平等意识以及从'为仁由己'到讲学议政的自由传统"。① 的确,孔子仁学对个体人格完善的追求,成仁成圣之学习、教育途径的认识论时至今日仍具有重要意义,但应看到,这种个体独立人格之追求与其说是人性的张扬,不如说是统治者对礼坏乐崩无能为力的无奈之举,冀求通过仁的心理原则把复兴周礼之任务和要求直接交给社会个体成员。更应看到,社会个体成员脱离不了其所处的时代背景,实际上,所谓的"礼坏乐崩"只是表面上的,由礼所维系的社会关系并没有完全失范、瓦解,反而,在百家学说的努力之下,礼在"崩坏"的同时也在重构。这一事实决定了个人在动乱的社会中并没有从礼制的关系中解放出来,而是依然处于礼制的关系网之中,即使具体个人可能从一个等级游离到另一个等级,并由此加强了社会的流动性,但整个社会的结构并未因此而改变。因此,人也就没有成为独立的个体,而是依然处在由礼所维系的等级关系之中。儒家仁学所认识的人也毫无例外的是处于礼制所规定的严格等级结构之中的,礼对仁的制约限制了人的独立性与主动性的发挥,而且,这种制约在经由汉儒董仲舒之流对仁学之推行,尤其是宋明理学将纲常名教上升为天理的宇宙本体论高度后更为强烈。

儒家学说对礼制的阐释与维护不仅仅表现在伦理道德方面,还表现在对传统法律的影响和制约,即儒学法律化和以礼制法。汉代之前,儒学并非一统文化江山。战国时,百家中儒法最为显赫,到秦代则是重法轻儒,汉初黄老学派得势,直至汉武帝独尊儒术始,儒家在传统文化之主流地位才真正得以确立。在经历因实用价值低、现实性差的现实挫折后,儒家在汉初对自己进行了实用化的改造,途径之一便是儒学的法律化。② 儒学法

---

① 余英时:《中国思想传统的现代诠释》,江苏人民出版社 1995 年版,第 17、33 页。
② 有学者从法律角度把这一过程称作法律儒学化,笔者认为这一看法欠妥。因为:第一,儒法结合,实际上是儒学为体,法律为用,法律只是推行儒学之手段。第二,在这一过程中自始至终发挥主观能动性的主体是儒家人物而非法家人物。第三,中国传统法律起源有二:一是部落战争中的号令和刑罚,"兵刑合一";二是部落风俗习惯及以神权为后盾的礼,以礼制法。虽然儒学曾有过低谷期,但礼对法的制约却一直存在,尽管法律在中国传统社会治理中一直具有十分重要的作用,即使在秦代,也几乎不占据主导地位,而是德主刑辅;第四,所谓"德主刑辅"之德,正是为复兴周礼而由儒学所张扬的伦理道德,汉儒董仲舒及宋明理学等更是将儒家伦理思想发挥到极致。

律化的具体表现就是以儒补法或经义决狱，经过法律条文及其审判实践之用，儒学摸索到了"为体"之道，从理念层次进入了现实层次，从伦理和家庭层次进入了政治和国家层次。① 而儒学法律化的直接结果就是实现了礼法合流。在此之前，礼作为个人行为准则和理想社会秩序，更多适用于民事领域，而社会治理领域多用严刑峻法，礼与法、德与刑对立。早期法家思想反对把礼应用于政治领域，认为礼教德化可行之于家，而治国非用赏罚分明的强迫手段不可，并提倡"刑过不避大夫"、"法不阿贵"、"王子犯法，与庶民同罪"等平等法律思想。事实上，这种"刑无等级"的理想只是一种空洞的理念，不仅不能实现，并且，其骨子里仍显露出严格的等级思想，如八议、上请、减、赎、官当、免官等制度。② 进一步而言，中国古代传统法治思想的核心是"君本思想"，法律即君王意志之体现，目标在于"正君臣上下之分"。因而，法家所谓"不别亲疏，不殊贵贱，一断于法"，只不过是将全体臣民控制在同等的奴隶水平，而只强调君主个人的权威，避免君主之外的亲贵者对皇权的分扰，与儒家相比，无非是减少了等级中的一些中间级次罢了。这种法律思想更适合于个人独裁专制。

儒学取得正统地位之后，"礼入于法"，用"礼"损益条文，"修刑以复礼"便成为之后历朝历代信守不渝的原则。这样，道德混于法律，法律变为道德，礼与法共同维护着社会的等级秩序，同时等级制度赋予不同等级以不同的法律特权。法律与道德的融合有利于国家的统治和家庭、社会的稳定，但是，在等级社会中，法律对等级的维护在其与道德融合中就赋予了等级存在之形式合法性实质性的内容，换言之，这种法律所规定的等级经由道德内化取得了个体的心理认同，制约与规范着个体的行为方式。于是，社会成员在礼与法的共同规范下，等级结构中的生活方式演化为一种文化模式，从而型构着个体人格之养成。本尼迪克特对日本文化和日本人人格及心理之间的关系所做的研究表明，文化在塑造一个国家国民所共有的人格特征方面发挥了重要作用。她认为，人的潜力是多样的，每一种文化只实现其中的一部分潜能。这意味着每一种文化都对应着特定的行为方式和人格心理，从而可以找出一种与特定文化相对应的主导人格结

---

① 岳庆平：《中国的家与国》，吉林文史出版社1990年版，第176页。
② 葛承雄：《中国古代等级社会》第八章"等级与法律"，陕西人民出版社1992年版；王宏治、郭成伟：《中华文化通志·法学志》，上海人民出版社1998年版，第205—207页。

构。等级结构中的文化模式是伦理政治型的，它将封建伦理抬到宇宙本体的高度，将人的基本需要的满足看作是道德行为，迫使人格力量轻视人的基本需要，而径直流向高层次的发展需要，从而在发展需要和基本需要之间产生断裂。① 因而，这种文化模式所铸造的人格类型是一种片面的道德力量型人格，这种片面不仅体现在对低层次需要的鄙视，还体现在以三纲五常为核心的封建伦理规范来填充善的内涵，从而扼杀人的理性、感性和灵性。②

综上所述，宗法社会结构中，自氏族社会脱体而来的血亲意识构成社会意识的轴心。经过儒法等思想的加工改造，血亲意识转化为法律条文和宗法式的伦理道德，孝亲关系泛化为一切社会关系；礼被凝固为纲常名教，内化为修己之道，外化为治人之政，寓强制于教化，使国家法权与道德修养融为一体，从而实现宗法与伦理的一体化；伦法一体为社会结构的等级化提供合法性，社会等级结构则为伦法一体创造条件或提供现实的舞台。而在家国同构的现实中，等级伦理与政治联姻，长久地主宰着社会心理和行为规范，进而发展成一种重传统、重集体而忽视自我、压抑个性的意识形态，为依附人格的形成提供了丰富的文化背景和内在的精神动力。

## 二 权治模式中的人格依附

### (一) 等级秩序构建中的权力

1. 等级秩序目标的终极性

艾森斯塔得在《帝国的政治体系》中引述并发展了罗伯兹和阿尔蒙德的观点，认为任何社会都必然拥有一个政治体系，而不同社会可以根据以下四个标准区分不同类型的政治体系：政治活动被组织于专门角色之中的程度；政治活动被组织于专门组织中的程度；政治目标与其他领域的目标相分离，并取决于政治价值而不是非政治价值的程度；政权的合法性类

---

① 马斯洛将人类的诸种需要划分为基本需要和发展需要。一个人格发展健全的人，其人格必定顺利地经历由基本需要到发展需要的过程，即由生理、安全、归属、自尊的需要顺序，由低往高扩展，直至达到顶峰经验（一种自由创造、自由直观的境地），形成健全的优美人格。但是，人格健全发展依赖于外部环境和内部人格力量，当外在环境阻碍人们的发展需要，而个体人格也没有冲破这种障碍的力量时，人的需要和满足就会发生片面的发展，形成种种畸形的人格特征。

② 刘广明、王志跃：《中国传统人格批判》，江苏人民出版社 1995 年版，第 14 页。

型，即韦伯的传统型、卡里斯马型和法理型的经典分类。① 循此标准，艾森斯塔得运用历史分析方法，将传统政权称为历史官僚帝国。对这一概括此处不做评论，而其对历史上中央集权官僚体系分类标准的划分，为我们认识和把握传统农业社会的治理模式提供了很好的借鉴和分析角度。

人类社会治理模式的演进，是社会治理活动的目标定位实现根本变迁的历史进程。在传统农业社会中，公私不分、国家体系缺乏分工，统治就是政治，社会治理活动与统治阶级的政治活动是一体化的，社会治理的目标其实就是政治统治目标。自国家产生以来，作为国家之主要功能的行政管理也随之诞生。尽管社会的行政管理在目标上时常指向公共利益，或者说通过直接为公共利益服务来间接地服务于阶级的政治统治，但是在管理方式上却与统治方式极其相近，表现出一种强制性的特征。当这种管理主要运用行政的和宣传教化的手段对社会实施管理时，往往运用强制性的措施，强迫整个社会立足于公共利益的基点上。而且，这是一种管理与统治一体化条件下的管理，管理的目标是对统治者政治目标和政策的具体细化。管理行为自身未得到充分自觉，"任何统治都表现为行政管理，并且作为行政管理发挥其职能"，而"任何行政管理都在某种方式上需要统治"，② 即并不存在管理职能与统治职能的分化，所以管理从不隐瞒为统治服务的职能特征。也就是说，国家、政府及其行政都是为统治阶级服务的，从属于阶级统治的需要，其功能是依靠暴力和强制负责国家政务和社会事务的处理，以维护统治者的利益。据此，我们把传统农业社会的治理模式称为统治型社会治理模式，而其行政行为及其模式称为统治行政。

对于一切社会治理体系而言，秩序、公平、效率与公共利益都是基本的价值。但是，这些基本价值在不同的社会治理体系中的构成方式是不同的，社会治理模式的差异集中表现为核心价值的差异。具体而言，在统治型社会治理模式中，秩序是核心价值，社会秩序与和平的重建是所有政治与行政的根本目标。所谓"秩序是指符合可识别模式的重复事件或行为"③，是在"自然进程中和社会进程中所存在着的某种程度的一致性，

---

① ［以色列］艾森斯塔得：《帝国的政治体系》，贵州人民出版社1992年版，第10—11页。
② ［德］马克斯·韦伯：《经济与社会》（下），商务印书馆1997年版，第271页。
③ ［德］柯武刚、史漫飞：《制度经济学：社会秩序与公共政策》，商务印书馆2000年版，第182页。

连续性和确定性"①，它既是人类社会的存续条件，也是个体得以立命的必要因素。在原始社会，社会秩序依血缘共同体而形成，人与人的依赖具有明显的自发自生的自然特性。进入阶级社会后，社会分群较为单一、主体利益尚未完全分化，社会结构的等级化以及宗法伦理的一体化强化了社会秩序的超稳定状态，②上下有序的等级依附秩序取代了内含平等的原始社会秩序。这种等级秩序不仅经由伦法一体获得了社会的普遍心理认同，而且统治者总是出于自身的考虑自觉运用强制性的权力去建构这种秩序：当秩序合乎统治者的利益和意志时，统治者会强化秩序，否则，统治者会毫不犹豫地去破坏秩序。③即使存在农民起义或其他因素引起的社会动荡，在宗法同构及国家一体化学说的修复机制下，其结果都是既有王朝或新建王朝对原有等级秩序的进一步加强，淘汰与一体化不相容的无组织力量。④

自然经济主导下的农业社会，秩序有着农业经济那种自给自足的特征，它是社会成员及共同体共生共存的前提和基础，是一种有着自然本性的秩序。也就是说，农业社会中的秩序并不具有公共性因素，政府的秩序功能不能理解为公共物品供给。因为，这种秩序虽是社会存续之必需，但并非为全体社会成员所自觉要求和建构的，而是统治者出于一己之私并凭借强制性的政治权力而为，被统治者只是在等级伦理的教化下消极地参与到社会秩序的建构中而已。日本学者增渊龙夫将传统中国的社会秩序分为两种，即皇帝统治的政治秩序（国家秩序）和民间自律的共同体秩序（社会秩序），认为二者是独立发展的，其关系是国家依存于社会以实现其统治志向，而社会是国家志向的协力或抵抗的接合点。⑤确实，"中国是一个幅员如此辽阔的国家，在通讯现代化实现以前，行政管理无论如何

---

① ［美］博登海默：《法理学——法律哲学与法律方法》，邓正来译，中国政法大学出版社1999年版，第219页。

② 一般而言，社会状态根据其性质分为三种：一是超稳定状态，存在于社会分群较为单一、主体利益未完全分化、社会信仰牢固的特定社会，解决社会争端的主要是习俗和传统；二是动态稳定状态，存在于社会分群复杂化，利益主体多元化，社会信仰多样化的情况下，社会冲突依法而有序地进行；三是动乱状态，各种群体迅速分化并形成多种利益格局，由于领袖权威或法律权威的合法性缺失，各个利益主体形成无序竞争，冲突最终往往通过武力或以妥协方式得以解决。

③ 张康之：《公共行政中的哲学与伦理》，中国人民大学出版社2004年版，第42页。

④ 金观涛、刘青峰：《兴盛与危机》第5章，湖南人民出版社1984年版。

⑤ 岳庆平：《中国的家与国》，吉林文史出版社1990年版，第38页。

也不可能有高效率。统一的措施可以规定，全国性的体制可以建立起来，但若强求各地能把政务处理得一样好，那就难以保证了"①。由于行政管理效率低下，行政权力系统和"以民治民"的编户齐民系统都难以达到预期的控制效果，统治能力的不足客观上使乡村社会拥有了较大自主空间。事实上，所谓民间的共同体秩序既带有血亲关系的自发自生性，而且在伦理政治型的文化观念作用下消融于政治秩序之中，在"家国同构"的现实中成为政治秩序建构的基础。

首先，从统治者角度来看，统治者在维持州县以下的乡、里、保甲等行政组织的同时，一方面借助于意识形态的力量，建构一个将皇帝神化的象征符号系统来获取民众的臣服，维护等级分明、长幼相别的礼治秩序，使国家权力没有必要以组织的形式延伸至每家每户；另一方面又通过科举制培养大批认同皇权统治的吏化的儒生实行统治，在一个有限"政治参与的体制内，传统的乡村精英分子的支持已足以使政治保持稳定"。② 此外，统治者还借助自发形成的血缘和地缘组织的自组织性和自我控制来进行统治，利用"乡规"（home rule）减轻帝国对众多偏远村庄的日常管理负担。③ 其次，从家庭与国家的关系看，作为伦理团体的传统家庭具有政治化的倾向，而作为政治实体的传统国家具有伦理化的倾向，这两种倾向的对流使家庭与国家存在着某种程度上的契合，而正是这种契合在维持秩序方面始终发挥着重要作用。④ 再次，也正是由于中国传统社会结构的特殊性，不存在一个独立于政治国家的市民社会和利益多元分化的利益集团，在表面看来，社会结构的内部并不存在绝对的利益冲突，可以说整个社会是一个利益共同体，至少在表面上不存在剧烈的利益冲突。因此，在中国的传统社会，秩序需求不存在国家和社会的二元结构，不存在秩序的社会选择问题。

统治阶级对等级秩序的追求和维护确定了其政治目标和相应的政策类型。任何统治者的普遍或基本目标是维持其足以对任何反对者的权力地

---

① ［美］吉尔伯特·罗兹曼：《中国的现代化》，江苏人民出版社1995年版，第114页。
② ［美］塞缪尔·亨廷顿：《变化社会中的政治秩序》，生活·读书·新知三联书店1989年版，第267页。
③ Jamie P. Horsley, "Village Elections: Training Ground for Democratization", *China Business Review*, Vol. 28, Issue 2, 2001, pp. 44-52.
④ 岳庆平：《中国的家与国》，吉林文史出版社1990年版，第307页。

位，保证为其需要而动员资源的可能性，这不仅影响统治者的一般政治取向，还规定具体目标和政策的性质。① 在经济领域，政策主要集中于对经济和人力资源加以垄断、长期控制和调节，并维持对不同经济群体的政治控制。著名学者王亚南更是把关系整个田制的两税法称为支持官僚政治高度发展的第一大杠杆，② 而在西方，各种各样的税收也发挥着资源调节和秩序维护的功能。在社会领域，统治政策的目的是维护君主对权力和威望分配的垄断，尽量限制上层群体的权力和影响，并不时促进中下层群体对贵族或地主的过分依赖，如我国南北朝时期贵族门阀势力与皇族之间的斗争，罗马帝国以骑士制度对元老阶层势力的削弱等。在文化领域，通过等级伦理的宣扬独占意识形态的话语霸权，增进一己统治之合法性，强化统治者的威望和尊严，强调其与社会基本价值和象征的紧密联系。

自然经济主导下的社会生产力水平低下，社会物质财富匮乏，分配关系成为社会关系的中轴，各种各样的政策目标都是围绕对有限资源的有效分配，以保证社会等级秩序的稳固存续。而社会结构的等级化及其特殊主义取向，家国同构的同质性与宗法伦理的一体混融，社会生活领域的有限分化和社会角色的单一性，这些普遍性的社会现实，决定了社会治理活动中的行政体系和官僚组织以严格的父权家长制来设计和运行，成为执行由上而下的"分配"政策的工具，而对社会公共利益、公平与效率的追求从来没有真正成为行政组织的自觉目标，服务理念更是没有生根发芽的时空着陆点；官僚的普遍角色是在等级秩序中各守其位、各尽其职，从未充当社会公共利益的代言人，即使存在官僚群体谋取政治、身份和经济领域中自主性与独立性的倾向及系列官僚体制改革，如宋代的王安石变法，奥托曼帝国后期桑·迈哈米德的"帕夏改革"，③ 但这些改革始终是在社会等级结构中进行的，既未打破社会等级制，也未真正确立官僚的独立行动能力，有些改革甚至导致更为"腐败"的官僚机器出现，成为某个政治体系倾覆的先声，陷入"王朝循环"的怪圈。

统治型社会治理模式中，统治秩序是核心价值和最高追求，这一秩序最明显的特征就是等级依附性。当然，出于统治秩序的终极价值要求，统治型社会治理也有效率的追求，治理者也有偶然的公共利益行为。但是，

---

① ［以色列］艾森斯塔得：《帝国的政治体系》，贵州人民出版社1992年版，第119页。
② 王亚南：《中国官僚政治研究》，中国社会科学出版社2005年版，第75页。
③ ［以色列］艾森斯塔得：《帝国的政治体系》，贵州人民出版社1992年版，第172页。

决定统治型社会治理模式性质的是统治秩序这一核心价值,效率追求只是达到统治秩序的手段,而公共利益则是更次一级的工具性选择。在整个社会结构中,家有长、族有首、宗有主,通过家族和宗族的"亲亲之谊",加强父勖其子,妻励其夫,兄弟亲朋相规的渠道,导引出所谓"化民成俗"、"国泰民安"的社会秩序。而在社会治理体系中,通过家国同构和宗法一体的联结和催化,整个行政体系表征为森严的等级结构,官僚被严格限定于尊卑有序的等级网格中,而社会治理体系的等级化和一体化,又强烈地维护着这一等级秩序。

2. 权治手段的实质性

等级秩序作为统治目标的终极性,是依靠强大的政治集权来实现的,作为国家主要功能的行政管理最为根本的是出于社会秩序的需要而从事管理,[1] 它并没有在国家体系中获得独立的地位,而政治上的集权通过复杂的行政机构和官僚体制实实在在地渗透于社会生活的方方面面,在等级伦理文化的支持下,于全社会形成具有等级性的权威体系,最终实现社会控制,保持社会秩序的稳定。也就是说,统治型社会治理模式的基本途径是依赖强大的中央集权,而其实质是一种"权治"。因为,在集权的强制下所形成的权威,一旦"建立起来后,权威的任何个别行使总是无成本的或几近如此。因而,(使用权威时)控制的边际成本为零或近似于零"[2]。只有在权威不够时,才选择其他软性工具。

张康之教授认为,从人类社会治理发展的历史来看,存在三种基本的模式:权治、法治、德治。由于政治与道德同构,宗法与伦理一体,在统治型的社会治理模式中,对于被统治者而言,德治无疑好过法治。一方面,德治更多时候是温情脉脉,强调心灵教化,而法治主要是严刑峻法,主张肉体惩罚,因此,德治更符合人们由外而内的趋利避害的本能;另一方面,传统政治伦理更多强调施仁政,求民本,德治首要在于治治者,要求治者推己及人,成仁成圣是治者的最高理想人格,而法治则完全是针对被治者,即便是与庶民同罪之犯法王子此时也是相对于皇权的被治者。而对于统治者而言,德治也是最好的选择。一方面,法治因其外在刚性固然能威慑统治者,但更容易激化社会矛盾、引起个体抵触情绪,而以等级伦

---

[1] 张康之:《公共管理伦理学》,中国人民大学出版社2003年版,第42页。

[2] [美]查尔斯·林德布罗姆:《政治与市场:世界的政治—经济体制》,上海三联书店、上海人民出版社1992年版,第22页。

理为核心的德治一旦深入心灵,社会等级秩序就在被统治者心理上具备了稳定性和连续性,以致形成思维定式和行为本能,这远比表面上的秩序更具稳定性;另一方面,由于治者整体是超越于法的作用之外的,不受法的约束,如果统治阶层意识到自身内部秩序之稳定性和连续性对整个社会秩序的重要意义的话,德治也无疑是一种最好的选择,忠孝与等级伦理成为整个官僚机器协调运转的润滑剂。

可见,统治型社会治理模式中,尽管统治者与被统治者对法治与德治的看法不同、追求各异,但都倾向于选择德治作为社会治理的方式。① 然而,从人类历史来看,统治型社会治理模式的德治只是表面上的,实质上是"权治"。② 尽管统治者在意识形态和文化观念上一再宣扬"以德治国",在实践中也鼓励德治教化,尤其是在经历秦二世而亡之后,统治者更注重道德在治理中的作用,但是,所谓德治只是统治者的自诩,事实上,这种德治背后始终伴随着血淋淋的武功暴政,德治只是权治表面的温情面纱和装饰。因为,任何以等级伦理为核心的伦理道德,都在于对社会等级秩序的维护。社会治理体系对等级秩序的维护方式就是把社会个体限制于等级结构的一个个网格中,从而对个体按照地域、种族、家族等因素进行分而治之。在严密的等级网络中,个体要么是被等级伦理驯化为安分守己的良民,宿命式地固守于社会强制赋予的等级秩序中,从而失去自身作为人的本质的广泛的社会联系的基础,要么是在自由与独立的冲动中奋起抗争,试图打破不公的社会分配关系和等级秩序,而其结局往往是在驱逐、流放、发配、监禁甚至各种酷刑等手段中被消灭掉自然生命和社会生命,这既可能来自家长权威的惩罚,也可能来自社会大众之冷漠与不解的训诫,更多的却是来自国家警察、监狱的强制规训。

人类历史上,权治在政治生活中的具体体现就是专制主义的盛行。所谓专制主义,"既无法律,又无规章,由单独一个人按照一己的意志与反复无常的心情领导一切"。③ 专制主义在中西方历史上存在不同形态,在

---

① 也许正是这个原因,有些学者将中国传统农业社会中的政治形态称为"伦理政治",治国方略定位为"以德治国",但应该意识到这种"伦理"是虚假的、表面的伦理,实际上社会治理从未达到过现代意义之伦理化的目标。

② 张康之:《论社会治理模式中的德治及其制度安排》,《云南行政学院学报》2002年第5期。

③ [法]孟德斯鸠:《论法的精神》(上册),商务印书馆1961年版,第8页。

中国，与专制主义相伴随的是中央集权制的确立，二者有着天然的历史联系，因此其"专制"色彩更为典型和完善。① 完整的专制制度中，皇帝与文官集团两者缺一不可，专制制度就是围绕他们之间对立统一的关系展开的。专制主义下，皇帝是最高权力的掌控者，但受个体精力等客观原因之限制，还必须有相应的官僚集团去具体实现皇权，"中国的官僚政治是当作专制政体的一种配合物或补充物而产生的。专制政体不存在，当作一种社会体制看的官僚政治也无法存在"，而"长期的专制官僚统治无疑大有助于那种政治支配者，使他们有时间有机会把社会一切可资利用的力量动员起来；把一切'有碍治化'的因素设法逐渐排除出去"②。也就是说，正是由于官僚集团的存在，专制皇权才能真正在社会治理领域里由上至下一以贯之，维持以皇帝为首的社会等级秩序。而官僚政治的附生性，决定了其官僚体制内部的权力依附性和权力的等级化，从而使得整个社会的治理模式呈现出一种以集权为表征的历史现象。

3. 法律地位的边缘性

在社会治理模式中，法律的地位及运行状况往往是治理模式性质的一个重要定位参量。事实上，在任何社会理论研究中，检查法律在社会中的地位往往为理解当时的社会打开方便之门，也是把社会理论的主要关注点聚拢在一起的简捷而必要的途径。③ 因为，以现代性的观点视之，法律与社会秩序的问题有着密切的联系，或者说，具有公共性、实在性、普遍性和自治性的现代法律在社会秩序建构中的重要作用已是一种显著事实。由后溯前，从法律地位入手检视传统社会的治理模式也是一把方便锁钥。总体而言，统治型社会治理模式中的德治倾向于否定法治，尽管在一些特定的时期内也发展出法律工具，但法律工具的存在并不是服务于法治的，而是服务于德治的，这从"儒体法用"可以得到佐证。

---

① 专制主义与中央集权是不能相混淆的两个概念。白钢指出，专制主义即"朕即国家"，指的是国家形式的核心部分，亦即政体的本质特点，而中央集权是就国家政权的结构形式而言的，指的是国家整体与部分之间，中央政府与地方政府之间的相互关系，并包含统治阶级进行统治的手段和管理方法。参见白钢《中国皇帝》，天津人民出版社1993年版，第372页。

② 王亚南：《中国官僚政治研究》，中国社会科学出版社2005年版，第21、28页。

③ [美]昂格尔：《现代社会中的法律》，译林出版社2001年版，第41页。

在中央集权国家产生之前的历史阶段,习惯法或者说古朴法①成为社会治理的重要手段,它是以传统因素如习俗、惯例为主体,缺乏公式化的行为规则而由一些含蓄的直接相互作用的行为标准构成,它"指导着某一等级的成员在特定情况下应当如何对待同等级或不同等级的其他成员",并"适用于狭窄限定的各类人和关系范畴而不是极其普遍的各阶级"。② 由此可见,习惯法缺乏普遍主义要素而充满特殊主义的权利与义务分配,它的实施只为满足一个实质目的,即维持既存的等级秩序关系和身份伦理道德,法律也完全成为具有实质性政治利益或伦理道德等意义性内容的承载物。因此,习惯法、各种地缘、亲缘、血缘关系以及君主自由意志一道,共同塑造和进一步强化了社会治理体系的实质正义取向与形式非理性的特征。

随着官僚政治的出现,具有公共性与实在性的官僚法产生了,这种法专属于中央集权的统治者及其助手的活动领域,是由政府蓄意强加的而非社会自发形成的。③ 言其公共性,是指官僚法是以高居于社会之上的国家名义所制定的,而其实在性表现在具备了一定的制定与适用规则。但这种法缺乏实质上的普遍性,在实体内容、机构、方法与职业上更缺乏自治性,因此,它与现代法判然有别,这是由当时的客观社会条件所决定的:以人身依附为条件的自给自足的自然经济,以父家长为中心的宗法社会结构,以皇帝的独尊为特征的专制皇权主义和以儒家为正宗的意识形态体系,构成了官僚法机制的固有格局。秦汉以后各个历史阶段,即使存在有些学者所认定的"明儒暗法"或"阳儒阴法",即思想意识上独尊儒术,统治策略上推崇法家之术的社会现实,但如前所述,法家根本思想还是"君本思想",所有法律制度的设计与运行都是为了实现君权一统天下的最高目标。因此,即使是法家,也只是将法治当成一种手段,目的是确保君主专制的存在,因而与现代法治理念是背道而驰的。

法治成为维护君主专制的手段,不仅没有确立其在社会秩序维护中的核心地位,还在等级伦理的实质阴影中变成了边缘性存在。以官僚法为核

---

① 昂格尔把法律分为三种:习惯法或相互作用的法律、官僚法或规则性法律、更为严格的法律秩序或法律制度。科殷则区分古朴法与理性法两种类型。分别参见昂格尔《现代社会中的法律》,译林出版社 2001 年版,第 45—55 页;科殷《法哲学》,华夏出版社 2002 年版,第 114 页。

② [美]昂格尔:《现代社会中的法律》,译林出版社 2001 年版,第 47 页。

③ 同上书,第 50 页。

心的传统法律文化所形成的秩序具有极强的稳定性和延续性,在稳定性和延续性这一目标上,它与现代法治所要追求的秩序并无二致,但其所借助的手段却大为不同。就法律本身建构社会秩序的过程而言,存在教化、息讼和刑罚三种手段。现代法治所追求的教化更多表现为法律的社会化过程和个体的社会化过程,是一种潜移默化的作用;息讼是双方之间平等博弈的主体交互性过程;刑罚本身所追求的惩罚作用不成其为目的,其表现也更为文明。而传统法律文化的教化是用三纲五常的等级伦理、借助外在强制为个体心灵装上温柔枷锁,所谓息讼往往是等级地位所限定了的认命式的放弃和无奈,而刑罚更是以人身摧残和残酷的肉体消灭为己任。由此可发现,传统法律文化在建构社会秩序的整个过程中,始终伴随着等级和强权的魑魅。

进一步而言,在社会治理模式的意义上,专制主义下的社会治理体系以权力关系为轴心,法律的具体实施是以垂直性统治权力的绝对的独断的占有为前提的。依"礼"所制之法以确认等级依附关系为核心和目标,极力维护专制君主至高无上的独尊地位。因此,法随君出,罪刑擅断,权大于法律:不是法律支配权力,而是权力支配法律;"重刑轻民",刑事规范体现出重刑主义、酷刑主义、报复主义的特点;通过人身制裁,进而强迫被统治者出于对严刑峻法的恐惧来达到维护社会等级秩序的目的。缺乏实质平等的官僚法,是一种压制型法律,在等级伦理的统摄下,其所追求的效果是要求被统治者出于无知的同意和由畏惧中获得冷漠来支撑的默认,形成一种道德秩序,这种"道德秩序省却外在惩罚的威胁,并代之以依靠罪过和谦恭这样一些内在情感,那么就会产生一种更深层的压制,尽管这种压制更加巧妙"。[①] 因此,等级伦理的秩序需求使法律规范进入了"道德"视野,"尊奉本身成了一种目的",积极的压制与消极的默认取代了法律的中心地位。

### (二) 权力体系的等级化

1. 行政权力的产生

在统治型社会治理模式中,官僚体系是作为专制主义的附生物出现

---

① [美] 诺内特、塞尔兹尼克:《转变中的法律与社会》,中国政法大学出版社1994年版,第55—56页。

的。作为一种意识形态，专制主义强调"普天之下，莫非王土"，整个国家为皇帝一家之产；作为一种体制，专制主义是以皇帝权力的运行为核心展开的，在此意义上，有学者指出中国的专制主义实际上就是皇权主义，① 这是有一定道理的。如前所指出的，在社会治理的意义上，官僚集团是配合专制皇权的运行应运而生的，其背后有着深刻的社会根源，那就是自然经济占主导地位的社会生产方式。

马克思在《路易·波拿巴的雾月十八日》对小农社会之性质与特征的描述堪称经典，尽管分析的是法国当时的情况，但这同样适用于其他自然经济占主导地位的社会。马克思指出，"小农的政治影响表现为行政权力支配社会"，② 因为尽管小农人数众多，他们的生活条件相同，但是自给自足的生产方式限制了他们的广泛的社会交往，彼此之间相互隔离，好像由一些同名数相加，有如一袋马铃薯中一个个马铃薯的集成。因此，各自利益的同一性并没有使他们彼此间形成任何的共同关系和一种政治组织、一个阶级，他们也就不能以自己的名义来保护自己的阶级利益，而必须由别人来代表他们，并且，他们的代表一定要同时是他们的主宰，是高高站在他们上面的权威。这就是不受限制的政府权力，这种权力保护他们不受其他阶级侵犯，并从上面赐给他们雨水和阳光。③ 要言之，小块土地的所有制是欢迎强大的行政权力的，它与不断地中央集权化是内在契合的，其本身要求一个强大的官僚体系。官僚体系把专制君主制所需要的中央集权加以发展，这同时就扩大了政府权力的容量、属性和帮手的数目。因此，行政权力实质上是君权或皇权的延伸，而君权或皇权的一己之私性也就自然而然地被官僚体系所继承，行政权力名义上成为社会治理的公共权力，实际上具有强烈的人身专属性，并逐渐演变为官僚们用来谋取私利的宝杖。

传统农业生产方式对行政权力的呼唤是与分配关系之主导地位、社会结构等级化以及宗法伦理一体化相适应的。首先，从分配关系而言，社会物质财富的匮乏，决定了整个社会机制主要围绕着有限资源的分配而立，而分配本身需要一定的组织和权威来保障，这就催生了官僚体系和行政权

---

① 李慎之：《中国文化传统与现代化——兼论中国的专制主义》，《战略与管理》2000年第4期。

② 《马克思恩格斯选集》第1卷，人民出版社1972年版，第693页。

③ 同上。

力。而行政权力在保证分配实现的同时，又进一步强化了自己在社会权力体系中的核心地位，① 并总是寻求时机扩大自己作用的范围和行使的向度。其次，社会结构的等级化为中央集权体制下的行政权力运行提供了必要的载体，自上而下高低有序的等级排列顺序与行政权力自上而下的运行方向正相耦合，而行政权力也确保了等级秩序的长期存续。再次，等级化的伦理道德为行政权力的行使提供了实质性的权威，为其获得被统治者的心理认同提供精神支持和内化机制，而法律对等级秩序的维护同时也为行政权力的等级化提供了形式上的合法性支持。

在专制主义中，皇帝对权力的独断并不意味着皇权的一个人行使，他必须依赖官僚集团才能完成"一统天下"的任务。建国之初，官僚集团往往局限于与皇帝共同建功立业的功臣和幕僚，或者有幸被皇帝赏识而个别恩宠之贤能异士，皇帝靠个人魅力在官僚中形成较强的向心力。这之后，随着官僚规模的逐渐扩大，建立于个人魅力之上的逐个施宠的方式慢慢被淘汰，取而代之的是建立一整套的制度，最重要的就是官僚体系及相应的权力运行规则和责任机制等。由此，行政权力的产生具有一定的外在的形式合法性，但这只是部分的合法性，实质上仍从属于等级伦理所确定的实质合法性。② 总体而言，在统治型治理模式中，官僚体系及行政权力在等级结构和等级伦理的支撑和制约下，其本身也表现为与身份相应的等级特征，行使着资源控制和资源分配的任务，其内部资源分配的原则是依据各自的"级别"或"特权等级"，每一层级的重要性与它所能管辖的范围成正比；而关于外部资源分配的原则主要是依据接受分配者在社会等级中的地位，并时而兼顾公正性和满足最需要者的经济安全。

2. 行政权力的等级化

统治型社会治理模式中，治理体系中的行政权力并非现代法治观念中"三权分立"意义上的行政权力，而是一种混沌未分、缺乏充分形式理性的权力，处于一种"没有实现抽象权力与具体权力分化的混权状态"③。

---

① 美国社会学家丹尼斯·朗从社会学角度把权力区分为行动权和控制权，并批评将二者混同的权力简化论倾向。这就是说，一般意义上的权力与其他形式的权力是不同的，治理体系中的权力只是权力的一种。参见丹尼斯·朗《权力论》（1988 年版序），中国社会科学出版社 2001 年版。

② 正是在此意义上，马克斯·韦伯把这一历史阶段的统治称为"魅力型统治"。

③ 张康之、张乾友：《论权力分化的启、承、转、合》，《学海》2011 年第 2 期。

由于政治与行政的混同,行政权力与政治权力纠缠不清,由于统治与治理的合体,行政权力与公共权力互为表里,它们通常可以相互称谓。在这种混同中,行政权力的独立性丧失掉,表现出等级化程度高、普遍化水平低、特权化现象明显等特征。

行政权力的等级化主要来自以下几方面原因。首先,在统治型社会治理模式中,等级伦理关系与权力关系同构,伦理关系中的身份等级构成了权力行使主体的资格,也就是说,行政权力的具体行使依据权力行使者本身在社会伦理关系中所拥有的身份和地位,拥有什么样的身份地位,就拥有多大的权力。其次,由于行政权力具体地垄断着社会资源的分配职能,而自然经济条件下的有限分配是在社会结构等级化的框架内进行的,因此,行政权力也就必然与分配关系和社会结构的等级制相适应,这是其生存的现实基础。再次,行政权力实质上是皇权的延续,皇帝处于社会等级的顶端,以皇帝为核心,由近及远,离皇帝越近,社会等级越高,权力范围也由大到小层层铺开,这样,皇权的现实运行就按照一种由上及下的金字塔式进行层层分解,最终形成等级分明的行政权力体系。行政权力的等级化,为行政权力的有序运行提供了保障,这一定程度上符合现代管理学中的权力运行原理,但是,如果权力运行的相关机制不配套或不完善,那么权力就可能异化。这已经被历史多次证明。

行政权力的普遍化水平不高与社会结构的等级化有着密切联系。所谓权力的普遍化,"意味着根据一种可以称为内在的'理性'考虑、并且在不受传统性、先赋性限制的情况之下行使权力的倾向"。[①] 等级结构中特殊主义的普遍取向,决定了权力体制的设计规则不是根据权力行使者的才能和成就标准,而是依据其先赋性的身份等级标准。尽管或者来自最高统治者对官僚集团贵族化而垄断权力之担心所推动的权力普遍化努力,或者来自官僚集团自身谋取身份、地位的独立性而追求的成就普遍取向,都没有形成遍及全社会的大规模的权力普遍化的事实,因为,统治者所做的努力只是借用抽象的民意来制约可能强大的官僚团体,权力分化到一定程度就会瓦解专制皇权,而官僚集团的抗争只是为自己谋取更有利的资源控制与分配地位,权力完全普遍化后就会将自己推入不定状态中。按照艾森斯塔得的观点,权力普遍化水平低的原因还在于统治者对等级秩序的终极追

---

① [以色列]艾森斯塔得:《帝国的政治体系》,贵州人民出版社1992年版,第276页。

求，由此而形成的政策不可能真正鼓励资源的完全自由流动，而是通过有限的途径或制度化通道把权力普遍化的潜力纳入政治框架，使其与统治政策相适应。同时，社会结构分化水平的有限，决定了政治活动和政治组织的专门化或职业化程度不高，因而，权力普遍化就失去了现实的载体。

在等级社会中，"权力、自由和社会存在的每一种形式都表现为一种特权，一种脱离常规的例外"，①特权化是行政权力的另一个重要特征。从社会生物学角度看，权力最初来源于潜藏在人类内心深处的生物性占有本能，即一种不断获取以满足人生理需求的先天性欲望和能力，因而权力本身受到私人占有逻辑的支配。罗素认为，权力欲"是一种希望能对外界，无论是人的或是非人的，产生预期影响的欲望。这种欲望是人性的主要组成部分，在有能力的人身上，则是极大并且极重要的组成部分"。②这种占有倾向进入社会治理领域，官僚及其组织作为行政权力的现实载体，首要寻求的就是对各类资源的占有和控制，为其权力获得实质性意义的必然客体。没有资源作为权力的客体，权力的动力和方向就会瓦解。而社会结构以及官僚体系的等级化，更加强化了权力这种私人占有的逻辑。在等级体制中，身份地位的高低决定了权力的大小，也就决定了其控制资源的范围，因此，等级体制中的官僚们往往把身份地位视为最重要的资源加以追逐，而一旦获得了一定的身份地位，就拥有了相应的权力，进而又总是借助于权力以各种形式排斥和剥夺他人获取资源的机会，进一步巩固已有的身份地位，并不断寻求更高的身份地位。由此，受私人占有逻辑支配的行政权力就会偏离公共权力的方向，成为私人的仆役，行政权力演化为与身份地位相依为命的特权。事实上，"等级制度的价值，就在于以法律形式肯定特权。没有特权，等级制度便毫无意义"③。并且，当特权者在利益驱使下不满足等级制度的法定特权时，就会去追求法外特权，即马克思所说的"习惯权利"，此时，"他们所要求的不是法的人类内容，而是法的动物形式，这种形式现在已丧失其现实性，并已变成纯粹野蛮的假

---

① 《马克思恩格斯全集》第1卷，人民出版社1956年版，第381页。
② [英]罗素：《权力论：一个新的社会分析》，靳建国译，东方出版社1988年版，第215—216页。
③ 刘泽华、汪茂和、王兰仲：《专制权力与中国社会》，吉林文史出版社1988年版，第59页。

面具"。①

总而言之，在统治型社会治理模式中，由于权力没有实现现代意义上的分工与分化，没有产生出抽象权力，"在更多的时候，特别是在州县以下，几乎不存在权力机构间的分工，完全是一种混权状态，职位、职能、职权和职责都是混沌一体的。混权就是一种集权，是无限的权力，可以处理所遇到的一切事务"，因而这种权力似乎无所不在，"在每一处都表现出了具体性"②，并直接以支配人的行为为目的。

3. 权力金字塔的形成

行政权力的上述特征构成了一个具有严密等级区分的、先赋身份与权力挂钩、特权与利益同构的金字塔形的权力体系。中央集权的专制政体下，地方政府的权力集中于中央政府，中央政府的权力集中于皇帝或君主，官僚体系中的权力归根结底都汇流于皇帝手中，皇帝享有至高无上的统治地位，握有最高的国家权力。在皇帝周围，不存在任何平行的、相互牵制的多元机构和分权机制，以及足以监督、制约的法律制度和权力主体。尽管历史上存在后宫亲政、外戚专政、太监扰政等皇权异化的现象，但他们都是以皇权名义行事，依附于皇权制度，并没有打破皇权在权力梯度上的最高位阶。皇帝称号和皇位继承制的确立，强化了皇权的不可分割性与皇位的不可转让性，而其他如改元建年号、礼仪、宫廷、公主及邑司、宗室等制度的建立，更进一步完善和确保了皇权的稳定。③

在确保皇权至高无上的前提下，中央和地方官僚体系的设立都是围绕皇权的运行、实现统治目标而展开的。中央官僚体系的建立，如秦汉时期的三公九卿制、魏晋南北朝至隋唐时期的三省六部制、宋之后的六部二十四司等制度，实际上是一套严密协助皇帝处理政务的行政体系。这套行政体系的职业官吏，都是由皇帝任命的，必须听命于皇帝的差遣，按照皇帝的命令行事。因此，中央官僚体系实质上是皇帝集权的工具。而地方官僚体系，一般按照中央集权的原则，建立统一由朝廷直接管辖的地方政权，并由秦时的郡县两级制发展到清朝的省、道、府、县四级政权。随着官僚体系层级增加，权力隶属关系变得更为严格，由此逐渐形成从中央到地方

---

① 《马克思恩格斯全集》第1卷，人民出版社1956年版，第143页。
② 张康之、张乾友：《论权力分化的启、承、转、合》，《学海》2011年第2期。
③ 白钢：《中国皇帝》，天津人民出版社1993年版，第4—18页。

的严密的金字塔形的纵向权力体系。当然，由于权力本身的私人占有逻辑，以及"一切组织都有扩张的固有趋势"，① 中央与地方官僚体系都存在机构膨胀的趋势，从而形成中央与地方、皇帝与诸侯、相权与皇权等之间的冲突和矛盾，但是，这些事实从反面论证了皇权的至上性，并且一般结果总是皇权取得胜利，对行政权力的监督和制约则更为严密，这就使得权力金字塔更为精致和稳固。

从横向角度看，中国传统官僚体制，职官之外，还有吏（吏胥、胥吏或胥役、吏役），二者共同构成了一个行政管理组织，组成一个行政管理系统。正是由于吏的存在，行政管理系统得以顺利运转，尤其是隋唐以降的科举制实施以后，吏在处理各种事务上具有不可替代的作用，其实际权力远远超出制度规定的范围。尽管吏作为一个职业集团，具有重要的结构—功能地位，但这种职业化程度有限，职业保障尤其权力行使不规范，独立地位也未得到明确承认，吏在行政权力体系的金字塔中处于最底层，其"主要来源于被统治阶级，统治阶级视之甚贱，并且千方百计堵死他们加入本集团的道路"，而其"法律地位与实际地位之间存在着不小的差距……法律要求吏是对官完全服从的、被动的关系"，② 即官令吏行，"上不侵官，下不病民，以自治其事而听命焉"。③ 而这种上下级关系在等级伦理与社会精英价值观的影响下，往往异化为主奴对立的等级关系。也就是说，尽管统治型社会治理模式中的等级性权力是通过具体的官吏个体来行使的，但这种个体并不具有主体意义上的独立性，而是"表现为一种'主人'与'奴隶'式的压迫性力量"④。因此，在官僚体系内部，权力的等级金字塔也是明显存在的。

**（三）权力梯度中的人身依附**

1. "权力—依附"结构

家庭在中西方形态各异，对政治之具体影响也互不相同，由于社会地域、经济水平、政治文化等原因，后来，中国较早走上中央集权制度，家庭伦理成为封建道统的基础，而在欧洲，中央集权制度没有充分发展，家

---

① ［美］安东尼·唐斯：《官僚制内幕》，中国人民大学出版社 2006 年版，第 18 页。
② 赵世瑜：《吏与中国传统社会》，浙江人民出版社 1994 年版，第 292、217 页。
③ 《叶适集·水心别集》卷 14（吏胥），中华书局 1961 年版。
④ 张康之、张乾友：《论权力分化的启、承、转、合》，《学海》2011 年第 2 期。

庭伦理的原则被直接用于构造封建政治制度，即封建附庸制。① 中西传统社会中的家庭相比较而言，前者较多的是说服原则，后者更多用的是惩罚原则，但目的都是要建立起一种家长的权威和基本的社会秩序，在社会治理领域中的影响就是家长制权力结构的形成。所谓家长制，就是指一种建立在下级对上级的个人效忠、服从和依赖基础上的管理方式，其主要特点表现为：组织管理的权力高度集中于最高首长手中，对下分权极少甚至不分权；管理者基本上凭个人经验进行管理，传统习俗和惯例在管理中占有重要地位；管理缺乏科学性，命令随意性大，最高领导人的情感、好恶常常对组织活动发生重要影响；组织中缺乏严格的办事规则，缺乏明文规定的组织规范，甚至正式规定的组织规则形同虚设。

家长制的权力结构尤其是观念上的影响在现代社会也经常存在，只是在传统农业社会中，权力结构的梯度更为分明、权力行使的随意性更大、上下级的人身依附更为严密罢了，这种"权力—依附"是一种普遍状况。在生产关系上，生产资料占有者与生产者之间有绝对的（主人与奴隶）或较强的（主人与部曲，主户与客户）隶属关系，人与人之间的经济关系是主奴或近乎主奴的关系。在宗法关系上，大宗与小宗、父家长与其他家庭成员以及长辈与晚辈、兄与弟、夫与妻、嫡与庶，都属于支配与被支配关系。其中父与子的隶属关系是主轴，更具绝对性，并扩展至其他各种社会关系中，如师徒或师生之间，也普遍存在类似父与子的"权力—依附"关系。在社会治理领域，由于社会治理活动完全是服务于统治秩序的，而其在社会生活中的重要作用，使得整个社会处在单向的权力支配过程中。在此意义上，社会等级结构其实就是"权力—依附"型结构，人身依附的普遍性社会现实实际表现为对权力的依附和对权威的崇拜。

皇帝具有至高无上的地位，其权力来自"上天"赋予，官僚集团作为皇帝的利益代理人负责权力的具体实施。于是，在"普天之下，莫非王土；率土之滨，莫非王臣"②的政治伦理基础上，构建了自上而下的以权力代理为特征的运作机制。这种运作机制由一个独裁（中央集权）的皇帝和一个依靠忠孝情感与皇帝联系起来的庞大官僚（家臣）集团组成。官僚集团通过对皇帝的效忠而获得权力代理人的地位。"大小官僚们帮助

---

① 马克垚：《中西封建社会比较研究》，学林出版社1997年版，第466页。
② 《诗经·小雅·北山》，上海古籍出版社1990年版。

大皇帝打天下、坐天下，树立起'真命天子'的偶像崇拜和'替天行道'的绝对权威之后，他们从中分一杯羹的特权地位也就有了依据，有了庇荫，有了保障。"① 帝王、官僚、庶民之间等级分明，君支配臣，臣支配民，而官僚队伍内部也等级分明，形成上对下的支配、下对上的依附，人与人之间的纵向关系都有明确的序位，并依序位构成"权力—依附"式的等级关系。在这个等级关系中，除帝王以外的一切社会角色都在不同程度上具有直接的、明显的"奴"的属性。

2. 权力关系的梯度

撇开"行政"之现代的、科学的严格定义，在统治行政模式中，存在于行政体系中的一切行政关系都是在权力关系的轴心上生成和展开的，行政权力关系是行政体系的轴心，而这种权力关系产生于传统农业社会"家国同构"或"家国一体"的等级序列。官吏作为君下民上的中间政治阶层，所要处理的人我关系比君、民都要复杂。而事实上，为人臣者更多的是专注于处理与君或上级的关系，因为，他们的权力、身份、地位及所有的一切均是来自所处的等级职位，而职位的取得往往不是按考录或选举等普遍化的程序获得，而是根据君王、上级的需要，甚至是个人的喜怒、偏好等不确定因素而获得。同时，由于家庭血缘亲情型人我关系对社会政治制度和结构的深刻影响，官吏职位的获得更多地被蒙上了人情关系的温情面纱，官位的获得要么是通过家族的世袭继承，要么是通过复杂的婚姻裙带关系，即使没有直接的血缘关系，也要设法置于师生、门客、幕僚的缘分之中。

因此，在家国一体的农业社会中，整个国家的行政体系是一个自上而下的有着严格等级规定的大家庭，君王是这个大家庭的主人，上级官吏是下级官吏的主人，同时他们又构成了凌驾于社会之上的统治阶级。为了实现统治的目标，君王必须依靠其手下众臣，他一方面尊贤使能，等贵贱、分亲疏，使臣以义，赋予他们不同的权力，实现对社会的管理。另一方面根据官吏职位、权力的不同，赋予他们不同的身份、地位、等级，提供不同的俸禄及各种相关物质利益，并由此强化权力与等级之间的利益关联性。各级官吏虽有其"官"之名，却实为君主之家仆，他们对君主有着密切的人身依附性，是君主豢养的执行自己命令的工具。这也同样存在于

---

① 孙越生：《官僚主义的起源和元模式》（附录四），网络电子版。

上下级官吏的关系中。进而，在传统农业社会中，权力的行使被严格地限定于家族似的行政体系之中，由此而形成的权力关系是封闭的。以层级或等级为基本特征的权力关系在本质上就是一种封闭性的关系，权力主体由于利益的息息相关要求权力体系保持稳定，而要保持稳定就必须将权力体系予以封闭，断绝权力的外泄，即使是科举取士，也不能打破这种权力结构的封闭性。

从社会治理角度看，总体而言，"在一切存在着权力关系的社会中的人们，都会自觉或不自觉地为自己在这张庞大的权力网络中设置一个应然的坐标。所不同的是，在一个专制的社会里，权力网络中的主要坐标都是固定的，一个普通公民要改变自己的坐标位置，必须首先打破这种固定的权力关系，这种成本将是非常高昂的，所以大多数人选择了'安守本分'。当一个社会中的大多数人都选择'安守本分'的时候，'等级'便成为了维系这个社会最重要的制度。"① 在等级化的治理制度中，权力体系的稳定是通过权力行使的直接控制来实现的，权力本身是一种命令—服从的关系，当权力行使的对象违背权力行使者的意志时，权力往往表现出一种强制性特征，并以国家的暴力作为后盾。因此，当行政权力对社会实施管理时，强调管理主体对客体的控制，要求客体对主体的绝对服从。这种自上而下建立起来的金字塔式的等级结构排斥着人与人之间的平等要求，视平等为社会秩序的危害因素，只是在有限的范围内，依照控制结构的层级自上而下地赋予一定范围的自由，越是处于等级结构控制体系底层的人，越是承受着自由的匮乏。当然，当社会的行政体系主要以权力关系为轴心建立起来时，它并不能涵盖所有的社会关系，与此同时，在权力的边缘地带，要求道德的广泛介入。在中国传统农业社会中，这种道德的介入在儒家伦理精神的框架下，很大程度上对社会起着内在的"软"性的动员作用，弥补了权力强制性特征的先天不足，对维护社会稳定起了很大作用。尽管如此，这仍不能称作现代意义上的伦理政治。因为，这种伦理的补充作用，只是在个体层面上起着合理示范的动员作用，而整个社会制度仍是以权力为中心架构的，并没有赋予官员个人充分的自由和平等，也就不可能造就出真正的独立人格。

---

① 江国华：《权力秩序论》，《时代法学》2007年第5卷第2期。

3. 官僚的人身依附

根据马克思的社会三形态说,我国著名哲学家高清海教授提出人类主体的三种历史形态:"集群主体"、"个人主体"、"类主体"。① 人格是人的主体性的现实展开,人格的获得和人格化运动的实质就是主体性的获得和主体形态的历史展开。在传统农业社会中,受自然经济条件的限制,在宗法伦理的文化孕育下,个体的主体性得到较大发展,但总的说来,整个人类仍然没有摆脱对自然的依赖,仍处于"集群主体"的历史阶段中,非个体化的个人实际上是等级或集团中不可分割的一部分。个人的生活大多都是在他所属的集团和等级的限制内实现的;等级的权利、义务和等级意识限制着他的行为、知识和情感,它要求并指导某一等级成员在特定场合应如何正确对待同等级或不同等级的其他成员,适用特殊的人际关系而非普遍的关系。与此相适应,社会控制手段(工具)也缺乏统一性,只能诉诸特殊性的等级法律、习惯法和充满实质正义的而形式非理性的行政控制,② 这不仅体现在行政对社会的管理上,在等级化的行政体系内部也是如此,外在形式上的等级法律、规则等与实质的等级伦理对官僚们之控制的严厉程度绝不亚于统治阶层对黎民百姓的压制。

处于中央集权下的官僚们,其官职及与之相伴随的爵禄既不稳定,也不稳固,常因帝王之喜怒而一夜间得失不定。"官僚制度是君主行使威权的工具,上上下下的官僚都是君主的奴才。他们的命运自然操纵在君主之手。君主如果感觉这件'工具'顺手好使,就会提拔、重用他,让他担任更高的官职,负责更重要的工作;反之,如果认为不合手,不能完整地按自己的意志行事,可以随时抛弃这件工具,另换一个新官吏代替他。总之,中央集权体制下的官僚们的官职是不稳定的。"③ 官职的不稳定,导致社会等级阶层的升降与流动,官者在宦海之中沉沉浮浮、上上下下,实际上是一种身份等级序列中的升降及相应的贵贱间的对流。需要指出的是,这里所谓的官职不稳定,更多的是指具体的官职获取,而不是指官职的设立。事实上,大多数情况下,官僚一旦获取了官职,其职位还是较为

---

① 余潇枫:《哲学人格》,吉林教育出版社1998年版,第59页。
② 黄小勇:《行政的正义:兼对"回应性"概念的阐释》,《中国行政管理》2000年第12期。
③ 刘泽华、汪茂和、王兰仲:《专制权力与中国社会》,吉林文史出版社1988年版,第101—103页。

稳定的，但这也并不意味官僚获得了较大的独立性与自主性。面对官僚组织如艾森斯塔得所言的谋取自主性的努力和对君主的限制，君主通常依靠三种方式对官僚组织进行反限制，这就是：武力和魅力；宗室、外戚与宦官；使官僚组织家族化。① 而在官僚组织家族化的过程中，"官吏成了家奴，……在京中任事的，是直接的家奴；分在各地方任事的，乃是间接的家奴。"②

官僚的人身依附是与行政权力的等级化以及权力关系的梯度相一致的，身份、权力、等级是官僚们作为人之社会属性的不同表征，它们互相影响、相互为用，共同决定了官僚们的人身依附性，这是专制主义中官僚们的普遍人格状况。有学者指出，"所谓专制主义，只是用一个名词来说。它也可以一分为二地说，那就是在上的一方面是专制主义，而在下的一方面是奴隶主义。专制主义就这个意义上说是一个合二而一的结构。它决定了中国的政教礼俗，也因之而决定了中国的国民性。"③ 在社会治理领域，王权专制的最大影响就是形成一种自上而下的垂直体制，官员由上而下的委任。在垂直的体制中，每一级或每一个权力机构的性质同样是专制性的。正是在这样上下分明的社会等级结构体系中，皇帝与臣民，官僚与黎民，上级官员与下级官员，官员与吏胥，他们之间既存在一种上对下的专制关系，也存在一种下对上的仆从关系。并且，这种关系在等级制度和伦理的固化下，在全社会中形成一种"集群主体"形态，非个体化的官僚处于普遍的、严格的人身依附关系中，最终被塑造成一种依附人格。

## 三 等级社会中权威的人格化

### （一）权威崇拜的人格化

#### 1. 权威与权力

恩格斯在批判巴枯宁无政府主义时以纺纱厂的劳动工序、铁路管理、航海实践为例，深刻指出：只要存在社会化生产的联合活动，就必然需要

---

① 岳庆平：《中国的家与国》，吉林文史出版社1990年版，第187—188页。
② 周谷城：《中国社会之结构》，上海新生命书局1935年版；转引自岳庆平《中国的家与国》，吉林文史出版社1990年版，第188页。
③ 李慎之：《中国文化传统与现代化——兼论中国的专制主义》，《战略与管理》2000年第4期。

一方服从另一方的权威,"而不管社会组织以及生产和产品流通赖以进行的物质条件是怎样的",① 权威也不会消失,只会改变它的形式。作为根植于人类社会的一种普遍现象,权威反映了一定社会秩序的内在需求。从历史发展的角度看,秩序是人类政治生活的首要目标,良好的秩序是社会共同体存在、持续和发展的前提和基础。亨廷顿认为,"首要的问题不是自由,而是建立一个合法的公共秩序。人当然可以有秩序而无自由,但不能有自由而无秩序"。人类发展的历史告诉我们,没有无秩序的自由,只有以秩序为基础和前提的自由,因此,作为人类共同活动之代表的政治,其基本目标和首要目标就是在人类的公共生活中建立起有效的秩序,而一定的秩序需要有共同的权威来建构和维持。为此,就需要一个拥有足够权威的强政府,而"一个缺乏权威的弱政府是不能履行其职能的,同时它还是一个不道德的政府,就像一个腐败的法官,一个怯懦的士兵,或一个无知的教师是不道德的一样"。②

至于何谓权威?不同学者给出了不同回答。L. 斯坦认为权威是"对他人判断未经检验的接受",③ 区别于有意图地进行操纵和说服的权力形式。汉娜·阿伦特则把基于相互认同的命令和服从关系等同于权威,她认为,在发布命令者和服从命令者之间的权威关系既不应该依赖于普通理智,也不应该依赖于发布命令者的权力;他们共同之处在于等级本身,等级的正确性和合法性是双方承认的,而且双方在其中都有预定的稳定位置。④ 巴纳德认为:"权威是正式组织中信息交流(命令)的一种性质,通过它的被接受,组织的贡献者或'成员'支配自己所贡献的行为,即支配或决定什么是要对组织做的事,什么是不对组织做的事。"⑤ 他认为权威包含两个方面:一是主体方面或个人方面,把发出的命令作为自己的权威来接受;二是客体方面,主体发出的命令经过客体的认同、判断后被接受。进而,巴纳德认为领导者与下级之间的权威关系包括两种:职位权威与领导权威。前者与职权有关,而后者则与领导者本人的才能、知识水

---

① 《马克思恩格斯选集》第 2 卷,人民出版社 1972 年版,第 553 页。
② [美] 塞缪尔·亨廷顿:《变化社会中的政治秩序》,生活·读书·新知三联书店 1989 年版,第 7、26 页。
③ [美] 丹尼斯·朗:《权力论》,中国社会科学出版社 2001 年版,第 42 页。
④ 同上书,第 47 页。
⑤ [美] 巴纳德:《经理人员的职能》,中国社会科学出版社 1997 年版,第 129 页。

平和威信等因素有关。这里,巴纳德和阿伦特一样,把权威与权力两个并非完全对等的东西混淆在了一起,并且他只注意到正式组织中的权威,尽管在其他地方提出并关注到了非正式组织。韦伯的"统治社会学"对权力和权威做出了明确区分:权力是无视别人的反对,强迫使别人服从的能力,而权威则是别人出于自愿地接受其命令,下级把上级的命令看成是合法的。因此,韦伯从权威的合法性基础,把权威划分为传统型权威、卡里斯玛型权威及合理合法型权威。实际上,这是从权威的心理基础对合法性权威做出的划分,但没有说明非合法性权威是如何产生的。美国著名学者丹尼斯·朗认为任何权威都是权力的一种表现形式,并从权威所产生的命令服从关系这一共同基质出发,根据不同的服从动机将权威划分为强制性权威、诱导性权威、合法权威、合格权威、个人权威五种类型。丹尼斯·朗对权威的划分注意到了权威的人际来源,但却忽视了权威的结构来源。事实上,组织的设计、部门结构的类型、影响的机会、接近有权势个体或重要资源的方式、个体职位的实质等因素也会影响到权威的产生及变迁。[1]

学界对于权威的论述非常充分,综观各派之言,皆蕴含着一个共同点,即权威本质上是人与人之间的社会关系的一种属性,是权威主体对权威客体施加的一个被双方所认同或接受的影响力,影响力越大,认同度就越高,也就更具权威,反之亦然。这种影响力通常表现为命令—服从的主客体关系,或者说,权威本身内含着命令与服从的逻辑原则。如科尔曼就认为,权威"即指拥有控制他人行动的权利","如果行动者甲有权控制乙的某种行动,则行动者甲和乙之间存在着权威"[2]。这也决定了权威的基本特征。其一是权威具有强制性,如果"不强迫某些人接受别人的意志,也就是说没有权威,就不可能有任何的一致行动。'权威'总是要强迫有不同意见的人接受的意志;然而没有这种统一的和指导性的意志,要进行任何合作都是不可能的"。[3] 这种强制是权威接受者基于对权威施与者在物质利益或心理上的需求而产生的,因此,它并不总是表现为暴力的外在形式。其二是权威的多样性。权威产生于人与人之间的交往,是一种社会意志的表达方式,不同的交往方式和意志表达方式,就会存在与其相适应的权威范式。换言之,权威有其繁杂的表现形式,如以主体标准进行

---

[1] 洪向华:《权威理论浅析》,《科学社会主义》2005年第5期。
[2] [美] J. 科尔曼:《社会理论的基础》,社会科学文献出版社1999年版,第79—80页。
[3] 《马克思恩格斯全集》第33卷,人民出版社1972年版,第368页。

划分，就有个人权威、组织权威、制度权威；以权威内容为标准进行划分，有政治权威、军事权威、学术权威、技术权威；等等。

权威在现实的行使过程中，存在一个正当与否的问题，其正当性一般是指权威来源的正当性。从权威的发展史来看，一般而言，权威的来源有两个，即权力因素与非权力因素。其中权力因素既可能是神授权力，也可能是制度权力。神授权力主要存在于人类的"蒙昧时代"，由于认识水平有限，自然运行规律表现为一种神秘的外在力量，人自身显得十分渺小，统治者利用"原始初民"的蒙昧无知，宣称自己是神的化身，利用宗教和巫术加强自己的权威，这就是统治者所极力宣扬的"君权神授"。尽管我们无法确切地回答统治者究竟在多大程度上利用宗教加强自己的权威，教士在多大程度上对政治活动施加影响，但政教合一广泛存在于发展程度不同的文明体系中确是不争的事实，"统治者或亲自主持宗教和巫术仪式，或被当作神而为人崇拜，或将自己的血缘追溯到神圣的远祖。先知则宣称自己亲聆神诲，掌握了神的诫命和法典，教士也力图把自己打扮成神圣的代表和信仰的监护者。……统治者不仅被视为人，而且也被视为先知和教士，他们沟通神人，以神的名义实施统治"[1]。制度权力则存在于各种正式组织中，行动者的权力来自典章规则的授予，其权威具有形式上的合法性。权威的非权力因素主要是指个人素质、人格魅力、管理能力、文化修养、专业知识等等。当然，上述权威来源或实现途径的划分只是理论上的，现实中这几种途径总是交叉发生作用，共同支撑着权威的正当性。

概言之，权威本身是对权力的一种自愿服从和认同。韦伯从社会关系的角度认为，权力意味着哪怕是遇到反对也能实现自己意志的任何机会，不管这种机会建立在什么基础上。[2] 布劳则视"权力是个人或群体将其意志强加于其他人的能力，尽管有反抗，这些个人或群体也可以通过威慑这样做"。[3] 言外之意，权力是一种"强制性控制"，主要表现为一种物质力量，它借助暴力等各种手段，可以造成某种特定的局面和结果，使他人的行为符合掌权者的目的，并且无论权力客体同意与否，权力主体都有一种

---

[1] [美] 莱斯利·里普森：《政治学的重大问题》（第10版），华夏出版社2001年版，第177页。

[2] [德] 马克斯·韦伯：《经济与社会》（上），商务印书馆1997年版，第81页。

[3] [法] 彼得·布劳：《社会生活中的交换与权力》，华夏出版社1988年版，第66页。

强迫其服从的冲动和能力。"权力反映支配与服从关系,这种关系广泛存在于一定时空中任何具有规则化形式的社会体系之中,一个能够合法地获取权力的个人或者集团就可称为该领域的权威",而权威是一种精神力量,其作用主要是一种社会心理过程,它主要借助掌权者的威信在公众情感、信任等方面的影响而发挥作用,它是以自觉自愿的服从为前提的,权威是建立在合法性基础上的影响力。权力体现的是人与人之间的支配性,任何时候都不可能均衡分布,但"权威是有结构的,不仅可以根据权威的层次水平分出等级,而且可以根据不同领域分出不同种类"[1]。

在统治型社会治理模式中,基于社会结构的等级化,整个社会的权威体系也具有等级特征。皇帝作为最高权威拥有者,其权威来源途径除了神授之外,还来自血统及武力征讨。实际上,"君权神授"更多的是为专制皇权进行意识形态上的合法性论证,而皇帝权威在现实中的运行更多的是借助于血统继承,并且这种继承关系被"制度"化成一种惯例。而父权家长制的普遍运行及等级宗法伦理的大力宣扬,确立了血统在整个社会权威来源的基础地位,即以社会成员的出身即父辈的社会地位作为标准,进而,在社会结构的等级化过程中,逐渐演变为先赋身份与权威的紧密结合。在社会治理体系中,身份与权力的同一为权威运行奠定了现实的基础,与权力等级化相适应,权威也具有了等级性。"中国传统的行政管理系统内部结构是金字塔形的,各子系统或职能部门之间有清楚的界限,职位与权力也有明确的等级差别,同时责任与报酬都与这种差别有关。在这种金字塔形的等级结构最上端,有一个最高权威;不同的下级均对此服从,而且各级之间也有相应的权威与服从的关系。"[2] 因此,在基于身份的社会结构等级化中,权威与权力具有了现实的连接点。

2. 权威的绝对崇拜

权威是社会秩序维系的有机环节和必要机制,凡是有秩序的地方总能发现维持秩序的某种权威形式,而在统治型社会治理模式中,权威的必然性转化成了一种权威的绝对崇拜。在统治者对社会等级秩序之终极目标的不懈追求下,经过等级伦理的合法包装,等级化的权力运行和实施,就在全社会形成对权威的崇拜。权威本身的多重属性,决定了形成权威崇拜的

---

[1] 王红光、黄颖:《政治权威与合法性的理论阐释》,《湖北社会科学》2005年第9期。
[2] 赵世瑜:《吏与中国传统社会》,浙江人民出版社1994年版,第195页。

途径是丰富的,就社会层面而言,权威的制度化、政治伦理化等是产生权威崇拜的外在客观因素,而文化对个体心理及行为的影响,是权威崇拜真正得以形成的内在机制和动因。

从属于社会等级秩序的稳定需要,统治者更倾向于选择"德治"的社会治理手段,在"道德的治化"之下,等级性的权威在政治伦理化和伦理政治化之双向互构过程中得到社会的普遍认同。其一,通过对等级化的宗法伦理的大肆宣扬和极力维护,将其上升为具有浓厚政治色彩和意识形态的教育思想和价值观念,从而对被统治者施行奴化教育,用奴性教育培养奴才。其二,充分利用社会公共机构尤其是官僚系统推行"群氓式"的大众文艺,鼓吹政治道德贞节观,把国家、民族、集体等概念化为抽象的价值观,凌驾于个体之上,进而人成为工具,为他所用,为他所控。其三,以伦理为本位,将人性规定为道德属性,抹杀人的其他真实属性,树立圣人的社会榜样地位,从而推行圣人之治。在政治道德贞节观的作用下,个体产生对权威的绝对认同和膜拜,并愿为之奉献所有,包括生命,人变成了手段。在崇圣观念的指导下,政治权威获得了人格化的现实途径,个体独立人格被贬低甚至取消。因而在等级伦理的政治化过程中,对祖先的尊崇、对家长的服从转化为对皇帝的膜拜,对政治权威的绝对崇拜,而对政治权威的绝对崇拜又确立了其在社会权威体系中的核心地位,影响着其他权威的运行,并且,这种政治权威的绝对崇拜把政治自身宗教化了,其结果就是制造出盲目崇拜、狂热信仰和自大无知的暴民,最终是全体社会成员的彻底愚昧奴化。

权威崇拜除了思想专制的途径外,另一重要途径就是权威的制度化。权威要有效地运作,制度化是必然要求,因为"权威制度化在组织之间的层次上和决策一样,都可以看作是组织自身的功能。权威决定决策角色的义务,它是角色相互关系的制度化表现"。[①] 帕森斯从系统论的角度,在制度层面上界定权威,认为权威在总体社会层次上被看作是制度化的权力与政治制度。权威涉及三个要素,即在最高层次上做出有约束力决策的一般权力,在组织内分配子单位责任的权力和分配物资的权力。权力是为了实现系统目标的利益,使资源流动的一般能力。权力的产生和利用构成

---

① [美]帕森斯:《现代社会的结构和过程》,梁向阳译,光明日报出版社1988年版,第32—33页。

了任何社会系统的基本强制能力之一。① 其次，权威也是社会价值制度化的表征。权威通过权威关系的运作而发挥其社会关系的整合功能，权威只存在于社会关系中，只有通过制度化的模式才能维系权威及其整合功能。再次，权威是一种以制度规范为核心的整合机制。"权威是整合集体的既定模式与层次的制度化。这些既定模式是有效与合法的集体行动的基本条件。'领导者'权利的制度化是集体成员所期望的支持。"② 尽管等级社会中的制度化水平总体较低，但作为上层建筑的制度本身是维护社会等级结构的，在中国传统农业社会，这种等级制度以礼的形式展开，并在"以礼入法"、"伦法一体"的结构中得到伦理性的实质证明，而在欧洲中世纪，在基督教神学"三位一体"学说的支持下，等级制度以自然法的形式获得了合法性证明，并且，这种合法性经由自我意识的自我强化功能转化为个体内心的一种信念。

政治的伦理化、宗教化所培育的权威崇拜在获得制度支撑之后，对整个文化系统的影响就是文化的伦理型特征尤为突出，而一定的制度和文化必然会相应产生相对恒定的一组人格特征。因为"任何对于文化的构成性的解释也是一种个体心理意义上的说明，但是这种解释既依存于历史也依存于心理"。③ 探讨文化与人格的关系涉及从人格到文化、从文化到人格两种不同的研究路径。基于此，卡丁纳把文化概念分解为初级制度和次级制度：初级制度是指儿童出生之时起即面临的最基本的行为规范的总和，包括家庭组织、群体结构、基本规范、谋生技能等；次级制度则是个人基本人格结构的投射物，包括禁忌系统、宗教仪式、民间传说、神话和思维方式等。所谓"基本人格结构"，就是指那种个人"在与同一制度的相互作用中形成的心理丛和行为丛的集合"，它是在同一制度或文化背景中每个人都具有的共同的文化特征，即与特定文化相对应的主导人格结构。基本人格结构由初级制度塑造，转而又投射为次级制度。前者体现了文化对人格的制约，后者体现了人格对文化的影响。④

---

① [美]帕森斯：《现代社会的结构和过程》，梁向阳译，光明日报出版社1988年版，第123页。
② 同上书，第152页。
③ [美]露丝·本尼迪克特：《文化模式》，生活·读书·新知三联书店1988年版，第215页。
④ 周晓虹：《现代社会心理学》，上海人民出版社1997年版，第149页。

在文化与人格的互动过程中，文化对人格的塑造主要是通过家庭来完成的。在权力化的宗法制家庭中，儿童的地位是低下的，当他开始发展自我的时候，他的意愿与情感常常得不到尊重与实现，导致挫折感与愤怒。精神分析表明，挫折感是产生敌意的直接来源。因此，经常的挫折所导致的失败感就会使儿童在人格成长中形成服从与无奈的心理定式，这既成为儿童的一种认知行为，也是儿童人格成长中的一种适应策略。同时，宗法制父权的宗教功能（祖先崇拜）又为宗法制家庭赤裸裸的权力支配关系蒙上了一层超验的外衣，使家庭中的支配与服从所体现的权力关系变成一种神圣的存在。权力至上成为儿童在家庭中获得的主要体验和基本认知取向，崇拜权力成为儿童的基本动机。于是，一方面是强烈的挫折感和被剥夺感导致的敌意和服从；另一方面是对权力的崇拜，这样，宗法制父权家庭将儿童基本人格结构向着以权力为核心的方向塑造。而在宗法一体、家国同构的等级社会中，权力至上的价值取向还受到外部诱因的强化，这就是占主导地位的儒家意识形态所推行的"内圣外王"的理想人格。在家国同构下，治国是治家的延伸；治天下就必须获得权力，要获得权力就必须崇尚权力和学习获得权力的一切途径。[①] 因此，在宗法混溶的伦理型文化和等级结构中，权力成了权威来源的主要因素，以权力为核心的权威崇拜得以形成。

3. 权威崇拜的符号化

权威是存在并实现于社会关系中的一种令人服从的力量，但社会本身不可能实现权威，是故这种力量必然落实于一定的人、组织和事物，此时就出现权威的人格化或物化，因此，权威崇拜实际上就表现为对人或物的崇拜。

由于权力在权威崇拜之来源中的重要地位和角色，权威崇拜的首要表现就是对权力的崇拜。这是因为权力本身内在具有强制性的支配能力，而这种支配能力在于权力背后的利益保障机制，即权力所有者和行使者掌握或垄断着权力对象所必需的各种资源，包括有形的物质资源和无形的精神资源等。彼德·布劳从社会交换的角度，认为权力产生及其维持存在四个必要条件：权力者（所有者和行使者）对权力对象提供的作为交换的利

---

[①] 刘光宁：《中国社会的父权家庭与权威人格》，《杭州师范学院学报》（自然科学版）2003年第2卷第6期，第6页。

益保持冷淡；权力者保证权力对象总是要依赖其不得不提供的服务，并切断接近这些服务的替代提供者的通道；防止权力对象为满足需求而诉诸强制力量的能力；权力对象对权力者不得不拿出来的利益的需要。① 当然，社会交换作为一种普遍原则，权力者对权力对象也有一定需求，这是因为，"行动者与资源之间的关系是控制关系与利益关系"，② 行动者在大多数情况下并不能控制满足自己利益的所有资源。事实上，要求权力对象服从并提供一定服务本身就是一种需求，但这种需求是不对称的，因而，权力实际上是一种单方面的依赖和义务。

在分配关系占主导地位的统治型社会治理模式中，以皇帝为首的统治阶层对社会资源的垄断排除了资源提供的替代途径，而中央集权的政治体制和社会中介组织的虚弱或虚无，使得权力对象不可能形成联盟、诉诸强制力量以满足自身需求。由此，整个社会形成了自上而下的财富分配体系，在社会治理体系中，最上层的官僚所获取的资源来自皇帝的分配，由此而下，下级官僚的利益需求是由上级官僚所提供和满足。权力和资源的连带性导致了对权力的崇拜。进一步而言，在等级社会中，由于等级结构的特殊主义取向，官僚系统中权力获取的主要途径来自亲缘、地缘等先赋身份，权力和资源的获取决定于官僚在社会等级制度中的地位和身份，因此，对权力的崇拜又转化为对身份的崇拜。同时，官职是身份的象征，于是，大小官僚总是孜孜不倦地追求更高的官职，因为更高的官职意味着更大的权力和更多的资源。官本位意识就在大小官僚对官职的角逐中得以形成并不断普遍化为一种社会现象。

官职、身份是人的一种社会属性，代表着人的社会角色，官本位意识实际上就是权力和权威的人格化表述。由于"权力是社会控制个人的力量，它发生在人类本性和集体生活的不相谋和处，生物和社会的矛盾吻合下。权力的来源固然是社会的，但是社会不能直接来约束人，它还得藉着

---

① [法]彼得·布劳：《社会生活中的交换与权力》，华夏出版社1988年版，第142—144页。

② [美]J. 科尔曼：《社会理论的基础》，社会科学文献出版社1999年版，第34页。科尔曼将社会行动分为交换行动、法人行动、规范行动。交换行动涉及行动者之间交换资源或权利，不会对此行动之外的其他人产生外部影响。交换行动既表现为经济、政治和社会的市场交换；也表现为行动者把控制自身行动的权威转让给另一个行动者所形成的权威关系中的交换；还表现为信任关系中的交换。即行动者单方面转让自己的资源或权利给另一个行动者。

人来表现"。① 这样，在权力的运行过程中权威的人格化得以完成。在社会治理领域，就是政治权威和政治力量的人格化。权威人格化的极端表现就是把代表着这一人格的个体或统治阶层神化为一种符号。正是在此意义上，弗洛姆把权威定义为人与人之间的"符号"和"关系"。② 弗洛姆认为，随着等级制度社会的形成，建立在能力之上的权威逐渐被建立在社会地位的权威所取代。拥有了象征一定身份和地位的符号，便具有了相应的权威，从而，权威的人格化把权威崇拜异化为对符号的崇拜。正如皇帝即使赤身裸体，人们都以为他穿着华丽的服装，因为他有"皇帝"这个符号。这表明，当人有了具有权威的相应符号，他就拥有权威，因此行使权威的实际能力以及作为这一能力的基础的那些本质也都为外在的标志所取代。所以弗洛姆认为权威是一种符号，行使权威就如同行使符号。

弗洛姆对权威的深刻洞见实际上指出了等级社会中一个重要的现象，那就是人格的权力化。在等级社会中，人格的权力化和权威的人格化是同一事实的两个方面，人格的权力化为权威的人格化提供了现实的前提和基础，因为权威必须以一定的人格为载体，而权威的人格化则为人格的权力化提供了理论支持和实质性证明，因为拥有一定等级权威的人格就应该拥有相应的权力，而事实上也确实如此。传统儒家的"内圣外王"学说开了人格与权力等同的先河，而董仲舒的君权神授说巧妙地完成了以位定圣的转换，圣与王直接同一，王位成了圣贤的外在标志。王权以下的各级权力和人格的同一性在荀子的"儒效"理论中获得了论证。"儒效"强调每一个人都可以成圣贤的可能性，只不过一般人成圣贤与皇帝成圣贤在方法上和等级上不同而已。在方法上，皇帝以武力或皇位继承得天下而成圣贤，一般人则需跟随皇帝征战立功或苦读圣贤书入仕而成圣贤；在等级上，作为皇帝的圣贤是主宰世间一切的圣王，而之下则以位定圣或以官定贤。于是，圣贤人格被权力化，对圣贤人格的追求变成了对政治权力的渴望，权力成了人的德性和才智的尺度，乌纱帽成了衡量人才的标准。③ 由于权力是划分为等级的，因此，对权力的追求转变成对身份地位的角逐，对权力的崇拜演化为对身份地位的崇拜，对权威的崇拜成为对象征身份地

---

① 费孝通：《乡土中国·生育制度》，北京大学出版社1998年版，第191页。
② [美]弗洛姆：《逃避自由》，中国工人出版社1989年版，第217—218页。
③ 刘广明、王志跃：《中国传统人格批判》，江苏人民出版社1995年版，第33—35页。

位的职、位等"符号"的崇拜。

政治权威的人格化夸大并神化个人的作用,而在神化个人作用的同时,将政治权力人格化并凌驾于被统治者之上,借此取消社会成员的独立人格,在全体社会成员中树立起类似于犹太教中的"弥赛亚"情结,让他们产生自卑与依附性,匍匐在巨大的人格化的政治力量的面前,成为战战兢兢、唯唯诺诺的臣民和奴才。而在等级化的官僚体系中,由于封官晋级必须以顺从上级为前提,因此,在官本位意识的自我强化下,经由官本位的中介,以位定圣、以位定贤——权力和人格的直接同化导致了官场中依附人格的形成,这种依附人格最典型的表现为传统中国农业社会皇权专制下的双重人格和欧洲中世纪宗教神权专制下的奴性人格。

### (二) 皇权权威下的双重人格

#### 1. 皇权权威的至高无上

专制主义制度一旦建立,皇帝就成为一种应社会需要而产生的机构,必须在既定制度内发挥作用,正所谓祖宗之制不可改,不可不遵守。而官僚集团在制度的庇护下就不再仅仅是皇帝的统治工具了,它既是该制度的一部分,也是此制度的维护者,这意味着其获得了一定的独立性,行政权力也获得了制度的形式合法性。这样,官僚集团与皇帝之间就存在一定的紧张关系。但是,更深层的是,一方面,制度不仅是因皇帝而立,最终维护皇权至上,而且皇帝在制度中所发挥作用远非官僚所能比;相反,官僚集团所能发挥作用之大小通常是随着皇帝之不同而各异,这就是说,皇帝在制度中仍起着主导作用。另一方面,这种制度带有浓厚的等级伦理特色,甚至可以说这种制度就是等级伦理的规范化,更多包含实质理性而缺少普遍的形式理性精神,更多特殊主义取向而非普遍主义规范。因此,从根本上讲,专制主义下的官僚体系及行政权力是皇权的副产品,只具有部分的独立性与外在的形式合法性。

依据现代国家权力三分的角度看,皇权通常是立法权、司法权、行政权的混合体。就立法权而言,君主"口含天宪",其颁布的诏、旨、诰、策、制、敕、谕等即为法律。就司法权而言,"道德赏罚出于君",[①] 即重大案件必须由君主裁定,而其他案件君主则可随时过问,此为"明主之

---

① 《管子·君臣上下》。

## 第三章 统治行政中的依附人格

所以操者六：生生、杀杀、富富、贫贫、贵贵、贱贱"。① 而在行政权上，君主经常通过召集臣僚、合议大政或选任中高级官员代行等方式插手具体政务，并在一套完整的官僚体系中层层分解得以具体实现。总体而言，皇权专制下的官僚政体，其权力层次结构大致如下：皇帝处于政权结构顶端，总揽大权；以下为中央的中枢决策机关；再其下为分工处理各项具体政务的卿或部级行政机构；中央之下是各级地方机构。在行政的具体运行过程中，为掌握政策实行的得失及百官之"德能勤绩"，以便纠正政令之偏颇、过错，惩治违规官员，督催官员行政，以维持朝令纲纪，保证国家机器的正常运转，皇帝通过其直接指挥下的监察机构，如御史台、督察院等监察机关，或者直接授权钦差人员，如西汉武帝时的刺史、唐代的巡按御史、巡察史、明朝的巡按等途径，把皇权的触角伸入中央、地方各级机构及其行政环节中，实行监控。在这一上下层级体系中，皇帝对整个行政系统进行统理、监控，形成以皇权专制为主导和核心，由官僚辅政、分掌各级机关政务的中央集权体制，这样就使得皇权的独裁性强化了，广延性加大了。②

因此，不管是官僚体系的内部，还是作为外部的监察机构，由上而下形成了一种等级分明的"权力—依附"结构。在这一权力梯度中，在"礼"的整合下，皇帝权威的至高无上地位得以确立。在社会治理领域，礼制的功能主要有二：一是确认皇权的特殊地位，维护皇权的合法性；二是强化社会政治的等级规范，确立君主的特权地位。③ 而在礼论与崇圣观念的作用下，皇权至上转化为一种政治信念，皇帝成为人们绝对信奉的政治偶像，进而皇权被绝对权威化。以此信仰体系为基础，稳定的社会等级秩序在被统治者对权威的服从中得以形成，皇权专制的合法性也在此中得到了证明。也就是说，具有绝对权威的皇帝，成为全体臣民顶礼膜拜的对象，并充当着等级社会秩序的公共权威。在韦伯看来，"太平及国内秩序的最好的保障是一种非人格化的力量，正是由于非人格化，这才是一种特殊的超尘拔俗的庄严肃穆的力量，这种力量中没有激情，特别是没有作为

---

① 《管子·霸言》。
② 李治安、杜家骥：《中国古代官僚政治——古代行政管理及官僚病剖析》，书目文献出版社 1993 年版，第 14 页。
③ 刘泽华主编：《中国传统政治哲学与社会整合》，中国社会科学出版社 2000 年版，第 243 页。

耶和华的最重要的特征的'激怒'"。①事实上，这种对"天威"的膜拜在等级伦理理性规范的保障下被世俗化为对皇帝权威的崇拜，即皇帝是"天威"的人格化实现，正是在此意义上，韦伯认为中国的皇帝在政治生活中充当了"卡里斯马大祭司"的角色。

在整个社会中，与普遍化的"权力—依附"型社会结构相适应的则是普遍化的绝对权威崇拜，其特点是：几乎一切社会权威，无论虚拟的还是实在的，都被视为绝对权威，即具有较强的支配性、强制性和不可违逆性；每一种权威总是由一个未经民主程序认定的个体来体现，并尊之为绝对主宰；为了维护这类权威，总是力图剥夺服从者的人格独立乃至一切权利和自由；权威者与服从者的关系实质是人身依附关系——主奴关系。这就是传统农业社会的整体状况。

2. 官僚的主奴根性

在家国同构或家国一体中，国家与家庭家族具有形式和内容的同一性，家庭中的长幼上下之序被扩展到社会和国家，以孝为核心的家庭伦理观念演化为社会上的忠义之德，最终形成以权力关系为基础的严格的等级秩序。在这一等级森严的秩序中，皇帝居于万人之上，其下均为其臣民，每个人都依一定的上下等级排列和行事，在这一等级结构中形成以君臣关系为主的社会人际关系和"家天下"的意识。

就社会关系而言，传统农业社会中家庭之外的人际关系主要是君臣、朋友关系，其中君臣关系是本，各种社会礼仪主要都围绕着君臣关系而展开。而按照梁启超的理解，这里的"君字不能专作王侯解，凡社会组织，总不能无长属关系。长即君，属即臣……儒家所谓君臣，应作如是解"。②在此意义上，君臣关系可以涵盖所有社会等级关系，包括官僚之间的等级关系。于是，在这种等级关系中，人失去了独立人格所必需的自由社会关系基础。而在此基础上形成的"家天下"意识具有双向的价值导向作用，对帝王而言，那就是视君主独裁为其本分之事；对臣民而言，则把自我人格的沦丧当作必然之理，由此导致了攀附心理与人格的扭曲。③这就是说，"家天下"意识取消了人格意识的独立性，从而为依附人格提供了心

---

① ［德］马克斯·韦伯：《儒教与道教》，商务印书馆1999年版，第72页。
② 梁启超：《先秦政治思想史》，中华书局1936年版，第75页。
③ 朱义禄：《从圣贤人格到全面发展——中国理想人格探讨》，陕西人民出版社1992年版，第84页。

理基础。这种人格扭曲的依附现象,在大小官僚之中表现为一种"攀龙附凤"的独特景象,这既是臣仆择主的过程,也是依附人格的现实生成。

处于社会等级结构中的官僚,介于帝王与庶民之间,是主与奴、贵与贱统于一体的典型。相对于君,他们是下,是奴,是臣子;相对于民,他们是上,是主,是父母。由于君与上司掌握着他们仕途的升沉荣辱,这又意味着他们对社会资源支配和实际获取的程度,因此他们在君主和长官面前则必须俯首帖耳,唯命是从。而这种对君与上司的依附必须"全心全意",即使有所怀疑,也必须是以诚释疑或以诈解疑,依附人格意识越强烈,就愈可能博得流芳千古的忠臣之美名。换言之,他们必须对皇权权威或上司权威做到发自心底的自发性服从,"但它决不是主体人对主体人出于主观自发性的服从,而是下等人对上等人或权威人这种意义上的服从,承认来自上面的权威或来自外来的强制的自发性。因此,这种自发性不仅同家长的权力或从背后对它施行强力保护的政治权力等来自外部的强制丝毫不矛盾,而且,这种自发性本来就包括这些内容"①。这就是说,这种自发性并不是主体性的展现。

进一步而言,官僚对权力和等级权威的崇拜,不仅塑造了其顺从性的一面,与此同时,还强化了其侵略性和反抗性等性格特征。这是因为,官僚作为社会成员的普通一分子,在宗法制父权家庭的严格训练下,从小就表现出顺从、谨小慎微等行为倾向,并产生不同程度的受虐心理,而同时,严厉的约束与冷酷的家庭关系,以及被迫进行的微观权力操演,又会造成强烈的敌意和攻击性。这在马林诺夫斯基于1914—1918年对初布兰岛土人生活的人类学考察中得到证明,即家庭中严厉的管教会造成仇恨。② 而在这一成长过程中,儒家等级伦理学说、忠君思想、崇圣观念,以及仁爱、中庸、和谐等主张,通过既有知识体系深刻影响着宗法制父权家庭中的孩子。这样,一方面是严酷的宗法制父权导致的敌意、攻击性和破坏性,另一方面是既有知识体系和意识形态所要求达到的孝敬、克制、仁爱、和谐的理想境界,二者反差太大,无法统一在一个人格体系中,但人们又无法超越这种制度文化,于是作为一种策略,人们努力去表现出主导意识形态所要求的孝敬、克制、仁爱、和谐的样子,同时又以另一种方

---

① [日]川岛武宜:《现代化与法》(修订版),中国政法大学出版社2004年版,第86页。
② 时蓉华:《社会心理学》,浙江教育出版社2000年版,第196页。

式在另一种场合释放表达自己的敌意与攻击性。

因此,当官僚在获得一定地位和身份时,这种自小就被强化的侵略性不仅表现为对权力的极端渴望,疯狂地敛取财物,还驱使着他们在属下或平民面前颐指气使,凶残暴戾。阿多尔诺等人在对法西斯主义产生的心理因素进行研究时,把这种以狂热追求权力、运用权力为全部生活内容并且极端蔑视生命的人格类型称为权威主义人格,① 弗洛姆则将人性深层的黑暗面和破坏性与权威人格的形成结合起来,指出"施虐—受虐"是权威人格的重要特征。弗洛姆对权威人格特征的描述,为理解等级社会中的官僚人格提供了参考和借鉴角度。也就是说,一旦官僚取得了一定的权力,他"既是施虐者,也是受虐者。哪一种倾向占上风,在很大程度上取决于环境因素。如果处于控制他人的地位,他们就会很残忍;如果处于从属地位,他们就有受虐倾向。但正由于自身的这种倾向,即使自己是受虐的对象,他们也会理解并从内心深处赞同优于他们的人所实行的暴行"。② 当然,这样一种权威人格是依附人格的典型形态,现实中并不会总是出现这种极端人格。

总而言之,在以礼为核心的等级伦理和身份权威崇拜的支配下,官僚们在社会等级结构中的特殊地位塑造了一种主奴根性。"所谓主性,是指那些无视他人人格的尊严,横行无忌、虐杀无辜的劣根性;所谓奴性,是指那些自甘为奴隶,泯灭自我人格和良知,甘心情愿处于非人格地位的劣根性。"③ 这也就是马斯洛所说的,"受虐者表面的无私与顺从下面也许掩盖了惊人的敌意"。④ 更甚者,这种主奴根性一经形成,就会染指和渗透社会生活其他领域乃至在整个社会缔造出普遍的奴性,并在等级伦理的政治化中反过来又依赖于自我炫耀的强制权力,从而表现出一种顽固性。

### 3. 官僚的双重人格

在主奴根性的依附意识支配下,官僚在等级结构中被建构为一种双重

---

① 其特征是"因袭主义,专制主义式的侵犯,反内感受作用,迷信和刻板思维,崇拜权力和严酷,破坏癖和犬儒主义态度,对恐惧、侵犯及性冲动的投射。这些性格特征被认为是童年时期的经历,尤其是残酷、僵硬纪律的遵从以及相当冷淡的家庭气氛造成的"。参见 [美] 威廉·F. 斯通《政治心理学》,黑龙江人民出版社 1997 年版,第 16 页。

② [美] 马斯洛:《洞察未来》,改革出版社 1998 年版,第 75 页。

③ 朱义禄:《从圣贤人格到全面发展——中国理想人格探讨》,陕西人民出版社 1992 年版,第 90 页。

④ [美] 马斯洛:《洞察未来》,改革出版社 1998 年版,第 166 页。

人格。这首先体现在自我与非我的关系中。皇帝与官僚、上下级官僚之间，事实上是一种支配与依附的关系。皇帝对官僚的支配和主宰，主要表现为皇帝对官员职权的任意予夺和皇帝在行政中的绝对权威。一方面，官员的任职及权力，均来源于作为国家主权的皇帝，历代皇帝均有权把任何官位赐予某人，也可以随时将其褫职。在官员的意识中，任官，是受职于皇帝；领俸，是"食君之禄"；致仕退休，是"致仕者致其事于君"，①即把官位职事再交还给君主。另一方面，皇权的至高无上，确立了皇帝在行政中的绝对权威，"天子之所是，皆是之。天子之所非，皆非之"②。这种皇帝独一无二的专制特权与绝对权威，根源于他对国家的私有性主权。皇帝与官僚之间的支配关系具有纵向的单向依附性，同时还有较强的排他性，即只允许官僚依附于皇帝一人，而不允许依附和效忠于其直接上司或皇室宗亲，否则就会被斥为结党构逆等罪名。事实上，这仅限于国家典章的规定。而在官场实际活动中，由于官僚内部的等级秩序、行政统属及官吏选任等复杂因素，以及社会普遍化的等级权威崇拜、等级伦理的教化和宣扬，造成了下级与上司之间通常结为某种程度的私人依附关系，如唐科举入仕官僚中的门生与座主，历代朋党中的一般成员与党魁，清代的投拜门生和"抽丰"陋习等。③

就自我本身而言，官僚们也时刻扮演着双重人格的角色。在等级社会中，官僚政治与礼治秩序相配合，一方面，官僚在皇帝、长官面前，唯唯诺诺，极尽曲意奉承之能事，同时为了邀功请赏，加官晋爵，又欺上瞒下，谎报成绩；另一方面，在下级官吏、平民百姓面前，则装腔作势，专横跋扈，唯我独尊，作威作福，巧取豪夺，乃至草菅人命、鱼肉百姓。④这一双重人格的典型代表就是入仕所形成的传统知识分子——"士阶层"。在中国传统农业社会中，思想文化领域里占统治地位的是以"仁"为中心范畴的儒家文化，它以积极的"入世"态度得到人们的广泛认同和接受，尽管道家和佛学对中国传统文化影响极大，但由于它们的"出

---

① 《白虎通义卷上，致仕》。
② 《墨子卷三，尚同中》。
③ 李治安、杜家骥：《中国古代官僚政治——古代行政管理及官僚病剖析》，书目文献出版社1993年版，第259页。
④ 朱义禄：《从圣贤人格到全面发展——中国理想人格探讨》，陕西人民出版社1992年版，第91页。

世"和"忘世"本身是对现实的一种逃避和反抗,对个体和社会都是一种消极的解构,因此没有成为正统的文化。在"入世哲学"的濡染淳化下,中国古代的知识分子纷纷进入社会政治生活中,成为官僚体系中的主要群体,形成了一个独具特色的士阶层。

谈到中国传统农业社会中的"人格",就不可避免地要谈到特定阶层的"士",甚至某种意义上,"在中国历史上,人的尊严是特定的士大夫阶层的尊严"。[①] 以"士"为代表的官吏作为君王的家臣,一方面忠于君主,恪守君臣之礼,尽己以事君,不折不扣地执行君命,"君要臣死,臣不得不死"。官吏以形成坚定的忠君观念为其道德的理想追求,此即为愚忠。另一方面,官吏作为代表君王对社会进行管理的治理者,为更好地实现统治阶级的利益,又不得不在其管理行为中做出一些"亲民"的形象工程,而先贤们所倡导的民本位思想又在很大程度上推动了官吏们在"忠君"前提下的"爱民"行为。然而,由于以君王为代表的统治阶级与黎民百姓之间利益的阶级差别和对立,"忠君"与"爱民"往往是相互冲突、彼此矛盾的,此时,官吏所做的选择要么是盲目地忠君,要么是贵民贱君。由于其本身所处的等级身份及自身利益等因素,大多数官吏坚定地站在了供其俸禄、施其衣食的君王一边,而极少数离君殉道者往往成为历史的英雄而为人称颂。要言之,形成于春秋战国时期的士阶层,自夏商初始地位不再稳定,"不受辱,不苟活,重气节","轻功利,重知遇","轻财利,重声名"之人格尊严在皇权扩张、文武分途的恐吓中逐渐蜕化,最终在皇权的绝对控制下丧失掉独立人格。[②]

在宗法、伦理一体化的社会结构中,儒家思想、宗法纲常、科举取士使得官吏们的职业高度单一化,经济上、政治上、意识上的人身依附关系十分凝重。他们失去了认识到自己独立存在的人格意识,也没有独立代表自己的权利和自由,因此也就不可能培养出独立的价值判断能力,并依据自我独立人格而自由行动。相反,只能造就出这一群体自我意识的丧失,为皇权、仕途经济所异化了的依附人格。[③] 诚如李泽厚所言:"由于他们没能获得近代知识分子因职业分化和经济自由所带来的人格独立性,中国士大夫知识分子只能拥挤在'学而优则仕'这条中国式政教合一的社会

---

① 王世洲主编:《人格》,北京大学出版社2014年版,第3页。
② 同上书,第5—8页。
③ 李江涛、朱秉衡:《人格论》,辽宁人民出版社1989年版,第44页。

出路上，必须依附于皇权—官僚系统的政权结构，争权夺势，尔虞我诈。"尽管在中国古代历史上出现了诸如屈原、魏征、范仲淹、海瑞等为数不多的为民请命式的人格典范，他们具有一定的自我独立意识，显示出一定的个体独立人格，但是他们的行为仍未跳出"君臣、父子"的宗法伦理规范，仍未摆脱封建的愚忠、愚孝思想，"一般很少能在意识上和行动上冲破这个伦理—政治的政教结构，而总是心甘情愿地屈从于皇家权力和纲常秩序中，以谋得一定的政治地位和社会荣誉，政治上的人身依附和人情世故关系学极为严重，始终缺乏独立的近代人格观念"[1]。因此，他们所形成的人格与其他官吏们的一样，都生成于皇权之下，是一种具有明显宗法伦理特性的依附人格。

### （三）神权权威下的奴性人格

1. 宗教神权专制

一般认为，欧洲中世纪是指从公元 476 年西罗马帝国灭亡到公元 1640 年英国资产阶级革命这一段西方封建社会时期。中世纪的西方社会的经济基础是封建土地所有制（表现为庄园领主制和封建采邑制），国王分封给封建主以土地、生产资料和不完全占有的生产者——农奴，农奴虽然较奴隶有了一定的人身自由和相对的经济权利，但对封建主的人身依附关系依然是牢固的、世袭的。在城市中，虽然已经有由商人、手工业者、帮工等构成的市民、平民阶层，但他们还未构成社会的主体，同时，由于宗教神学的统治，他们相对自由独立的躯体里仍未产生独立的人格意识。

在欧洲中世纪的封建时代，尽管存在大小不一的各种封建政权，但整个社会结构仍是高度等级化的，"最高层是王国和帝国，它们从悠久的历史传统中获得力量和雄心。在王国和帝国之下，较晚发展起来的政权，从领地大公国到普通贵族领地或城堡领地，按一种几乎觉察不到的等差上下排列"[2]。等级制度本身意味着一种秩序，在西欧中世纪，"由于秩序普遍混乱，西欧大部分人民失去了自由，一来是由于征服，一来是由于在乱世必须找到一个保护者。中世纪的社会结构于是就采取了我们称为封建制度

---

[1] 李泽厚：《中国古代思想史论》，天津社会科学出版社 2003 年版，第 270 页。
[2] [法] 马克·布洛赫：《封建社会》（下卷），张绪山译，商务印书馆 2004 年版，第 605 页。

的等级形式。在这个彻底应用权力原则的过程中,每个人在理论上都有他的主人。农奴听命于地主,地主听命于大庄园主,大庄园主听命于国王,国王听命于皇帝,皇帝由教皇加冕,教皇听命于圣彼得。从宇宙的统治者到最卑微的农奴,门第的链子算是完成了"①。经济学家诺思则从经济变迁的角度认为,"西欧从罗马帝国崩溃后的混乱状态中逐渐形成,并建立了能够带来足够的秩序与稳定的政治经济结构"——"具有分权式政治组织的封建结构、等级制式的财务关系和以相对自给自足为特点的庄园式的经济结构"②。这种等级结构得到了以基督教教义为核心的宗教神学的维护和支持。

欧洲中世纪最明显的文化特征是宗教神学占据着统治地位,正如恩格斯所言:中世纪只知道一种意识形态,即宗教和神学,因为"中世纪是从粗野的原始状态发展起来的,它把古代文明、古代哲学、政治和法律一扫而光,以便一切从头做起,它从没落了的古代世界承受下来的唯一事物就是基督教和一些残缺不全而且失掉文明的城市"。③ 北方蛮族在入侵罗马帝国而导致帝国灭亡之后,由于蛮族文化远低于古罗马文化,他们不得不接受被罗马文化所同化,但他们不是化于罗马的政治制度而是化于罗马人信奉的基督教。经过经院神学家们的努力,宗教神学在一切知识领域和行为领域享有至高无上的地位。在思想文化领域,基督神学具有绝对的权威,基督教义成了社会的精神支柱,上帝主宰一切,每个人都成为上帝的奴仆。在国家政权体系中,国王与封建主为了维护其统治秩序,自觉接受基督神学教义,并且,作为社会等级结构中的主要等级,"贵族最后终于把它改造为基督教国家,把垄断高级圣职的人(主教、修道院长)争取过来,使这些圣职变成贵族的附属品,而让第三等级担任低级神职(本堂神甫、司铎)。这样,三个社会等级就变成两个等级,僧侣一分为二,一部分事实上附属于贵族,另一部分则附属于第三等级"④。贵族对僧侣具有能动的制约和影响作用,在他们的共同努力下,教会与政权融为一

---

① [英]霍布豪斯:《自由主义》,朱曾汶译,商务印书馆1996年版,第5页。
② [美]道格拉斯·C.诺思:《经济史中的结构与变迁》,上海三联书店、上海人民出版社1994年版,第141、143页。
③ 《马克思恩格斯全集》第7卷,人民出版社1972年版,第400页。
④ [法]迪韦尔热:《政治社会学》,杨祖功、王大东译,华夏出版社1987年版,第133页。

体，国家的制度结构及权力体系被烙上了深深的神权印迹。这样，政教合一，使得欧洲中世纪的政权具有了与中国传统社会皇权专制的政权不一样的特征。神学教义从上帝那儿为世俗政权求得合法性证明，并通过其代表机构渗透到现实的政治活动中去，而等级化的世俗政权则在神学教义的庇护下行使着其对社会的统治和管理功能，并以各种形式为神学教义提供现实的证明和注解。

2. 官僚的奴性人格

三位一体作为基督教的正统教义，在不同时代得到不同理解，并导致教会内部的争权甚至战争，但都不可否认圣父、圣子、圣灵的三者同质、合而为一，这也构成了基督徒的上帝观。基督神学教义认为，上帝是有位格的神，它创造天地万物，而人是有原罪的，要接受上帝的审判。围绕着人之品性的善恶来源，中世纪神学家提出理性和信仰的关系问题，在奥古斯丁以及安瑟尔谟、阿奎那等经院哲学家们看来，信仰是理性的前提，理性必须绝对服从信仰，个体理性的运用必须依赖于对上帝的信仰，因此，人要洗脱原罪仅靠个人力量是无法摆脱人生的罪孽状态的，必须信仰上帝，严格遵守宗教礼仪和宗教戒律。经过神学家们辛苦的理论论证，基督神学教义也被理性主义化了。而这种被基督神学所树立的上帝权威，成为各封建王国共同的精神纽带。

西欧乃至整个欧洲封建专制时期，"在封建世界特有的领主权扩张的过程中，正如基佐所正确指出的那样，诸王国构成一种独一无二的权威类型——不仅理论上高于其他所有权威，而且也是一种真正不同的制度类型。一个重要特点是：其他权力在很大程度上只是各种权利的积聚，这些权利错综交织，在地图上勾画这些或大或小的'采邑'轮廓的任何努力，必然是不准确的，与此相反，各王国却被法律上所谓的边疆分开"。也就是说，欧洲中世纪，由于大小封国的存在，没有形成统一的中央集权国家，因而也就不存在类似于传统中国社会中那种威加四海的中央权威，即便如此，欧洲各国之君权仍居于人身和领地依附制度之首，"一块地归属几个国王则是不可能的"[①]。欧洲中世纪整个社会人身依附关系的普遍事实，以及等级制度和身份制度的主导地位，是世俗政权存在的根本基础，

---

① [法] 马克·布洛赫：《封建社会》（下卷），张绪山译，商务印书馆2004年版，第615、616页。

为了维持这一等级性的现实秩序，统治者都自觉选择了基督教神学作为其统治合法性证明的手段。因为，在这一神学教义中，"上帝是作为有限的个人人格源泉的无限的人格，是人格世界体系的最高主宰，也是完全协调、完美与和谐的人格理想"，而"个人的各自独立的经验世界就统属于一个至高无上的上帝，并以此使各个个人的世界相联系和沟通"。[1] 统治者以此作为意识形态宣传，不仅可以在被统治者对上帝的依附中轻松实现统治与管理功能，维持社会的等级秩序和人身依附，还可以为其政权添加一层神圣的光环。

于是，中央权威的失位和缺位被至高无上的神权权威（上帝权威）所弥补，上帝成为社会秩序的公共权威代表。而在现实生活中，上帝的人格化身就是国王，僧侣则掌握着具体的教义宣化和宗教审判的职权，同时，神权的世俗化将国家政治体系及官员与僧侣融为一体，共同维护着封建统治阶级的利益。一旦社会有违统治阶级的利益行为时，人们便会得到上帝名义的惩罚，并且这种惩罚直接针对个体具有原罪的身体，即残酷的肉体惩罚甚至消灭。事实上，据伯尔曼考证，在欧洲 11 世纪晚期以前，世俗权力往往高于宗教权力，皇帝、国王及封建贵族在政治经济等各方面都能有效地控制教会财产和教会职位，主教和高级僧侣也在地方的、贵族的或王室的管理机构中任职，"皇帝和国王不仅授予主教民事权力和封建权力，而且还授予他们宗教权力。因此，宗教领域和政治领域是混合的"。[2] 也就是说，即使是在王权高于教权时期，君主也是将教权纳入自己控制之下并纳入官僚系统，进而成为基督的世俗代理人，赋予官僚体系神权的特征和性质。这样，无论是在王权高于教权时期，还是教权高于世俗权力时期，"政治统治、宗教强制与道德说教三位一体，把当时的社会人格扭曲到了麻木、盲从，只剩下宗教信仰和自卑驯服的形态"。[3]

在神权体系中，处于统治阶层中的大小官吏不仅在其私人生活中严格遵循神学教义，而且在其对社会的管理活动中也以之为行为准则。这样，上帝、神的人格的整全性与无限性实现了对官僚个体人格之有限性和非独立性的限定，进而彻底否定官吏个人的自然本性和个体人格的自主性，这

---

[1] 武斌：《现代西方人格论》，辽宁人民出版社 1989 年版，第 173—174 页。

[2] [美] 哈罗德·J. 伯尔曼：《法律与革命——西方法律传统的形成》，中国大百科全书出版社 1993 年版，第 105 页。

[3] 李江涛、朱秉衡：《人格论》，辽宁人民出版社 1989 年版，第 109 页。

一时期的官吏完全依附于上帝、神的人格，其现实表现就是对国王的人格依附。因此，欧洲中世纪的依附人格最基本的特征就是其神权性，而这种神权性由于经院哲学对基督教义的理性主义化，又表现为一种单一的十足的奴性。

# 第四章 管理行政中的工具人格

随着历史的发展，人类告别农业社会进入了工业社会，工业革命和商品经济的发展突破了自然关系的限制而代之以社会性的纽带，转变了人对人的人身依赖关系为对"物"的依赖关系。在社会中，市场经济的确立与不断完善保证了个体活动的自主性，促成了社会上"以物的依赖性为基础的人的独立性"，个体独立性得到张扬，个体主体形态成为可能。然而对理性的盲目崇拜和对效率的狂热追求，人对物的依赖成为物对人的控制，个体并没有因独立性的获得而形成真正的独立人格。在社会治理领域，因从属于科学理性的需要和效率的追求，以层级化的制度设计为主要特征的官僚制应运而生，行政人员之间的关系主要依赖于各种各样的制度规章和行为规范来建立。这种形式化的制度设计，将行政人员降格为管理生产线上的一颗螺丝钉，换言之，行政人员只要按照既定的制度规章去办事而无须发挥太多能动性，就能实现行政管理的目标。因此，在官僚制中，行政人员完全成了管理的工具，行政人员被形式化为工具，其所形成的人格是一种工具人格。

## 一 "人对物的依赖"中的价值追求

### （一）向物而在：对人的摆脱

1. 现代社会的开启

第三世界国家在二战后的兴起及其在现代化进程中的各种努力，掀起了一股"现代化学"热潮，形成了解释政治、经济、社会发展的不可忽略的宏观理论框架。关于人类社会发展的历史转型，很多学者都把从传统农业社会向现代工业社会的转变看成是人类社会所经历的最重要的一次社会转型。但对于这次大转变的历史起点，学界认识并不一致。历史学家克拉潘认为，历史虽然是一件"无缝的天衣"，但我们仍不能忽略"16世纪初所能追溯的那些变化"，因为"这些变化几乎暗示出一道接缝和一块新的材料"，① 进而他将社会大转变的起始时间定格在公元1500年。当然，其他学者从经济史出发或以现代性观点视之则又有不同的看法，如诺思、鲍曼、吉登斯等。例如，亚当斯（Adams）和鲍尔佛（Balfour）认为，"作为我们文化的决定性特征，现代性是在过去150年间才得以形成"②。黑格尔则将1500年前后发生的三件大事，即新大陆的发现、文艺复兴和宗教改革，视为现代与中世纪的时代分水岭。③ 这一观点得到普遍认可，即西方学者通常把现代性实现或展示过程确定为中世纪结束和文艺复兴以来的特定历史阶段。

毫无疑问，这一社会历史大转变的客观基础是社会生产力的进步。在缓慢的农业文明进程中，人们不断积累生产经验，提高劳动技能，使得生产力获得一定发展，进而，在满足自身物质需要之后余下的产品增多，这为商品交换的发展提供了物质条件。而工业革命所掀起的技术革新，蒸汽机在纺织工业中的运用牵引着整个社会生产系统的机械化进程，内燃机的发明以及电力的广泛使用则推动了真正的生产自动化的工业时代，以机器生产为主的工厂取代手工作坊成为产业的主要形式。"工业化一旦进行，必然会破坏传统的前工业社会。"④ 机械在生产工具中的大规模使用，技术与生产过程的有机结合，进一步解放了在人力、畜力中缓慢挣扎的生产力。生产力在脱离了原始"自然力"的束缚后，得到了飞速发展，社会剩余产品极大丰富，正如《共产党宣言》所讲："资本主义在它的不到一百年的阶级统治中所创造的生产力，比过去一切世代创造的全部生产力还要多，还要大。"⑤ 这时，剩余产品的交换就不再是一种附带的、外在的行为，而是一种内在于社会经济结构的经常性的内部行为。交换的普遍化，推动了规模化的贸易和商品流通逐渐形成，它不仅突破人们日常生活的地域界限和先天的血缘界限，而且冲破了民族的和国家的界限，"这样

---

① ［英］约翰·克拉潘：《简明不列颠经济史》，范定九、王祖廉译，上海译文出版社1980年版，第257页。
② ［美］艾赅博、百里枫：《揭开行政之恶》，白锐译，中央编译出版社2009年版，第47页。
③ ［德］哈贝马斯：《现代性的哲学话语》，曹卫东等译，译林出版社2004年版，第6页。
④ Clark Kerr et al., *Industrialism and Industrial Man*, California, 1973, p. 42.
⑤ 《马克思恩格斯选集》第1卷，人民出版社1972年版，第256页。

一来，不仅生产方式改变了，而且一切与之相适应的旧的、传统的人口关系和生产关系，旧的、传统的经济关系都解体了"①。因此，"物"（商品）的流动改变了农业社会的内部结构和经济运行方式，以交换为核心环节的市场经济体系逐步确立。

随着剩余产品的增加和交换关系发展的深入，过去以统治和隶属为主要特征的人身依附关系逐渐解体，基于自然需求的分配关系也逐渐被商品生产扩大所引起的商品交换关系所取代，而交换关系的普遍生成，又促成了人的需要结构从封闭走向开放。人的需要结构可划分为物质需要、秩序需要、意义需要三个层次，它投射到社会活动结构上，即为物质生产活动、社会整合活动和意义追究活动的关联结构。② 在自然经济时代，由于社会生产力水平的低下，人的需要体现为一种局限于集群和自身的封闭型需要，即使是秩序和意义需要也是为维持基于血缘、地域等自然因素而形成的共同体而产生和存在。在工业革命开启的现代社会中，商品交换以及跨地域贸易的出现，市场经济体系的逐渐完善，不断扩大人们生活的范围，也改变着人的需要的结构，并且这种结构随着物质文化生活的满足不断发展。人的自然属性决定了物质上的需要是人的第一需要，是人作为有机体维持和发展自己生命的基本冲动形式，是人存在的前提。然而人的物质需要不同于动物的本能需要，它是被意识到的、能不断引发新需要的本能，"已经得到满足的第一个需要本身、满足需要的活动和已经获得的为满足需要用的工具又引起新的需要"③。为了满足已经发展了的需要，人类要从事物质生产活动，与物质需要相伴随，秩序和意义需要也得到了发展。

在对物的追求过程中，生产力的发展和交换关系的普遍确立首先解放了人对人的依赖。在人与自然的关系方面，生产工具的高度发达，弥补了人的自然体力的有限与不足，增强了人对自然的控制和改造能力，而科学技术的发展以及与物质生产的耦合，在市场经济条件下，形成了科学—技术—生产的互动链条，带来生产力的巨大发展。由此，人彻底打破了对自然的敬畏心理，不再依附于、屈从于外部自然，而是摆脱了对自然的直接

---

① 《马克思恩格斯全集》第 46 卷（下），人民出版社 1979 年版，第 485 页。
② 李淑梅：《社会转型与人的现代重塑》，山西教育出版社 1998 年版，第 52 页。
③ 《马克思恩格斯全集》第 3 卷，人民出版社 1960 年版，第 35、32 页。

依赖，成为自然的征服者与统治者，"生产过程从简单的劳动过程向科学过程的转化，也就是向驱使自然力为自己服务并使它为人类的需要服务的过程的转化"①。从人与社会的关系来看，交换关系的普遍化不仅使得人从自然界中获得解放，而且打破了自然血缘共同体对人的先天制约，它"把一切封建的、宗法的和田园诗般的关系都破坏了。它无情地斩断了把人们束缚于天然酋长的形形色色的封建羁绊"。② 因此，人不再依附于某一共同体，不仅个人具有自立、自主、自律和自由的性质，成为具有一定独立人格的人，而且人与人之间也确立了平等关系。人的相对解放标志着现代社会进程的开启。

2. 自由精神的扩展

现代性意味着自觉的主体性与创造性。亨廷顿指出，"当人们意识到他们自己的能力，当他们开始认为自己能够理解并按自己的意志控制自然和社会之时，现代性才开始。现代化首先在于坚信人有能力通过理性行为去改变自然和社会环境。这意味着摒弃外界对人的制约，意味着普罗米修斯将人类从上帝、命运和天意的控制之中解放出来"③。舍勒认为，从传统到现代的总体性转变是一场"针对上帝抵抗冲动"的"社会历史性的情绪运动"，④ 它造成了人类全部"价值的颠覆"，意味着一种新的价值秩序的重构。实际上，社会生产领域变革所引发的历史性转变是多方面的，与传统农业社会相比较，工业革命所启动的现代社会的出现是一个总体性结构转变的过程，它不仅影响到外部的制度安排，而且也给人的主体心态和精神气质打上深刻烙印，这既表现为自主独立的个人摆脱对人的依赖，从群体本位的等级社会结构中获得解放，也表现为一种以追求自由、平等为终极目标的价值秩序之位移和生存标尺之重构的现代精神的生成和展现。⑤ 也就是说，工业文明的发展不仅仅是人对于自然的一定程度上的"肉身"解放，还体现为政治—经济制度、知识理念体系和个体—群体心

---

① 《马克思恩格斯全集》第46卷（下），人民出版社1979年版，第212页。
② 《马克思恩格斯选集》第1卷，人民出版社1972年版，第253页。
③ [美]塞缪尔·亨廷顿：《变化社会中的政治秩序》，生活·读书·新知三联书店1989年版，第92页。
④ [德]舍勒：《价值的颠覆》，罗悌伦、林克、曹卫东译，生活·读书·新知三联书店1997年版，第101页。
⑤ 张凤阳：《现代性的谱系》，南京大学出版社2004年版，第19页。

性结构及其相应的文化制度等方面发生的全方位秩序转型。① 在某种程度上，甚至可以说，自由与平等精神的宣扬才是现代化进程的先导。在西方，这一先导是由宗教改革和文艺复兴所承担的，② 也正是在此意义上，许多西方学者以此作为标识现代性的界碑。

在黑暗的中世纪，宗教神学成为凌驾于一切学科之上的至高权威，所有意识形态均成为神学的奴婢，是证明上帝的工具，人的价值遭贬低，现世生活的意义遭否定。古希腊所形成的人本主义传统得到颠覆，但这并不表征当时存在人学空场，也不能说明人本主义已彻底消亡。随着社会经济、政治和文化的发展，扎根于人们社会生活中的人本思想犹如星星之火在宗教改革及文艺复兴的运动中而成燎原之势。尽管路德和加尔文在对人的看法上并非完全一致，但他们共同致力于强调个体在宗教信仰中的"个体的自由"与"个体的自主性"，通过理论的宣讲和教会的实际改革，确立了理性在世俗中的权威，为理性权威在近现代政治学研究中的确立提供了一张通行证，为个人精神，平等、民主、自由等理念以及民族国家的确立提供了一片沃土。③ 在宗教改革和冲突中获得的宗教宽容观使得宗教个人主义具有了世俗的意义，这不仅带来了思想的解放和科学的繁荣，还在宗教与世俗的交融中为政治自由主义的价值观及相应制度安排打开了通道。④

事实上，正如帕森斯所指出的，尽管宗教涉及的更多是个体成人生活

---

① 因此，要为社会经济生活的深层变化确定一个明确的时间分界线比较困难。刘小枫先生认为，现代现象是人类有"史"以来在社会的政治—经济制度、知识理念体系和个体—群体心性结构及其相应的文化制度方面发生的全方位秩序转型，它体现为一个极富偶在性的历史过程。因此，从现代现象的结构层面看，现代事件发生于上述三个既相互关联又有所区别的结构性位置，并形成三个不同的题域：现代化题域——政治经济的制度的转型；现代主义题域——知识和感受之理念体系的变调和重构；现代性题域——个体—群体心性结构及其文化制度之质态和形态变化。参见刘小枫《现代性社会理论绪论》，上海三联书店 1998 年版，第 3 页。

② 历史上，西欧中世纪出现过三次文艺复兴：8 世纪中期至 9 世纪初期的加洛林文艺复兴；12 世纪的文艺复兴；14、15 世纪的文艺复兴。第一次文艺复兴注重恢复学习拉丁语，由此为古典文化的传承保留了最基本的载体；第二次文艺复兴促进了对古典哲学的学习，创立了中世纪的科学；第三次文艺复兴在创新古典文化的同时，深刻地探究了人的本质。此处主要指第三次文艺复兴。

③ 佟德志：《宗教改革对西方近代政治学的影响》，《苏州铁道师范学院学报》（社会科学版）2000 年第 2 期。

④ 金相文：《论宗教个人主义的世俗意义——分析 16 世纪宗教改革的起源和影响的一个视角》，《学海》2002 年第 4 期。

的"意义问题",但"宗教归根到底是个人的事情,它涉及个人本性和信仰内心最深处的个性核心",① 宗教改革运动对人的解放也证明了"宗教在历史的重大关头有时是所有力量中最革命的",尤其是当"传统和机构变得僵化而又暴虐"时。② 个人对宗教神学束缚的摆脱,为人在其他领域独立地位的获取解开了枷锁,这在文艺复兴的进程中得到了进一步发展;反过来,文艺复兴对世俗幸福正当性的确认,对感性快乐的极力开脱,对个人自由的高度赞美,以及对教会腐败的揭露批判等,又为宗教改革提供了重要的文化铺垫。"个人的完美化"即"最高的个人发展"(大力强调性格的独立发展,和要求摆脱自己的祖先和父母而形成个人的精神生活),是文艺复兴运动从古希腊那里汲取的一个重要精神营养。③ 文艺复兴对人性的张扬、自由的追求以及人本质的确立,由文学艺术领域逐渐渗透到政治学、历史学、哲学、法学、教育学等诸多领域,尤其是自然科学领域,这从理论上激发了人的主体性潜能,为崇尚自由的个人主义奠定了坚实基础。这就是说,"由基督教与古典哲学提供基本原则的个人主义,在文艺复兴时代第一次得到充分发展,此后逐渐成长和发展为我们所了解的西方文明。这种个人主义的基本特征,就是把个人'当作'人来尊重;就是在他自己的范围内承认他的看法和趣味是至高无上的。纵然这个范围可能被限制得很狭隘;也就是相信人应该发展自己的天赋和爱好"④。

宗教改革的世俗化运动突破了禁欲伦理的桎梏,在对彼岸世界的完善中激扬了世俗趣味的高涨,此岸的世俗幸福得到积极确认。文艺复兴所大力宣扬的人文关怀,对个人本位的坚定持守,在思想上为个体摆脱来自社会的种种不合理压束提供了意识形态上的合法性论证,而人的主体性张扬也为自然科学的繁荣发展提供了最重要的人力资源,"自由思考的障碍一旦扫除,被阻塞了近一千年的科学探索潮流便沿着自然形成的渠道奔腾而去,一度中断的古希腊和古罗马哲学家的成果又从二十个世纪以前丢下的

---

① [美]帕森斯:《现代社会的结构和过程》,梁向阳译,光明日报出版社1988年版,第248页。
② [美]丹尼尔·贝尔:《资本主义文化矛盾》,赵一凡等译,生活·读书·新知三联书店1989年版,第222页。
③ [瑞士]雅各布·布克哈特:《意大利文艺复兴时期的文化》,商务印书馆1986年版,第75页。
④ [英]哈耶克:《通往奴役之路》,王明毅等译,中国社会科学出版社1997年版,第21页。

地方重新捡了起来"①。因为,"'个体自主性'首先应是思想的自主,自由的信仰又鼓励了人们在实践中的自主意识,表现为积极主动地参与人生的全过程,不盲目附从于他人的模式"②。舍勒和韦伯对新教伦理在资本主义产生和市场经济兴起过程中所激励的新教徒个人主义式的奋斗描写,正是这一思想激荡历程的真实写照。人们把在信仰自由中获得的勇气运用于世俗自由的实践中以及对自由秩序的持续追求和建构中,构成了近代社会世俗化的标志。

3. 社会关系的物化

宗教个人主义的世俗转型尤其是文艺复兴对世俗幸福的正当性证明,在商品经济的快速发展进程中促成了盈利欲的膨胀,而在自治城市崛起过程中逐渐形成的新兴市民阶层在获得合法身份地位以后所滋生的自主意识和平等观念,则"将这种盈利欲公开暴露在文化正当性阳光之下,并使之转化成了以竞争性生存比较为特征的奋求欲"③。随着商品经济的发展尤其是市场经济体系的建立,这种盈利欲逐渐派生出资本家的贪婪攫取性,在经济和技术领域体现为一种浮士德式的骚动激情,而这种奋求欲在入世禁欲宗教的支撑下演化成一种禁欲苦行的工作态度,代表了资产阶级精打细算的谨慎持家精神,盈利欲与奋求欲、贪婪攫取与禁欲苦行的锁合,就构成了资本主义精神之历史起源的主导机制。④尽管韦伯、贝尔等人一再强调入世禁欲宗教在资本主义兴起的主导作用,但这种精神本身所内含的原则却是必须置于现实的商品生产和交换活动中,并且,只有在交换活动中,新兴市民阶层在法律上所获得的自由和平等才能真实体现,事实上,"平等和自由不仅在以交换价值为基础的交换中受到尊重,而且交换价值的交换是一切平等和自由的产生的、现实的基础"⑤。随着交换关系的深入和普遍发展,社会关系被深深烙上物的痕迹,亦即社会关系被物化了。

商品经济以扩大再生产为其目的,科学技术与生产过程的结合以及机

---

① [美]房龙:《宽容》,生活·读书·新知三联书店1998年版,第186页。
② 金相文:《论宗教个人主义的世俗意义——分析16世纪宗教改革的起源和影响的一个视角》,《学海》2002年第4期。
③ 张凤阳:《现代性的谱系》,南京大学出版社2004年版,第34页。
④ [美]丹尼尔·贝尔:《资本主义文化矛盾》,赵一凡等译,生活·读书·新知三联书店1989年版,第29页。
⑤ 《马克思恩格斯全集》第46卷(上),人民出版社1979年版,第197页。

械作为主要劳动工具的广泛使用，使得生产的社会化程度大大提高，而生产的无限扩大使人的需要和人的活动无限扩大，这标志着社会成员对自然界和社会联系本身的普遍占有，并且"发达的社会分工和强化为社会机动性扩大了个人选择的范围和规模"，"社会分工和商品生产使人与人的关系成为真正普遍全面的联系"，① 在这一过程中，人不仅摆脱完全受自然限制，而且开始摆脱完全受社会的限制，为发展个人的独立性提供了一定社会基础。人的独立性不仅体现在生产领域中，而且还以交换的社会形式表现出来。商品交换改变了自然经济社会里人与人的直接交往关系，使整个社会的交往都必须通过物的交换媒介来实现。这种人与人、人与社会均以商品交换而联系起来的社会联系，使人从天然的血缘关系和形形色色的人身依附关系中解放出来，"摆脱了自然联系"，有了个性独立和按个人自由意志行事的可能性。

在社会分工和商品生产的社会历史阶段上，一切都要经过交换才能实现其社会价值，从而满足人的需要。由于生产领域和部门不断分化、精细化，社会产品越来越丰富，人的需要越来越多样化，而社会分工又使每个人的生产越来越单一化，因此，需要的多样性与生产的单一性的矛盾就决定了人们之间必然要经常发生以物为媒介的经济交往关系，每个生产者只有为社会进行生产，满足社会的需要，才能满足自身的需要。这样，商品生产就表现为交换价值的创造和设定，商品交换则表现为交换价值的确证，前者既具有社会性，又表现为生产者的个人行为和特殊劳动，后者则不仅在内容上是社会性的，而且在表现形式上也是社会性的。实际上，正是由于生产者设定交换价值的活动是个别的、特殊的，要实现其社会性就必须把自己的产品推向市场、投入流通。在商品交换中，由于每个人劳动的质上的相异性造成了商品在质上的互异性，个人之间劳动的质上的相异性、不可比性，使得商品交换的尺度只能从量上加以衡量，这种量上的通约和比较以社会一般劳动时间为标准。这样，劳动时间量上的等价性就被确定为商品交换的尺度和原则。劳动量上的等价性抽象掉了劳动的质上的差别性、多样性，劳动的共性抹杀掉了劳动的个性，个人的特殊劳动与一般社会劳动的矛盾由此产生，并最终造成人本质的异化，这又集中体现在商品交换的中介——货币上。

---

① ［苏联］科恩：《自我论》，生活·读书·新知三联书店1986年版，第158、148页。

货币本身是"无个性的"财产,它从产生之日起,就充当着一般等价物,"是把我同人的生活、把我同社会、把我同自然界和人们联结起来的纽带……是一切纽带的纽带"①。货币的出现,割裂了商品使用价值和交换价值的有机联系,成为商品二重性的第三者,使得商品在观念上的二重化变成"商品在实际交换中二重地出现。一方面作为自然的产品;另一方面作为交换价值。也就是说,商品的交换价值取得了一个在物质上和商品分离的存在"。②货币作为商品交换价值的符号和象征存在于商品之外,成为交换价值的外在的社会性存在形式。这样一来,一方面,由于货币对经济交往过程的简化和泛化作用,其以一般化、普遍化的形式推动着商品交换日益向普遍化的方向发展;另一方面,由于货币象征和代表着凝结在商品中的劳动量,这使得其包含着由交换手段向交换目的转化的潜在可能性。资本主义发展的历史证明,这种可能性在盈利欲和对成本—收益进行科学评估的计算型性格的驱使下已演变成公开的事实,尤其是在市场经济条件下,一切生产和消费行为都要通过商品交换的形式出现。

在市场经济高度发达的历史阶段,货币成为一切财产的象征、符号,成为需求总体的标志,并成为人的价值的标志。财富作为追求世俗幸福的正当性手段不再单纯;相反,"生意作为一种独立存在,其增长、繁荣以及盈利的上升,都已经变成了目的本身",③这一目的就是财富的货币化,而做好生意所依据的准则离真正的德行渐行渐远。可以说,每个人生产的直接目的都是为了交换价值,为了换得货币;每个人需要的产品都要用货币来换取。这样个人生产与社会需求的依赖和个人需求对社会生产的依赖就集中表现为对货币的依赖关系,人与人之间的社会依赖关系就表现为物的依赖关系。货币表现为物却不是物,而是物化社会关系,即以物的形态表现出来,体现出来的人与人在社会生产中的依赖关系。④这种外在的、物的依赖关系就成了社会关系的总体形式,在这一总体性的社会关系中,"活动和产品的普遍交换已成为每一单个人的生存条件,这种普遍交换,他们的互相联系,表现为对他们本身来说是异化的、无关的东西,表现为

---

① 《马克思恩格斯全集》第 42 卷,人民出版社 1979 年版,第 153 页。
② 《马克思恩格斯全集》第 46 卷(上),人民出版社 1979 年版,第 89 页。
③ [德] 舍勒:《资本主义的未来》,罗悌伦等译,生活·读书·新知三联书店 1997 年版,第 27 页。
④ 李淑梅:《社会转型与人的现代重塑》,山西教育出版社 1998 年版,第 240 页。

一种物,在交换价值上,人的社会关系转化为物的社会关系,人的能力转化为物的能力"。① 在此意义上,齐美尔把人与人之间的任何互动都视为"创造"社会的交换,经济交换是交换的一般形式中的一种特例,而货币是"表现在经济运动中的物与物之纯粹关系的物化",是"人与人之间交换活动的物化,是一种纯粹功能的具体化",② 超越了交换过程中直接相关的任何人与物,成为塑造人类互动最纯粹的也是最发达的形式。事实上,物的依赖关系无非是与外表上独立的个人相对立的社会关系,而人与人之间的社会关系的"物化",是该阶段人的发展的核心本质。

### (二) 人格独立的启蒙与构建

1. 启蒙运动及其精神

如果说宗教改革和文艺复兴开启了人的现代化进程,那么人的主体性的真正确立及人的价值的自我回归是在经历启蒙运动以后才完成的。启蒙运动是较文艺复兴更为全面、更为彻底和深刻的社会——文化革命。就启蒙这个概念或者启蒙运动本身来说,它是一个综合性的历史性的过程或"事件",它既是个体的自我启蒙的问题,同时也是整个社会性的启蒙问题,"是一种历史性的变化,它涉及到地球上所有人的政治和社会的存在"③。特洛尔奇认为:"启蒙运动是欧洲文化和历史的现代时期的开端和基础,它与迄至当时占支配地位的教会式和神学式文化截然对立。……启蒙运动绝非一个纯粹的科学运动或主要是科学运动,而是对一切文化领域中的文化的全面颠覆(Gesamtumwälzung),带来了世界关系的根本性移位和欧洲政治的完全更改。"也就是说,启蒙运动并不是欧洲历史的一个暂时性的插曲,而是划时代的全面更改生活世界,它给"一切可称之为现代思想和社会生活之问题盖上了日戳"。④

自康德提出"何为启蒙"的本体论反思以来,很多学者就此提出了自己的见解。康德解释说,"启蒙运动就是人类脱离自己所加之于自己的不成熟状态。不成熟状态就是不经别人的引导,就对运用自己的理智无能

---

① 《马克思恩格斯全集》第46卷(下),人民出版社1979年版,第103—104页。
② [德] 西美尔:《货币哲学》,陈戎女等译,华夏出版社2002年版,第109页。
③ [法] 福柯:《何为启蒙》,载杜小真编选《福柯集》,上海远东出版社2003年版,第531页。
④ 刘小枫:《现代性社会理论绪论》,上海三联书店1998年版,第175页。

为力。当其原因不在于缺乏理智，而在于不经别人的引导就缺乏勇气与决心去加以运用时，那么这种不成熟状态就是自己所加之于自己的了。Sapere aude！要有勇气运用你自己的理智！这就是启蒙运动的口号"，就是说，启蒙在于开启人们运用理智的勇气，把个体推向主体地位，这种勇气就是"在一切事情上都有公开运用自己理性的自由"。① 尽管康德此处的自由主要是指言论自由，然而其对公开运用理性的强调却是完全把握了启蒙运动的实质。根据福柯的理解，既然"当人只是为使用理性而推理时，当人作为具有理性的人（不是作为机器上的零件）而推理时，当人作为有理性的人类中的成员而推理时，那时，理性的使用是自由的和公共的"，换言之，启蒙绝"不仅是个人用来保证自己思想自由的过程"，只有"当对理性的普遍使用、自由使用和公共使用相互重叠时"，才有"启蒙"。因此，要保障理性的公共使用，启蒙就"不应当仅仅被设想为影响着整个人类的总过程，不应当仅仅被设想为个人应尽的义务，它已显示为政治问题"。②

就思想史而言，启蒙运动把近代过程中逐渐形成的现代性原则充分表达了出来，这就是"从根本上清除基督教的二元论之超自然形态"，并"力求建立内在的理性的世界解释，使所有生活领域变成一个自在的有机组织"③。在政治哲学方面，以自然状态论为基础的国家主权至上观念得以确立，"国家建构不再是上帝授权的行为"，而是人的自然理性的成品，"社会秩序摆脱了'此岸'与'彼岸'的关联"④。以国家理性的理念为基础的社会契约，为经济生活和社会秩序的世俗化铺平了道路：商业活动的扩张，技术工业的发展都是世俗政治建构的后果。世俗政治建构打破了封建制的经济，全面促动了自由市场经济，使经济活动从宗教生活秩序的关联中分离出来，由此，市民阶层才日趋结集。在自然科学领域，新的自然概念不仅支撑着一种原则性的自律思想的展开，还将人类对终极实在的形而上学追求由神学之域空间位移到经验之域，神性目的论的世界图景被

---

① ［德］康德：《历史理性批判文集》，商务印书馆 1997 年版，第 22、24 页。
② ［法］福柯：《何为启蒙》，载杜小真编选《福柯集》，上海远东出版社 2003 年版，第 532 页。
③ 刘小枫：《现代性社会理论绪论》，上海三联书店 1998 年版，第 176 页。
④ 李扬：《"救亡压倒启蒙"？——对八十年代一种历史"元叙事"的解构分析》，《书屋》2002 年第 5 期。

经验——数学操作的自然知识图景置换,并建构起一套理性的、直观的对物理世界的说明。在历史哲学与科学方面,历史的自然演化论取代了古代的"天意"说,从而历史与神性秩序脱离了关系,现代历史学的方法论与自然科学的机械论结盟,既否弃了古代的自然神义论,亦否弃了基督教的超自然神义论,"创造"历史由自然科学的法则来支撑。在基督教神学方面,"自然宗教论"和"自然道德论"的形成削弱了由超自然根据支撑的传统教义,而对理性—启示二元论的深刻批判剥离了基督教理的超自然性,成为自然真理的神学绪言。并且,从政治秩序和社会生活秩序方面来看,在这一转变中,"自然权利"论更换了传统的、与神性秩序相关的自然法理论,并由此滋养了种种世俗的革命,如美国革命和法国大革命。[①]

从现实生活来看,启蒙运动不仅囊括从个体精神解放到人类精神上升的过程,它也是从宗教事务改革到政治革命与社会实践的几乎所有领域的现实运动。在这一过程中,自由主义真正作为一个社会政治哲学的重要流派得以形成,并逐渐成为西方现代社会的基本组织原则。古典自由主义理论以天赋人权学说(或自然权利学说)为基础,以社会契约论为概念框架和程序性解释,对国家和政府进行政治的和道德的论证建构。这些思想对当时的英国、法国资产阶级革命产生了重要影响,成为资产阶级推翻封建制度的有力武器,也是美国独立战争的理论指导。在资产阶级革命中,英国的《权利法案》(1689),美国的《独立宣言》(1776)和《联邦宪法》(1787),法国的《人权和公民权宣言》(1789,简称《人权宣言》)都以根本大法和政治纲领的方式肯定了自由主义的基本精神。由此,自由主义基本原则成为西方主要资本主义国家立国之本,并逐渐成为引领世界政治发展与建构之纲领。另外,在 18 世纪末 19 世纪初,以边沁、密尔、亚当·斯密等为首的哲学家们把功利主义奠定为自由主义的理论基础,对自由主义进行了一番改造,使之适应于自由资本主义时期资产阶级要求经济自由、竞争自由和契约自由的需要。其间,自由主义受到黑格尔及马克思等相当严厉的批评,但这并不影响自由主义在思想上的主流地位,而实际上西方社会所采用的制度更是完全以自由主义哲学为其理论基础。

---

① 刘小枫:《现代性社会理论绪论》,上海三联书店 1998 年版,第 176—180 页。

启蒙思想家提出的人权理想,启发了人们的思想,唤醒了人们的革命意识,动摇了封建专制制度的思想基础,这无疑对社会的前进和人的解放起到了积极作用。"启蒙运动既作为开启欧洲现代性的特殊事件,又作为表现在理性史、合理与技术形式的发展和建立、知识的自由和权威中的持久过程,……它不只是思想史上的插曲。"① 因此,要把握启蒙精神的实质,还必须深入启蒙运动的整个过程中去。正如卡西尔所强调的:"启蒙思想的真正性质,从它的最纯粹、最鲜明的形式上是看不清楚的,因为在这种形式中,启蒙思想被归纳为种种特殊的学说、公理和定理。因此,只有着眼于它的发展过程,着眼于它的怀疑和追求、破坏和建设,才能搞清它的真正性质。"② 总的说来,启蒙的核心是"人的重新发现",是确立关于人的尊严、人的权利和自由的人类普遍价值的公理,特别是确认每一个人都有公开地自由地运用其理性的权利并且以人道主义原则为人类社会至高无上的原则和普世伦理的底线。这一过程,实际上就是人的主体理性确立的过程,是人的自由得以扩展的过程,它所关注的是人,即承认人的价值,追求人的自由与解放,实现人日臻完善的目的。

2. 普遍主义取向的确立

启蒙运动对生活领域的改造打破了神权统治的等级结构,在社会生活中倡行一种普遍主义的价值取向,从而为社会治理与社会秩序走出神性步入世俗提供了现实的阶梯。③ 普遍主义和特殊主义是帕森斯在研究社会行动理论时首先提出的一组概念。社会行动理论认为,行动者有五种可能的行动途径,帕森斯称之为五组"模式变量"。④ 普遍主义和特殊主义是这五组模式变量中的一组,是指在某一互动情境中,行动者对他人的评价和

---

① [法]福柯:《什么是启蒙运动?》,于奇智译,《世界哲学》2005年第1期。
② [德]卡西尔:《启蒙哲学》,山东人民出版社1996年版,第5页。
③ 德国学者卜松山认为,现代西方大体上存在两大普遍主义类型:一是以基督教、马克思主义为代表的绝对主义类型;二是以政治自由主义、自由市场经济及世界自由贸易为主要形式的自由主义类型。这一划分点出了普遍主义的典型形态,但并不能囊括启蒙运动之后整个社会生活的价值形态和意识观念,并且将马克思主义划入普遍主义的背后混同了马克思主义与其他观点在人性和价值上之认识的根本区别,隐藏了马克思主义对个体自由与个性特殊因素的人文关怀。参见卜松山《社群主义与儒家思想》,《二十一世纪》(香港)1998年8月号。
④ 帕森斯提出的五对模式变量是:普遍主义与特殊主义,情感性与情感中立性,扩散性与专一性,自致性与先赋性,个人主义与集体主义。他试图运用这些"二分化"的模式变量来把人格系统中的取向模式、文化的价值模式和社会系统中的规范要求加以规范化。参见[美]乔纳森·特纳《社会学理论的结构》,华夏出版社2001年版。

判断是否适用所有的行动者。按照帕森斯和希尔斯的理解,普遍主义是"独立于行为者与对象在身份上的特殊关系"的一种行动标准,即社会交往中存在某种一般的、普遍的、共同的、带有传播性与流行性的规则或标准,而特殊主义则是指"凭借与行动者之属性的特殊关系而认定对象身上的价值的至上性",[①] 即依赖于行动者之间的特殊关系的一种行动标准,对待不同的人选择不同的交往规则。

一个社会到底是采取特殊主义抑或普遍主义的交往原则,往往取决于该社会中社会关系结构的密度和样式。社会关系相对稳定、频密的社会中,特殊主义则成为人们交往的基本准绳,这一典型形态存在于自然经济占主导地位的农业社会中,社会分层和人际交往是以血缘、学缘、地缘等与身份相关的特定性关系为核心展开的,并且这种特定性反过来又在等级结构中限制了社会的流动,维护着社会等级秩序的稳定。以特殊主义为交往原则的传统社会,整个社会的信任结构也表现为"因亲情而信",即因亲情关系为基础的熟人信任。进一步而言,这样一种社会信任是人格化的深度的社会信任,它建立在传统社会中内聚性的日常互动的基础上,起源于亲密的人格化关系。从此角度,传统社会常被称为"熟人社会",或如著名社会学家费孝通所言的"熟悉的"没有陌生人的"乡土社会",[②] 涂尔干则将此称为"机械团结"的社会。相对而言,在一个流动的、分化的、异质的社会关系中,普遍主义往往成为人们交往的基本原则。普遍主义意味着剥离了与身份相关的特定性因素,其中最有代表意义的就是作为一般等价物形式出现的货币。随着社会交往的扩大,普遍主义的标准在现代社会中开始支配日益繁多的事物。

普遍主义是在社会分工、社会交换和社会关系日益复杂化的过程中逐步形成的,其产生的客观基础首先是市场化和都市化。随着社会生产力的发展和交往的普遍化,物物交换不能适应经济发展的需要,于是货币出现了。货币作为一种物化的社会关系,是典型的普遍主义尺度。在以金钱为交易媒介和衡量尺度的市场中,任何人和事在市场面前都会被问及"能值多少钱",除了买方和卖方两种身份外,人的其他身份如性别、年龄、宗教信仰、同乡等因素都显得无关紧要,正是市场交易中的形式上的平等

---

[①] T. Parsons and E. Shills, *Toward a General Theory of Action*, Cambridge: Harvard University Press, 1951, p. 82.

[②] 费孝通:《乡土中国·生育制度》,北京大学出版社 1998 年版,第 9 页。

原则呼唤并催生了普遍主义价值。由于经济交往活动是人类活动中最重要和最基本的活动，或者说人类其他领域的活动最终都汇聚于经济生产和市场交易中来，因此市场交易中所产生的普遍主义原则逐渐扩散到社会其他生活领域中。此外，在都市化过程中，随着自治城市的崛起，城市居民的自由交往无论在内容还是形式上都越来越丰富，人口数量也越来越多，人口流动的速度与频率加快，这就改变了传统农业社会中固着于土地的社会分层结构，人们在踏出血缘、地缘共同体之外甚至一走出家门就身处一个陌生的世界，这个陌生世界的正常运转需要普遍主义规范的维系，同时陌生的世界又为普遍主义规范的执行清除了"面子"上的障碍。

在社会治理领域，当家长制、世袭制不能满足官僚系统的人才需求时，以才能和成就为主要取向的官僚制应运而生。官僚制组织的价值取向是普遍主义的，即按章办事，不徇私情，一视同仁，或者可以说，普遍主义的另一生长点是现代官僚制，这是因为以形式化规则为基本特征的官僚制排除了人的血缘亲情关系，对各种与身份相关的特定性关系进行通约，它不仅适应了现代社会理性化的需求，而且其普遍主义取向本身又使得其足迹遍及现代社会的所有领域，以至于韦伯认为它是现代人类的生存方式。需要指出的是，在传统中国社会所产生的科举制，也是以精致的普遍主义规范为价值取向，但这种普遍主义是一种价值普遍主义。这一方面是由其考试内容所决定的。韦伯曾正确地指出："在中国，12个世纪以来，由教育，特别是考试规定的出仕资格，远比财产重要，决定着人的社会等第。中国是一个非常重视文学教育，把它作为社会评价的标准的国家。"[1] 正是由于这一人文化倾向，中国科举考试的内容以儒家经典、纲常伦理为主，而在近代西方，"除了这种等级制的教育考核之外，还出现了理性的专业训练，并且部分地取代了前者。中国的科举根本不像我们近代考法官、医生、技术人员等等的理性官僚制的考试制度，根本不确认专业是否合格。……中国的考试要确定的是：你是否满腹经纶，是否具有一个高雅的人所应具有的思维方式，后者是前者的结果。……各级科举都考书法、文风、对经典著作的掌握……这种教育一方面具有纯世俗的性质，另一方面，又束缚于正统地诠释圣人的严格规范，具有极端排他性的通晓文学典

---

[1] ［德］马克斯·韦伯：《儒教与道教》，商务印书馆1999年版，第159页。

籍的性质"①。因此，以儒家经典、诗词歌赋为载体，以心性、人文、修为等作为衡量人才素质和水平的重要指标，是无法产生现代社会以形式规则为基本特征的官僚制的。另一方面，这又是与中国传统等级社会之家国同构、宗法伦理一体的社会大背景是分不开的，而西方近现代社会则是以工业化、科技化、社会分工和数理（可计算的经济）为基础的。

3. 人格独立追求的制度化

丹尼尔·贝尔指出："现代主义精神像一根主线，从16世纪开始贯穿了整个西方文明。它的根本含义在于：社会的基本单位不再是群体、行会、部落或城邦，它们都逐渐让位给个人。这是西方人理想中的独立个人，他们拥有自决权力，并将获得完全自由。随着这类'新人'的崛起，开始了对社会机构的批判（这是宗教改革的显著后果之一，它首次把个人良知尊奉为判断的源泉）。"② 人的主体性与创造性不仅体现在社会物质财富的生产过程中，也融于人与人之间的社会交往活动中，这一过程就是人格的独立化运动。

独立人格与商品经济中的自由、自立、平等的特性有着天然的联系，商品经济发展阶段也是个人人格走向独立的阶段。自由自愿原则是商品经济交换的基本法则。一般而言，交换是为了满足自己在物质和精神上的需要或目的，而这种需要或目的只有使自身（通过商品生产）成为他人的手段时才能达到，"把自己当作手段、或者说当作提供服务的人，只不过是当作使自己成为自我目的，使自己占支配地位和主宰地位的手段"。③因此，在交换中作为交换主体给出的和所获得的应当是相等的东西，因而它们又"实现为平等的人"。同时，商品交换得以实现，还要求交换主体地位平等、人格独立，"确立了个人的完全自由：自愿交易，任何一方都不能使用暴力"。④独立自主与平等原则体现了商品经济关系的本质特征和市场经济的基本法则，也构成了独立人格的基本特性和价值框架，成为近现代人格独立的重要标志。在此意义上，独立人格不是简单地与依附人格对立，而是对依附人格的解放、扬弃与发展。这是因为，一个人只有在

---

① [德] 马克斯·韦伯：《儒教与道教》，商务印书馆1999年版，第173—174页。
② [美] 丹尼尔·贝尔：《资本主义文化矛盾》，赵一凡译，生活·读书·新知三联书店1989年版，第61页。
③ 《马克思恩格斯全集》第46卷（上），人民出版社1979年版，第196页。
④ 同上书，第196—197页。

社会总体中才能使自己真正社会化，才能真正成为自立、自主、自律和自由的独立的个人。

商品的生产和交换表现为设定和确证交换价值的活动，在以资本为基础的生产过程中，科学、技术与自然相互作用，"创造出一个普遍利用自然属性和人的属性的体系，创造出一个普遍有用性的体系"，并"形成普遍的社会物质变换，全面的关系，多方面的需求以及全面的能力的体系"。① 这一体系实际上就是社会关系的物化，人的能力转化为物的能力，而所谓物的能力就是货币的能力，它要求以商品和货币等物的形式表现人们之间普遍的社会关系。这样，人对人的依附关系被人对物的依赖关系所取代，人与人之间不再是一种直接的人身依附关系，而是通过物所表现的关系。这就使得对物的规定与对人的规定一样成为必要，而对物的规定间接地也是对人的规定。因此，法律法规既是关于物的关系的规定更是关于人的规定，"所有的法都是为保护人格服务的，至少是间接地服务"，② 不仅如此，以法律法规为保障的理性的程序和规范就此成为市场经济有效运作的基本前提。

事实上，"无论是在宪政或人权层面的宣示，还是部门法中具体制度之设计，人格权制度在其中均担当着轴心性的角色与意义"，③ 法律制度对物的关系进行规定，首先表现为民法中的人格制度建立。尽管罗马法时期的人格确立被赋予完全的财产内涵而成为侵权法的内容，但人类在从身份迈向契约的运动中，人格的制度之构建愈来愈具有自身的独立性与完整性，它并非仅仅解决人自身的前提问题或解决人与人之平等关系问题，其更进一步之社会功能或法学价值趋向是为了解决在平等身份之后之人与物的关系④。与物化社会关系相应的法律制度的普遍建立，就构成了梅因爵士所谓的"从身份到契约"的运动，或詹姆斯所谓的"从宗族社会到公民社会"的转型。这两种论断均传导着同一价值立场：民法中的人摆脱了身份或宗族社会之控制而成为自身之主人⑤。从身份到契约之进步运

---

① 《马克思恩格斯全集》第46卷（上），人民出版社1979年版，第104页。
② 王世洲主编：《人格》，北京大学出版社2014年版，第34页。
③ 同上书，第75页。
④ 刘云生：《道德祛魅与人性张扬：民法人格价值论纲》，《西南民族大学学报》（人文社会科学版）2004年第3期。
⑤ 同上。

动，其实际前提即表现为平等人格理论之塑造，其实际内容则表现为对社会财产之分配模式从身份性分配或等级性分配演化为对等性或交换性分配。随着社会的发展，基于财产分配与交换的契约关系就逐渐成长为整个社会关系的中轴，产权关系、租佃关系、雇佣关系等等就相应产生和发展，并逐渐扩散至社会生活的各个领域。

在人的独立性追求过程中，公法上人格建构的制度化无疑更具有革命性的意义，这突出表现在对人作为人的自由、平等一系列根本人权的明确规定和保护上。1789 年，法国大革命所诞生的《人权宣言》在第一条中庄严宣称"在权利方面，人们生来是而且始终是自由平等的"，"自由就是指有权从事一切无害于他人的行为"。[①] 1948 年，《联合国人权宣言》指出："大会发布这一世界人权宣言，作为所有人民和所有国家努力实现的共同标准，以期每一个人和社会机构经常铭念本宣言，努力通过教诲和教育促进对人权和自由的尊重，并通过国家和国际的渐进措施，使这些权利和自由得到普遍和有效的承认和遵行……"[②] 人权的法律宣言，标志着人格建构的制度化达到巅峰。这里，人格的制度建构在民法与公法上的区分，契合了公共领域与私人领域发展与分离的社会现实，但也是现代理性发生分化的制度性反映，为现代社会中人格发展的片面化埋下了制度的隐患，一方面它为社会领域中独立人格的普遍生成确立了制度框架和程序保障，另一方面，它将人的自由与平等限定在了不同领域，并以制度形式予以固定化。

## （三）向我而在：自由的陷阱

1. 个人主义[③]滥觞

普遍主义既是西方文化传统的一个显著特征，也是自由主义的一个基

---

[①] 张宏良：《改变人类命运的八大宣言》，中国社会出版社 1996 年版，第 16 页。

[②] ［英］米尔恩：《人的权利与人的多样性——人权哲学》，夏勇、张志铭译，中国大百科全书出版社 1995 年版，第 2 页。

[③] 据史蒂文·卢克斯考证，"个人主义"最早可能由法国复辟时期的贵族保守派思想家德·梅斯特在 1820 年作为贬义词使用的。参见卢克斯《个人主义：分析与批判》，中国广播电视出版社 1993 年版，第 2 页。

本要素，是自由主义政治观最核心的构成要素。① 如果说基督教理代表了宗教神权社会中的普遍主义，那么这种普遍主义是在超越与整合古希腊之本体普遍主义及其实现人文转向后之价值普遍主义的神性普遍主义，而启蒙运动所确立的普遍主义则是一种人性普遍主义、人权普遍主义、规范普遍主义。言之人性，即将逻辑起点由宗教神学之普遍神性转到普遍人性，如自爱、自我保存等，并由此衍生出个人主义；言之人权，就以世俗之自然权利取代了以上帝为中心的神权，从而确立个人自身之终极目的；言之规范，则是在价值多元主义取代一神论的过程中，逐渐衍生出法治传统，将权利与自由规则化以实现人之最终目的。正是由于自由主义的普遍主义因素，这使得自由主义作为一种广包性的理论而非仅仅是一种政治理论，而已然成为西方现代社会的基本组织原则和现代价值理想之观念表达，进而，社会生活本身又为自由主义的发展提供了足以炫耀的资本。自由主义的规范普遍主义是从人权普遍主义派生出来的，人权普遍主义则是从人性普遍主义派生出来，而这一切又都浸润着自由主义的个人主义精神。②

个人主义萌芽于欧洲文艺复兴和宗教改革以及随之而来的资本主义商品经济的萌芽和发展中，启蒙运动对个体理性的极度张扬和17世纪关于个体和自我的形而上学为个人主义的产生奠定了理论基础。18世纪末和19世纪初，个人主义开始在西方成为思潮，但直到20世纪，它才作为一种核心价值观对西方人产生广泛的影响，成为西方社会发展必不可少的精神动力和理论武器。作为一种政治和社会哲学，个人主义"高度重视个人自由，广泛强调自我支配、自我控制、不受外来约束的个人或自我"。在价值观上，个人主义强调个性、自由、权利和平等，把人自身作为最高目的；在政治生活中，个人主义反对国家对个人事务的干预，主张人民主权、限制国家权力、保障人权；在经济领域中，作为一种财产制度，个人主义强调维护个人的私有利益、维护财产私有制，"即每个人（或家庭）都享有最大限度的机会去取得财产，并按照自己的意愿去管理或转

---

① 约翰·格雷把自由主义的特征概括为个人主义、平等主义、普遍主义（普世主义）和社会改良主义（社会向善论），并认为后两者是自由主义政治观最核心的构成要素。参见 J. Gray, *Post-liberalism*, New York, 1993, p. 284。

② 马德普：《普遍主义的贫困——自由主义政治哲学批判》，人民出版社2005年版，第106页。

让财产"。①

从对人的解放角度而言，个人主义具有积极的历史进步意义。在美国，个人主义思想经过几百年的发展，先后形成了新英格兰个人主义、超验个人主义、实用个人主义等不同流派，尽管表现形式各异，但实质却一样，都包含了上述基本精神。早期的美国个人主义，并非狭义上的功利型个人主义或利己主义，而是一种遵守个人道德理想，带有责任感和义务的具有英雄主义倾向的个人主义，并且这些基本特质一直延续至今。但随着社会物质文化生活的逐渐丰富，个人主义进一步滥觞，其负面影响也接踵而来。罗伯特·贝拉等在论述美国人民族性格时曾指出："美国的文化传统，是通过把个人高悬在无比荣耀却又极其恐怖的孤立状态中，来界定个性、成功和人生目的含义。"② 或者说，"个人主义是一种只顾自己而又心安理得的情感，它使每个公民同其同胞大众隔离，同亲属和朋友疏远。因此，当每个公民各自建立了自己的小社会后，他们就不管大社会而任其自行发展了"③。也许托克维尔对此描述得有点过分，但却也点中了自由主义滥觞的症结所在。个人主义的这种内在矛盾不仅会造成个体心理上的孤独，还会将这种孤独心理投射到个体的各种生活实践中去。当代美国著名学者伯恩斯和拉尔夫教授在谈到资本主义的极端个人主义的危害性时认为："如果启蒙运动有什么不良后果的话，它可能就是个人主义的过度发展。"④

个人主义之负面影响的根本原因在于其过分夸大了个体自由和权利，个人既是自由主义的基石，也是自由主义政治思维的逻辑起点。"我们尊崇个人尊严，确切地说，我们信奉个人的神圣不可侵犯性。任何可能破坏我们自己思考、自己判断、自己决策并按照自己认定的防守生活的东西，不仅在道德上是错误的，而且是亵渎神明的。"⑤ 也就是说，在世俗社会和世俗生活的层面上，相对于社会整体和国家，自由主义者将个人视为本原和终极目的。自由主义确立和发展的过程始终贯穿着对抗和挑战，这些

---

① 《简明不列颠百科全书Ⅲ》，中国大百科全书出版社1985年版，第406页。
② ［美］罗伯特·贝拉等：《心灵的习性：美国人生活中的个人主义和公共责任》，生活·读书·新知三联书店1991年版，第8页。
③ ［法］托克维尔：《论美国的民主》（下卷），商务印书馆1997年版，第625页。
④ 易杰雄、高九江：《启蒙推动下的欧洲文明》，华夏出版社2000年版，第249—250页。
⑤ ［美］罗伯特·贝拉等：《心灵的习性：美国人生活中的个人主义和公共责任》，生活·读书·新知三联书店1991年版，第214页。

挑战既有外部的，也有内部的，既表现在理论上，也存在于实践中。自由主义内部的倾向性分歧主要表现为对"个人自由"与"社会平等"的不同偏重，对自由与平等的价值及两者间关系的不尽一致的见解，而对于个人自由或权利的核心地位并无原则性分歧。无论是在17、18世纪之古典自由主义者的"自然状态"中，还是在19世纪"实证时代"之功利主义者的"最大幸福"里，抑或当代自由主义大师罗尔斯的"原初状态"下，都是以个体之权利和自由为最高价值标准，尽管他们对此有不同的程序性解释（社会契约论、最大限度幸福说、无知之幕之设计）。当代新自由主义者（保守主义者）波普尔更是宣称：一切政治组织无论是国际的、国家的或是地方的都应当以人类个体为"终极关怀"，① 哈耶克也坚称"个人的目标体系应该至高无上而不屈从于他人的指令"，个人主义立场的实质就是"对个人作为其目标的最终决断者的承认，对个人应尽可能以自己的意图支配自己的行动的信念"。②

"原初状态"中的人与"自然状态"中的人一样，都被抽象为一个个孤立的单子。正如桑德尔在批评新自由主义及罗尔斯之正义论时所指出，自由主义的正义理论建立在道德主体之上，但是由于这种道德主体脱离了历史环境，从而作为建构主体，他们不能真正建构，作为选择主体，他们也不能真正选择。新自由主义的正义理论自身存在着难以回避的局限性，因为它没有一种正确的共同体观念。③ 按照历史唯物主义观点，这种"人"没有任何现实的社会基础，是"一种本原的、先验的、前社会的或前历史的存在物，其本身就是个人或特殊同一个绝对超越历史的共相之间任意、武断的统一，而不是同人类共相的统一"。因此，这种自然人或个人是自由的和自主的。自然人在由先验的原点走进历史深处，成为政治社会的现实人的过程，就是恢复"作为一个原本的人或个人所特有的诚实

---

① ［英］卡尔·波普尔：《开放社会及其敌人》第1卷，中国社会科学出版社1999年版，第302页。

② ［英］哈耶克：《通往奴役之路》，王明毅等译，中国社会科学出版社1997年版，第62页。

③ 桑德尔本人否认自己的共同体观念是"自由主义—共同体主义"之争中的一般意义上的共同体观念，他关注的是"权利是否优先于善"而非"权利是否重要"，即不去讨论个体与共同体谁更重要的问题。参见［美］桑德尔《自由主义与正义的局限》，万俊人等译，译林出版社2001年版，第2版前言第2页。

和正直"。① 这表明，以抽象的"人"作为原点的个人主义（自由主义）在被运用和尊奉为现实生活中的指导原则时，不仅其理论自身会遇到完备性和广包性的挑战以及现实的尴尬，而且其普遍主义特性还会导致其在现实生活中的泛化和膨胀，从而引致一系列的社会问题，如个体的孤寂无助感、世俗生活的庸俗化、社会道德的沦丧、人与人之间的冷漠等等，对此法兰克福学派做了睿智的诊断。

2. 道德生态失衡

如果说启蒙运动后所勃兴之自由主义在其早期对人所起到的作用更多的是积极性的，那么这种积极性本身却是在一定限度内所展现出来的，而这种限度在如今看来可能是障碍甚至落后愚昧。传统伦理和宗教禁忌对个人自然欲望之限制与督导、基督教彼岸理想对此岸世界之全权监控，不仅是市场体系的初始条件，还是其持续存在的前提，"自由主义这些年来一直能不断存在下去，是因为它所产生的个人主义始终是不完全的，得到古老的戒律和忠诚，以及地方的、伦理的、宗教的或阶级关系的稳定模式的调节"。② 自由价值的历史实现，既是在宗法纽带束缚下解放个人，也是在传统伦理的压抑下释放欲望，由此带来了个人感和此岸感的超常高涨。随着个性自由空间在世俗中的确证，并在清除外部障碍的历史进程中不断放大，在后来的历史演化中，对现世感性幸福的追求走向了追逐财富、积聚资本的功利谋划和寻觅新奇、张扬自我的个性表现，亦即贝拉等人所称的"功利型个人主义"和"表现型个人主义"。③ 当自由主义对其历史性限制取得胜利的时候，一场危机也翩然而至。这场危机起源于现实生活中的物质崇拜和感觉革命，行进在功利主义兴起并蜕变为利己主义大行其道的旅途中，最终停留在崇高理想被扫荡干净和现世生活全面庸俗化的边界上。

禁欲伦理在世俗生活领域的退出确立了功利追求在人的行为动机上的基本地位，而物质匮乏的历史给人造成的切身体会与物质充裕给人带来的满足刺激在世俗幸福的理想观念中转变为一种天经地义的生活态度，并

---

① ［意］加尔维诺·德拉—沃尔佩：《卢梭和马克思》，重庆出版社 1993 年版，第 9、11 页。
② ［美］罗伯特·海尔布罗纳等：《现代化理论研究》，华夏出版社 1989 年版，第 38 页。
③ ［美］罗伯特·贝拉等：《心灵的习性：美国人生活中的个人主义和公共责任》，生活·读书·新知三联书店 1991 年版，第 46—55、214—216 页。

且，在自由主义的意识形态化的放大下，物质财富的创造与获取成为个人价值实现的最高判准，功利谋划被提升为个人现世生活的至上目标，而受新教伦理精神滋育的资本家则成为了整个社会人格的典范。随着商品经济成为社会的主导结构，对财富的渴望转变为对货币或金钱的追求，进而对物质的崇拜演化为对金钱的膜拜。在现代生活方式的多样化探索过程中，随着技术的进步、经济的发展、物质匮乏的消除，闲暇时间的增多以及大众消费社会的兴起，狂纵不法的个性表现则有了施展的巨大空间，并进一步演化为追求感官刺激的放浪轻狂，最后，竟达到这样的程度，以至于怪癖成为常规，叛逆变得时髦，经验探险成了一场花样翻新且永无止境的时尚竞赛。①

当视财富追逐为最高目标的资产阶级企业家被确立为社会人格类型的楷模时，其榜样的力量就在全社会为功利主义的盛行注入了人格化的实现途径，并且自然而然地把人们引到利己主义和唯我主义的方向。这个方向即便不被公开宣示，至少也是一种隐秘的生活逻辑。不可否认，功利主义在资本主义发展史上"是一个大胆的公开的进步"，它反映了资产阶级要求作为一个独立的阶级自由发展的强烈愿望，为资产阶级夺取政权，冲破封建专制主义的束缚，做了道德上的论证。功利主义"表明了社会的一切现存关系同经济基础之间的联系"，但是，如果"把所有各式各样的人类的相互关系都归结为惟一功利关系，看起来是很愚蠢的。……因为在现代资产阶级社会中，一切关系实际上仅仅服从于一种抽象的金钱盘剥关系"。马克思和恩格斯在对功利主义做了客观肯定后，又运用阶级分析的方法，揭示了它的局限性。这种局限性是由资产阶级自身的条件所决定的，"它所能批判的仅仅是那些从以往的时代遗留下来的，阻碍资产阶级发展的关系"，资产阶级功利主义的核心是利己主义，即"通过我使别人受到损失的办法来为我自己取得利益"。② 资产阶级鼓吹功利主义，个人利益至上，从而严重地扭曲了人与人之间的关系，"它使人和人之间除了赤裸裸的利害关系，除了冷酷无情的'现金交易'，就再也没有任何别的联系了。它把宗教的虔诚、骑士的热忱、小市民的伤感这些情感的神圣激发，淹没在利己主义打算的冰水之中"。因此，功利主义在资本主义经济

---

① 张凤阳：《现代性的谱系》，南京大学出版社2004年版，第153页。
② 《马克思恩格斯全集》第3卷，人民出版社1960年版，第480、484、478、484页。

学的包装下，变成了"替现存事物的单纯的辩护"，① 进而其批判是有限度的。

在现代性的成长过程中，自由主义、个人主义按照自身内在逻辑勇猛地突破了在它看来不过是绊脚石的一切传统边界，进而在与传统道德规范相冲撞的过程中发生了品格错位。物质崇拜与"功利型个人主义"的狼狈为奸，剥夺了新教伦理的道德监护权，而一旦经济冲动成为唯一的主宰，"财富的追求已被剥除了其原有的宗教和伦理色彩，而趋于和纯粹的世俗的情欲相关联"，② 这就促成了禁欲苦行的工作伦理向纵情享乐的"消费道德观"的蜕变。这一蜕变，就使得"我们的欲望成为一种我们必须尊奉的神谕圣言"，③ 整个世俗社会在诸多方面流于庸俗化，庸俗化意味着深刻性的丧失。本来，世俗化并不等于也不意味着庸俗化，④ 但是，在"消费道德观"主导下的资本主义生活却在处处和很大程度上走向庸俗化。因而，马克思认为，"古代的观点和现代世界相比，就显得崇高得多"，⑤ 而现代社会享乐主义和拜金主义的自我满足则是鄙俗的。

在另一条极端的道路上，"表现型个人主义"与感觉革命沆瀣一气，主张打破传统戒律和习俗陈规，顺乎生命情感，用感性的自在、愉悦和满足对人生意义提供辩护，从而在独立无羁的自我表现和自我满足中潜伏下虚浮狂热、反传统、反秩序乃至"反文化"的颠覆性能量。随着历史进程的深入，这将不可避免地侵蚀和冲击道德堤坝，最终演化为病态的虚无主义和自恋主义。以价值虚无为凭借，现代个人主义对自我的迷恋已成为"朝着和进入一种不再有任何明确标准的境地的运动"⑥。于是，"表现型个人主义"的膨胀和扩张就促成了干涉冲动的基督教传统的"善行道德观"（goodness morality）向放浪不羁的以性为中心的"娱乐道德观"（fun morality）的蜕变，从而使社会丧失超验的伦理观念，产生了从艾滋病、同性恋到心理焦灼的众多的"反文化"的社会难题。

---

① 《马克思恩格斯全集》第 1 卷，人民出版社 1956 年版，第 253 页。
② ［德］马克斯·韦伯：《新教伦理与资本主义精神》，生活·读书·新知三联书店 1987 年版，第 141 页。
③ ［美］布鲁姆：《走向封闭的美国精神》，中国社会科学出版社 1994 年版，第 185 页。
④ 苏国勋：《理性化及其限制》，上海人民出版社 1988 年版，第 246 页。
⑤ 《马克思恩格斯全集》第 46 卷（上），人民出版社 1979 年版，第 486 页。
⑥ ［美］麦金泰尔：《德性之后》，龚群译，中国社会科学出版社 1995 年版，第 297 页。

3. 人格总体性的消解

启蒙运动所开启的"现代"是一个"理性的时代"。17世纪末至18世纪中期，科学技术在知识积累以及谋取物质财富的过程中所扮演的巨大作用将其推上了至尊的地位，而作为科学发展所依赖的主要方法即经验实证原则趁势自我推销并很快盛行起来。启蒙运动所认定的进步观念尤其是达尔文进化论的创立，不仅否定了以往人们赋予世界发展和人类起源的种种超越的形而上学色彩，而且这一思想通过斯宾塞引入文化领域，形成了一股以自然的、机械论的方法把人类精神文化还原为经验研究的达尔文文化思潮。这就导致了形而上学精神与人类文化的分离，为实证主义的兴起奠定了基础。自19世纪30—40年代孔德、斯宾塞、穆勒等创立实证主义以来，随着科学的发展和运用，技术力量所造就的成果越来越丰富，这给了人们前所未有的认识世界、改变世界的信心，在20世纪20—30年代，经石里克、卡尔纳普等人的努力，实证主义得到了最强有力的推动，试图用自然科学的方法解释一切、描述一切。由此，实证主义认识事物的方式、方法日益泛化到人类生活的各个领域，并取代了形而上学的生活。

实证主义的泛化以及形而上学在生活中的缺席，导致了理性自身的危机和片面化。这就是说，实证主义把启蒙运动所张扬的统一理性观割裂开来，[1]将实证理性等同于理性本身，而驱逐了规范理性（康德所称的实践理性）的合法性位置。当启蒙理性被同化为实证理性、肯定理性时，它就失去了其原有的批判的、反思的、否定精神而成为为现实辩护的工具，这不仅造成了启蒙精神的自杀，即"把理性从形而上学转化为工具理性的合理性"，[2]还造成了人性的危机。"现代人让自己的整个世界观受实证科学支配，并迷惑于实证科学所造就的'繁荣'。这种独特现象意味着，现代人漫不经心地抹去了那些对于真正的人来说至关重要的问题。"[3]这个问题就是对人生问题的探究、对人生意义的追求。当人生的意义、价值、理想、信仰等超验的东西因无法证实而被抛弃的时候，人的完整性也

---

[1] 在启蒙运动的框架内，理性并非是一种对价值漠不关心的研究工具，理性既批判知性（理论），也审视道德（实践），也就是说，它是建立在理论与实践的双重观念的基础之上的。然而，实证主义的兴起造成了理性同一性论断（即物理现实与人类现实统一性的论断）的解体。参见［法］让-马克·夸克：《合法性与政治》，中央编译出版社2002年版，第150—161页。

[2] ［德］霍克海默：《批判理论》（导论），李小兵等译，重庆出版社1989年版，第14页。

[3] ［德］胡塞尔：《欧洲科学危机和超验现象学》，张庆熊译，上海译文出版社1988年版，第5页。

就失去了，因为"个人的全面性……是他的现实关系和观念关系的全面性"。①

当实证主义宣称只有自然科学的世界才是唯一真的存在时，它就把具有艺术、生命、价值与意义等诸多层面的真实世界降低为单向度的世界，从而在对物的过分强调中消解了人的总体性，进而导致人的物化和物化意识的产生。到处可见的是，对物的崇拜与占有达到了极端疯狂的地步，人调动起自己的全部潜能与力量去开采、探奇、占有和消费物，对物质财富占有的多少成为衡量一个人能力与身份的象征，这种获取财富与物质的能力代替了传统意义上用来评价人的那些标准，如诚实、善良、高尚、纯洁等等。物对人的统治不仅体现在生产过程中，更广泛地存在于社会其他生活领域，从而使人的存在成为"物化存在"。与物化的人相伴随的是物化意识的产生。卢卡奇认为物化意识是异化在观念中的反映，它已经成为一种意识形态，消解人的主体性，使人全方位地接受物的统治。物化意识不仅体现在社会生活与政治生活中，还体现在消费领域以及人与人之间的关系上，最终导致人与自身的分离、人的总体性的消失、人的世界的片面化发展。

物化意识体现在社会治理领域，就是官僚专制和官僚主义的盛行。这是一种理性的管理形式，它把僵硬的科学理性精神贯穿于管理之中。对于这种异化关系，弗洛姆曾这样描述道："由于管理机构的庞大和随之而来的抽象化，官僚们和人民的关系就成了一种彻底的异化。被管理的人们只是那些既无爱也无恨完全被官僚认定的客观物体。从管理人——官僚的专业工作来说，它不需要有什么感情，他必须像他掌握数字或物品那样去管理人们。因为组织的庞大和分工的过细阻碍了任何人去顾及全体……。"② 事实上，不仅是被管理者被物化为一种无生命的管理客体，而且管理者自身也被物化为管理程序上的一种工具性存在。

综上所述，启蒙精神所推崇的理念是抽象的个人主义和主体主义，乐于不断改进的功利主义以及无限制的乐观主义。生产力的发展和社会财富的增长首要满足了物质需要，而工业化进程开启后商品经济的运行把这种

---

① 《马克思恩格斯全集》第46卷（上），人民出版社1979年版，第36页。
② ［美］弗洛姆：《资本主义制度下的异化问题》，载陆梅林、程代熙选编《异化问题》（下），文艺出版社1986年版。

第一性需要演化为一种普遍的社会风尚，即以功利谋划和物竞天择为要点的古典自由主义。对感性的可视、可触的功利追求不仅是整个社会运行的最高目标和指导原则，也是鼓励个人自我实现的人生理想和评判标准。在这种全社会的功利谋划过程中冷落了与自由、平等共在一帜上的博爱精神和原则，在实证主义泛化的潮涌中人成为物化的存在，物化意识将人的总体性消解掉，从而造成了人的单向度发展。换言之，在追求物质财富的过程中，人类在转向物的同时却自觉或不自觉地忘记了自身，即人"并没有获得能使他的个人自我得以实现，即他的智力、感情和感官方面的得以发挥这一意义上的积极自由。自由给人带来了独立和理性，但同时又使人陷于孤独、充满忧虑、软弱无力。……人摆脱了所有的精神权威的束缚，获得了自由，但正是这种自由给他带来了孤独和忧虑，使他被一种个人无意义和无权力感压得喘不过气来"。① 人格总体性的消解表现在社会治理领域，就是行政人员工具人格的普遍生成。

## 二 法治追求中行政人格的分裂

### （一）社会治理的法治取向

#### 1. 市民社会勃兴

工业革命以及启蒙运动对现代社会所产生的最重要的影响可能就是市民社会的真正兴起。从历史发生学角度看，市民社会无论是作为一种社会存在，还是作为一种观念，都是欧洲或西方文明的产物②，或更确切地说现代意义上的市民社会是伴随着11世纪后城市的兴起而产生并发展的。在古希腊古罗马时期，传统意义上的市民社会已经萌芽，这时的市民社会概念具有"市民社会"、"政治社会"和"文明社会"三重含义。③ 中世纪的思想家则进一步继承并发扬了这一市民社会的理论。首先，市民社会作为一种城市④的文明政治共同体，是与野蛮人的社会或野蛮状态（契约论之自然状态或自然社会）相比较而言的。文明与野蛮之二分内含着强烈的道德判断，如果人们只处于原始封闭的家庭、村落乃至部落这样的初

---

① ［美］弗洛姆：《逃避自由》，中国工人出版社1989年版，第11页。
② 邓正来：《市民社会理论的研究》，《中国书评》（香港）1995年第7期。
③ 何增科：《市民社会概念的历史演变》，《中国社会科学》1994年第5期。
④ 这里的城市既指古希腊时期的城邦或共和国，也指中世纪逐渐兴起的城市国家。

级共同体而没有自愿地构建一个政治共同体,那么他们就处于野蛮状态中,只有当人们有意去构建一个政治共同体时才是实现了人的更高本质,因而也才能过上快乐而有道德的美好生活,因为"政治共同体的目的在于设立通行的标准和惯例……这些标准有利于公民的最大利益"①。

其次,市民社会之主要特征不在于其中存在着家庭、私有财产、工商业生活等,因为这些要素在野蛮社会或自然社会中也同样存在,而在于它拥有政府和法律这样一些政治文明因素,它也因此而被称为文明社会。

再次,这样一种政治社会是建立在共和政体基础上的社会。在共和政体中,民众的同意是政府权威的唯一来源,保障民众过上幸福生活是政府最高之目的,个人只有作为公民参与到政治共同体的生活中去才有意义。换言之,尽管不参与公共事务也没什么错误,但从道德上看,参与公共生活的公民角色高于局限于家庭生活中的个人角色,作为公民所参加的政治生活也要高于作为个体参与的工商业生活,更不用说单纯只为家庭利益或持家的家庭生活了。正是在此意义上,亚里士多德认为人首先是一种政治动物和社会动物,而在古希腊语中,"公共"与"私人"也成为涵具价值与道德的对立概念。②

如果说古希腊城邦时期的市民社会因其"公民"外延的局限是狭隘和片面的,③ 那么中世纪随着自治城市之兴起而生长的市民社会则具有了现代市民社会的雏形,具有革命性的意义。在很多学者眼中,城市在人类文明的历史进程中具有不可忽视之地位,兴起于11世纪的自治城市是"作为现代文明的一个重要因素登场的",④ 意味着人类理性的发展进入了一个新阶段。"作为一个自由的、自治的市民社会的城市",是"一个新的政治和社会有机体","论过程,是演进的;但论结果,是革命的",因为它为市民社会提供了良好的生长空间,滋生了"承认城市为一个自治社会"的"强烈的共同意识"⑤。具体而言,从经济角度看,农业与手工

---

① [美]乔治·弗雷德里克森:《公共行政的精神》,中国人民大学出版社2002年版,第19页。

② 同上书,第18—19页。

③ 这一时期市民社会中的"公民"范围仅限于城市贵族和拥有自由权的平民,不包括奴隶甚至妇女和儿童。

④ [法]基佐:《欧洲文明史》,商务印书馆1998年版,第116页。

⑤ [美]詹姆斯·W.汤普逊:《中世纪经济社会史》(下),商务印书馆1961年版,第427、424页。

业的分离、工商业贸易的发展创造了城市,而城市的兴起又反乎于经济的发展并扩展至社会各个领域,"在城市出现之前,劳动是奴役性的;随着城市的出现,劳动成为自由的"①,这不仅为市民社会的生长提供了经济基础,更重要的是它促成了市民阶级的逐渐形成。因为城市或城镇居民多为商人、逃出庄园的工匠、手艺人以及律师等,他们是"作为个人进入市民阶层的"②,这就打破了封建等级依附关系的纽带,确立起城市中全新的个人法律地位。

从政治角度看,民主参与、自治管理作为一种新生事物逐渐确立并得以制度化。自治城市之自治就在于其在特许状的公开明示下拥有行政、司法、财政和军事大权,可以制定自己特有的城市法律,赋予公民在法律面前的平等权利,依法选举代议机关——市议会这一最高权力机关来讨论决定一切重大事项,并组建行会来进行行业自治管理,从而拥有了特别的政治和行政管理的机构。从社会日常生活角度看,人身自由和私有财产受到尊重和保护,城市公共生活和私人生活开始分离,这为市民"指明了成为一个经济人的道路"③,进而为个体摆脱封建等级伦理、宗教和政治束缚从而塑造个体独立人格提供了契机。从文化角度看,市民精神的确立则在市民意识形态中孕育了现代市民社会的胚胎。随着社会经济生活的发展以及市民社会在多元权力斗争中不断争取权利的扩展和伸张运动的深入,自由贸易、平等交换、互惠互利、尊重规则和惯例、契约与权利以及民主参与、权力制约、代议民主等精神取向和品格也逐渐生成,并在城市市民社会的进一步发展中,又不断发展、升华,形成新的独立价值观念和原则,形成现代市民社会精神。④

现代意义上的市民社会成熟于 17—18 世纪的资产阶级革命时期。当资产阶级革命推翻君主专制制度、确立了代议制民主原则时,市民社会与政治国家才真正实现分离,从而为私人领域的独立存在和工商业活动的自由发展提供了法律上和制度上的保障。现代市民社会理论坚持政治国家和

---

① [比利时] 亨利·皮雷纳:《中世纪的城市》,陈国樑译,商务印书馆 1985 年版,第 66 页。
② [德] 马克斯·韦伯:《经济与社会》(下),商务印书馆 1997 年版,第 602 页。
③ 同上书,第 605 页。
④ 关于城市市民社会之历史意义的进一步讨论,可参见马长山《国家、市民社会与法治》,商务印书馆 2002 年版;何勤华、任超《法治的追求:理念、路径和模式的比较》,北京大学出版社 2005 年版。

市民社会的二分法，强调市民社会是由非政治性的社会所组成。国家与社会的分离突破了内含着等级、局限于城市的古典市民社会理论，这一工作主要是由黑格尔承担并由马克思加以完善的。柯亨（J. Cohen）和阿拉托（A. Arato）指出，在黑格尔之前，洛克已经模糊地意识到政府和社会的区别，而孟德斯鸠和伏尔泰则明确地区分了政府和社会，并期望二者的分离。他们强调社会乃是形式上平等、自由的个人的权利的唯一源泉。随后，托马斯·潘恩以及《独立宣言》和《人权和公民权宣言》的起草者们更是把个人主义的、平等的社会与政府置于同等重要的地位。先驱们主张天赋人权不可剥夺，它包括自由、财产、安全、追求幸福以及反抗压迫等种种权利，而政府成立的唯一目的就是为了保障这些人权的实现，当政府的行为损害了这些基本人权时，人们就有权起来变更政府。[①] 黑格尔则在《法哲学原理》中明确地将政治国家和市民社会区分开来，并提出了现代意义上的市民社会概念，即由私人生活领域及其外部保障构成的整体。马克思吸收了黑格尔市民社会概念的合理内核，并运用历史唯物主义原理，纠正了其缺陷，进一步完善了这一概念。自此，"市民社会—国家"二分作为一种研究的总体框架得以确立，为此后市民社会理论甚至政治哲学的研究划定了范围、指明了方向、确定了原则。

历史进入20世纪，帕森斯、葛兰西、哈贝马斯以及柯亨、阿拉托等人进一步深化了市民社会理论的研究。自由主义者从个人主义立场出发，将国家与市民社会的关系化约为国家与市场、企业的关系，从而引申出经济自由对政治自由的优先性。帕森斯站在由传统转向现代过程中的社会整合功能角度，运用系统论把社会划分为经济、政治、文化、社会四个子系统，并把市民社会主要理解为社会子系统（或社会共同体），其主要功能是将文化价值加以制度化来达到社会整合的目的。社会子系统的基本要素是不同于经济组织和官僚机构的组织模式——社团或协会（association），它强调成员的自愿加入、彼此平等和决策的程序化。葛兰西为了纠正当时西方马克思主义者要么将市民社会与经济关系的领域等同，要么将国家与专政机关或强制性机器等同的理论偏颇，提出从文化传播角度来界定市民社会。哈贝马斯则进一步从"公共领域"出发着重分析资本主义市民社会的结构在当代发生的重大变化。柯亨和阿拉托等人主张把经济领域从市

---

[①] 何增科：《市民社会概念的历史演变》，《中国社会科学》1994年第5期。

民社会中分离,提出"国家—经济—市民社会"的三分法来代替"国家—市民社会"的二分法。这样,市民社会主要由社会和文化领域构成。"尽管市民社会'话语'不断扩散,市民社会概念本身亦不断增多,但迄今为止还没有人发展出一系统的市民社会理论。"[①] 不过,可以看出,近年来全球性的"市民社会思潮"的复兴和拓深,正反映了现实中市民社会的不断成熟和完善,而基于"市民社会—国家"二分的理论建构在现实中所带来的问题也从反面推动了这一思潮的回暖。

阅读历史,可以看出,市民社会拥有多大程度上的独立性,取决于其与政治国家之间的博弈结果。在传统农业社会,市民社会本身的极度萎缩造成了整个社会政治国家的一权独大;反过来,在国家集权的强大控制下,几乎不存在所谓的市民社会。即使是伴随自治城市崛起而生长起来的中世纪市民社会,就其地域范围而言,仅限于城市或城邦,因此它不具有普遍性;就其规模而言,它也无法与现代市民社会同日而语。究其根本原因,这不仅是由其所处那个时代的社会经济条件所决定,而且,就其整体社会背景而言,国家生活与社会生活处于同化状态中,旧的市民社会直接具有政治意义和政治效能,而中世纪则成为市民社会和政治国家同一的顶峰,"中世纪的精神可以表述如下:市民社会的等级和政治意义上的等级是同一的,因为市民社会就是政治社会,因为市民社会的有机原则就是国家的原则"。[②] 市民社会被国家吞噬的直接结果就是政治权力任意侵入社会生活领域,国家机器总是乐于监督甚至偷窥私人生活。这就决定了其发展的程度,因此它不可避免地具有初级性和局限性。

当然,这种初级性和局限性丝毫没有减损其在人类政治文明进程中的历史贡献。中世纪后期,市民不自觉地被卷入王室与行会、城市政权争夺城市控制权的斗争之中,此时主权国家或绝对国家的观念开始萌现。到了16世纪,市民参与塑造(绝对)国家的结果导致了现代意义上的公民概念的出现,而公民身份的获得,意味着个体从此就不再臣属于国家而是获得了相对于国家的一定的主动性。与此同时,这种塑造过程的持续扩大与深化加速了市民社会与"公民国家"的分离,并为社会与国家确立了边界,进而"市民社会参与塑造公民国家的行动成为可能",与之相伴随的

---

① 柯亨、阿拉托:《市民社会与政治理论》,转引自何增科《市民社会概念的历史演变》,《中国社会科学》1994年第5期。

② 《马克思恩格斯全集》第1卷,人民出版社1956年版,第334页。

就是"个体的人的解放运动",即从绝对国家之中被解放出来,拥有了自我意识的觉醒。① 总而言之,随着现代市民社会的真正兴起,尤其是社会政治、经济、文化生活领域的不断发展和分化,市民社会内在的逻辑已经成长为制约国家政治实践活动的决定性力量。

2. 政府管理功能凸显

研究市民社会,只有以政治国家为参照系去进行才会富有成果,② 这不仅仅在于二者是相对应的概念,而且在现实中,政治国家的相对独立性以及政府管理的控制程度对市民社会的成长具有十分重要的意义。市民社会的兴起伴随着国家与政府功能的历史演变。政府是不可或缺的,霍布斯曾在终极原点上指出没有政府人类将会面临冲突与战争状态,③ 而潘恩则安慰人们,必要的政府"即使在其最好的情况下,也不过是一件免不了的祸害"④。政府本身的必要性不容置疑,关键在于政府应该做什么、能做什么和不能做什么,以及如何做好这些事情,这就涉及政府的职能及其管理方式等问题。下面我们从帕森斯对市民社会的系统划分,来看市民社会逐渐发展壮大对政府职能的要求。

经济生活领域日趋多元化。就市民社会的历史来看,其首先是与城市及工商业经济联系在一起的,这一子系统的典型形态就是市场经济及其相关制度。林德布罗姆认为,随着企业家和企业组织的崛起,传统上同质的交换形式一分为三,"企业涵盖了整个市场制度",而在现代多元民主政治的国家中,"不仅毫无例外都是市场制度,而且特别都是私有企业制度"⑤。总的来看,这种市场取向的经济制度解构了传统社会中政治经济一体化、经济生活单一化、利益主体同质化的局面,政治活动与经济活动发生分离并形成各自相对明显的界限,从而形成社会经济生活多元化、经济利益分殊化、利益主体异质化的局面。市场制度的非政治化,必然削弱政治权力对经济活动的直接控制。市场经济的基础条件,主要表现为经济

---

① 张康之、张乾友:《对"市民社会"和"公民国家"的历史考察》,《中国社会科学》2008年第3期。
② 何增科:《市民社会概念的历史演变》,《中国社会科学》1994年第5期。
③ [英]霍布斯:《利维坦》,商务印书馆1985年版,第94页。
④ [美]潘恩:《潘恩选集》,商务印书馆1982年版,第3页。
⑤ [美]林德布洛姆:《政治与市场:世界的政治—经济制度》,上海三联书店、上海人民出版社1992年版,第48、236页。

自由的保障、个人权利的维护、政治运行的稳定以及法律制度的规范。①这就要求政府权力的有限介入，其职能就在于为市场的有效运行提供必要的外部良好环境和条件。具体而言，在市场经济条件下，政府的职能主要有以下几方面：② 提供经济发展的基础结构、组织各种各样公共物品和服务的供给、共有资源和自然资源的保护、社会冲突的调整和解决、保护并维持市场竞争、收入和财产分配的调节、宏观经济的稳定。当然，这是就政府之基本职能而言，在市场经济发展的不同历史阶段，政府职能的范围、政府作用的强度以及政府的治理工具都会因时而异。

社会组织和个体日益独立。尽管政府职能变化具有历史性，但其最基本的要求却是要保证市场经济主体的自由权利。因为，市场经济中的个人、企业、产权制度、各种利益组织是市民社会中经济生活的主体，这些经济生活的主体逐渐演变成市民社会基层经济组织的稳定性力量和社会经济生活的有序化力量，而这种组织和力量又构成市民社会的微观结构和基本细胞。独立的社会组织和个体，既是社会民主政治与政治生活多元化的中坚力量，同时也是市民社会中政治社会化功能的现实载体。正是在保护市场主体权利的基础上，才引申出政府其他相关的职能要求。这就是说，保护个体或团体自身的利益，不仅仅限于经济利益，还必须扩展到其他领域，全方位保证社会组织和个体独立自由行动的权利。这是因为，"市民的地位并不取决于其在经济或者政治体系中的地位或受教育程度，而取决于他所享有的使自己得以平等参与市民社会进程的权利"。③ 个体既是市民社会的起点，也是市民社会的终点。也只有这样，才能维护社会的稳定，免除政治上、经济上的动荡，从而达到社会的稳定性和有序化。

公共领域走向独立。在哈贝马斯看来，资产阶级公共领域是伴随着市民社会发展而来的，尤其是当市场获得自由，商品交换和社会劳动从政府指令下解放出来实现市民社会的私有化后，真正意义上的公共领域才得以形成。④ 公共领域是由各种非国家和非经济组织或机构构成的私人有机

---

① 毛寿龙：《有限政府的经济分析》第三章，上海三联书店2000年版。
② 张成福、党秀云：《公共管理学》，中国人民大学出版社2001年版，第59—61页。
③ ［德］格哈特·克鲁伊普：《市民社会在现代国家发展中的作用》，《世界经济与政治》2004年第3期。
④ ［德］哈贝马斯：《公共领域的结构转型》，曹卫东等译，学林出版社1999年版，第35、84—85页。

体，包括团体、俱乐部、党派、沙龙、传媒等，它为人们提供讨论和争论有关公众利益事务的场所或论坛，进而，一方面它促进了社会整合和群体的认同，人们在这里找到了社会生活的意义和价值；另一方面，在参与政治讨论过程中人们对政治秩序的认可也为国家和政治子系统奠定了合法性基础。如果要确保公共领域双重功能的有效发挥，政治权力就应该退出私人性的公共领域。① 哈贝马斯的公共领域实际上指的是社会文化生活领域，因此，政府的职能就在于保证社会组织和个体在文化领域中的自由活动，如言论自由、新闻自由、出版自由、学术自由等。公共领域的政治和社会功能之有效发挥能促进政治权力运行的公开化与合法化，因此，它是民主政治健康成长的必要条件。

当然，上述市民社会不同系统之发展对政府的职能要求并非不相容，在现实中有时也难以明确区分，它们是相辅相成、有机统一的。市民社会本身之发展壮大对政府的职能要求体现了政府职能的历史转变，即由传统农业社会中统治职能之主导性转变为工业社会中管理职能的主导性。这不仅是职能内容的扩大，更重要的是职能行使方式的转变，过去那种事无巨细地、由上而下地对社会进行以强权为特征的等级式和集中式的"统治"不再适应社会的发展要求。此时的统治职能只具有阶级分析框架中的终极意义，而管理职能主导地位之上升并不排斥统治职能的终极性，反而在管理功能的实现中进一步加强了其终极意义。正如恩格斯所指出的，"政治统治到处都是以执行某种社会职能为基础，而且政治统治只有在它执行了它的这种社会职能时才能维持下去"。② "统治"向"管理"的转变最明显的区别，就是韦伯所区分的法律在各自过程中的作用与地位。市民社会的发展壮大不仅为国家与政府提出了内容上的职能要求，同时市民社会本身的理性化也为政府之职能实现提供了方式或手段——法治，也正是法治在形式上的普遍性凸显了政府管理功能的主导地位。

3. 现代法治的生成

政府管理功能的凸显标志着社会治理模式由统治型向管理型转变，在这一转变的历史过程中，"我们看到的是契约精神的泛化，整个社会或社

---

① 公共领域其实也包含着公共权力行使的领域，即国家政治机构的活动领域。哈贝马斯关注的重点则在私人性质（由社会独立组织构成）的公共领域。

② 《马克思恩格斯选集》第3卷，人民出版社1975年版，第219页。

会生活的基本方面是按照契约精神加以重建的"。① 管理型社会治理模式的出现和生成，是与市民社会的茁壮成长分不开的，"近代世界的市民社会与政治国家的分离或分裂，是一种极其重要的社会机制，在一定意义上，它改变了近代西方社会的面貌"。② 这一全新的风貌就是现代法治的生成，并赋予了管理型社会治理模式普遍性的意义。

市民社会与国家的矛盾互动的发展，构成了人类历史演进的主流与多样化进程。罗森鲍姆认为，"西方民主社会的近代宪政主义通常都包含一种关于市民社会的思想"。③ 这就是说，市民社会的发育、成长及其与国家的分离发展，奠定了西方社会产生法治的深层社会基础。而以宪政为基础的现代法治也促成了近代西方"国家"与"社会"的界分，因为"它并不是一个在任何时代和每一个历史时期都有效的普遍存在的事实，它是一种从宪政历史过程中出现的，并以该过程为条件而产生的一种现象"。④ 这表明，现代市民社会与现代法治是相生相长、共生共荣的。

市民社会与政治国家的深层历史涌动，为现代法治奠定了坚实的社会基础。概括起来主要表现在以下几方面。⑤ 首先，普遍利益与特殊利益的冲突与协调确立了法律至上的地位。在统治型社会治理模式中，普遍利益被虚幻为脱离全体社会成员的统治阶级的利益，特殊利益囿于普遍利益之中而未找到现实的人格载体。因此，尽管也存在法律，但在家国同构、伦法一体的社会结构中，法律从属于德治并被边缘化，成为服务于社会等级秩序和伦理服务之最高目的的婢女。随着市民社会的真正形成，普遍利益与特殊利益日益分化，并且对国家公共权力进行了空前的"契约性"复归。已被"契约性"复归的公共利益和公共权力仍具有一定程度的异己性和扩张性，而被解放的私人利益也呈现出一种膨胀性欲求，正是普遍利益与特殊利益以及特殊利益之间、公共权力与私人权利以及私人权利之间

---

① 张康之：《公共管理伦理学》，中国人民大学出版社 2003 年版，第 39、40 页。
② 公丕祥：《市民社会与政治国家：社会主体权利的理论逻辑》，载《法制现代化研究》，南京师范大学出版社 1995 年版，第 69 页。
③ [美] 阿兰·S. 罗森鲍姆：《宪政的哲学之维》，生活·读书·新知三联书店 2001 年版，第 4 页。
④ Ernst-Wolfgang., Böckenförde, State, Society and Liberty, Translated by J. A. Underwood, Published by Berg Published Limited, 1991, p. 147. 转引自马长山《国家、市民社会与法治》，商务印书馆 2002 年版，第 145 页。
⑤ 马长山：《国家、市民社会与法治》第三章第二节，商务印书馆 2002 年版。

的多元复杂博弈，确立法律作为恰当平衡的至上规则来界定、调适和化解冲突。由此，法律成为组织国家和社会生活的得力工具。

其次，多元社会权利对国家权力的分享与制衡确立了现代法治的基础和核心——权力制约和权利保障。"市民社会在很大意义上并非一种外在于政治权力的领域；而毋宁说是深深地穿透于这种权力的一种力量，使权力处于分立、分散的状态。"[①] 社会契约论的天赋权利观及现实中的运行形成了对国家集权的社会消解，市民社会成员之自由和权利的保障成为政府的目的。对于个体而言，"法律沉默则一切自由"，[②] 意即"法无禁止即自由"。另外，市民社会组织的多元化、自主化发展，形成了对国家权力的分割与制衡。组织的兴起，日益削减着传统社会中财产和人格在权力源的主导地位，[③] 而组织自身在权力生产与分配的过程中成为多元社会权力结构中的重要一极。市民社会的多元权利不仅有效地分解了国家权力，扼制了公权力的专断任意，并且影响着政府的"公共选择"过程。因此，为了保证多元利益集团最大化的共同利益，政府必须拥有一个实在法的体系以成为个人和群体追求不同目标所凭借的工具。与此同时，建立在多元价值追求和评判基础上的"公共理性"也决定着国家权力的运行，只有权力运行被置于法治机制之中才能获得其统治合法性。这时，对政府而言，"法无授权即禁止"。

再次，市民社会多元利益的冲突、互动和整合形成了一种理性的规则秩序。私人利益公开合理的追求必然导致不同利益群体之间的冲突和矛盾，为了对冲突进行合理的控制就需要一种普遍化的形式规则以达至市民的认同与社会的整合。在传统社会中，非个体化的个人实际上是等级或集团中不可分割的一部分，个人的生活大多都是在他所属的集团和等级的限制内实现的；等级的权利、义务和等级意识限制着他的行为、知识和情感。因此，在等级共同体内，适用特殊人际关系而非普遍关系的社会控制手段或工具就缺乏统一性，等级秩序的获取与维护不得不诉之于特殊性的

---

[①] ［加］查尔斯·泰勒：《市民社会的模式》，参见邓正来、亚历山大编译《国家与市民社会》，中央编译出版社1999年版，第31页。

[②] ［英］米尔恩：《人的权利与人的多样性——人权哲学》，夏勇、张志铭译，中国大百科全书出版社1995年版，第131页。

[③] ［美］约翰·肯尼斯·加尔布雷思：《权力的分析》，河北人民出版社1988年版，第29—55页。

等级法律、习惯法和充满实质正义的而形式非理性的行政控制。在现代市民社会，个人属于因社会分化而产生出来的日益增多的集团之中，普遍尊重和形式平等成为人与人之间交往的基本准则，无差别地对待每个人成为最基本的正义要求，于是以抽象的、形式主义规则为特征的社会控制方式——形式理性的法律控制和官僚制行政控制就乘势而出。这样一来，市民社会通过在理性规则的框架内运作来实现其自主自律的秩序，就为现代法治提供了理性的社会背景，因此，可以说，"在国家和社会的互动中——从本源上看，并从结构上说——是社会秩序决定政治宪章，而不是相反。在市民秩序的基础上，政治宪章是社会秩序的结果，而不是社会秩序的条件"①。

最后，市民社会与国家相契合的自由理性精神与法治的非制度化要素塑造了构成法治秩序内驱力的公民意识。当市民阶层在资产阶级革命中获得政治解放时，他一方面变成"市民社会的成员，变成利己、独立的个人"，另一方面又变成公民、法人。② 公民文化或意识是以市民社会精神为根基并超越市民社会精神的现代文化，其本质是在以自由和平等为核心价值取向的市民社会精神基础上所培育出的角色意识、社会责任感和公共精神，因此，它必然呈现为与民主政治和市场经济相适应的，以平等、自由为轴心的正义价值追求和理性自律精神，并以合理性意识、合法性意识和积极守法精神为表征的三元内在结构。③ 公民意识构成了现代法治理念的生命根基，不断促进和推动着法治秩序的实现。

正是伴随着现代法治的生成，管理型社会治理模式才获得了普遍性的意义，而法治则成为社会治理的基本途径，并以法制作为其基本手段，④而相对应的政府行政模式就是管理行政。不可否认，在管理型社会治理模式中，权力依然是社会治理的基础，是一切管理活动赖以展开的依据，但是，与统治型社会治理模式相比，管理型社会治理模式中的权力，其强制性的后盾已经远远退后，不再是直接走向前台，并且，在宪政与法治的框

---

① Ernst-Wolfgang. Böckenförde, State, Society and Liberty, Translated by J. A. Underwood, Published by Berg Published Limited, 1991, p. 126. 转引自马长山《国家、市民社会与法治》，商务印书馆2002年版，第145页。
② 《马克思恩格斯全集》第1卷，人民出版社1956年版，第443页。
③ 马长山：《国家、市民社会与法治》，商务印书馆2002年版，第178页。
④ 刘祖云：《历史与逻辑视野中的"服务型政府"》，《南京社会科学》2004年第9期。

架下，通过法制的健全对权力实施制约，保证权力按照设计原则行使，权力运行之命令—服从的强制逻辑不再是直接指向于个体的肉身存在，权威服从不再是基于身份等级的人格认同，也不再是基于等级伦理的消极默认和尊奉，而是对规则的理性跟随。因此，尽管权力本身仍然存在于社会治理的整个过程中，但其形式上的法律外衣及其内在的运行逻辑将权力与人格分离，而政府权力的法律制约对其"任意性的限制"则将管理功能予以合法化和普遍化。

**（二）秩序构建中的制度供给**

1. 社会秩序建构之坐标转换①

正如亨廷顿将其所提出的"政治秩序"描述为目标设定而非某种现实的指称，这里的社会秩序也并非是完全的现实摹画而更多地视为人类社会进程中不断地目标设定和实现。对于一个国家、社会和所有民众而言，"首要的问题不是自由，而是建立一个合法的公共秩序。人当然可以有秩序而无自由，但不能有自由而无秩序"②。如果说社会秩序是统治型社会治理模式与管理型社会治理模式共同追求的价值目标，那么现代法治的生成，标志着建立社会秩序的坐标实现了历史性的转换。

在现代性的运动过程中，社会结构发生了根本性改变，这主要表现在个人与社会以及个人之间的关系两方面，并由此对社会控制手段提出了新的要求。传统社会中，社会关系更多地具有身份与血缘的结构特征，社会分层与流动的有限将人们限定在特定的共同体之内，处理人与社会、人与人之间的关系主要以特殊主义为取向，以感性的直接经验为依据。这时的社会秩序建构是以过去为坐标的，即以过去支配现在，人们习惯于向后看，把历史上传递下来的法规、习惯看作神圣的、不可移易的。③ 所谓"过去"，即在历史经验的积淀中负重前进，崇上古之风、尚先民之治，

---

① 社会秩序素为西方学界尤其是社会学所讨论的核心问题之一。自霍布斯首次提出"社会秩序如何可能"之"霍布斯问题"始，孔德将其作为"社会静力学"的核心内容，斯宾塞则把社会经济秩序建立在个人之间的契约基础上，涂尔干把秩序或社会团结看成是基本的社会事实，并把现代社会的秩序基础放在社会劳动分工上，韦伯着重探讨了社会行动与社会秩序之间的关系，帕森斯一直在行动与秩序之间寻求平衡。

② [美] 塞缪尔·亨廷顿：《变化社会中的政治秩序》，生活·读书·新知三联书店1989年版，第7页。

③ 李淑梅：《社会转型与人的现代重塑》，山西教育出版社1998年版，第253页。

这时的社会秩序建构所依赖的是等级伦理及其所统属的实质性的法律，重在维护现存秩序以承载过去。这是因为，由于社会生产力水平低下，人们改造自然和社会的能力有限，还不能充分意识到自身的创造力，进而"人们将其所处的自然与社会环境看作是给定的……改变永恒不变的自然和社会秩序，不仅是渎神的而且是徒劳的"。① 随着自然经济向市场经济的转变，社会经济领域逐步形成以市场交换为纽带的社会交往秩序，这样一种交换秩序的全面塑造，就是现代市民社会的总体性生成。与之相适应的就是，社会秩序的建构坐标实现了历史性的位移，即摒弃实质性的伦法道德而代之以形式化的、普遍性的法律制度。

形式化的法律制度对社会秩序的主导建构就形成了一种不同于传统人伦等级秩序的法律秩序，在这种法律秩序中，人摆脱了对族群或集群共同体的依赖，实现了人与人之间的形式上的平等。这样一种法律秩序的形成，是基于技术—经济秩序的必然要求，这种必然要求体现在其内生性、有机性、普泛性的特征上。② 内生性是市场机制本身所具有的内在的秩序整合功能之体现，即哈耶克所言的自生自发秩序的扩展性；有机性是市场中自由独立之个体在社会经济活动中建构社会秩序的主体性和客观性的统一；普泛性则是平等互利之横向社会联系在空间上所展现出来的开放性和普遍性。具有内生性、有机性、普泛性特征的技术—经济秩序的形成，是一种崭新的社会秩序，其产生又为新的社会政治秩序的建立提供了基础和前提。并且，新的社会政治秩序必须在确保经济秩序健康形成的基础上才能获得其合法性支撑，因为社会政治秩序不过是经济秩序在另一次方上的表现而已。这样，在技术—经济秩序与政治秩序的互动中，法治与法律秩序得以形成。实际上，法律本身是社会政治、经济秩序的制度性的结构背景，因此，市场经济中的社会秩序其实就表现为法律秩序。

法律秩序的形成不仅是由市场经济与现代法治国家的形成与发展所决定，它还具有重要的社会心理机制。对良好社会秩序的追求是渴望自由的人类的本性，因为"只有糟糕的社会秩序才是和自由对立的。自由只有通过社会秩序或在社会秩序中才能存在，而且只有当社会秩序得到健康的发展，自由才可能增长。只有在构造较为全面和较为复杂的社会秩序中，

---

① [美]塞缪尔·亨廷顿：《变化社会中的政治秩序》，生活·读书·新知三联书店1989年版，第92页。

② 李淑梅：《社会转型与人的现代重塑》，山西教育出版社1998年版，第255—260页。

较高层次的自由才有可能实现"。① 而在传统农业社会中，基于血缘身份的等级秩序并没有保证人们拥有起码的人格自由，随着市场经济的兴起，一种新的社会秩序应运而生并必将取代传统压抑、限制人的发展的社会秩序。博登海默指出："毋庸置疑，人们在生活安排方面对连续性的诉求与他们要求在相互关系中遵守规则的倾向之间是存在着联系的。……遵循规则化的行为方式，为社会生活提供了很高的有序性和稳定性。"② 这就是说，市场体系中的自由个体所需要的是一种规则秩序，即法律秩序。在此，法律秩序被看作是某种中立的且能够调和相互对立的利益的工具，每一个人或每一个集团都工具主义地看待法律，视其为促成长期利益的最佳方式。

当然，法律秩序的建立本身仍然没有打破社会结构的等级制事实，正如福山所言，"社会秩序，无论是在社会范围内，还是在组织范围内，都将永远从等级制和自发性这两种混合源泉中产生出来"。换言之，人类社会有史以来，社会秩序通常要么是由上而下的等级制方式所产生，要么通过其他各种各样不同的方式产生，"从等级制的集权种类到完全分散的个人自发的相互作用类，不一而足"。③ 但是，法律秩序与传统的等级秩序之区别在于它打破了传统农业社会中那种人对人的直接依赖关系，赋予人与人之间的关系形式上的平等，从而将人对人的依赖转向人对物（制度）的依赖，这是人走向真正独立所必经的历史阶段。

2. 社会秩序的制度供给

如果说自然界或人类社会早期的秩序是在"进化和自然选择这一盲目和非理性的过程中创造出来的"④，那么现代社会的秩序获取越来越具有人为的建构特征。在市民社会与政治国家分离的现代社会，社会秩序的建构既要有市民社会的积极参与，还要有政府的积极引导。历史证明，社会秩序之建构是在市民社会与政治国家博弈互动的过程中实现的，而在这一过程中，市民社会能否圆满完成建构良好社会秩序的功能，往往还要取

---

① ［美］C. 库利：《人类本性与社会秩序》，华夏出版社1999年版，第300—301页。

② ［美］博登海默：《法理学——法律哲学与法律方法》，邓正来译，中国政法大学出版社1999年版，第227—228页。

③ ［美］福山：《大分裂：人类本性与社会秩序的重建》，中国社会科学出版社2002年版，第290、187页。

④ 同上书，第187页。

决于政府功能发挥水平的高低。昂格尔在论述法律秩序形成的历史条件时，指出：由于没有任一集团能在社会生活中永恒地占据支配地位或者被认为具有与生俱来的统治权利，因此，需要以一种"更高的"普遍的或神圣的法则为依据，以便把人们的精神扭转到法治理想上。① 这就是说，在以市场经济为基础的社会中，多元利益集团或平等个体之间都具有相异于他人的自我利益，而各自利益实现的社会方式又要求他们在利益上具有相互适应性。这种相互适应性就要求有一个超脱于各利益集团或个体之外的权威机构，对不同利益关系进行宏观调节。"随着社会成员不断增多，结构日趋复杂，活动越来越多样化，要想建立并维系一个高水平的共同体就更需要依赖于政治结构"，② 而在迄今为止的历史长河中，作为社会中规模最大的非市场组织，政府本身所拥有的强制力和再分配能力，在提供秩序方面具有独特优势。因此，作为社会公共权威的代表，社会秩序的建构重任历史地落在了政府身上。在现代法治社会，政府的秩序供给选择的是法律制度途径。

历史地看，有了人类社会，也就有了社会制度；随着历史的演进，制度也不断被创新。可以说，一部人类文明史，在根本上也就是一部制度不断创新的历史。关于制度的含义，不同学派或流派的理解角度和研究侧重点也不同，这也表明了"制度普遍存在于人的社会生活之中"③，遍布于现代社会生活的方方面面，甚至在某种意义上与生活、存在属于同层次的范畴，个体人格始终处于制度之中④。具体来说，制度就是指"行为的规律性或规则，它一般为社会群体的成员所接受，它详细规定具体环境中的行为，它要么自我实施，要么由外部权威来实施"⑤，它是"一系列被制定出来的规则、守法程序和行为的道德伦理规范，它旨在约束追求主体福利或效用最大化的个人行为"。⑥ 尽管上述界定是经济学家的贡献，但其

---

① [美] 昂格尔：《现代社会中的法律》，译林出版社2001年版，第63、80页。
② [美] 塞缪尔·亨廷顿：《变化社会中的政治秩序》，生活·读书·新知三联书店1989年版，第10页。
③ 张康之：《面向后工业社会的德制构想》，《学海》2013年第3期。
④ 顾红亮：《从制度的视角看人格》，《重庆社会科学》2006年第11期。
⑤ [英] 卢瑟福：《经济学中的制度：老制度主义和新制度主义》，中国社会科学出版社1999年版，第1页。
⑥ [美] 道格拉斯·C.诺思：《经济史中的结构与变迁》，上海三联书店、上海人民出版社1994年版，第225—226页。

所揭示出的制度本质却并非局限于经济学视角而是广泛适用的，这就是说，制度本身是人类的创造物，是被设计出来保障和约束人们的行为以求得价值最大化的一系列规则，进而使得人类行为规范化、有序化、确定化。制度的产生根源于人类对社会秩序的渴求，进一步而言，社会秩序又根植于人类对公共利益的追求。社会成员之间、成员与群体之间、群体与群体之间必然会有着不同的利益追求，不可避免地要产生矛盾，为了避免各方在利益争斗中导致社会的分崩离析，稳定和谐的社会秩序便是必需的。社会秩序如何供给？现实的回答就是国家和政府的起源，换言之，历史选择了政府成为社会秩序的供给者。正如麦迪森在《联邦党人文集》第五十一号中所言，要先控制政府，必先允许政府"控制被统治者"，即先要建立并维护秩序，"必须先存在权威，而后才谈得上限制权威"[1]。政府对社会秩序的供给地位使得其垄断了社会的资源，进而以公共权力的形式向社会提供强制性的社会秩序供给。

人类历史上，政府的社会秩序供给存在三种基本途径：专制集权型的、法律制度化的和伦理道德化的。[2] 作为一种历史类型划分，前述途径并非单一地对应于不同历史阶段，而是在人类发展的不同历史时期，各自所处的主导地位各异。统治型社会治理模式中，与社会结构的等级化和自然经济的主导生产方式相适应，在分配关系居于所有社会关系的中轴地位时，专制集权型的社会秩序供给成为统治者最青睐的主要供给方式，而历史证明，以强制性的集权所保证的统治秩序只具有表面上的稳定，并且压制了人的独立性的发展。在现代工业社会，社会秩序供给进入了法律制度的理性轨道。法律制度表现为一系列的规则、规范和程序，它以形式化的客观性和统一性、普遍性和稳定性而使得社会成员的目标追求和行为选择有了可以知觉的法律空间，它通过对权利的界定奠定了社会秩序的基石、通过"肯定的、明确的、普遍的规范"建立了秩序的信任基础、作为一种制度资本构建了秩序的认同基础、通过权威性的裁决与执行机制有效地

---

[1] [美]塞缪尔·亨廷顿：《变化社会中的政治秩序》，生活·读书·新知三联书店1989年版，第7页。

[2] 张康之：《寻找公共行政的伦理视角》（修订版）第11、12章，中国人民大学出版社2012年版。

防止和化解冲突。① 正是在法律制度的引导下，整个社会进入理性化的阶段，每一个社会成员根据理性的觉识来做出行为选择和对行为的后果进行理性的判断，整个社会最终获得理性化的社会秩序。基于此，法律制度化的途径成为工业社会中政府承担社会秩序供给的主要选择。

法律制度的社会秩序供给，是为了确保社会公平与效率之价值目标的最大化实现。社会的公平与效率一直是人类社会追求的两个基本价值目标，但是直到以市场经济为基础的社会，这一问题才凸显出来并被放大。在统治型社会治理模式中，当整个社会还处于物质需要之基本满足时，生产方式和生活方式的封闭性、相似性滋生了一种求公平甚于求效率的价值取向。等级与集权意味着秩序，秩序意味着在无技术能力增长条件下社会效率的提高，而这种效率的提高是缓慢积累的，同时，在宗法伦理与等级权威的人格化崇拜下，社会公平的实现往往是自上而下按照社会等级结构来实现的。因此，统治型社会治理模式中，公平与效率并没有取代等级秩序成为社会治理的最高目标。随着物质财富追求与功利谋划的公开化与合法化以及交换关系的普遍化，效率追求成为市场主体的行为指导原则，而市场主体利益的多元化发展，则对社会提出了公平的秩序要求。此时，以公平与效率为核心的秩序目标取代了等级秩序成为社会治理的最高价值。这一价值目标的历史转换，不仅确立了社会秩序供给途径的选择模式，还影响着不同的社会治理模式选择，包括政府的组织结构和行为方式、价值取向等。

### (三) 公共行政的理性化

1. 理性官僚制之组织模式选择②

在现代社会的历史进程中，对于经济利益追求的刺激而言，"具有毋庸置疑的重要性的是法律和行政机关的理性结构。因为，近代的理性资本

---

① 李庆钧：《权利、权威、利益——和谐社会构建中法律控制的基础分析》，《扬州大学学报》（人文社会科学版）2005年第9期，第4页。

② 理性官僚制是韦伯在对组织的历史分析中所提出的一种"理想型"的组织模式，而作为理论抽象所确立的具体现实，它广泛存在于现代理性化社会的各个领域。此处的官僚制是指存在于政治领域中的官僚制，即狭义上的国家政府机构，包括行政部门的机构、人员、财政等以及稳定的行为方式。概言之，此处的官僚制指一种行政模式。关于韦伯官僚制概念的历史梳理，可参见黄小勇《现代化进程中的官僚制》第1章，黑龙江人民出版社2003年版；［英］戴维·米勒等编《布莱克维尔政治学百科全书》，邓正来译，中国政法大学出版社2002年版，第76—80页。

主义不仅需要生产的技术手段，而且需要一个可靠的法律制度和按照形式的规章办事的行政机关"。① 正是与现代社会的理性化进程相适应，现代法治的生成与法律秩序的形成，确立了理性化的官僚制在政府组织模式中的主体地位。

理性官僚制作为政府组织模式的选择，既是市民社会逐渐成熟对政府行政模式的必然要求，也是政府作为社会秩序供给主体的历史选择。韦伯意义上的官僚制，是指一种权力依职能和职位进行分工和分层、以规则为主线的组织体系和管理方式，其兴起或产生的历史条件大致包括以下几方面：②（1）货币经济的发展，这直接要求以规范的、明确的规则而非以个人好恶和主观意愿为依据的行政管理；（2）行政管理任务在数量上和质量上的扩张，要求政府有着高超的行政管理能力；（3）行政管理强度的深化和现代交流手段（公共的陆路、水路、铁路、电报等）的现代化；（4）现代经济交往要求行政管理具有尽可能快捷地、精确地、明晰地、持续地完成任务的纯技术上的优势；（5）国家权力和行政管理运作手段的集中，对法制化、程序化、效果的可预见性的特别要求；（6）现代群众民主的建立与人和物意义上的"法律平等"。这样，理性官僚制的行政管理首先发端于西方的现代资本主义国家。事实上，现代资本主义与理性官僚制有着不解之缘，一方面，它首先在历史上创造了对持久稳定的、严肃紧张的和可预计性的官僚制行政管理的需要；另一方面，它也提供了官僚制以最合理形式赖以存在的最合理的经济基础，如货币资金和现代技术条件等等。正是"资本的集中导致了由不同等级的官僚组织进行管理的大型企业的形成"，而"除了工业官僚之外，其他官僚也在统治着人口的绝大多数。首先是政府官僚（包括那些武装力量），它以这样或那样的形式影响和指导着千百万人的生活。工业的、军事的、政府的官僚越来越多……"。③

与现代理性化社会背景相适应，官僚制主要呈现出以下特征。④（1）法制化，注重法律和程序。形式的法律与规则明确规定行政管理机

---

① ［德］马克斯·韦伯：《新教伦理与资本主义精神》，生活·读书·新知三联书店1987年版，第14页。
② ［德］马克斯·韦伯：《经济与社会》（下），商务印书馆1997年版，第286—324页。
③ ［美］弗洛姆：《人的呼唤》，王泽应等译，上海三联书店1991年版，第81、82页。
④ ［德］马克斯·韦伯：《经济与社会》（上），商务印书馆1997年版，第242—245页。

构与个人的权限范围与职责内容,行政事务在权限范围内按明确的法定程序持续地运作;采取档案制度化进行管理。(2)科层化,建立层级节制的权力与责任体系。实行机关等级制和职务等级制原则,按权力自上而下排列成严格规定的等级层次结构体系,并明文规定每一职位的权利和义务;下级必须服从上级的命令,接受上级的领导和监督;有较高职权的人不仅要为自己的行动负责,还要为自己下属的行动负责;官员职务的升迁根据年资或政绩,或者两者兼而有之。层级节制的权力体系,即各种职务和职位都按职权等级排列。(3)公私分开。主张严格的公事公办,公私界限分明,公务活动领域与私人生活领域有明显区别,工作区域与生活区域分开;行政管理班子同行政管理物资和生产物资完全分开;任职人员对职位不能占为己有。组织中的个人必须秉公处理公务,不能掺杂个人私情,处理事务一切按照既定规章,以保持统一的标准。(4)专业化。突出专业知识与技术的重要性,官员的选拔和任命注重知识和业务能力,并以此确定其职位和薪酬;注重专业培训;实行分工的原则,解决事务"不看人办事",而是根据可以预计的规则,排除一切纯粹个人的、一切非理性的、不可预计的感觉因素。(5)职业化。要求行政官员全身心地投入公务活动,职务就是"职业",就任职务就要承担一种忠于职守的义务;采用固定的货币薪金支付报酬。(6)效果的可预见性。理性官僚制作为一种社会组织的特殊形式,其存在便于将总体法规应用于具体情况,从而增加了行动的可预见性。

因此,建立在现代工业化大生产基础上的具有"等级制、非人格化、延续性和专业化"等合理性特征的官僚制,既"包含着18世纪时对理性成果的美好期待"①,同时现实中又展现出"在精确性、稳定性、纪律的严格性和可靠性方面优于其他任何形式……它最终在集约效率和业务范围方面占有优势,并且有可能正式运用于所有各种行政任务"②。于是,官僚制在保证可靠性、可预见性及最优化效率的同时,就不再是一种纯理论的概念或"理想类型",其在现实生活中的迁延"反映了理性向人类生活

---

① [英]戴维·米勒等编:《布莱克维尔政治学百科全书》,邓正来译,中国政法大学出版社2002年版,第77—78页。

② [美]尼格罗:《公共行政学简明教程》,中共中央党校出版社1997年版,第102—104页。

的各个领域的扩展，同时也反映了理性应用的精确性和复杂性的提高"①。简言之，理性官僚制为公共行政的理性化提供了组织基础和现实载体，并适应与满足了现代社会发展的理性化要求。

2. 公共行政之效率导向

当理性官僚制合乎逻辑地成为政府行政模式的历史选择时，效率就被固定为公共行政的主要导向了。这是因为，正是现代资本主义企业按效益原则加速运转，以及由此而来的整个分工体系的愈益细密和社会事务的日趋复杂，才产生了"持久稳定的、严肃紧张的和可预计性的行政管理"②的迫切需要。当技术优先纳入理性化的市场经济体系内时，市场经济所要求的效益至上原则就转化为效率优先，而社会公平的实现被搁置于追求效率的过程中，公平没有取得与效率并驾齐驱的地位。可以说，效率优先一直贯穿于公共行政理论与实践的历史发展过程中。

如果说威尔逊的政治—行政二分使得行政学作为一门独立的学科存在成为可能，那么，韦伯则通过理性官僚制的建立将这种可能性变为现实并使其获得强大的现实生命力。公共行政作为一门学科自产生以来已有百余年历史，这百余年中公共行政学经历了几次观念上的转变或者说非库恩之严格意义上的典范转移。自威尔逊为解决政党分肥所带来的腐败、低效率、政府形象差、信任度低等情况而提出政治与行政二分开始，人们便倾向于将行政限定在"事务性的领域"，认为行政就是对"国家意志的执行"③。换言之，行政就是对表现为国家意志的法律、政策等的具体实施，而这种执行功能专属于行政机关。因此，如何有效地实现既定法律和政策目标就成为行政的主要任务，进而对效率的追求就成了传统公共行政学的出发点，这也是其作为一门学科存在的历史根据和合理性之所在。

在效率导向的指引下，威尔逊与古德诺之后，怀特、古利克、厄威克等人严格坚守政治—行政二分的基本原则，采取一种形式主义或静态的研究方法，致力于行政管理的一般或普遍原则的探索，注重对官僚体制（即正式政府组织机构）的分析，将效率塑造成判别政府行为的最高标准，而将公平、公正等价值因素的追求放在了次要的位置。然而，效率至

---

① ［英］戴维·米勒等编：《布莱克维尔政治学百科全书》，邓正来译，中国政法大学出版社 2002 年版，第 80 页。

② ［德］马克斯·韦伯：《经济与社会》（上），商务印书馆 1997 年版，第 249 页。

③ ［美］古德诺：《政治与行政》，华夏出版社 1987 年版，第 12—13 页。

上是建立在政治与行政、事实与价值分离之基础上的，它通过严格的等级官僚制将行政人员视为行政组织中失去了个性的一个要素，忽略了行政人员作为人之存在的主体性与伦理性特征。随着社会的发展，以效率为中心的传统行政受到了人际关系学、心理学等理论的冲击，行政学发展逐渐从注重行政体制、组织机构与形式等方面的静态研究转向了对组织行为过程的动态研究，政策科学的兴起更是直接聚焦于政策制定系统及过程的研究。"管理就是决策"（西蒙语），行政人员在管理过程有能力而且应该制定决策，因此行政人员潜在的伦理素质就显得至关重要。

以罗伯特·达尔和赫伯特·西蒙为首的学者对行政学赖以立学之政治—行政二分原则进行了严厉的批判和理论反思，将行为主义研究方法引进行政学的研究中，一定程度上纠正了人们对事实因素的偏爱以及对价值因素的近视。达尔和西蒙等试图引入价值因素来完善公共行政学的努力得到一大批青年学者的响应，在"明诺布鲁克"会议上弗雷德里克森等人提出将"公平"引入行政管理当中。行政人员应该在关注效率的同时更应关注社会公平问题的解决，而公平本身就有一个事实认知的问题，人们往往因利益差别而造成立场观念上的分歧，如果将社会公平的实现寄希望于行政人员，那么行政人员本身就要求是"伦理的"或"道德的"，至少是公平的。新公共行政运动的出现是战后对传统行政学的批评的进一步发展，但由于"缺乏概念上的连贯性，没有明确限定的宪法基础"[①]而最终未能生根立足，并没有产生一门真正的新公共行政学。事实上，行政学发展至此，尽管价值因素一再被凸显，但整个行政学的学科体系发展仍是囿于政治与行政到底是分还是合的纠缠中，效率仍是政府行为最高的功利追求，只不过这种追求掩藏于价值考量这样一种缓和社会矛盾的表象之下罢了。撤出各种纠葛纷争来看，此时的行政学关注的仍是对政府管理体制及行为方式的调整和修补，任何努力都是为更好地实现既定政策目标，它仍处于管理行政这一典范阶段。

管理行政以理性官僚制为主要基础，通过层级化和部门化的制度设计实现了总体行政行为以及行政人员行为的标准化和程序化，适应了工业社会对科学理性的张扬和对效率的追求。但是，管理行政因其非人格化的制

---

① [英]戴维·米勒等编：《布莱克维尔政治学百科全书》，邓正来译，中国政法大学出版社2002年版，第612页。

度设计以及对价值因素的"祛魅",在其合理性得到极度展现的同时也导致了行政人员行为的非人格化、政府扩张、机构臃肿、官僚主义与腐败横行、管理成本无限增长、公平与效率相冲突等诸多问题。同时,由于 20 世纪 70 年代欧洲各国社会矛盾激化,"滞胀"严重,政府管理危机四伏,客观上引发了 70 年代至 80 年代西方政府改革的浪潮,这以 1979 年英国首相撒切尔夫人上台为标志。在整个 80 年代,英国不断推行反体制的文官政治化改革,采取一系列改革措施,主要有效率稽核、财务管理改革、续阶方案、公民宪章以及民营化运动等。这之后,澳大利亚、新西兰、美国等西方国家相继采取不同措施以实现政府再造。

上述一系列改革运动被冠以"新公共管理运动"。在理论上,它融合经济学、管理学、政策分析、政治学等领域的知识,以公共管理尤其是政府管理的实际问题为核心,拓展了行政学的研究范围和主题,突出了公共管理的公共性特征。在具体实践中,他们大量借鉴私营部门的经营理念,引入市场选择理论,将竞争机制引入政府管理当中。在这样的背景下,出现了"公司制"政府,"业务外包"政府等诸多改革途径,可以说这一改革发展的顶峰便是"企业家"政府的出现,它使政府确立了"掌舵"而不是"划船"的形象。既然是企业家政府,那么政府与公民的关系便是"顾客—企业"的关系,这一变革相对于原来公共行政中行政管理者与被管理者之间那种"管理—被管理"的关系更具有历史进步意义。

顺应历史发展潮流,世界各主要国家都兴起了政府再造运动,但均在不同程度上受企业型政府理念的指导。事实上,"师法企业"只是一时之途,企业更多的是一种私人领域,利益或利润永远是其最高的追求,而政府指向于公共领域,行政包含着管理的内容,尽管政府其他职能往往通过其管理过程显现或以管理形式出现,但不能被简单等同于管理,所以,效率只是政府管理目标之一而非全部。当然,不可否认,以企业型政府理念为指导的政府再造运动给公共行政学注入了一种新的精神气质,那就是服务价值取向的弘扬。随着社会的发展,尤其是市民社会的复兴,政府管理职能将发生主体性分化,这主要表现为政府公共政策化和公共管理社会化。[1] 从理论上讲,当政府的职能以及治理方式由过去以管理为主转向以

---

[1] 张康之:《论政府的非管理化》,《教学与研究》2000 年第 7 期。

服务为全部内容的政府时，一种全新的政府模式必将产生，这就是服务型政府，而晚近的各种政府改革则推动并催生着这一新型政府模式的诞生。

3. 行政行为之制度约束

人们对秩序的需求使得权力的存在不可避免，但对于权利来说，权力始终是一个致命的威胁。因此，当政府行政从政治中抽身出来，专注于政策法律的执行时，为保证对权利的尊重和保护以及执行效率的实现，就需要对行政权力及其行使进行约束。当近代资产阶级革命与宪政运动摧毁了封建专制君主政体时，新兴资产阶级政治家、思想家和法学家对行政机关有着强烈的防范心理，于是在政治上建立了"三权分立"的政治体制，在思想上塑造了"人民主权"的民主精神，在法制上确立了"依法行政"的法治原则。① 此后在宪政制度下对政府权力运行进行设计时，设计者们始终铭记着阿克顿勋爵的至理名言"权力导致腐败，绝对权力导致绝对腐败"② 以及孟德斯鸠的经典表述"一切有权力的人都容易滥用权力，这是一条亘古不易的经验。有权力的人们使用权力一直到遇有界限的地方才休止"③。在现代法治社会中，对政府行政行为的约束主要是以外在的形式化的制度约束来实现的。

政府向社会提供秩序供给是通过其组成人员来实现的。因此，政府组成人员主要是行政人员便实际上掌握着社会秩序供给的权力。然而，行政人员作为社会的个体，同样有着自己的利益追求，他们在行使秩序供给权力时不可避免地将自己的利益寓于权力行使中。如何保证行政人员在提供社会秩序供给时不以权谋私，不偏离人们选择政府作为社会秩序的主要供给者的初衷，如何保证行政人员高效率、高质量地提供社会秩序，这便是政府自身内部的秩序供给问题。法律制度在治理社会中的成功，奠定了其在社会秩序供给途径中的基础地位，也成为政府自身内部秩序供给的基本途径。现代社会中，制度建设成为政府体制改革的根本目标，有没有健全的法律制度成为判断一个政府是否良好的重要标准之一。因此，理性官僚制一旦建立，无论是作为组织的政府或行政机关，还是作为组织成员的个体，都必须严格按照相应的法律规章行为，这不仅是因为公共行政之效率

---

① 罗豪才：《现代行政法的平衡理论》，北京大学出版社1997年版，第15页。
② ［英］阿克顿：《自由与权力：阿克顿勋爵论说文集》，商务印书馆2001年版，第342页。
③ ［法］孟德斯鸠：《论法的精神》（上），商务印书馆1961年版，第354页。

原则所制导，也是现代法治原则和政府法律秩序供给之基本功能所要求。

历史地看，法律制度的形成与发展是与工业社会所张扬的工具理性密切联系在一起的。工具理性实际上是功利主义的理性表达，它以利益、效率、程序为目标，强调规则中心，通过形式化特征将法律制度本身应该包含的道德原则和价值规范给"祛除"掉了。这种有意的回避钝化了社会成员对制度道德性的知觉，使得社会成员不得不服从法律制度的规定，进而在这种没有必要做出价值判断的形式化过程中丧失了价值判断的能力，最终为制度披上了形式上的合法性外衣。这种形式上的规则中心主义与实质上的价值缺位运用于政府自身治理中所导致的后果便是行政人员个人独立性的丧失。马尔库塞指出："技术理性支撑了一个无情的解体和物化的过程。由于它们的作用，个体逐渐分离，他们的工作组织对于他们失去了任何整体含义。其结果是，整个社会的制度化似乎依据它们自己那不可抗拒的、非人格化的逻辑进行运作，它远离了个体的真正经验——而对于这些个体来说，无论如何，他们能够发挥作用的关键都是他们的行动。"①

因此，政府采取传统的法律制度化途径解决自身的秩序供给时，实质上是将行政人员置于冷冰冰的规则统率之下，行政人员被定格在规则的严密逻辑所确定的网格中，这种网格单元排空了其主观社会关系内容，尤其排除了特定的人格品性之间的关系，其行为过程被分解为一个个与自身总体性毫不相关的程序性动作。在这一制度化的形式中，行政人员被视为纯理性的个体，个人的独立性被组织的统一性取代，其主动性与创造性被扼杀在机械的程序中，个人的信念、信仰以及价值判断则被驱除出行为领域，这就造成了行政人员肉体与灵魂的分离。在公共领域中，行政人员失去了自我独立意识以及自我发展的自由，其社会角色或职业角色否定了其个体存在的合理性，个人之合理需要往往被视为异端而被压制。而与此同时，私人领域中，个体的独立人格得到很大程度的发展。因此，在行政人员的现实社会生活中，"做人与从业、个人生活与职业活动"之间出现完整性的断裂，最终导致行政人员的人格分裂。②

---

① ［英］尼格尔·多德：《社会理论与现代性》，社会科学文献出版社2003年版，第76页。
② 杨艳：《服务型政府的导向：公务员独立人格的追求》，《南京社会科学》2005年第9期。

## 三　规则体系中行政人格的工具化

### (一) 科学精神追求中的官僚制
1. 科学的自治

劳动工具的发展必定带来生产方式的变革，其发展水平成为衡量生产力发展水平的标志。在农业社会中，土地是主要的生产资料，整个生产所需动力依靠人力和畜力。自英国人瓦特发明蒸汽机后，以蒸汽机和工作机为标志的机械工业革命，以发电机和电动机为标志的电气工业革命，对19世纪科学发展产生了重要的影响。以前的科学研究很少用于工业生产，随着工业革命的发展壮大，科学研究成果不断被应用于工业生产中，技术成为科学的先导，科学成为技术的理论归宿，科学技术的一体化大大促进了生产力的高度发展，同时也极大地推动了科学的发展，尤其是以实验为主的自然科学。工业革命推动科学得到前所未有的大发展，而反过来科学对工业生产的推动和促进作用也发挥到了极致，"生产过程成了科学的应用，而科学反过来成了生产过程的因素即所谓职能。每一项发现成了新的发明或生产方法的新的改进的基础"[①]。科学知识转化为技术应用，通过物化为新形式、高性能的生产资料，极大地提高了人类文明的发展速度。

科学创造财富的神奇力量及其巨大的现实效应，不断满足着人类饥渴已久的物质匮乏，并逐渐把自己塑造成无所不能的"上帝"，掀起了对科学和理性的狂热崇拜。随着科学的高度发展，人们认识自然、改造自然的能力大大提高，人们的主体性得到极大的发挥，自然不再变得神秘，不再是外在于人类的强大敌人，而是屈服于手下的温顺羔羊，人们满足并骄傲于自己的成果时，理性就被捧上了云雾之中。只要人类运用理性，世上就没有不可认识的东西，没有不可解决的问题。然而，对个体而言，他往往又"理性不及"，于是，人类整体理性的张扬造就的却是个体对理性的顶礼膜拜。对人类整体理性的膜拜，使得个体在现实中失去理性实践的动力，科学与理性的运用使得人们的生活更加简单、容易，成为一种程序、

---

[①] [德] 马克思：《机器、自然力和科学的应用》，人民出版社1978年版，第664页。

一种模式，理性的发展在整体意义上使得个体走向了形式化和工具化。科学和理性在走向世俗化的同时又被神秘化了，"科学在面对理性的世界时发生了自治运动。理性化的或然判断代替了对理性的追寻"，① 即代替了对（包含价值理性在内的）同一理性的追寻。

工业社会中对理性的极度崇拜表现为科学理性逐渐走向片面的工具理性（也称形式理性或技术理性，此处不做详细区分）。在韦伯看来，科学技术构成工具理性的基础，或者说，它本质上就是一种工具理性。科学研究最初是针对某种实质理性（有时也称价值理性）而发的，或者是为了游戏、好奇，或为了反对宗教迷信，或为了更好地了解和控制自然，改善物质条件和提高生活水平。到了 19 世纪上半叶，科学日益被局限于自然科学和生物学科，并要求自身具有区别于其他一些学问的特殊的严密性和确定性，进而狭隘化的科学和技术躺在功劳簿上实现了对其他学科的专制。其他学科包括社会研究为证明自身的平等地位，便着手模仿"科学"的教义和术语，而不是将自己的方法运用于自身的特殊问题上。② 随着与技术的结合以及在实践中取得的巨大成功，科学发展到一定程度便取得自主性，逐步将目的、价值和意识一类的东西放在一边，而单纯追求工具、控制的手段。科学技术只能保证手段的正确，却不能反省、批判其追求的目的。在此后科学技术极速膨胀的过程中，实证主义思潮泛滥，工具理性日益扩张，实质理性日益萎缩，工具理性取得全面胜利，实质理性则交出了"它作为伦理道德和宗教洞见的代理权"③。于是，作为科学的一种或者说与狭义的"科学"地位平等的学科，行政科学与其他科学一样只关心事实陈述，道德论断在科学体系中没有任何地位，但凡道德陈述都可分为事实部分和伦理部分，只有前者才与科学有某种关联。④

脱胎于科学的工具理性常具体被归结为数学上的可计算性、逻辑上的形式化和机械上的可操作性，其基本特征为：（1）它在数学、逻辑、精

---

① ［法］让-马克·夸克：《合法性与政治》，中央编译出版社 2002 年版，第 178 页。
② ［英］哈耶克：《科学的反革命：理性滥用之研究》，冯克利译，译林出版社 2003 年版，第 4 页。
③ 张康之：《公共行政：超越工具理性》，《浙江社会科学》2002 年第 7 期。
④ Simon, H., *Administrative Behavior (Fourlh Edition): A Study of Decision-Making Processes in Administrative Organizations*, New York: The Free Press, 1997, p. 360.

确科学的基础上发展起来，并反过来又同越来越复杂的管理技术、生产的发展相互作用；（2）它以自然科学的模式来衡量知识，尤其是以定量化、形式化作为知识标准；（3）它把世界理解为工具，将生产的各方面孤立起来，导致了各种形式规律的出现，一切都被归结为建立在同等关系基础上的可计算性和可操作性；（4）它关心的是实用的目的，将事实与价值严格区分；（5）它追求绝对真理，是一种单面性或肯定性的主客分离的思维方式。因此，技术或工具的理性先验地适用于维护社会的统治制度，它排除了思维的批判性和否定性，其本质就是统治的合理性。

要言之，科学日益社会化，并快步迈入人类生产与生活的现实深处，利益、效率和程序成为社会行为的最高原则，科学理性成为衡量一切活动和行为的标准。在现实生活中，蜕化为工具理性的科学征服了社会生活的一切领域，其在社会治理体系中的运用则体现为官僚制之经典地位的获取。因此，科学理性走入政府管理中就是要求行政人员应该具有"工具理性"，公共行政组织的管理和设计应用科学理性来指导，效率则跃升为公共行政的中心命题。片面发展的科学理性之泛化对于公共行政研究的影响，则表现在三方面：把公共行政学研究建立为寻求普遍主义的行政科学；把其他科学成果如行为心理学运用到公共行政学问题中而将其打造成应用科学；有选择地引入和广泛运用社会科学研究方法如个案研究、经验研究来提供科学论述。[1] 由此引致了公共行政学领域关于事实与价值，"是"与"应该"的长期争论。

2. 技术的社会性转变

阿伦特指出，在科学发明令人瞩目地赋予人超越自然限制能力的同时，人却越来越倾向于把他们自身看作动物物种，与之密切相连的就是技术的社会性控制。正如1933年芝加哥世界博览会的口号所宣示"科学开路，技术铺路，人类走路"，科学与技术从未像现在这样如此明显地影响着人类社会。如果说科学是关于自然界的理论知识，技术是关于人类改造自然的实际操作手段，那么，当科学、技术、生产的结合乃至逐渐一体化时，科学走向自治的后果在现实生活中就表现为"技术社会"的出现。无

---

[1] Farmer J. D., *The Language of Public Administration: Bureaucracy Modernity, and Postmodernity*, Montgomery: University of Alabama Press, 1995, p. 70.

论是秉持技术中性论的乐观主义者,还是抱守技术异化论的悲观主义者,[1]一个不容置疑的事实是,技术社会已经是一个客观的存在,技术应用已实实在在地影响甚至决定着人类的未来。在工业生产中,技术应用的目的是生产产品以满足人们的物质生活需要,而以机器为代表的现代技术的出现,使人的技术性操作活动变得单一化、重复化和机械化,在提高生产效率的同时,节约了社会时间,创造了更大的物质财富。因此,技术的社会化对人的解放具有非常重要的现实意义。

尽管技术不像科学那样追求普遍性和解释的目标,也不会强求对广为接受的科学程序提出根本要求,[2]但它与科学一样遵循着工具理性的形式逻辑,它强调手段的合理性和有效性,探寻客观世界中的真是其最高目的。然而在求真的最高目的指引下,在形式逻辑的推动下,技术的发展逐渐走向对"善"与"美"的漠视。随着社会的发展和技术的不断进步,技术对价值目的的漠视就带来了诸多社会问题,本来作为人之解放的技术变成了技术对人的统治,形成法兰克福学派所称的技术意识形态。按照海德格尔的理解,技术并非单纯的工具和手段,而是世上万物的一种解蔽方式,只不过不同历史时期的技术其解蔽方式不同而已。古代技术的解蔽方式与艺术、科学等密切联系且相统一,它带出"物性",是自然状态的解蔽,反映了自然理性,保持了自然和人的本真状态,是天、地、神、人的四重统一体。而现代技术对自然的解蔽是通过座架(Ge-stell)进行的,"座架意味着那种解蔽方式,此种解蔽方式在现代技术之本质中起着支配作用,而其本身不是什么技术因素"。[3]"座架"意味着摆置(stellen)的聚集,是一种对在场者的限定,即把某物确定、固定或定位在某物上,从某一方向去看待丰富多彩的事物。这样,在现代技术世界中,物被限定在

---

[1] 在工业革命早期,主流观点是技术中性论,即技术是祛魅的,这一观点更多的是从技术的产生(设计、发明)阶段进行辩护的。而随着技术的广泛运用和发展,越来越多的学者认为技术并非中立而是价值负荷的,技术是社会性的、政治性的等等,甚至有学者指出因为技术之价值祛魅对社会带来了严重后果,因此提出技术的返魅,包括技术价值、技术观、技术本体等的返魅。这一观点更多的是从技术的使用或应用后果做出判断的,并逐渐成为学界的共识。事实上,对于技术是否价值中立进行非此即彼的择一式论断,难免走入偏颇的一端。但不可否认的是,技术的广泛运用或应用确实对社会产生了不可估量的影响。

[2] Farmer J. D., *The Language of Public Administration*: *Bureaucracy Modernity, and Postmodernity*, Montgomery: University of Alabama Press, 1995, p. 88.

[3] [德]海德格尔:《技术的追问》,载孙周兴编《海德格尔选集》(下),上海三联书店1996年版,第938页。

某种效用上，存在者之存在被还原为它的功能，从而失去自身的整体性和丰富性。

海德格尔的深刻论述并非危言耸听。马克思在分析资本主义生产技术时就曾指出："机器劳动极度地损害了神经系统，同时它又压抑肌肉的多方面运动，侵吞身体和精神上的一切自主活动。甚至减轻劳动也成了折磨人的手段，因为机器不是使工人摆脱劳动，而是使工人的劳动毫无内容。"① 机器技术是以极大牺牲人性的需求为代价而赤裸裸地追求利益，而一味追求效益的祛魅技术，造成技术的使用者被技术所异化，所以，在工业社会，"人创造了种种新的、更好的方法征服自然，但他却陷入在这些方法的网罗中，并最终失去了赋予这些方法以意义的人自己。人征服了自然，却成为自己所创造的机器的奴隶"，或者说，"我们不再是技术的主人，而成了技术的奴隶"。② 因此，现代技术的解蔽作用，将其自身塑造为最高的目的，人则被摆置为技术的工具。技术的社会统治地位产生了一种技术决定论的意识形态，即认为技术具有自主性和独立性，能直接主宰社会命运的一种思想。③ 这样一种意识形态在社会治理领域的坐实就是公共行政对技术的追求或者说公共行政本身成为技术，具体表现为专家治国（Technocratic）、专业主义（Professionalism，又译职业主义）、法律控制等一系列的形式理性化现象。

专家治国的本质是依照技术的规则塑造人和社会生活，它以技术理性或工具理性为其理论基础，以追求效率、产量和经济增长为目的。法兰克福学派认为，以功利目的和技术手段为核心的工具理性孕育着内在的深刻的文化危机，它造成了现实和先天目的，真与善、科学与伦理的分裂。在当代，工具理性已变成社会的组织原则，渗透到社会的总体结构和社会生活的各个方面，造就了异化、物化或单面的社会和单面的思维方式及思想

---

① 《马克思恩格斯全集》第23卷，人民出版社1976年版，第463页。
② ［美］弗洛姆：《为自己的人》，孙依依译，生活·读书·新知三联书店1992年版，第25页。
③ 技术决定论把技术看成是人类无法控制的力量，技术的状况和作用不会因为其他社会因素的制约而变更；相反，社会制度的性质、社会活动的秩序和人类生活的质量，都单向地、唯一地决定于技术的发展，受技术的控制。参见于光远《自然辩证法百科全书》，中国大百科全书出版社1995年版。

文化，成为这个社会对人进行全面统治、控制和操纵的深层基础。[1] 随着科技、经济的发展和社会生活的合理化，专家治国论逐渐成为一种主流意识和价值观，[2] 存在于社会生活的方方面面。在社会治理领域，就是与理性官僚制合拍，要求行政人员都是某一方面的专家，或者说，官僚制本身的基础之一就是以技术专家为其组成人员的遴选标准。为适应20世纪工业化的发展，"公共行政将主攻方向集中在管理的发展和职业化的能力上，它关注管理和职业化在提升组织效率和理性化水平中的应用"，由此一来，公共行政深受职业专家集团的影响，各种各样的科学家、工程师、健康专家、系统分析师、政策分析师、规划师、电脑专家和经济学家等专家"为公共机构提供了知识、培训和领导；影响着公共政策进程；决定着许多公共机构的结构"[3]。美国著名行政学家莫舍因此下结论说是政府创造了职业化，事实上政府本身也是技术社会化转变的受害者，不过公共行政对技术的渴求使其常常以同谋者甚至施害者的形象出现。

技术专家治国论的重要内容之一就是专业主义，它起源于启蒙运动所宣扬的理性乐观主义。[4] 这种乐观主义高度肯定知识分子对社会发展的能动作用，认定理智的不断成功将促进人性朝社会进步的方向前进。专业主义要求行政人员的专业化，行政人员必须经受合乎标准的正式训练，领取合格证书，遵守一定的专业标准和职业伦理。也就是说，要成为专业的行政人员，必须"厕身于一门专业之内，意味着正式或非正式地得到本专业同行或某些已确立的机构的认可"，专业不仅体现出学问的精通，还"体现一种社会关心的标准"，这并非是说专业人员比其他人更乐善好施或思想更高尚，而是因为"服务道德先于自我利益的道德"使得人们对其抱有深深的期望，因此，"专业就意味着才能与权威（技术的权威和道

---

[1] 陈振明等：《西方马克思主义的社会政治理论》，中国人民大学出版社1997年版，第290页。

[2] 即一种主张专家政治，由科学技术专家或按照科学技术专家提出的原则进行统治的意识形态。这种思潮可以追溯到培根、圣西门和孔德，而圣西门则被西方学界视为技术专家治国论之父。

[3] ［美］全钟燮：《公共行政的社会建构：解释与批判》，孙柏瑛等译，北京大学出版社2008年版，第18、4页。

[4] 美国政治学家卡尔·博格斯认为技术专家治国论大致包含了专业主义、技术崇拜、学术合理化等方面的内容。参见［美］卡尔·博格斯《知识分子和现代性危机》，江苏人民出版社2002年版，第125页。

义的权威),专业人员将在社会中取得神圣的地位"①。专业主义意识形态在社会生活领域的普遍要求,就促成了公共行政的职业化运动,而公共行政职业形成后,在专业主义的关照下,又容易造成行政人员的特殊阶层化,即一种"精英主义和追求自我"的阶层。这是因为,专业人员强有力的法人身份维持着他们特有的"服务方向",专业主义实质上是专业技术阶层或阶级的意识形态,它"不动声色地把新阶级奉为公正、合法的权威典范,以其专业技能和对社会的奉献、关心而进行操作"。②也就是说,专业主义心照不宣地声明着新阶层对旧阶层在技术上和道德上的消解和替代,它在肯定行政人员专业技能及相关权益的同时也内含着将行政人员与社会大众隔开的趋势。进而对于公共行政的价值判断和道德选择,作为专业人士的行政人员,不会认为"专业主义的技术理性模式是对伦理的规避;相反,他们心目中的专业人士的角色模式完全能满足系统的伦理标准。符合专业标准即符合伦理标准"③,专业主义涵盖了伦理判断,伦理被直接裹含在了专业主义里,其严重后果就是割裂了行政人员之作为人的社会属性。

  技术内在的形式逻辑所推动的社会性转变不仅影响着公共行政的职业活动,而且其内含的工具理性还成为官僚体制的组织原则和运行程序,这一明显表现就是以法律为核心的形式化规则和制度的建立。法律制度的建立基于人类对秩序的渴望,而在技术的社会性转变过程中,法律就成为一种控制机器,正如伯尔曼所言:"法律就像田地和机器一样,是一个社会中生产方式的一部分;不经操作,田地或机器便毫无意义,而法律恰是关于它们操作的组成部分。如果没有关于工作和交换的权利和义务,就没有人播种和收获庄稼。如果没有某种法律对机器的生产和使用活动予以规定,就没有人生产机器,机器就不会从生产者转移到使用者手中并予以使用,它的使用价值和受益也就不会获得。这样的法律调整本身就是资本的一种形式。"④ 这里的法律,不仅仅作为一个约束人行为的规则体,而且

---

  ① [美] 丹尼尔·贝尔:《后工业社会的来临》,新华出版社1997年版,第406页。
  ② [美] 阿尔文·古尔德纳:《知识分子的未来和新阶级的兴起》,江苏人民出版社2002年版,第8、23页。
  ③ [美] 艾赅博、百里枫:《揭开行政之恶》,白锐译,中央编译出版社2009年版,第52页。
  ④ [美] 哈罗德·J.伯尔曼:《法律与革命——西方法律传统的形成》,中国大百科全书出版社1993年版,第664页。

包括法律活动和使法律得以运动的制度、程序、法律规范以及思想价值观念。因此，不仅是政府在对社会治理时将法律当作一种机器来操作，并且在政府内部自身秩序的供给时，在对行政人员的自身管理上法律也是以机器的形式来运作的。

法律机器的出现就意味着一种法律的社会控制。美国社会学家罗斯认为，社会控制是指社会对人的动物本性的控制，限制人们发生不利于社会的行为。他认为，舆论、法律、信仰、社会暗示（教育、习惯）、宗教、个人理想、礼仪、艺术乃至社会评价等，都是社会控制的手段，是达到社会和谐与稳定的必要措施。① 要言之，"社会控制的主要手段是道德、宗教和法律。……在近代世界，法律成了社会控制的主要手段。在当前的社会中，我们主要依靠的是政治组织社会的强力。我们力图通过有秩序的和系统的适应能力，来调整关系和安排行为"②。进一步而言，法律控制是现代社会控制的一种正式的硬控制形式，因为"法律是政府的社会控制，或者说它是国家和公民的规范性的生活，如立法、诉讼和审判"③。这就是说，法律作为社会控制的基本手段，是一种由专门机构制定出来的外在制度，具有被赋予的权力，这种权力在行使过程中形成权威。"社会控制是需要有权力的——它需要用其他人的压力来影响人们行为的那种权力。作为社会控制的一种高度专门形式的法律秩序，是建筑在政治组织社会的权力或强力之上的。但是法律决不是权力，它只是把权力的行使加以组织和系统化，并使权力有效地维护和促进文明的一种东西。"④ 因此，在管理型社会治理模式中，社会及其成员是作为社会控制的客体出现的，而法律在这一过程中扮演着组织者的角色。正如我们通常所理解的，布莱克把法律视为对公民本身的社会控制而将其排除于政府机构日常生活中，但是作为对权力的限制，这种法律不仅控制着社会，也控制着政府组织和行政人员，更进一步讲，政府组织内部对行政人员的控制也遵循着其对外的那种法律控制逻辑。

---

① ［美］E. A. 罗斯：《社会控制》第二编，华夏出版社1989年版。
② ［美］罗斯科·庞德：《通过法律的社会控制：法律的任务》，商务印书馆1984年版，第9、10页。
③ ［美］布莱克：《法律的运作行为》，中国政法大学出版社1994年版，第2页。
④ ［美］罗斯科·庞德：《通过法律的社会控制：法律的任务》，商务印书馆1984年版，第26页。

3. 官僚制的合理性

科学理性的自治与技术的社会性转变弥漫并统治着人类社会生活的方方面面，在社会治理领域就是官僚制的出现。作为现代社会中的经典组织模式，官僚制曾经并将继续发挥着重要的积极意义。尽管自韦伯提出理性官僚制以来，就遭到不停的批评，而学者们更多的是致力于有针对性地提出修补意见，而至今还未能提出一种能够替代官僚制的新的组织模式。事实证明，在现代理性社会，官僚制仍具有强大的生命力，而这根源于官僚制本身的合理性。韦伯强调："……纯粹的官僚体制的行政管理从技术上看可以达到最高的完善程度，在所有这些意义上是实施统治形式上最合理的形式"，并且，"在所有的领域里，'现代的'团体形式的发展一般是与官僚体制的行政管理的发展和不断增强相一致的：例如，它的产生就是现代西方国家的胚胎。"[1]

概括而言，"官僚制是现代文明所内含的维持法律、经济和技术理性的必要条件或者组织手段"[2]。就法律理性而言，首先，官僚组织的权力来源和运行规则由法律进行明确规定，"无法律即无行政"，它是"一种由训练有素的专业人员根据固定规则不间断地推行的行政管理体制"[3]，它体现了现代法治的基本特征和要求；其次，行政人员的活动都在规则限定的范围内进行，按严格的法律和规章对待工作和业务交往，每个人都照章办事而不致越出权力义务体系范围；再次，人身依附关系因为组织内部的物化标准与程序化而弱化乃至消失，个人年资、业绩、责任心和敬业精神等都在形式上加以量化。就经济理性而言，官僚制的理性特征使其在技术效率上具有巨大的优越性，正如莱因斯坦（Rheinstein）总结的，"官僚化提供了优化的可能性，根据纯粹的技术因素，把任务分配给经过专业训练、在永恒的实践中继续增加其经验的专职人员，在行政中实现劳动分工原则"，[4] 这样，每个岗位都有明确的职责范围，组织成员按分工原则专精于自己岗位职责的工作；上下级之间的职权严格按等级划定，部属必须接受主管的命令，整个组织体系指挥统一、权责清晰、分工科学、运转协

---

[1] [德] 马克斯·韦伯：《经济与社会》（上），商务印书馆1997年版，第248页。
[2] [美] 奥斯特罗姆：《美国公共行政的思想危机》，上海三联书店1999年版，第37页。
[3] [英] 戴维·米勒等：《布莱克维尔政治学百科全书》，邓正来译，中国政法大学出版社2002年版，第76页。
[4] [美] 奥斯特罗姆：《美国公共行政的思想危机》，上海三联书店1999年版，第38页。

调，符合经济效率原则。就技术理性而言，官僚制组织在技术上高于所有其他形式的组织，它依托于现代化的技术手段，拥有极为完善的技术化程序和手段，同时，它倚重各类技术专家，强调对行政人员的系统化培训，要求其精通职责范围内的专业知识，从而使整个组织的运行（包括从组织设计到组织行为的全过程）实现专业化、合理化、科学化。

韦伯意义上的官僚制完全体现了工业化进程中的理性精神，这种理性精神体现为一种秩序化价值，贯穿于公共行政的整个环节过程中。首先，实现了组织结构的优化和组织的充分整合。层级节制的组织结构使得官员和机构都必须接受严格的监督，这客观上加强了对腐败行为的控制。专业化分工和"命令—服从"的统一性程序运作，将完整工作分割成若干细小部分，把各职能部门或岗位有机联系起来，塑造了一个无缝隙的组织。其次，实现了效率行政。"精确、迅速、明确、精通档案、持续性、保密、统一性、严格的服从、减少摩擦、节约物资费用和人力，在由训练有素的具体官员进行严格官僚体制的，特别是集权体制的行政管理时……能达到最佳的效果。"① 专业化分工删减了重复的工作，科学的职能设计剔除了重叠的环节，行政机构的管理能力大大提高，能应付更加复杂的问题。同时，技术化要求迫使官员必须胜任自己的工作，非人格化的绩效评估促使官员全身心地投入公务活动，而日常培训和专业培训也要求个人为工作尽心尽职，这一切都使得官僚制一度成为政府效率的代名词。再次，确立了理性行政。官僚制强调组织的机构设置和运作方式都要严格按照法律和规章制度来执行，同时官僚制内部也有严格的层级设置文书处理制度规定。这就使得整个组织在非常理性的状态下运行，个人的感情偏好对组织工作产生的影响降到最低。最后，确保了公平行政。官僚制"被作为美德赞扬的特性：它成功地从解决职位上的事务中，排除爱、憎和一切纯粹个人的，从根据上说一切非理性的，不可预计的感觉因素"。② 政治与行政的分离、官僚制所推崇的价值中立，在实际运作中，就表现为一种非人格化、规则化和公私分化等原则的作用，这样，就大大降低了因官员个人主观因素导致的滥用职权、以权谋私、"人情"行政等的发生概率。

在官僚制产生的初期，其最大功绩在于它以职业化和专业化优势，

---

① ［德］马克斯·韦伯：《经济与社会》（下），商务印书馆1997年版，第296页。
② 同上书，第297—298页。

"举起理性和逻辑的旗帜,批判和否定了产业革命初期个人专制、裙带关系、暴力威胁、主观武断和感情用事进行管理的做法"。① 要而言之,官僚制的合理性在于其理性化的组织结构设计及其运行方式,它超越了个别的、具体的经验和事件,以普遍的抽象的规则且以可计算的程序为基础,在追求目的过程中做出合理的工具性安排。不仅如此,官僚制及相应的公共行政体系虽然是"作为工具被建立起来的,以贯彻、执行由人民代表所确认和表达的公众需要",然而对于政治体制而言,其更大贡献"在于能增进而不是取代它的工具性职能",在于极大地提高了"系统的运行能力以及增强集体行动在一段时间里可持续的程度"。② 官僚制的历史功绩与现实贡献证明了其在人类生活中的不可替代性,这也是古德塞尔等一批学者为其正名和辩护的根本原因。当然,这也不妨碍人们去发现并剖析官僚制的弊端,事实上正是在不断的批判修正中官僚制才会至今仍具有超强的生命力。但是,恰如全钟燮所指出,随着时间推移,我们在总结或描述官僚制科层关系、专业化角色绩效、技术技能应用、规则与规章的强化等特征时逐渐忘却了"建构这些思想隐喻的最初意图或目的,而将他们变成了官僚式生活控制的真正手段。换言之,我们渐渐将官僚制物化了,把它当成了其自身的生活本身"。所谓官僚制物化,彼得·伯格(Peter Berger)和托马斯·勒克曼(Thomas Luckmann)将其描述为这样一个过程,"作为社会创造者的人类丧失了对他们自身潜质以及他们过去的意识,以至于他们对待一个社会组织就好像对待他们自身的生活,社会制度高于并超越于人类的控制"③。毫无疑问,人追求理性与合理化,把管理作为一种手段,但最后却在合理化中丧失了自我,管理变成了目的本身。

### (二) 官僚制理性化之殇

1. 理性化的二律背反

当官僚制在功能失调或运转障碍时,其合理化特征及其优点就发生了质变:不断地争取职能与权力、缺乏创造性和灵活性、不关心人的需求和

---

① 孙耀君:《西方管理学名著提要》,江西人民出版社1992年版,第279页。
② [美]查尔斯·T. 古德塞尔:《为官僚制正名:一场公共行政的辩论》,复旦大学出版社2007年版,第205页。
③ [美]全钟燮:《公共行政的社会建构:解释与批判》,孙柏瑛等译,北京大学出版社2008年版,第5页。

公众舆论、趋于把决策责任推给上级或用繁杂、拖拉的公事程序阻滞行动等缺点。① 官僚制在现实中所暴露出来的缺点或带来的危害是由其内在缺陷而逻辑导致的，即官僚制本身面临着难以摆脱的理论困境。这是因为，"现今时代的主旋律是强调技术理性的价值，顺带地将理智、专业主义、伦理以及政治等作狭义的理解。当这种时代潮流遇到官僚与组织时，其结果就是人们无意识地倾向于服从权威，推崇技术进步以致使其超越人类价值与尊严。数字化计算机及信息系统的最新发展，既有可能赋予人力量并解放之，更有可能强化人类的屈从趋势"②。官僚制作为现代理性化进程中的经典组织模式，形式理性化是其内在的主脉线，而其理论困境也正恰恰在于其对于启蒙运动所张扬之人类理性的过度强调和片面化的现实发展，换言之，其理论困境本质上是理性困境，这主要表现在价值理性与工具理性、普遍理性与有限理性之间的对立与争论，并在实践中以不同形式表现出来。

在工业化的现代进程中，韦伯对合理性的区分及其理性官僚制的建立，验证了"哲学通过形而上学之后、黑格尔之后的流派向一种合理性理论集中"③ 的趋向。韦伯从社会行为分类的角度，将利用手段、技术追求功利目的的行为称为目的合理性行为，即常言的工具理性和技术理性行为，而将坚持"伦理的、美学的、宗教的或作任何其他阐释的——无条件的固有价值的纯粹信仰，不管是否取得成就"的行为称为价值合理性行为。④ 尽管这一区分并不能否认韦伯对价值的重视，然而，由于他认为基于"为何"与"应该为何"之区分的"与价值的关系"和"价值判断"的概念之间存在根本差别，而对于目的性为何并没有一个确实可靠的认识，⑤ 因此，当他在探讨西方理性化的过程中，将合理性理解为由法规支配的、体系化的、基于逻辑分析意义的、由理智控制的时候，⑥ 实际上是把合理性理解为工具理性或把工具理性视为最正宗的理性。事实上，

---

① 《韦氏大词典》，转引自赵世瑜《吏与中国传统社会》，浙江人民出版社1994年版，第202页。
② [美]艾赅博、百里枫：《揭开行政之恶》，白锐译，中央编译出版社2009年版，第15页。
③ [德]哈贝马斯：《交往行动理论》（第1卷），重庆出版社1994年版，第15页。
④ [德]马克斯·韦伯：《经济与社会》（上），商务印书馆1997年版，第56页。
⑤ [法]让-马克·夸克：《合法性与政治》，中央编译出版社2002年版，第124—125页。
⑥ 苏国勋：《理性化及其限制——韦伯思想引论》，上海人民出版社1988年版，第222页。

这就割裂了理性本身内在的逻辑统一性。因为，自古希腊苏格拉底之"美德即知识"的理性观及至文艺复兴时期，价值理性与工具理性都是统一的，并且价值理性内部也是统一的，而在近代科学理论化和实验操作化所开创的科学理性运动中，"自然的数学化"的技术手段使科学世界替代了生活世界，抽空了理性的价值和意义维度，而被自然科学之遗忘的意义基础正是生活世界。① 反映到官僚制内部，实际上就是反对以致否定价值理性的合法地位，这在实践中就表现为通过一系列的严格化的普遍性的规则系统，排斥行政人员对价值信仰的追求，杜绝任何价值因素在行政行为中的介入。

价值理性与工具理性之间的冲突与对立在公共行政中的突出表现就是政治与行政的分离，而政治与行政二分对行政人员的最大影响莫过于把行政人员塑造成一个无道德和无信仰的工具性存在。然而，行政人员对于法律政策的具体实施与执行活动，实际上是基于对法律政策或国家与政府指令的道德性认同，一方面，国家与政府属于政治活动领域，本身并不能脱离道德的合法性框架；② 另一方面，行政人员的个体活动并不能被简单归结为某项活动所具有的物质构成成分，而是与纳入规范层面的"意义"密不可分。"事实上，在人类的任何活动中，通常来说以及在面对其他个体之时，行为人需要将自己的理念与行为置于意义的框架之内。"③ 这种意义的框架正是价值理性所涵盖的领域。于是，官僚制及行政体系的建构与行政人员的实际行为之间出现了矛盾。

官僚制的理性困境还在于普遍理性与有限理性之间的矛盾。理性的普遍性与无限（完全）性是人类有史以来孜孜不倦追求的信念。启蒙运动时期，蒙田和笛卡儿的怀疑论实际上是要证明人的理性的不可怀疑性、普遍性和无限性。康德在休谟对价值与事实之经典区分的基础上，对现象世界与"自在之物"的界定，目的在于为理性划定界限，反对形而上学，而仍然相信在现象和经验世界中，人的理性是无限的，尤其是他认为，纯

---

① ［德］胡塞尔：《欧洲科学危机和超验现象学》第9节"伽利略对自然的数学化"，张庆熊译，上海译文出版社1988年版。

② 夸克提出四点理由精辟地论述了"关于政治的道德研究"的合法性问题。笔者认为，夸克对政治之道德研究的合法性辩护，同样适用于对行政行为的伦理辩护。参见［法］让-马克·夸克《合法性与政治》，中央编译出版社2002年版，第115—121页。

③ ［法］让-马克·夸克：《合法性与政治》，中央编译出版社2002年版，第119页。

粹理性是一种绝对的、无条件的先验主体性，它既为自然立法，又为人自身立法。在近代，理性被主要理解为一种逻辑推理能力，因此，理性的普遍性就成了一种逻辑推理能力的普遍性。正是这样一种普遍理性观，使得人们相信在官僚体系中，能够运用理性的逻辑推理能力，制定出一套严格的规则化体系，从而限制行政人员的任意性和独断性，保证公共行政的公平与效率，满足人们对法律秩序的渴求。然而，随着科学技术的发展，人类理性在无限扩大的同时却触及更多的无知的领域，罗素的类型论、歌德尔的不完全定理、塔斯基的真理论和量子力学的测不准原理分别从逻辑学、语义学和物理学的角度揭示了人的认识理性的有限性。西蒙认为在市场中，人并不像亚当·斯密所认为的那样是充分理性的，而由于种种原因，市场主体所掌握的信息不可能完全，他只能以自己所掌握的有限信息进行并非完全理性的决策。哈耶克从知识社会学的角度指出，一定阶段的所有个人知识的总和（the knowledge of all the individuals）"是以分散的、不完全的，有时甚至是彼此冲突的信念的形式散存于个人之间的"，"知识的分工特性（division of knowledge），当会扩大个人的必然无知的范围，亦即使个人对这种知识中的大部分知识必然处于无知的状态"。[①] 这样，人的理性认识并不能完全以制度化的规则来推定和规定未来。事实上，我们经常看到的是，在现实中，理性逻辑所制定的先在性规则并不总是能解决公共行政所面临的所有问题，而且在日益复杂的多元化现代社会中，这种不适应性越来越突出。

形式化的、统一性的规则要求进一步导致了官僚体制中普遍主义与特殊主义之间的矛盾。作为一种社会交往原则，普遍主义是以规则化的形式或标准要求一视同仁，不考虑行为对象的态度、要求等人格性特征和特殊主义气质。因此，理性官僚制行政是一种非人格化程序性行政，它以情感上的中立性替代了情感（伦理）态度对行政行为的影响。然而，正如唐斯所指出，无论官僚组织的正式规则有多广泛，总存在适用这些规则的自由裁量空间，而在自由裁量权的范围之内，个人因素将进入决策或正式规则之中且不会改变官僚化运作的最基本的非人格化性质，要言之，"在一个官僚组织的运作过程中，个人因素和非个人因素之间总是存在一定的张

---

[①] [英]哈耶克：《自由秩序原理》（上），生活·读书·新知三联书店1997年版，第22、25页。

力"。① 事实上，公共行政领域不可能也不应完全铲除特殊主义。一如舍伍德所言，公共行政之"公共"很大程度上是由地域性特征决定的问题，然而我们正在逐渐地丧失掉"公共"，由普遍性的行政管理原则来接替和代管。② 从根本上讲，一切公共行政行为实际上都具体体现为行政人员的个体行为，由于人的社会属性使然，行政人员与行政相对人以及行政人员之间的交往与互动实际上总是带着特殊主义的痕迹。新公共管理运动对政府回应性的强调，以及新公共服务对新公共管理运动之顾客取向的批评，实际上都暗含了对普遍主义标准的质疑，而在人性化服务的行政过程中有限地恢复特殊主义取向。

2. 实践困境

随着社会政治、经济及运行方式的不断发展和变化，官僚制之理性困境在实践中面临着越来越多的挑战，而其现实弊端表现得也越来越明显。詹姆斯·威尔逊用纽约中央公园滑冰场的案例引导我们来观察官僚机构存在的那些问题，包括"责任问题——要使各机构都为已经确定的目标各负其责；公平问题——根据明文规定的法规同等对待每一个人；顺应民意问题——对某些人的要求作适当的反应；效率问题——在现有的财力和物力基础上获得最大的收效；完善财政制度的问题——确保公共基金节俭地用在公共事业上"。詹姆斯进一步认为，效率低并非官僚机构的唯一问题亦非最重要的问题，我们最需担心的是官僚机构在现场的专横统治问题，即"政府官员的行为不受法律授权的约束，或者是以某种伤害我们正义感的方式来执法办事"。③ 巴泽雷与阿马加尼概括道，理性官僚制受到指责可以追溯到 20 世纪 30 年代，其争论焦点集中在：正式组织是否效率和效益之首要决定因素；控制能否被看作是迫使职员合作的过程；权威等级制是否良好政府之选择；官僚典范之效率核心是否一种理论假设等。当然，在新公共管理运动中，越来越多的后来者更偏向于从官僚典范过分关注花费而非考虑到预算的收益方面来指出传统行政理论的弊端。④

---

① [美] 安东尼·唐斯：《官僚制内幕》，中国人民大学出版社 2006 年版，第 76 页。
② [美] 全钟燮：《公共行政的社会建构：解释与批判》，舍伍德序，孙柏瑛等译，北京大学出版社 2008 年版。
③ [美] 威尔逊：《美国官僚政治：政府机构的行为及其动因》，中国社会科学出版社 1995 年版，第 378、390 页。
④ Michael Barzelay with Babak J. Armajani, *Breaking through Bureaucracy*, 载竺乾威、马国泉编《公共行政学经典文选》（英文版），复旦大学出版社 2000 年版，第 496—499 页。

随着价值观念和民主实践的多元化现实以及信息技术的快速发展，日益复杂化的行政生态环境将传统官僚制的弊端无情地公之于世。具体而言，我们可以从以下几方面来概括官僚制的现实弊端。

第一，政府机构规模的膨胀及其功能的退化。政府规模膨胀的基本原因是社会对政府公共供给不断提出越来越多的需求使然，而政府自身的体制、权力运行机制和政府职能发展的历史趋势也必然促使政府规模的膨胀。这就是说，尽管社会对政府的需求是政府规模膨胀的客观原因，而官僚制却是政府规模膨胀的总根源。[1] 在管理型社会治理模式中，官僚制是政府组织模式的经典形态，政府机构的设置遵循职能分工、专业化运行等官僚制的基本原则，而政府机构设置又是与政府职能相适应的，因此，当政府职能不断扩大时，要么是将新的职能交由已有的行政机构处理，要么是增设相应的新的行政机构来满足新的社会需求。然而，由于专业分工及权责明确等原因，原有的行政机构并不能完全承担新的公共管理职能，于是，设立新的组织就成为更为普遍的解决途径。从官僚制内在因素而言，当某一组织因其使命之完成或转移等原因而无须存在时，但其内在惯性仍会保护它的存在。这是因为，官僚制是被用来进行协调和控制的，其有效性的发挥，使得组织机构一旦建立，就会存在下去，而拆除现有组织的企图会在根本上受到抵制，以至于现有组织产生的问题即使被修正，也会再产生。而这也直接导致了新的组织被不断创设。这就是梅耶及其同事提出的"问题—组织—问题—更多组织"的循环假设。[2]

官僚制所导致的政府规模膨胀客观上意味着政府解决社会问题能力的加强，然而，从整体而言，这却是官僚制的反功能。因为，"官僚制的增长使得官僚制的运作变得同官僚制试图解决的问题同样复杂"[3]。官僚机构的不断增加，使得政府规模越来越庞大臃肿，而机构层级与数目的增加，也加大了组织整合功能的难度。横向上，严格的分工造成部门之间的"壁垒森严"，沟通合作与协调的任务加重；纵向上，组织内部层层授权，由下至上呈现出"金字塔式"结构，部门之间只在金字塔顶端才能相遇。

---

[1] 张康之：《公共行政中的哲学与伦理》，中国人民大学出版社2004年版，第172、176页。

[2] [法]彼得·布劳、马歇尔·梅耶：《现代社会中的科层制》，学林出版社2001年版，第147页。

[3] 同上书，第148页。此处，笔者将中译本中的"科层制"改为"官僚制"。

这样，随着机构规模的膨胀，组织内耗也予以扩大，由此导致组织的功能障碍（dysfunctions）或曰机能失调——结构的问题导致原设计功能无法照常发挥作用。

第二，高效的组织追求与低效的现实尴尬。官僚制作为现代化理性进程中的产物，是以高效率的功能追求出现的。然而，现实中，随着官僚化的程度提高，越来越表现出低效率的困境。这是因为，首先，形式化的法律制度被官僚制奉为圭臬，组织的各种严密规范的制约使得行政人员无法按照他们喜欢和适宜的方式从事管理活动，行政行为普遍缺乏灵活性、主动性和创造性。同时，官僚组织的规则化使其成为脱离社会环境的封闭系统，这样一种刚性的组织结构丧失了对环境变革的适应性，从而表现出整体的无效率。其次，官僚制内部实行的是集权控制原则，即把大量资源和决策集中到中央，基层组织被弱化，降低了其服务的灵活性、适应性、创造性和速度；官僚机构的全面控制排除了竞争的必要与可能，无法激发人的主观创造性和主动精神。再次，作为复杂系统的官僚制内部实行等级分层，采取层级节制的控制结构，因为"在给定的体积和复杂性的系统间，分层等级系统各部分间所需要的信息传输量要比其他类型系统少得多"，也就是说，"分层等级结构消除了规模和复杂性间的联系"，[①] 进而使得大型组织的运行或运转成为可能，然而在信息量至少以其体积幂数比例增长的条件下，层级组织却倾向于只关注本级信息而忽视整体信息量，最终导致本位主义和部门主义的出现。最后，政治与行政的分离使得官僚制成为民主政治运行的一种工具，"当官僚服从于民主控制时，他们趋向于服从僵化的规则并引发其他的功能失调；当官僚免于民主控制时，他们趋向于展现更大的效率和有效性"[②]，官僚制与民主陷入非此即彼的两难境地。

第三，组织目标的错位与官僚主义的丛生。默顿认为，官僚制模式的最典型问题，是组织手段与目标之间的明显区别在官僚体制运行过程中逐渐混淆。而且，这个官僚组织越老，手段与目的相置换的趋势就越强。起初，官僚机构是一个推进外部社会性目标的手段，但作为组织惰性的结果，官僚机构本身的兴趣转而代替了推进对外目标的基本功能，官僚机构

---

[①] ［美］赫伯特·西蒙：《管理决策新科学》，中国社会科学出版社1982年版，第98、99页。

[②] Jack H. Knott, Gary J. Miller, *Reforming Bureaucracy: The Politics of Institutional Choice*, Englewood Cliffs, New Jersey: Prentice-Hall, 1987, p. 257.

本身变成了它为之运转的目标。① 当官僚机构本身之存在转化为目的时，官僚和官僚机构就只注重争取更多的经费和更大的权力，而罔顾人民大众和社会的实际需要。手段与目的的错位，造成了备受诟病的本位行政、官僚主义等问题的产生。公共选择学派认为，官僚自身的利益与公共利益之间存在着矛盾，官僚集团往往会利用手中的公共权力来最大限度地增加个人利益，官员个人也经常会为了自我利益而对少数顾客过分热心。公共选择理论以夸张的形式揭露了组织目标错位的现实状况及其原因。这一状况明显的表现就是杂乱无章、文牍主义、怕负责任、腐败横行等官僚主义问题。

现实社会展现给我们的是，在官僚制的惯性下，官僚主义的种种表现常常被制度化。由于官僚制作为一种统治的工具，作为沟通分离之国家与社会的中介，为了缓和社会各种要求之间竞争的需要，于是以法律制度的形式来创造一种形式化的法律秩序，而不管各种需求是否真正符合公共利益的要求。文牍主义的问题主要并非出自规章制度等文牍的体制需求上，而是出在各个行政人员的政治行为上，因为各种规章制度的确立是必要的。但是，一方面，正如福克斯和米勒所批判的那样：规章本身只会引起更多的规章；语言的歧义性使得规章无法作为一个充足工具来完全控制官僚的行为；大多数情况下，规章越多，对官僚行为的控制力就越小；而从外部产生规章总是与偷换目标、敷衍了事、按规章办事这样的官僚弊病联系在一起的。② 另一方面，随着社会情况的复杂多元化，相应的条文规章就越是冗杂，形成大量文书档案，这就导致行政人员在面临具体的情况变化时，不敢随机应变，一味按祖宗成法办事，一律于文牍中寻求解决之道。造成这种情况的原因是多方面的，有体制规定的官员个人或机构自身之自主权范围过狭的问题，也有选官制度的弊病造成官员缺乏应变能力的问题，也有官员认为得官不易，不勇于任事，以保乌纱帽为第一要务的政治行为问题。③ 但究其总根源，还是出在官僚制本身的内在运行逻辑上。另外，官僚制的权力形式与归责原则，使得行政人员出于减少批评、维持

---

① Robert K. Merton, *Bureaucratic Structure and Personality*，载竺乾威、马国泉编《公共行政学经典文选》（英文版），复旦大学出版社 2000 年版，第 86—89 页。

② ［美］福克斯、米勒：《后现代公共行政》，楚艳红等译，中国人民大学出版社 2002 年版，第 18 页。

③ 赵世瑜：《吏与中国传统社会》，浙江人民出版社 1994 年版，第 202 页。

权力的愿望，往往严格按照规章制度行事，而在面对新情况、新问题时，不敢承担体制之外的创造性角色，实际上，这就造成了逃避责任的制度化。

官僚主义的制度化表明，官僚主义产生的主要原因存在于官僚制自身，正是官僚制赖以建立的原则、官僚制的结构、官僚及其构成等因素造成了官僚主义的不可避免性。① 因此，有人宣称，官僚制的缺陷不可能真正被克服，"因为克服缺陷的手段最终只能进一步加深组织的官僚主义性质。内部冲突及与公众的冲突导致加强控制和建立新的调整规则，这就使体制本身更加臃赘"。② 在本质上，官僚制是"一种不可能根据其错误来纠正其行为的组织"③，因而是一种低效率的组织。

第四，精英统治与民主政治之间的矛盾。在市民社会分析的框架中，马克思认为，官僚阶层属于特殊利益集团，从来不是市民社会本身赖以捍卫自己固有的普遍利益的代表，而是国家用以管理自己、反对市民社会的全权代表，并在实现管理职能的过程中把自己装扮成虚幻的普遍利益的化身。从历史产生根源看，官僚制的理性化要求与高效率的实现是建立在组织成员知识化和专业化的基础之上的。然而正是知识化与专业化的要求，推动了公共行政的职业化运动，并且将行政人员群体塑造成一个独立的利益群体，他们总是在维持并扩张自己的行政地位和权力，以拥有知识和经验以及保密为借口来增强其专业上的优越地位，并暗中为自己及其利益集团谋取特殊的利益，从而在国家结构中形成独立的权利群体，出现所谓的"文官专政"。当这种独立的力量在缺乏有效监督的情况下，就会滥用公共权力，成为民主进程的障碍。

官僚制本身是社会合理化、民主化过程中的产物，但它在发展过程中导致并加强了反民主的趋势，这是因为"官僚制的理性形式、不透明性、组织僵化以及等级制的特性，使得它不可避免地会与民主制发生冲突"④。由于官僚制组织在政治责任方面存在的问题，它剥夺了公民和政治家的权

---

① 张康之：《寻找公共行政的伦理视角》，中国人民大学出版社2002年版，第84页。
② [法]迪韦尔热：《政治社会学》，杨祖功、王大东译，华夏出版社1987年版，第173页。
③ Michel Crozier, *The Bureaucratic Phenomenon*, Chicago: University of Chicago Press, 1964, p. 32.
④ [澳]欧文·E. 休斯：《公共管理导论》，中国人民大学出版社2001年版，第47页。

利，这种模式"造成领导人与执行者、执行者与公众之间的冲突，而这些冲突又造成能量的巨大消耗；组织无法实现其目标，把精力尽花费在调整这些冲突上"①。哈罗德·韦伦斯基在《组织智慧》一书中说，如果官僚机构没有很强的专家成分和专门知识就无法运转，而这正与官僚体制的集权化和一体化背道而驰。② 在政治与行政分离的框架下，官僚体制中拥有专门人才的行政人员与民选的政治家之间，存在一种固有的冲突，前者的职位是建立在拥有专门的、独一无二的知识基础上的，而后者指挥与控制这个机构只是基于他们的统治权威。这样，行政人员与政治家之间的紧张关系，不仅会导致官僚机构的功能障碍，还必将损害民主政治的发展。

第五，人性的异化。默顿通过对官僚制内部结构和人格的研究，认为官僚制忽视了官僚组织运作过程中无法克服的内部紧张和冲突，而在过分追求规则和习惯的同时走向其反面。③ 斯蒂尔曼总结韦伯官僚制特征时，认为"分工、等级秩序以及非人格统治"是"任何功能性官僚制的基石"，而"非人格的规则构成了官僚世界的生命线"④。繁多而又陈旧的规章制度和工作程序，把官僚制编织成一只巨大的铁笼和精密的机器，人固定于其中，成为其附属品和零件。在这只铁笼中，官员失去了解决问题的主动性、创造性和实际操作的灵活性，成为例行公事的"没有精神的专家，没有情感的享乐人"。同时，严格的层级节制，压制和阻隔了内部的交流与沟通，妨碍了个人的成长和个性成熟，鼓励了盲目服从和随大溜。

对于行政人员而言，作为专业人员所体现的人类因素远比官僚制模型的描述复杂得多，然而官僚制理论却通过对规则、薪水和职业生涯的强调，"割裂了个人的私人生活和作为公务员的生活"⑤，从而简化了问题。事实上，一方面，官僚制冀求通过严格的规则体系和层级控制紧紧限制住行政人员，现实中也确实得到一定程度的实现；另一方面，由于规则自身

---

① [法] 迪韦尔热：《政治社会学》，杨祖功、王大东译，华夏出版社 1987 年版，第 173 页。

② 赵世瑜：《吏与中国传统社会》，浙江人民出版社 1994 年版，第 226 页。

③ Robert K. Merton, *Bureaucratic Structure and Personality*，载竺乾威、马国泉编《公共行政学经典文选》（英文版），复旦大学出版社 2000 年版，第 83 页。

④ [美] 斯蒂尔曼二世：《公共行政学：概念与案例》（第七版），竺乾威等译，中国人民大学出版社 2004 年版，第 78 页。

⑤ [美] 汤普森：《行动中的组织：行政理论的社会学基础》，敬乂佳译，上海人民出版社 2007 年版，第 8 页。

的空缺结构及其带来的不确定性,① 行政人员的个性因素不可避免地要进入规则的实现中,正如毕瑟姆所指出的,个人的人格并非在进入官僚制组织或社会化过程中被清除,"实际上,人们的人格从未完全屈服于他们的角色,人们是作为具有个性需求和期待的个人进入组织的。"② 如果认识不到这一点,就无法理解官僚制中上下级间的冲突和组织目标与部门目标之间的冲突。因此,官僚制就在相反相成的角度上与人的本性相悖而行,导致行政人员的人性异化。

3. 超越官僚制的努力

官僚制的种种弊端,引起了学者们的热切关注,既有大声为其积极辩护的拥趸,如古德塞尔(Goodsell)、保罗·盖伊(Paul du Gay)等,更多的则是无情而猛烈的批评者,如卡斯特尔思(Castells)、吉登斯(Giddens)、彼得斯(Peters)等人,哈默(Hummel)则是当代最重要和最杰出的代表,而著名的组织理论家本尼斯(Bennis)更是在《官僚制的灭亡即将到来》中直言不讳:"从60年代算起的20—50年里,人们将目睹并加入官僚制的送葬队伍。"③ 与学界的高声指责和无情批判相呼应,自20世纪70年代末以来,一场规模宏大的政府改革和政府再造运动席卷了西方发达国家。如英国的续阶方案,美国的政府再造工程,新西兰的财政与人事改革等。欧文·休斯认为,这场声势浩大的行政改革浪潮,尽管被冠以新公共管理、管理主义、企业型政府等不同的名称,但基本上是描述着相同的现象,即传统官僚体制已经被新形态的以市场为基础的治理模式所取代,一种新的典范正在浮现。④ 那么,新公共管理运动是否如休斯所言实现了对传统官僚制的超越呢?

对官僚制的超越,更准确说是改进或完善,主要从两方面进行,"一是引进结果导向的绩效评估机制,过去的官僚制主要关注程序,现在我们更关注绩效和结果,而非过程和行为。二是改变官僚制的封闭性,不再在

---

① 英国著名法理学家哈特指出,因为语言本身的空缺原因,法律制度存在难以避免的空缺结构,因而带来现实中的不确定性。[美]哈特:《法律的概念》,中国大百科全书出版社1996年版,第127—128页。

② David Beetham, *Bureaucracy*, Open University Press, 1987, p. 16.

③ Jay M. Shafritz, Albertt C. Hyde, *Classics of Public Administration* (2nd), Chicago: The Dorsey Press, 1987, p. 325.

④ [澳]欧文·E. 休斯:《公共管理导论》,中国人民大学出版社2001年版,第4、283页。

黑箱中运作,而是引入合作者和利益相关方"①。在公共选择理论和管理主义的推动下,新公共管理运动着力于调整颇受指责的政治与行政的关系以及官僚制行政模式的改革,前者主要是针对官僚制日益政治化或政治官僚制化的现实矛盾而进行一系列的行政改革,主要表现为解除规则(deregulation)、强调政治回应性两方面的内容,后者则是在官僚制内部进行分权运动和执行局化的改革。同时,在官僚制与市民社会之间,进行了向市民社会开放公共物品和服务的生产与供给(市场化)、顾客取向、官僚制与私营组织合作提供公共服务等方面的改革。这一切改革的努力,都是为了解决官僚制日益超载的困境,提高政府公共服务供给的效率和质量。新公共管理运动对传统公共行政的确带来了新的气质,无论是官僚制行政所承担的功能,还是行政执行的方式、行政行为的价值取向以及官僚制内部结构、行政人员的绩效考评等方面都发生了巨大变化。正如巴泽雷等人所言,公共行政已由原来的以公共利益之实现转向追求公民价值的结果,从"效率"优先转向服务质量的追求和对顾客满意的重视,从对特定功能、权威和结构的服从转变为对使命、服务、顾客及绩效的高度认同,由控制转向争取成员对规则的认同,从强制推行义务的实现转向相对人自愿承担责任的建构,从对机构运行成本的控制转向效益的追求,②总之以官僚制为基础的传统公共行政被新公共管理运动突破了。

新公共管理运动确实取得了令人瞩目的成就,也预示着一种新的管理典范的出现,然而正如许多批评者所指出,这一运动只是涉及了管理方式的改革,是操作层面的变迁,其本身只是为完善官僚制所做的努力,而并没有真正颠覆传统官僚制的正统地位。因为,一方面,改革的前提仍局限于决策与执行分离的传统政治与行政二分的框架内,效率的中心地位也未被彻底改变,只是在其前面挂上了公平、回应性、民主的价值面纱,而随着新公共管理运动的深入,传统公共行政所面临的困境经过短暂的消隐又重出江湖。另一方面,新公共管理运动的指导理论本身也存在内在的矛盾,例如市场竞争原则能否在公共领域完全照搬,顾客取向在满足了回应

---

① 胡伟:《国际行政科学学会主席海尔特·鲍科特:现在我们更关注绩效、结果和参与》,《文汇报》2013 年 11 月 25 日第 13 版。

② Michael Barzelay with Babak J. Armajani, *Breaking through Bureaucracy*,载 竺乾威、马国泉编《公共行政学经典文选》(英文版),复旦大学出版社 2000 年版,第 503—518 页。

性的同时是否满足了公平或公正的价值目标等等。① 因此,胡德等学者认为,说新公共管理运动已经取代传统官僚制行政并成为一种新的典范还为时过早甚至是一种夸大伎俩。

从实践来看,新公共管理运动也并没有涵盖全球,它主要存在于英国、美国、澳大利亚、新西兰等国家,而欧洲大陆以及亚洲很多国家则是进行着重在改进官僚制的行政改革,"有些政府非常不愿意接受新公共管理思想(包括德国、日本等这些重要的国家);许多其他国家(如加拿大、挪威、芬兰、荷兰和丹麦)非常谨慎地和有选择性地推进 NPM,只是接受了它们认为有用的,但是不会接受 NPM 的全部内容"②。更进一步,越来越多的学者从理论和实践全方位地分析新公共管理运动存在的不足,进而提出新公共服务、公共治理、公共价值、混合治理等超越"新公共管理"的"后"主张,这其中,一种被称为新韦伯主义的观点令人瞩目。所谓新韦伯主义之"新",体现在以下四方面:③ 从官僚规则的内部导向向满足公民需求和愿望的外部导向转变,因此重点不在于市场机制而是质量和服务的职业文化创造;通过一系列能够直接代表公民意见的协商工具来补充而非替代代议制民主;政府内部管理更强调结果达成而非注重对程序的正确遵守,达致事前控制与事后控制的平衡;公共服务的职业化,官僚既是其活动领域的法律专家也是职业的管理专家,善于满足公民或用户的需求。要真正超越官僚制,不仅要有公共行政外在环境的政治改革相配套,更重要的是还需对官僚制的组织结构及运行进行全方位的改革,尤其是组织文化和行政人员伦理素质等软件方面的全新建构。

事实上,自 20 世纪 30 年代起,关于官僚制的批评就持续不断,保罗·盖伊认为,尽管当代管理学权威和社会学家们戏剧性地再次高调宣称官僚制走向终结,"然而无论是作为组织之理想类型,还是一种多元的、格式化的组织机制,都证明了其极大的弹力。因此,官僚制消亡的预言被证明是有些草率的"。新公共管理之后的那些混杂的管理改革,远非官僚

---

① 黄小勇:《现代化进程中的官僚制》第四章第三节,黑龙江人民出版社 2003 年版。
② Christopher Pollitt, *The Essential Public Manager*, Berkshire: McGraw-Hill Education, 2003, p. 37.
③ Christopher Pollitt, Geert Bouckaert, *Public Management Reform: A Comparative Analysis-New Public Management, Governance, and the New Weberian State* (Third Edition), Oxford: Oxford University Press, 2011, pp. 118-119.

制的终结，而是对官僚制的不断完善和改进。无论是理论界，还是实务界对改革组织生活机制的呼吁，都目睹了人们认为将一去不复返的价值的回归，而不断提升的价值被置于迟钝的管理技巧之上，与之相连的则是命令和控制的回归，管理等级形式的重新被关注，以及重塑组织结构、中层管理者重新走上前台等改革措施回炉。总而言之，这些改革或发展措施都证明了不敢直言其名的回归："官僚制，经历多年的沉沦，必将重新崛起"，"官僚制，正如笼中大象一样，既不能被明确认知也不能被有意忽略，更不能被神秘偷走"。① 因此，无论是理论分析，还是现实所展现的，在现代社会中追求去官僚化组织生活的试图具有明显的限制。

### （三）行政人格的工具化

1. 规则控制的工具化表征

前面论述指出，迄今为止，公共行政仍没有摆脱理性官僚制的窠臼，而正是在官僚制的铁笼中，行政人格被工具化了，或者说官僚制造就了一种工具人格。这一根本原因乃在于管理型社会治理模式中，管理行政服务于自由与平等这一普遍理念，在私有财产神圣性的原则下对多元利益进行协调，从而决定了它不能像统治行政那样明确地服务于统治者的利益，需要凌驾于整个社会之上来实施管理和提供公共秩序。尽管管理行政在本质上也是从属和服务于统治阶级的根本利益的，但它在现实的运行过程中，总是以公共行政的面目出现。所以，它必须极力淡化其服务于统治阶级利益的实质，代之以形式化的追求，即把形式化的效率和公平作为行政目标，行政管理过程中的一切因素却成了达致行政目标的工具，行政人员也不例外。为此，官僚制的行政控制就必须始终、持续纳入"法治"原则的支配之下，法治成为行政行为的一种结构性背景，这一过程也就是从"行政优于法"到"无法律即无行政"的历史运动。

现代法治原则对官僚制的影响，不仅控制整个行政组织的理性运行，也深入行政组织内部运行的各个环节中，官僚制因而成为一种法理型统治模式。也就是说，官僚制是以形式化的规则系统为其基本的制度基础的，

---

① Pauldu Gay ed., *The Values of Bureaucracy*, New York: Oxford University Press, 2005, pp. 1-2.

"非人格的规则构成了官僚世界的生命线"[①]。由法律、行政规则等构成的一套行为规范不仅明确界定了官僚制行政的范围和界线,而且从形式和细节上提供了可检验的责任标准,这就极大地消弭了行政裁量权的范围和运用频率,也直接塑造了官僚制行政形式理性或形式正义的价值取向,即以规则为准绳,遵循恰当的程序和明确的管辖权,以形式化的、非人格化的、普遍主义精神为指导,"不问对象是谁"而给予形式上的平等对待。这一普遍原则贯穿于管理行政的整个历史。在19世纪末到20世纪初,随着行政国家的出现,行政权曾经一度膨胀,并逐渐侵入立法和司法领域,取得通过委任立法而得来的行政立法权和裁判纠纷的行政司法权。如果说行政立法权与司法权在总体上隶属于行政机构的话,那么对于行政人员个体而言,行政权扩张的最直接效果就是行政裁量权的增长。但是,行政裁量权的增长并不意味着行政权的任意行使,其现实运行仍是以一定的形式化规则为载体的。这一方面表现在行政程序法的兴起,另一方面表现在控制行政裁量权扩张之合理性原则的产生与适用。行政程序法实际上不仅是严格规则模式的补充而非一种替代,而且其程序规定本身也是以形式化的规则为目的的,行政程序法典化的努力便是明证。行政合理性原则初衷是以法律的精神和原则来控制日益壮大的行政裁量权,然而,这一原则在贯彻实施中,却总是在寻求合理性的标准,而关于标准的理解又往往陷入制定规则的传统。这样,即使是在行政裁量权扩张的"行政国"时期,行政人员也没有取得被信任的地位,他不仅是被作为一种组织人来看待,而且各种机关总是寻求对行政裁量权的规则控制。

　　制度的形式化特征确立了规则的权威地位,其合法性不容置疑。韦伯认为,官僚制合理性的重要表现之一是它的"形式主义"精神,这也是现代组织文化的精髓。合法权威只要在原则上遵守形式程序,就具有自由行使权力的余地。这保证了官僚组织的公正性和客观性,保证了组织行为的可计划性,因而也就提高了组织运行的效率。然而,"官僚体制统治的顶峰不可避免地有一种至少是不纯粹官僚体制的因素",[②] 其表现之一就是,官僚制越发展,它的非人格化特征就越明显,它在执行公务中就越少

---

[①] [美] 斯蒂尔曼二世:《公共行政学:概念与案例》(第7版),竺乾威等译,中国人民大学出版社2004年版,第78页。

[②] [德] 马克斯·韦伯:《经济与社会》(上),商务印书馆1997年版,第247页。

纯粹的个人好恶，纯粹的个人性、非理性、情感性的因素。理想型官僚体制中的行政人员是用一种形式主义的、不以感情为转移的、不带个人爱憎的情绪来履行其职责的。[①] 事实上，韦伯也有"自由人格"的倾向，即把"自由"的个人人格，无论是政治家还是企业家，总当作变动的根源，但他始终不渝仍不失是一种"制度的人格主义"。[②] 也就是说，行政人员的人格建构被置于制度建设的途径中。在官僚制追求形式化规则系统的层级控制中，行政人员依附于制度规则，逐渐丧失主体性和主体意识，成了单纯的行政执行的工具，他作为人而必然会拥有的那种"格"也就工具化了。

2. 行政人格的工具化现实

工具理性作为官僚组织之统治原则的结果就是造成了行政人员的工具性人格。官僚体制优越性被不断夸大的同时，它的有限性就越发突出，因为官僚制的理性行为、专业分工、权力作用和严密控制这四种非人格化的价值观与人追求主动、自主、创造、负责等人格成长的趋向背道而驰。官僚制的形式化表现是以牺牲人的需要和价值为代价的。

第一，形式理性的普遍主义取代以情感、兴趣为主的特殊主义成为官僚制中行政人员的行为价值取向。标准化的理性官僚体制以"物的关系"取代了原来人对权威人物的依附关系，将人定位于物的层面，人与人之间的关系被标准化的文牍主义操作方式引导。于是，行政人员被定格于严密的层级体系中，层级之间强调权力的绝对服从，决不允许下级对上级权威的挑战。这种上下级的控制以组织的权威、规章的权威为借口，因此，它相对于行政依附人格中的人身依附而言，上下级之间是一种外在的形式化的依赖关系。阿尔文·古尔德纳（Alvin Gouldner）认为，官僚组织中对人的严格监督会导致严重的功能障碍，即这种控制加强了业已存在的、监督应抵消掉的紧张关系，因而不可能把组织引向人人都同意的目标，组织包括不同的个人构成的群体，他们具有不同的利益和目标，只能部分地相互平衡。[③] 这就是说，官僚体制中，非正式组织因素总是被正式组织的规则排斥，行政人员之间是基于职位规定和工作需要而相互往来，相互之间

---

① 吴增基等：《理性精神的呼唤》，上海人民出版社 2001 年版，第 161—162 页。
② [德] 施路赫特：《理性化与官僚化》，广西师范大学出版社 2004 年版，第 129 页。
③ [美] 阿尔文·古尔德纳：《企业官僚制类型》，转引自赵世瑜《吏与中国传统社会》，浙江人民出版社 1994 年版，第 227 页。

的信任是对规则的信任，而不存在内在的互动，相互之间冷漠相待，虚伪相处。因此，默契的"共同体行为"就被转变为做出理性安排的"社会行为"的特殊手段和统治关系的"社会化"工具。①

第二，科学理性的至上性以及技术的社会转变，在社会治理领域形成了严密的规则网络以及行政人员对规则权威的崇拜。经过规则网线的编织，官僚制变成了一个"调度和编排程序的世界，部件准时汇总，加以组装……人的待遇跟物件没有什么不同"。② 马尔库塞则认为："在技术的媒介作用中，文化、政治和经济都并入了一种无所不能的制度，这一制度吞没或拒斥所有历史替代性选择。这一制度的生产率和增长潜力稳定了社会，并把技术进步包容在统治的框架内。技术理性已经变成了政治的合理性。"③ 这样，一方面，行政人员必须严格遵循组织规章，一切按规章办事，规章的合理、合法性不容置疑；另一方面，即使规章本身存在瑕疵，行政人员也必须在"关于规则的知识中寻找安慰"，并且必须"热心卖力地看守这些规则"。④ 官僚制不需要更不鼓励行政人员的主动性和创造性，反而视其是对组织的威胁。

第三，官僚制以效率为组织的主要目标，效率至上在行政人员中造成一种实质上的功利主义倾向。完成了既定的目标，行政人员的行为就合格，而这种既定目标的实现只需行政人员按照规章、程序去做就足够了，因此，"官僚主义文化鼓励无反思行动"，行政人员因此也失去为追求组织目标及功能更大实现的动力。行政人员的功利主义倾向不仅仅表现为完成本职工作的效率性，还逐渐演化为行政人员的自我中心化和利己主义的产生，即一方面以是否有利于完成本职工作为目的去处理各种社会关系，另一方面则在完成本职工作之外寻求额外的收益，既包括物质上的，也包括精神上的。这样一来，过分强调理性、效率以及作为权威专家的行政官员（和管理者），官僚制可能导致非人性化行动的合理化，行政人员成为"道德中立的技术专家"，而"目标经常是用来保护自我和制度的利益而

---

① ［德］马克斯·韦伯：《经济与社会》（下），商务印书馆1997年版，第309页。
② ［美］丹尼尔·贝尔：《资本主义文化矛盾》，赵一凡等译，生活·读书·新知三联书店1989年版，第198页。
③ ［美］马尔库塞：《单向度的人》，上海译文出版社1989年版，第7—8页。
④ ［美］W. 米尔斯、T. 帕森斯等：《社会学与社会组织》，浙江人民出版社1986年版，第171页。

不是首先服务于公共利益"①。

第四，官僚制是一个责任中心主义体系。在官僚制的组织结构中，"分工意味着官僚制中的工作都被理性地分成有能力完成这些工作的个人或小组能承担的部分"②，行政人员与具体的岗位联系在一起，岗位的任务就是他的任务，岗位的功能就是他的功能，他个人不需要信念，也不需要独立的价值判断，这种责任是一种制度上的责任，与他个人没有关系。因此，行政人员被塑造为一种阴郁、灰暗、屈从于规章制度的"组织人"，只对制度所规定的繁文缛节表现出的并非出自内心的关心，"以规则为本"而忽视了对目的、需要和结果的关注。于是，在行政人员的行为中，遵守规则和程序取代了结果和目的的价值，形式正义侵吞了实质正义这一根本目的。由于失去行政人员的自我信念及意识，这种责任就是形式上的责任，没有被行政人员真正承担起来。

第五，官僚体制的形式化规则排斥一切非理性因素。正如本尼斯所言，在官僚体制中，"重要的是制度、法规和正式职务，而不是个性；是公事公办，而不是个人关系；是技术专长，而不是心血来潮，一时聪明"③。因此，行政人员的个人感情、心理、情绪等不能被纳入其行为体系中，行政人员被视为纯理性的人，这实际上是把人简化为依附于组织体系中为实现组织功能和目标的工具或手段。然而，非理性因素往往是个体创造性的源泉，吉登斯指出，"创造性的经验是个人价值感并因此也是心理健康的基本支撑。如果个体不能创造性地生活，那么……慢性忧郁症或精神分裂症倾向都可能发生"④。戴蒙德更是从精神分析角度将官僚制度看作是精神防御的结果，即一个非故意的外在化了的个人之间的防御机制，而在这样的防御机制中，行政人员常常产生非正常的"分裂的自我形象"和"压抑的自我形象"。⑤

---

① [美]全钟燮：《公共行政的社会建构：解释与批判》，孙柏瑛等译，北京大学出版社2008年版，第134页。

② [美]斯蒂尔曼二世：《公共行政学：概念与案例》（第7版），竺乾威等译，中国人民大学出版社2004年版，第78页。

③ 孙耀君：《西方管理学名著提要》，江西人民出版社1992年版，第279页。

④ [英]安东尼·吉登斯：《现代性与自我认同》，生活·读书·新知三联书店1998年版，第46页。

⑤ 马骏、叶娟丽：《西方公共行政学理论前沿》，中国社会科学出版社2004年版，第4—6页。

总之，官僚体制中，行政人员个人的独立性被组织的统一性取代，个体对自己行为的后果无法把握，对自己失去信心；同时，组织体系的整合性只重视规范的行为，而忽视了个人间的不同差异，压抑了行政人员个性的发展。失去了自我独立意识以及自我发展之自由的行政人员，其社会角色或职业角色否定了其个体存在的合理性。在组织内部，"自我和刚性官僚制之间的关系以相互有害的方式强化着"[1]，为了缓解官僚制中的无助、无权、孤独等造成的心理紧张，个体必须寻求解脱，这种解脱是将真实世界予以隐藏的一种无意识投射，并通过某种承诺以保障其在官僚制中的地位，进而这种投射变成了真实的，逐渐被整合进个人信仰体系中，并对价值观进行理性化，成为世所公认的主流观点和价值规范，然而这种重新组织起来的信念固守在否定之中，因而是虚幻的，其创造出来就是要使自我偏离组织蕴含的责任危机。而与此同时，伴随着市场经济的发展、完善以及法律对个体的自由、权利的保障，私人领域中个体的独立人格得到很大程度上的发展。因此，官僚制中行政人员的完整性被碎片化了，其人格形态呈现出一种分裂的状态，被塑造成一种失去真实自我及个体特征的分裂人格，一种堕落为效率目标、规则控制、技术手段、交往客体的依附于形式化规则的工具人格。

---

[1] [美]全钟燮：《公共行政的社会建构：解释与批判》，孙柏瑛等译，北京大学出版社2008年版，第132页。

# 第五章 走向服务行政的独立人格

工业社会中，人与人之间的社会关系被物化为人对物的依赖，物的联系成了市场交换中社会关系的中介，人在失去神权或皇权枷锁的同时又被置于金钱、财富等物的支配下，人被异化为物的奴隶，在此条件下形成的行政人格不仅没有因生产力的发展和人的解放而成为独立人格，反而被塑造成工具人格。随着后工业社会的到来，生产力的高度发达，社会生活内容的多元化，市场经济中得以充分张扬的个性，给社会治理者提出了新的要求。因此，为适应社会发展的需要，服务行政开始了自己的历史进程。服务行政作为一种新型的社会治理模式，以服务作为自己的价值选择，在其行为中突出了管理的伦理内涵，此时的行政人员不再隶属于严格的层级等级制度，而是在权力关系、法律关系、伦理关系中自由发展的个体，并完全实现了其个体存在的道德意义。所以，我们认为，在服务行政的治理模式中所形成的行政人格是一种独立人格。

## 一 从历史中走来的独立人格

### (一) 市场经济中的人格独立

1. 私人空间的扩大

随着市场经济体制的不断完善，尤其是经济全球化和国际经济一体化的不断扩大，现代性的运行逻辑在给人类带来充裕的物质财富的同时，进一步拓展了人类的生活空间，以崭新的形式和前所未有的规模夯筑了一个在个人权利、个人信仰、个人隐私等方面拥有相当大自主性的私人领域。

就当前世界发展趋势来看，世界经济正由工业经济向知识经济、信息经济转变，以信息、通信、互联网为核心的信息技术革命在全球扩散，促使世界产业结构调整步伐加快，进而赋予了世界经济经济信息化、经济全球化、经济一体化和区域经济集团化、世界经济格局多极化等新特征，其中经济全球化是其核心特征。世界经济的全球化发展趋势将世界各国置于一个共同的经济背景之下，不仅带来一个国家或地区政治、经济、文化等各方面不同程度、不同层次的深刻变化，也为各民族国家提供了一个发展的空间，同时也向各国政府的社会治理提出了一些共同要求，政府与社会、政府与市场的关系也发生了相应的变化。

首先来看政府与市场关系的变化。林德布洛姆认为，政府与市场的关系既是政治学又是经济学的核心问题，一个政府同另一个政府的最大不同，在于市场取代政府或政府取代市场的程度。[1] 在现代市场经济中，政府与市场是两种基本的制度安排，是经济运行的两个调节主体，是支配社会经济发展运行的"左右手"。无论是从"华盛顿共识"到"北京共识"，还是从"拉美模式"到"中国模式"，事实证明，"所有的社会都是既带有市场经济的成分也带有指令经济的成分的混合经济（mixed economy）。从来没有一个百分之百的纯粹的市场经济（尽管19世纪的英国也许很接近）"[2]，政府与市场之间在此消彼长的博弈中并没有一个恒定的理想模式。不过，就目前的政府再造和行政改革而言，"无论是最富裕的西欧各国还是最贫穷的非洲国家是否考虑行政变革，人们普遍假设提高政府组织效率的最佳甚至唯一的方法是用某种建立在市场基础上的机制代替传统的官僚体制"[3]。简言之，在当今社会，市场在经济运行与资源配置的作用是人类历史上其他任何阶段都不可比拟的，而作为市场主体的个体或组织也获得了前所未有的私权利之有效保障和自由发挥，个体在市场拓展扩张的时空中获得了自我构建的充裕空间。

在经济全球化的浪潮中，政府与社会的关系也发生了深刻变化。随着个人权利保护的渐次深入和民主参与意识的逐步扩大，人类社会治理的实践历程逐渐揭示出"为了培育一个良好的社会，促进有效能和有效率的行政管理固然重要，但同样重要的是，还要塑造一个有生机的公民社

---

[1] ［美］林德布洛姆：《政治与市场：世界的政治—经济制度》序言，上海三联书店、上海人民出版社1992年版。

[2] ［美］保罗·萨缪尔斯：《经济学》，人民邮电出版社2004年版，第5页。

[3] B. Guy Peters, *The future of governing: four emerging models*, Lawrence, KS: University Press of Kansas, 1996, p. 21.

会"①。尊奉理性和个人至上的自由主义是当代西方主要国家及其社会生活的主导原则，其要义在新公共管理运动中进一步得到淋漓尽致的发挥，尽管它因此而被格雷扣上新右派（New Right）的帽子，但这也确实反映了市民社会的日益成熟甚至被一些人欢呼为新市民社会或公民社会的到来。社会的进步和经济的发展使得社会公共事务日趋复杂化，西方国家政府适应这一变化趋势，在处理政府与社会的关系问题上也相应做出调整，形成了一些新的发展趋势。这主要表现在：一是政府社会管理职能不断强化，作为政府直接的政治统治职能相对弱化；二是管理方式的多元化，在社会管理方面呈现出多元化、分散化、私有化的趋势，政府正在把由自己单独直接管理变为市场、社会中介组织、其他社会团体乃至公民个人共同参与社会公共事务的管理，直至社会组织进行自我约束、自我激励和自我管理；三是社会管理的进一步法制化、规范化与程序化，一方面，把社会事务的内容纳入法律之中，明确政府管理的范围和程序；另一方面，对政府管理的过程，以及相应职能机构的权限给予具体的规定，使整个管理活动有法可依、有序可循；四是社会管理的科技化和信息化，科学技术的高度发达为政府利用高科技革命的技术成果改进管理方法及管理体制等提供了技术支持，同时，信息技术尤其是网络技术的高速发展，为政府转变管理方式、提高管理效率创造了便利条件。

随着经济全球化的继续推进，政府与市场、政府与社会的关系将进一步发生深刻变化。当代社会，和平与发展成为时代的主题，民主法制观念逐步深入人心，自由理念得到普遍认可，市民社会逐渐成熟，社会自治能力进一步提高，同时，政府自身的成熟程度和技术允许的程度，都意味着政府社会治理模式将实现根本性的转变，国家行政将逐步收缩。而在新公共管理运动中，已经可以看到苗头初现：管理行政的职能由对象性分化转向主体性分化，表现为政府公共政策化和公共管理社会化。② 国家行政的收缩，也就是政府将逐步从社会、市场退出，变以前的直接参与者为更多的监管者和服务者，规则制定者和执行者，从而为社会与市场提供良好环境，赋予私人领域足够的自治空间。

---

① [美] 全钟燮：《公共行政的社会建构：解释与批判》，孙柏瑛等译，北京大学出版社2008年版，第27页。

② 张康之：《论政府的非管理化》，《教学与研究》2000年第7期。

因此，对于社会成员而言，伴随着经济的发展与政府职能的变迁，私人空间将大大扩展，个体拥有较大的自主性，拥有独立的利益，并作为个性化的主体与外部环境进行直接的互动，个人获得比以往更多的社会资源和更广的自由活动空间。而在私人生活领域，个人的自由度的升高越来越鲜明，个人有了更多的选择性和更高的流动性，社会角色也愈来愈多元化；个体隐私权越来越得到尊重与维护，生活方式也呈现出多样性，从而促进了人的个性和能力的全面发展。而行政人员作为私人空间扩大的受益者，不仅在社会层面获得独立性人格建构的空间，还需要在公共领域里展现和继续完善这种独立人格，在履行自己职责的同时，尊重并维护其他社会成员独立人格的建构。

2. 独立人格的当代呼唤

市场经济的发展与完善需要具有独立人格的人力资源相支撑，一方面，市场经济需要独立人格的存在，其进一步发展呼唤着更多具有独立品性的个体出现；另一方面，市场经济的运行也为独立人格创造了现实条件，造就着一个个具有独立人格的市场主体。具体而言，独立人格是与市场经济相适应的人格范型，二者有着天然的内在一致性。市场经济条件下独立人格需具备两个基本前提：一是从事独立劳动的个人必须实现对物的占有，即对自己的产品拥有所有权，此亦即"人格权本质上就是物权"[①]之意；二是存在普遍的社会化分工和平等主体间的社会交换。在当代社会，私有财产的保护已经成为绝大多数国家宪法中的"帝王条款"，并在现实中被普遍、切实地执行，而社会分工和交换也不再局限于某一国家或地区之内了，在经济全球化的时空跨越中实现了最大程度的普遍化。社会经济的发展不仅为独立人格创造条件，其本身也呼唤着独立人格的出现，尤其是以互联网络、通信、电子信息技术为核心的新的科学技术革命必然要求科技革命的主体——人的发展，提出新的要求和任务，而人的发展，又直接影响着科技革命的开展。

在人类进入21世纪的短短十余年里，工业化、信息化、网络化走向了深度融合，基于互联网技术的大数据时代悄然来临，这不仅将对生产过程和交换过程乃至整个生产模式带来颠覆性影响，也向组织变革、社会治理、国家治理等提出了新的挑战，更重要的是将促成人们思维以及理解世

---

[①] [德]黑格尔：《法哲学原理》，商务印书馆1996年版，第48页。

界方式的大转变。① 总而言之，互联网信息技术的出现标志着"新技术时代"的到来，之所谓"新"是因为它越来越具有人性化、艺术化等"返魅"的特征。一个直接的表现，就是生产的自动化和信息化。这一方面将人从繁重的体力劳动过程中解放出来，从直接的机器操作者转变为机器信息控制的主体和"知识生产者"，从而摆脱机器对人的束缚；另一方面，它还将导致个性化生产的出现，改变祛魅的大机器生产时代的标准化、专业化、集中化、同步化、大规模化（即好大狂）、中央集权化，②而利用信息化的柔性生产系统和计算机集成制造系统（CIMS）提供个性化的服务，增加更具"个性"的品种。技术返魅不仅体现在生产领域，还将深刻影响和转变人的思维方式，使物质意识二元区分趋于模糊，如人工智能的运用。③ 返魅的新科学技术革命的广泛运用，对社会劳动和生产方式产生了巨大影响，社会生产和企业管理自动化、科学化程度大大提高，劳动过程不再是纯粹体力的付出，而是知识和技能的运用，劳动效率的提高不再依赖于劳动者的数量多寡，而是需要大量受过多方面教育、掌握专门技能的人才，要求人的全面发展。

如果说工业革命实现了人从"对人的依赖"向"对物的依赖"的转变，那么，当代新的科学技术革命则为人真正走向独立提供了必要条件。其一，科学技术革命为人的全面发展创造了坚实的物质基础。随着物质财富的极大丰富，人们拥有更多的自由时间去发展自己的特长和兴趣，在物质、精神领域内进行享受与创造等一系列活动。而这离不开科学技术的高度发达，"社会生产力有这样巨大的发展，劳动生产率有这样大幅度的提高，靠的是什么？最主要的是科学的力量、技术的力量。"④ 其二，科学技术革命极大地丰富了人的精神生活。现代科学技术的飞速发展，尤其是自动化技术的出现及其在生产中的应用，已经为人类消灭旧式分工提供了极其广阔的前景，人们更多的将是从事智力创造活动。其三，科学技术革命使劳动者在主体上获得了人格独立，唤醒个人的自我意识，呼唤民主与平等意识，从而增强了人的独立性，推动了人的个性解放和发展。其四，

---

① ［英］迈尔·舍恩伯格、库克耶：《大数据时代》，盛杨燕、周涛译，浙江人民出版社2013年版。
② ［美］阿尔文·托夫勒：《第三次浪潮》，朱志焱等译，新华出版社1996年版。
③ 肖峰：《技术的返魅》，《科学技术与辩证法》2003年第4期。
④ 《邓小平文选》第2卷，人民出版社1994年版，第87页。

科学技术革命推动人的能力充分发挥，一方面科学技术发展要求人具有独立的判断能力、独立的选择能力、组织协调能力和承担个人或社会责任的能力；另一方面，又充分鼓励人的潜力、创新能力以及交往能力的充分发挥。其五，科学技术革命推动人的交往关系的扩大和社会关系的丰富与发展。科学技术的发展、交通工具和信息传播技术的现代化，加强了单位、行业之间、地区之间，以及国家、民族之间的多方面的交往，从而有利于人的丰富的社会关系的形成，推动着由"封闭的人"向"开放的人"的发展，从而建立起"人们之间的普遍交往"，以至个人的活动扩大为"世界历史性的活动"。① 因此，可以说，在当代科学技术高度发达的推动下，人格发展的历程真正具备了走入了独立性阶段的历史条件。

当然，在当代现实社会生活中，由于世俗社会理性化进程的强大历史惯性，一些领域还大量存在依附人格、工具人格的现象，在社会转型的国家里，更是存在人格失范或人格失落的现象，但是，这并不能否认人类历史已经步入独立人格发展的普遍事实。也正是因为独立人格的例外缺失，许多学者提出人的现代化。现代化的实质是人的现代化，独立人格的塑造是社会现代化的重要先决条件。美国社会学家丹尼尔·勒纳认为，所谓现代化说到底不过是一种特殊的"行为系统"，因而推进现代化的困难除了"技术性的"，还有"人的问题"，这就需要全社会在"生活方式"上形成系统化的转变，而为了实现这一目标，社会成员个体的"人格"的转变就成为社会变迁的基点。② 阿历克斯·英格尔斯深刻地指出，"人的现代化是国家现代化必不可少的因素"，"一个国家，只有当它的人民是现代人，它的国民从心理和行为上都转变为现代的人格，它的现代政治、经济和文化管理机构中的工作人员都获得了某种与现代化发展相适应的现代性，这样的国家才可真正称之为现代化的国家。"③ 这里，政治、经济、文化管理机构的工作人员主要是指行政人员，这被许多人在引述时往往忽略了。

但是，需要指出的是，英格尔斯所强调的人的现代化是对现代化的"适应"，即一种与西方现代化（准确地说是美国的现代化）为前提的相

---

① 《马克思恩格斯选集》第 1 卷，人民出版社 1972 年版，第 42 页。
② Daniel Lerner, the Passing of Traditional Society, Chapter 2, New York: Free Press, 1958.
③ [美] 英格尔斯：《人的现代化》，四川人民出版社 1985 年版，第 8 页。（着重号为笔者所加）

应的人的"现代性"的获得，而西方现代化实质上是一种工业化进程中以功利谋划和形式理性计算为核心的理性化。因此，他所提出的人格现代化，事实上只是人的形式理性现代化，这不仅没有揭示出现代化的真正实质，同时他以西方现代化为价值基础，还抽去了现代化的真正历史特质。这样一种形式理性的人的现代化，正如前文所指出，不仅不会把人们导向真正的独立性存在，反而会把人们推入自由的陷阱。按照马克思主义的主体形态学说，现代化的实质是人的价值的不断实现和人性的不断解放与提升，人的现代化的实质是人的"类性"即人的社会实践本性的发展与获得，是内在于人的感性活动与生产活动方式的、社会地联系起来的共同性的获得。① 这就是说，人的现代化不单单是对"现代性"的适应，也绝不是理性的形式化塑造，独立人格的生存既要有人文价值的观照，也要纳入到人作为"类"的社会实践中去，既要有实质理性的切实回归，也要有"类性"意识之共同性的庇护。

3. 独立人格的主体性依据

市场经济主导的现代社会需要并热切呼唤独立人格，而现代性的历史迁延也塑造出不同于传统农业社会之依附人格的人格形态，这种人格形态属于主体性人格。黑格尔认为，"现代世界是以主观性自由为其原则的"②，或者说"现代世界的原则就是主体性的自由"③。事实上，"自文艺复兴以来，主体性就一直是现代哲学的奠基石"，④ 也是个体从传统走向现代的身份确证。然而，启蒙运动的理想并未在主体性的发现中得以真正张扬，受形式理性化之现代性进程的深刻影响，这种"主体性"尽管确实将人从对"人的依赖"中解放出来，赋予人相对于人的"独立性"，但因其对理性的片面强调和发展，这种"独立性"在人获得主体性的同时却又陷入了孤独与迷茫状态。

哈贝马斯指出，在人类历史上，哲学经历了两次重大的典范转换：从古代"本体论"哲学到近代"认识论"的过渡，它发生于中世纪早期；近代"认识论"哲学向现代"符号论"或"语言学"的转向，它发生于

---

① 余潇枫：《哲学人格》，吉林教育出版社1998年版，第188、189页。
② [德] 黑格尔：《法哲学原理》，商务印书馆1996年版，第291页。
③ [德] 哈贝马斯：《现代性的哲学话语》，曹卫东等译，译林出版社2004年版，第20页。
④ [美] 多尔迈：《主体性的黄昏》，万俊人等译，上海人民出版社1992年版，序言第1页。

20世纪。第一次转换的核心在于"主体"的发现:在本体论思维中,世界的主宰和终极依据是"神"——上帝或者具有神性本质的第一推动力、理念等——人只不过是神的创造物和无数存在者之一;在发生"认识论"转向以后,人取代了神,成为世界的中心。这样人及其意识,即"主体",从世界中分离出来而成为由实在事物组成的客体的对立面。① 启蒙运动对理性的极力提升,必然是"主体"的发现,"人从与生俱来的社会状况的固定性中脱离出来,从社会与宗教准则的确定性中脱离出来。……个体化成为主体化发展的标志,主体,即自我,成为衡量一切事务的标准并且对自身的行为和社会地位负责"②。独立人格的现代形态正是诞生于西方近代"认识论"转向的历史阶段中。

　　近代认识论哲学转向的重要意义就在于使人们对世界的理解从"客体原则"进入"主体原则",③ 这种主体性原则是建立在主体—客体二分基础之上的。所谓主体性,在黑格尔看来主要包含以下四种内涵:④ 个体主义(individualism,也译为个人主义),这是现代社会的出发点和归宿;批判的权利(the right to criticism),即运用自我理性做出判断的权利,这是现代性的基本标志和知识准则;行动的自主性(autonomy of action),这是现代性由以确立自身的行动准则或实践原理;唯心主义哲学本身(idealistic philosophy),强调现代性的自我反思。简言之,主体性意味着主动性、创造性、自主性以及社会性。⑤ 在工业革命所开启的现代性进程中,这种主客二分的认识论第一次真正把人的主体性彰显出来,并确立了现实社会中人格建构的主体性原则。但是,由于缺乏对主体性之类型的明晰把握和区分,无论是学界还是实践领域,往往从整体主体性层面来理解主体性的内涵:过分重视整体主体性而忽视个体主体性。这样一来,就有可能削减个人的责任意识和责任能力,使个人成为"逃入群众之中求庇

---

① [德]哈贝马斯:《文本与语境》,转引自章国锋《关于一个公正世界的"乌托邦"构想:解读哈贝马斯〈交往行为理论〉》,山东人民出版社2001年版,第30页。
② [俄]彼得·科斯洛夫斯基:《经济秩序理论和伦理学》,中国社会科学出版社1987年版,第5、6页。
③ 杨耕、陈志良、马俊峰:《马克思主义哲学研究》,中国人民大学出版社2000年版,第16—21页。
④ [德]哈贝马斯:《现代性的哲学话语》,曹卫东等译,译林出版社2004年版,第20—21页。
⑤ 贺善侃:《实践主体论》,学林出版社2001年版,第4—6页。

护的人"；使得个人成为懦弱的、缺乏独立人格以及不负责任的，或是由于把责任切成都市碎片而大量削减个人的责任意识和责任能力，因此在个体主体性层面上对主体性内涵和把握更有意义和价值。①

在西方语境中，"人格"一词自始就被赋予了独立性、主体性的价值内涵。哈贝马斯认为，正是黑格尔发现，现代性的基本原理和理念，乃是所谓"主体性"，主体性从根本上把现代人（公民）与传统人（臣民）区分开来。也就是说，现代人格的实质是进入工业社会后历史生成的一种主体性人格，主体性是现代人格最基本、最本质的规定，是确证现代人摆脱依附性获得公民身份和自由权利的前提。然而，随着时代的发展，这种主体性哲学的历史局限性却日益凸显出来：首先，主客二分的对立思维不能解决人的生存本质问题，因为它将人的生存活动界定为主体对客体的征服和构造，导致唯我论和人类中心主义，进而导致人口膨胀、资源匮乏、生态恶化等全球性问题；其次，作为主体性哲学的认识论哲学，局限于认识论，仅仅关注主客体关系，忽视本体论，忽视人之存在的更本质方面——主体与主体之间的关系。总而言之，现代性所流露出来的各种弊端不断地控诉着"主体性原则不仅使理性自身，还使'整个生活系统'都陷于分裂状态"②，这种分裂无处不在。

主客二分的主体性哲学的发展以及在现实运动中的建构，其局限性在工业革命所开创的巨大成功的同时也被无限地扩大了。在现实中，历史的实际进程粉碎了启蒙理性所构想的人类将彻底解放的理想，高度的精神文明并没有伴随着高度的物质文明而到来，科技的发展也没有带来道德的提升，追求进步的人类社会却屡屡陷入战争的泥潭，要求自由的个人更感受到无处不在的禁锢。在理论层面上，理性在现代性高唱凯歌的前进途中发生了扭曲，技术理性或形式理性从属于征服、控制的主体性逻辑，占据了社会政治、经济、文化等各个生活领域，形成了对社会生活的专横统治；实质理性或价值理性极度萎缩，主体发生分裂，从而造成了社会生活的分崩离析即现代性危机，哈贝马斯称之为"生活世界的殖民化"。因而，所谓的独立人格并未取得真正的独立，而是屈服于福柯所言的权力"规训与惩戒"之下，本质上只不过是一种换上现代形式外衣的依附人格或工

---

① 肖川：《主体性道德人格教育》，北京师范大学出版社2002年版，第5页。
② ［德］哈贝马斯：《现代性的哲学话语》，曹卫东等译，译林出版社2004年版，第25页。

具人格,这种现象在社会治理领域尤为突出和普遍。

**(二) 社会交往中的人格转型**

**1. 交互主体性①日益凸显**

市场经济对独立人格的呼唤与现实世界中人格"独立性"的实质丧失,及其背后深蕴的认识论根源或意识形态根源,首先引起西方学者的批判与反思。弗莱德·R.多尔迈将其归纳为现代主体性所拱卫的占有性个体主义滥觞的结果,因此众多用非个体主义或反个体主义方式分析应对当下社会生活和政治生活困境的探索应运而生,而"交互主体性仅仅是这些探索主题的一种大致接近的表达",但可能是较其他概念"更适合于各种标签"的术语,因而"被作为一种进入较为陌生的地域去作远足旅行的顺当的发射台来使用"②。20世纪30年代,现象学大师胡塞尔认为,两次世界大战以及穿插其间的各种危机,根源在于实证主义、怀疑论、非理性主义等错误的哲学思潮排挤了传统的理性主义精髓,导致了科学与具体的主体生活发生分裂,为重建科学对人生的意义,克服这种危机,他提出应重返生活世界,并在其晚年名著《欧洲科学危机和超验现象学》中实现了理性向生活世界的回归,确立了其生活世界的理念和交互主体性理论。

胡塞尔指出:"早在伽利略那里就以数学的方式构成的理念存有的世界开始偷偷摸摸地取代了作为唯一实在的,通过知觉实际地被给予的、被经验到并能被经验到的世界,即我们的日常的生活世界。伽利略的后继者,近几个世纪以来的物理学家,也都很快继承了这种代替。"③ 在工业化进程中,经过实证主义思潮的强化,这种"代替"越来越达到极致,从而使科学世界(属非日常领域)与生活世界(日常领域)日益隔绝起来,科学的危机表现为科学丧失生活意义,而生活世界却是科学被遗忘了的意义基础。具体而言,生活世界以"可被实际知觉的主观性"为其特

---

① "交互主体性"的德文是 intersubjektivitaet,法文是 intersubjectivite,英文是 intersubjectivity,学术界也通常将之译为"主体间性"或"主体际性",这里取"交互主体性"译法,乃在于突出主体间相互作用的实践本性。

② [美] 多尔迈:《主体性的黄昏》,万俊人等译,上海人民出版社1992年版,序言第53页。

③ [德] 胡塞尔:《欧洲科学危机和超验现象学》,张庆熊译,上海译文出版社1988年版,第58页。

点，而科学世界则常被摹写为"不可知觉的客观性"，但是，"生活世界的主观性与'客观的'、'真的'世界之间的对立在于后者是一个理论——逻辑的下层结构，这个结构在原则上是不可知觉的，在原则上是不可经验到它本身的存在的，而生活世界中的主观的东西在各方面都以可被实际知觉为标志"[①]。换言之，科学世界是在生活世界的交往活动中被抽取出来加以理论化、形式化的结果，因此，科学世界的理性原则并不能完全主宰生活世界中人类的交往活动。由此，胡塞尔提出了"交互主体论"。他认为，人们在生活世界中进行着生动的、充满"人格主义态度"的交往，这种交往是主体间的交往，其中具有决定意义的性质是"交互主体性"。胡塞尔的"交互主体性"包括两方面的含义：其一为主体间的互识，即在交往过程中两个或两个以上的主体间是如何相互认识、相互理解的；其二为主体间的共识，即在交往过程中两个或两个以上的主体如何对同一事物达到相同理解，也即主体间的共同性和共通性。

胡塞尔之生活世界与科学世界的区分，突出了目的、意义和价值在生活世界中的重要地位，从而把人们对科学世界的崇拜拉回到有意义和价值的现实生活世界中来，而其具有开创意义的"交互主体论"，则拓展了传统认识论哲学局限于主客体之间的理论认识和建构，从而为人们厘清人与人之关系的价值提供了一个认识的逻辑起点，并影响到其后多个学科领域的理论旨趣，甚至某些学科发展的历史转向。关于"交互主体性"理论，胡塞尔是为了使先验现象学摆脱"为我论"或"自我论"的危机，而提出现象学必须从"自我"走向"他人"，从单数的"我"走向复数的"我们"，即从"主体性"走向"主体间性"，因此，他的交互主体性是一种在各个主体之间存在的"共同性"或"共通性"，即"交互主体的可涉性"。主体间性是通过主体的"类比统觉"、"同感"、"移情"等"视域互换"来实现的。自胡塞尔提出交互主体理论后，后来者们坚持并从不同角度发展了这一理论。存在主义者海德格尔的交互主体性是我与他人之间生存上的联系，是我与他人的共同存在以及我与他人对同一客观对象的认同。诠释学大师伽达默尔把交互主体性视为主体的"视域交融"。马丁·布伯认为交互主体性是主体通过"对话"所形成的"我—你"关系。

---

① 张庆熊：《熊十力的新唯识论与胡塞尔的现象学》，上海人民出版社1995年版，第121页。

## 274 行政人格的历史类型研究

在哈贝马斯看来，主体间性首先"强调个人主体有说'不'的权利"，因此这一概念就意味着"普遍的同一性与整体性涵义已经不复存在了"[①]，进而他把交互主体性看成是人与人在语言交往中形成的精神沟通、道德同情、主体的相互"理解"和"共识"。由此可见，"交互主体性"逐步从先验认识活动走入共存共在、视域交融、交往沟通的实践之中，这是其从先验的认识论层面逐步转向实践层面的现实运动。

交互主体性理论产生于哲学的第二次转向中，聚焦于人的交往活动及因此而构成的交互主体性关系和作为主体群的主体共同体及其状况，这为理解"人的生活"开辟了新的通道。人的存在体现着双重关系，"一个方面——人们对自然的作用，另一方面，是人对人的作用"[②]。人与自然的相互作用主要是一种工具性行为，即主体改造自然、利用自然的社会生产和物质创造活动，而交往是人与人的相互作用，是主体以语言、符号为媒介，通过对话而进行知识、情感、观念、信息的交流，以形成相互"理解"与"共识"的行为。交往本身蕴含了主体间的自由、民主、平等精神，如果以人对自然的那种客体性态度来参与人与人的交往活动，就会把工具理性行为合理化，交往成为了变相的工具性行为。当工具合理性对"交往合理性"进行压制时，就造成了"系统"对"生活世界"的入侵，最终导致"生活世界的殖民化"。[③] 因此，当代独立人格的建构必须摆脱物理主义的客观主义、实证主义所造成的"残缺不全的科学"概念的影响，应当立足于交往理性之上，扬弃对工具理性或技术理性的疯狂抱守。

人格作为个体的总体性存在，作为个体之类本质与个体独特性的统一，其本身就被赋予了独立性、主体性的价值内涵，而人格作为一种社会性存在方式，是在人与人的交往活动中形成的，是交互主体性的塑造和完成。首先，交互主体性是主体间的交互关系，不是对主体性的绝对否定，而是对主体性的扬弃。人的存在不是孤立的个体存在，人的活动不是在"一人世界"中进行的主体征服与构造客体的实践，而是自我主体与对象

---

[①] [德]哈贝马斯:《公共领域的结构转型》，曹卫东等译，学林出版社1999年版，1990年版序言第22页。

[②] 《马克思恩格斯全集》第3卷，人民出版社1960年版，第33页。

[③] 与胡塞尔对"科学世界"与"生活世界"的区分相对应，哈贝马斯区分了"系统"和"生活世界"的概念，他认为"系统"的主题是控制机制和偶然性范围的扩张，而"生活世界"的主题是社会的规范结构（价值和制度）。参见[德]哈贝马斯《合法化危机》，上海人民出版社2000年版。

主体的交互活动。因此，交互主体性就不可避免地涉及自我与他人、个体与社会的关系，它不是把自我看作是原子式的个体，而是看作与其他主体的共在。"我们既不是独立的个体，也不是个体在其中必须放弃其个性或者甚至根本找不到个性的整体。人的个性和社会性相互依存。"[1] 交互主体理论之于公共行政的现实意义，就在于其为行政人员理解社会现实提供了主体间的视角，通过自身与他人之间的对话和实践性话语分享某种思想和体验，反思彼此偏见，共同发展一个互相共享的现实，促进对政府、商业、市民社会之间关系以及行政与公众间关系变迁的理解，从而在创造出一种富有社会意义的方案同时改变自我。[2]

其次，或许更为重要的是，在交互主体性的理论视野中，人格在自我建构时，不仅要具有主体性的价值取向，还必须具有主体间性的价值取向。换言之，必须把社会共同体的价值观念纳入自己的生成过程中，引入社会伦理道德、价值的各种因素。"公民只不过是一个分数的单位，是依赖于分母的，它的价值在于它同总体，即同社会的关心。"[3] 个体在主体性交往过程中，"结果是所有参与者都能够理解和认可自己，并且相互理解与承认，以此形成归属感和团结一致的意愿。然而，这样一种人类学既非西方的也非东方的，既非北方的也非南方的，而是用欠缺的语言阐述了某些我们大家都具有的共同特性。我们在所有的文化中都可能发现下述事实：人具有交往性，人与人之间相互依存，人会受到伤害，离开他人的承认我们便无法生活。这就最终证明，原则上我们必须承认，所有人都拥有同样的权利和享有同等的尊严"[4]。在这样一种交互性的主体交往过程中，人格不仅现实地生成了，而且还被建构为一种伦理存在。

2. 人的三重存在的独立性

当人的主体性人格并没有完全确立人格的独立地位时，那么，人格"现代化"的当前任务就是要转变"眼中只有客体"的主体性人格建构的思路，在确保主体性之建立的同时，注入主体间性的价值因素，使人格在

---

[1] ［德］格哈特·克鲁伊普：《市民社会在现代国家发展中的作用》，《世界经济与政治》2004年第3期。

[2] ［美］全钟燮：《公共行政的社会建构：解释与批判》，孙柏瑛等译，北京大学出版社2008年版，第49—50页。

[3] ［法］卢梭：《爱弥尔》，李平沤译，商务印书馆1996年版，第9—10页。

[4] ［德］格哈特·克鲁伊普：《市民社会在现代国家发展中的作用》，《世界经济与政治》2004年第3期。

获得主体性之独立时,不再陷入孤独与寂寞的状态。卡尔·荣格曾说过:人的启蒙不是通过想象光的形象,而是通过意识到幽暗。这即是说人类的目标不是要去遵循名义上或经验主义的训令,而成为某种我们应该成为的东西,而是要去从事自我探究以揭示出我们作为整体的存在。那么作为人的整体存在到底是什么样的呢?近代主体性哲学的认识论框架在"心"的一元或"物"的一元或"心物二元论"的原点上把人区分为物理存在和精神存在,这样一种主客二分、非此即彼的二元框架有意无意地抹去人的道德存在的复杂性,独断地把人的道德存在宣布为人的精神存在,这种简化相对于传统认识而言促进了对人的完整性理解,但同时也封闭了对人自身的认识。

事实上,人的生命包含着三重内容,即人的物理存在、精神存在和道德存在。① 乔治·麦克林在对社群成员做评价时,从三个递进的层次维度来理解人的存在,那就是作为某一特定类型的物质存在,作为存在着的生存个体,作为自我意识的人。尽管他是在现代化作为人格成长的过程中做出上述三个层次的区分,因此很难脱离主客二分的认识论框架,但他把自我意识尤其是道德意识作为人之为人的确证,并且一再强调人作为道德主体的存在意义时,的确看到了人的道德存在之维。② 只有人格在三重存在之维上具有了独立性,独立人格才算是真正得以实现。当然,这三重存在之维只是学理上的划分,现实中,人格作为人之总体性存在,其三重存在是有机统一的。

独立人格之独立表现为一个人具有自立的能力、自主的状态、自律的意志和自由的性质,这深刻存在于人之三重存在之维中。马克思认为,"人只有在成为他自身的主人的时候,才能将自己当作独立的存在物,而且只有当他把自己的存在归之于他自身的时候,他才是自己的主人"③。首先,从物理意义上来讲,人作为自然界的独特种类,必须摆脱对外界自然、对物的工具性依赖,他自身"必须拥有一些基本的决定性和成为这种形式或那种形式的决定权",④ 即在自然世界中取得主体性的资格。在此意义上的人格独立性程度,就体现为社会生产力发展的历史阶段,"个

---

① 张康之:《公共管理伦理学》第六章第一节,中国人民大学出版社 2003 年版。
② [法]麦克林:《传统与超越》第二章,华夏出版社 1999 年版。
③ [美]弗洛姆:《人的呼唤》,王泽应等译,上海三联书店 1991 年版,第 64 页。
④ [法]麦克林:《传统与超越》,华夏出版社 1999 年版,第 44 页。

人怎样表现自己生活，他们自己也就是怎样，因此他们是什么样的，这同他们的生产是一致的，既和他们生产什么一致，又和他们怎样生产一致"。① 当然，物理意义上的人格独立，并不是无限制地征服自然，以致招来自然的报复，而是在自然面前人也应该表现出自律与自由的性质，这样一种独立是人与自然的和谐共存，也是人格独立的基础条件。

其次，从其作为一个生存着的个体而言，体现在脱离对人的等级性身份依附与权威的人格性崇拜，这就意味着人不仅仅是静止的，而是被理解成更具活动形态的存在，具有完整性、独立性以及对于行为和新的现实的动态开放性。② 所谓完整性，就其本性而言，一个人必须是完整的，具有成就他成为独特种类所需的一切，并且有其适当的存在方式。所谓独立性，即人作为一种完整本性的存在，他是个体化的并由此确立起存在于自己的权力之上的主体地位，从而区别于其他人而独一无二，这就是说，人不能简单地被别人所吸收、所同化，作为一个完整的自我不能成为别人的一部分。正如马克思所言，"任何一个存在物只有当它用自己的双脚站立的时候，才认为自己是独立的，而且只有当它依靠自己而存在的时候，它才是用自己的双脚站立的。靠别人恩典为生的人，把自己看成一个从属的存在物"③。所谓动态开放性，是指个人存在的活动反映着他的具有多种可能性的个体性，且不断向他人展现这种个体性。每个人的生活是人们互相影响的一段历史，个体性的展现是人在与他人的交往活动中个体差异性的显示。作为一个生存着的个体，人的这三种特性展现于社会生活的各个领域，社会生活领域的独立是人格独立的关键环节。

再次，人格独立的标志还在于自我意识对人之为人的确立及其自由的展现。麦克林在分析洛克与康德关于对人的确定性探索之后，指出，洛克是将人的确定性立足于自我认识和"关注自我"的连续性的意识，而康德则是基于关注意志和自由而把人视为"自己的目的"，这确实指明了人与动物，人与其他人之间的区别。但是，关键问题是在于意志和自由在人身上实现的方式，人所需要的不仅是那些描述人的最为独特性的孤立的观念，人所需要的是人的整体。这就是说，人作为主体是如何立足于他人之中的，自由中的人是如何承担他的正当责任的，人不仅是有意识和自由

---

① 《马克思恩格斯全集》第3卷，人民出版社1960年版，第24页。
② ［法］麦克林：《传统与超越》，华夏出版社1999年版，第45—49页。
③ 《马克思恩格斯全集》第42卷，人民出版社1979年版，第129页。

的,而且还是一个有意识或自由的主体。进一步而言,人不仅需要理解公众的基础,还有私人的基础,这就涉及人如何在时间和与他人的关系中完善他自己。① 为此,麦克林提出作为价值和美德相结合的人的成长,人必须追寻他自身的道德发展的和谐性,必须体现他个人的行为和价值模式与他所生活的社区和国家的行为和价值模式的和谐。人只有在交往活动中,作为道德与价值的承担者去行动时,人的行动才会超越单纯的"生产性活动(从低级的使用物的制造到艺术品富有灵感的创造)",② 才会真正实现自我意识的独立和自由。

总而言之,在交互主体性的视野中,独立人格的特性不仅是自我的行动、有效地参与、对自己行为结果的责任,还必须建构一种新的、有内在动力的机制,使各种向度均达到他们所固有的人性的特征,还必须在自我意识的内在反省中将社会的道德范型以及与之相应的超越性的一系列价值与个性发展相和谐,在其本质的实现过程中包含人类的整个的行动领域。当个体良知把道德判断建立在真正的善和价值与美德的真正结构之上时,他的这种勇气和智慧越来越融进他的本性时,他就越来越个性化,也就形成了他自己的独立人格。对于行政人员的独立人格建构而言,交互主体性就要求扬弃理性官僚制中人格建构的形式化制度建构路径,引入价值理性的监护,超越官僚制的形式化人格生成空间而还行政人员交互主体性的社会本性。

### (三) 公共领域中的行动

1. 分化中的公共领域

市场经济作为孕育近代社会的经济基础,它与统治型国家的离异推动了管理型社会治理模式的产生,而管理行政在运用法律制度对市场经济进行控制时将这种控制扩展到整个社会,从而进一步加大了国家与市民社会的分离,进而形成了现代意义上的私人领域。③ 随着个性化潮流的高涨,个人挣脱传统的束缚而成为具有强烈自我意识的"私人";在世俗功利追

---

① [法]麦克林:《传统与超越》,华夏出版社1999年版,第53—54页。
② [美]汉娜·阿伦特:《人的境况》,上海人民出版社2009年版,第142页。阿伦特区分了人的三种活动:劳动(满足生命必需品的手段和服从于生物本能的活动)、工作(人类对客观世界的改造)、行动(无须物之中介而直接在人与人之间进行的主体交往活动)。阿伦特认为这三种活动是分别对应于拥有生命的世人的三种基本条件,并且只有人去行动时,才是对人本质的确证。我们认为,人类活动的三种区分,正好对应人的三重存在维度。
③ 张康之:《公共管理伦理学》,中国人民大学出版社2003年版,第31—32页。

求的冲击下，超验价值关切日渐式微，生活的主旋律一步步翻转为在公开形式上喷涌而出的"私欲"；而自利的主观动机和互惠的利益实现方式，则将投资、生产、经营、交换诸经济环节统统纳入私人范围，从而以愈益加深的程度转化成了"私人事物"或"私人之间的事物"。① 简言之，私人领域是以个体独立人格为基础的私人活动与私人交往空间。在这一空间内，私人可以按照自己的兴趣、爱好、承诺或者生活习惯等非行政因素进行自由、自主的活动与交往。②

公共领域与私人领域是相伴而生、同步进行的。哈贝马斯指出："随着市场经济关系的扩张，'社会'领域出现了。它冲破了等级统治的桎梏，要求建立公共权力机关的管理方式。生产以交换为中介，于是，生产就从公共权威的职能范围中解脱了出来，与此同时，公共权力也从生产劳动中摆脱了出来。"③ 17世纪以后公共权力的重商主义政策深切地影响了资本主义私有企业的兴衰，这就导致市民逐步意识到自己是公共权力的对立面，是正在形成的资产阶级公共领域中的公众。于是围绕公共权力的商业政策，形成了以市民阶级为主体对公共权力进行讨论（批判）的公众。这一批判空间即资产阶级公共领域。哈贝马斯是在继承葛兰西把市民社会理解为意识形态（社会文化系统）组成部分的传统基础上，进而把整个社会系统区分为经济系统、政治行政系统和社会文化系统。因此，哈贝马斯所称的公共领域主要是指资产阶级的公共领域，④ 属于意识形态即社会文化系统的批判领域。哈贝马斯的这一公共领域界定被汉语界所广泛承认，而阿伦特基于"劳动"与"行动"区分所形成的"公共领域"概念更多的也是不指涉国家政治权力的活动领域。

从历史上看，"随着等级特权为封建领主特权所取代"，现代意义上的公共领域即公共权力领域获得了社会空间，也正是"从这个时候开始，才有现代意义上的公共领域与私人领域之分"⑤。伴随着私人生活从社会

---

① 张凤阳：《现代性的谱系》，南京大学出版社2004年版，第72页。
② 高兆明：《公共权力：国家在现时代的历史使命》，《江苏社会科学》1999年第4期。
③ ［德］哈贝马斯：《公共领域的结构转型》，曹卫东等译，学林出版社1999年版，第170页。
④ 哈贝马斯在《公共领域的结构转型》一书中提到了政治权力的公共领域，只是其社会批判的理论取向决定了其注意力的焦点在于通过"资产阶级的公共领域"进行意识形态的合法性批判，并将具有批判功能的公共领域称为真正的公共领域。
⑤ ［德］哈贝马斯：《公共领域的结构转型》，曹卫东等译，学林出版社1999年版，第17、10页。

公共生活中的日益分化，社会公共生活自身亦出现分化，这就是作为政治生活领域的国家从一般社会公共生活中的分化。这一分化过程是社会与国家的分离，是社会自治能力不断成熟与监督国家能力不断扩大的过程，亦是国家行政权力的同步收缩。国家和社会的分离是公共领域产生和存在的基础，这种分离首先发生在社会再生产和政治权力方面，一方面以市场经济为基础的社会要求公共权力的管理方式；另一方面，公共权力也摆脱了生产劳动的阈限，指向了社会。① 因此，现实地看，公共领域具有两种形态，一种是外在于国家而与国家相对的公共领域，即"公民、群体、志愿者协会和许多非政府组织讨论和交换问题、思想的场所，是他们发现共同点、差异性和变革可能性的场所"②；另一种是国家政治生活的公共领域，即政治权力公共领域或哈贝马斯所称的公共权力领域，"具体表现为常设的管理机构和常备的军队；商品交换和信息交流的永恒关系（交易所和出版物）是一种具有连续性的国家行为"③。

对于行政人员而言，其人格生成的主要空间是后一种公共领域，它是与市民社会相对应的以公共部门为核心的公共生活形态和内容，其典型特征表现为"它是规则和规范的领域，是一定的人群、集团或民族、国家整体上的总体性得以实现的领域"。④ 当然，如果说前一类型的公共领域是现代性的产物，那么后一种公共领域则在人类历史早期也以不规则或不完全的形式存在过，⑤ 只是，随着市民社会中公共领域的形成，政治权力的公共领域也具有了现代的形态，并且，它必须应对前者出现所提出的挑战，并随着前者的结构转型而调整自己的战略。

事实上，无论是哪一意义上的公共领域，它与私人领域的分化为人格的现代化提供了可能的空间。如果说，具有批判功能的公共领域为社会一般成员独立人格的实现创造了基础条件，那么政治权力领域则为行政人员独立人格的建构备好了必要舞台。因为，"公共领域是为个性而保留的，

---

① ［德］哈贝马斯：《公共领域的结构转型》，曹卫东等译，学林出版社1999年版，第170页。
② ［美］全钟燮：《公共行政的社会建构：解释与批判》，孙柏瑛等译，北京大学出版社2008年版，第26页。
③ ［德］哈贝马斯：《公共领域的结构转型》，曹卫东等译，学林出版社1999年版，第17页。
④ 张康之：《公共行政中的哲学与伦理》，中国人民大学出版社2004年版，第60页。
⑤ 一方面，当时社会并没有形成普遍的个性独立；另一方面，这种公共的生活其实是为统治者所掌握并为其统治所服务，其批判功能很小甚至接近于零，这尤其表现在东方古代社会。

它是人们能够显示出真我风采以及具有不可替代性的唯一一块地方"①，为了这一展示卓越的机会以及展现对政治体的热爱，每个人或多或少愿意分担审判、辩护以及公共事务管理的责任。尽管这是阿伦特在论述古希腊城邦共同体之公共领域的意义，但它对现代社会中的公共领域同样适用。菲利普·汉森指出，城邦在阿伦特那里其实既是一种历史现象，又是一种规范现象，城邦比喻之目的是要让我们了解历史上政治团体对诸如集体生活之边界、公民及法律与人类存在的其他领域之关系等问题的看法。城邦与国家的区别则是要让人注意到：现代国家是庞大的，它是官僚制的组织形式，没有人情味；它用一种外在形式驾驭其公民（臣民），理解这种形式的最好途径就是利益法则；它的根本任务是在具有潜在冲突的个体之间维护和平与秩序等等，而城邦是人之卓越能力展现的地方。②

与当前消费时代货币作为价值标尺的客观性不同，"公共领域的实在性依赖于无数视角和方面的同时在场"③。具体来说，公共领域依赖于个体性的充分展现和发挥，需要每个人都能保持、运用并展现其个性和独立性，而不是追求一致性和普遍性，在保持同一性的同时展现出纷呈的多样性。这才是公共生活的意义，这比即使是最丰富最舒适的家庭生活中个人独处的主观性更有意义。反之，"既然我们的现实感完全依赖于呈现，从而依赖于一个公共领域的存在，在那里，事物走出被遮蔽的存在之黑暗并一展其貌，因此即使是照亮了我们私生活和亲密关系的微光，也最终来源于公共领域更耀眼的光芒"。④ 这就是说公共领域有助于私人品性的充分发挥，并走向完整。因此，对于现代社会以公共行政为职业的行政人员而言，"如果说生的欲望和生活必需品的获得发生在私人领域范围内，那么，公共领域则为个性提供了广阔的表现空间"⑤，并且"由于行动内在地具有彰显行动者的倾向，它的充分显现就有赖于我们曾经称为荣耀的光芒，而这只有在公共领域才是可能的"⑥，这样一来，行政人员身处其中的公共权力领域自然成为其社会生命和自我展现最主要的活动场所。

---

① ［美］汉娜·阿伦特：《人的境况》，上海人民出版社2009年版，第27页。
② ［加］菲利普·汉森：《汉娜·阿伦特：政治、历史与公民身份》，江苏人民出版社2004年版，第56—58页。
③ ［美］汉娜·阿伦特：《人的境况》，上海人民出版社2009年版，第38页。
④ 同上书，第33页。
⑤ ［德］哈贝马斯：《公共领域的结构转型》，曹卫东等译，学林出版社1999年版，第4页。
⑥ ［美］汉娜·阿伦特：《人的境况》，上海人民出版社2009年版，第141页。

2. 独立人格的行动权

阿伦特认为，权力是公共领域现实展现所必需的，"权力是使公共领域——潜在于行动和言说的人们之间的显现空间——得以存在的东西"①，同时权力也是行动不可或缺的。总而言之，行动权是公共领域产生的原动力，是它创造了个体展现的空间。当经济市民变为经由公共领域获得平等地位保证的国家公民后，或者说平等公民权普及后，"在一个不断扩张的公共领域中，文化和政治上已经动员起来的大众就必须有效地使用自己的交往和参与权利"②。公共领域直接产生于人们的共同行动——"言行的共享"，"只有行动是人独一无二的特权，野兽或神都不能行动，因为只有行动才完全依赖他人的持续在场"③，"行动不仅与我们所有人共有的世界的公共部分有最直接的联系，而且就是构成它的活动"④，行动是公共领域题中应有之义，或者说公共领域就意味着行动，这种权利是普及于所有公民的，当公民无论以何种身份进入公共领域时都同时获得了行动权。

公共权力本质上是一种行动权，它是每个公民的行动权进入公共领域后相互关联又相互抗衡，经由合作与竞争过程形成的一种处理公共事务的全局性权力。对于行政人员而言，其所拥有的行政权力是由社会公共权力所转化而来的，形式上表现为法律法规的外在授予，这是其以职业身份进入公共领域的唯一凭证，同时，这种权力也是其在政治权力公共领域中展现自我所必需的行动权，是其作为社会之个体进入公共领域的必要保障。行政人员的行动权构成了政治权力公共领域真实存在的前提和基础，它既提供了能动力，又创造了压力环境。作为政治性公共权力来源的行动权，试图否定（一般公民所拥有的）私人性公共权力（无论是行政人员自身可能拥有的还是其他人所拥有的）的控制性欲望和态势，制止由于私人性公共权力中残存的私己性而对社会机体的伤害，把社会权力的价值观引导到一个共同性的道路上来，给予公共权力一个回归母体、贡献社会的机会。与此同时，行动权肯定行政人员的自我展现能力，使个体通过参与公共权力的过程享受到自我展现的快乐和成就感。

---

① ［美］汉娜·阿伦特：《人的境况》，上海人民出版社2009年版，第157页。
② ［德］哈贝马斯：《公共领域的结构转型》，曹卫东等译，学林出版社1999年版，1990年版序言第13页。
③ ［美］汉娜·阿伦特：《人的境况》，上海人民出版社2009年版，第14—15页。
④ 同上书，第155页。

行动作为主体间在公共领域中的一种交往活动，意味着行动权就是具有交互主体性的权力。"权力维护了公共领域和显现空间，它本身也是人造物的活力源泉，因为人造物如果不是作为言说和行动的背景，不是与人类事务、人际关系网和它们产生的故事有关，就缺少终极的存在理由。"① 然而，由于行动"结果的不可预见性、过程的不可逆转性与作者的匿名性"，自柏拉图以来的政治哲学家们就一直试图"以制作代替行动"，用制造的客观性来克服"行动固有的任意性和道德上无责任人"等复杂特征，② 演化到摩登时代就是行动的工具化，政治彻底沦为一种谋取其他东西的手段了。如果把政治等同于制作，就在理论上忽视了人的复数性，在实践上压制了个人。这就是说，尽管权力对于公共领域是必需的，但这种权力必须置于真正的（公共）行动中而非虚假的（政治）行为中，真正的思想而非意识形态之中。③ 这种虚假政治最重要的表现形式就是集权主义，在现代社会中，更主要的就是官僚政治，它以遵循工具理性逻辑之官僚制为核心和载体。在官僚体制中，行政人员所拥有的行政权力失去了"行动"的含义，而成为规则的附属物，是一种虚假因而可以任意行使的公共权力。因此，当重建交往理性以重构公民之行动权进而恢复公共领域之批判功能成为必要时，在公共行政领域引入被官僚制所排斥和挤对的价值理性以提升行政人员之伦理道德素质，进而实现政府再造就成为不容回避的时代课题。

## 二 独立人格的制度与组织基础

### （一）社会治理的德治转向

1. 实质宪政的历史浮现

在宪政框架内，实质宪政或实质法治的出现将促使政府治理模式发生转变。政府的必要性已无须证明，关键在于其功能以及行政权力发挥的限

---

① ［美］汉娜·阿伦特：《人的境况》，上海人民出版社2009年版，第160页。
② 同上书，第171、172页。
③ 阿伦特认为人的本质是要在思想与行动中实现的，而思想与行动最严重的扭曲形式就是意识形态和行为。汉森称前两者构成的政治为真正的政治，与之对应的就是虚假政治。参见［加］菲利普·汉森《汉娜·阿伦特：政治、历史与公民身份》，江苏人民出版社2004年版，第116—117页。

度。在管理型社会治理模式中，宪政表现为形式法治，亦即形式宪政，它通过明确的、普遍化的法律制度严格规定政府及行政人员的行为。不可否认，作为现代化进程一部分的形式宪政有其光辉的一面。然而，正是在现代化进程中，它的弊端也逐渐暴露出来。

在古典自由主义传统里，为了最大限度地保护社会成员彼此不受侵犯，同时将政府侵犯其公民的机会降至最小，传统宪政思想所坚信的路径或说突出的主题是要设计一套政治制度、创立一系列法律规章来限制政治权力和政府权力的行使。[①] 直至现代，宪政思想所追求的目标一直是有限政府和公民权利的有效保障。如美国当代学者丹·莱夫认为："宪政意指法律化的政治秩序，即限制和钳制政治权力的公共规则和制度。宪政的出现是与约束国家及其官员相关。"[②] 古典宪政理论的正统在迈克尔·奥克肖特、詹姆斯·布坎南、哈耶克以及西奥多·洛伊等人那里得到重新表述，对他们而言，"现代宪政的核心必然是法律理论和立法"[③]。宪政的这一思想来源于传统的自然法思想，宪政就是社会契约论的制度实践。为保护私人权利，宪政寻求的是以市民社会权利来勘定、制约国家权力，以权力分立原则制衡国家权力，进而确保市民社会权利免受国家权力的肆意侵犯，保障多元广泛的市民社会权利和自由。

宪政的现实化进程始终是以对宪法和法律的诉求而获得制度化、规范化和现实保障的，且只能如此，在英国法学家戴雪看来，"正是法律的普遍性确立了公民在形式上的平等，从而保护他们使其免受政府的任意监护之害。为了确保普遍性，行政必须与立法相分离；而为了确保一致性，审判必然与行政相分离。实际上，这两个分离恰恰是法治理想的核心。通过这两种分离，法律制度被假定为社会组织的平衡器"[④]。在管理型社会治理模式中，这种普遍性不过是权宜之计，而在理性化的现代进程中，这一普遍性被内置于法律制度的结构中，进而获得了特殊的重要性。具有普遍性和自治性（昂格尔语）的法律制度建构了现代法律秩序，这种秩序实

---

[①] [美]斯蒂芬·L. 埃尔金等：《新宪政论：为美好的社会设计政治制度》，生活·读书·新知三联书店1997年版，第27页。

[②] 张文显、信春鹰：《民主+宪政=理想的政制》，《比较法研究》1990年第1期。

[③] [美]斯蒂芬·L. 埃尔金等：《新宪政论：为美好的社会设计政治制度》，生活·读书·新知三联书店1997年版，第30页。

[④] [美]昂格尔：《现代社会中的法律》，译林出版社2001年版，第51页。

际上是一种形式上的宪政或法治。

形式法治是现代西方法治的第一站,其基本特性可总结为:依法统治、法律自治、法律面前人人平等、坚持法律的一般性和普遍性、司法独立,程序公正、维护个人自由,市民社会与政治国家以及公域与私域的划分、法律的稳定性。形式法治的上述特征保证并促进了统治型向管理型社会治理模式的顺利转变,然而它的形式化特征也带来了局限性,这种局限性伴随着宪政运动的深入发展而越发扩大。概言之,形式法治的理论局限在于:将法律的权威诉之于国家,甚至将法律等同于"主权者的命令",具有潜在的危险;排斥了诉之于任何其他外在标准对法律本身的检讨,对实体价值采取放逐的态度;法律面前人人平等的结果是人人在实质上的巨大鸿沟;只注重消极自由的保护,实际上剥夺了大多数人的自由;只有利于资本家充分享受自己的权利,并赋予他们利用自己的财富力量来剥削他人的机会。在实践上,形式平等与实质不平等的紧张关系以及与此相关联的贫富两极分化,危及社会稳定。随着经济运行方式的转变、政府对"守夜人"角色的抛弃和民主的深入发展,形式法治受到四个方面的挑战:福利立法的剧增、公域和私域界限的日益模糊、基本权利和自由处于显性地位、行政立法与司法的膨胀。①

随着自由放任的市场经济转向垄断经济,出于对社会各种不公现象的回应,法律工具导向的形式法治转向了价值导向的实质法治,它以1919年的魏玛宪法和1918年苏俄社会主义宪法的制定为始点。由此,现代法治的理念和内容都出现了重大转变,埃尔金等人将此实质宪政称为新宪政。一方面,人们应该转变一种狭义观念,即仅仅把制度设计作为达成某种既定目标的最佳手段的看法,而是要关注制度之外的更多的东西;另一方面,政治制度本身不仅仅是一种形式上的设计,其本质上是实践的工具,还应当培养为适当地发挥立宪政体功能所需要的那种个性。② 落实在公共行政领域,所谓实质法治,就是说只要行政机关为行政相对人提供了实质上的服务,即使在服务形式或程序上存在一些不足——行政行为在形式或程序上存在某些瑕疵,但可予以补正或转换而无须撤销,以避免因同

---

① 高鸿钧:《现代西方法治的冲突与整合》,载《清华法治论衡》第1辑,清华大学出版社2000年版,第8—17页。

② [美]斯蒂芬·L.埃尔金等:《新宪政论:为美好的社会设计政治制度》,生活·读书·新知三联书店1997年版,第17—18、39页。

一反复而造成的不合理和效率低下。① 这里，依法行政之形式法治向实质法治的转变，就需要引入行政人员的道德因素。也许，正因为对行政人员道德素质与能力的怀疑，就目前而言，实质法治并没有成功取代形式法治成为法治的主体，它只是在形式法治的框架内对之加以补充和修正。"在现代民族国家，只要利益导向的市场经济、科层制的官僚政治和工具理性的价值观占据主导地位，形式法治就会继续成为主导型法治形式，实质法治只能处于一种补偏救弊的地位。"② 实质宪政的生成不仅是社会经济发展的产物，同时需要政治体制相应的变革，需要政府治理模式的相应转变，更需要宪政意识与观念的转型。

2. 治理理论的顺势而起

在丹尼尔·贝尔看来，工业社会是以机器技术为基础，围绕生产和机器这个轴心并为了制造商品而组织起来的，而知识经济、信息经济形态的出现，则预示着后工业社会的来临。后工业社会的关键变量是信息和知识，其基本内容包括五个方面：③（1）经济方面：从产品生产经济转向服务性经济；（2）职业分布：专业技术人员取代企业主居于社会主导地位；（3）中轴原理：理论知识日益成为社会革新和制定政策的源泉；（4）发展方向：有计划、有节制地控制技术发展并重视技术鉴定；（5）制定决策：依靠新的"智能技术"。当然，乌尔里希·贝克并不像贝尔那样急于为工业社会下定论并描绘出其后的社会蓝图，而是在现代性的框架中反思和权衡工业社会进程中存在于现代性内部的连续性与断裂之间的矛盾，从而正告人们风险社会已经占据中心舞台。④ 如果说在贝尔描述的时代，后工业社会更多像是个概念，那么近年来迅猛发展的以网络通信为代表的信息技术则毫无征兆地将我们与后工业社会的距离越拉越近，以至于人们常有已经置身于后工业社会中的体验与感觉，而频发的各种危机与灾难却又不断地让人真切感受到风险社会不仅是一种现实存在，更弥漫于制度与技术乃至文化各个层面。

---

① ［日］室井力：《日本现代行政法》，吴微译，中国政法大学出版社1995年版，第110—111页。

② 高鸿钧：《现代西方法治的冲突与整合》，载《清华法治论衡》第1辑，清华大学出版社2000年版，第49—50页。

③ ［美］丹尼尔·贝尔：《后工业社会的来临》，新华出版社1997年版，第14页。

④ ［德］乌尔里希·贝克：《风险社会》，何博闻译，译林出版社2004年版；乌尔里希·贝克：《世界风险社会》，吴英姿、孙淑敏译，南京大学出版社2004年版。

无论是后工业社会还是风险社会，不可否认的是，以网络信息技术为基础的现代科技革命，不仅推动着社会的进步与社会结构的改变，还有力地推动着上层建筑发生相应转变，尤其是对政府的管理体制与模式带来极大冲击，政府信息化和电子化政府成为当今各国政府改革的努力方向。正如哈拉尔所言，"计算机的扩散正在把制度结构从昔日工业化时代的机器似的等级制度转变为有机的网络"[1]，而这种网络适合于以知识、信息为基础的新时代。不仅如此，信息技术对行政行为的整个过程，如行政决策、方法、行为方式以及行政公文都将产生重要影响，更为重要的是，它向行政人员提出比以往更高的要求，既要求行政人员提高分析、判断、解决问题等综合素质与能力，同时要求行政人员更新传统观念，树立效率观念、创新观念、服务观念、竞争观念、民主观念、法治观念等现代化观念。[2] 也就是说，信息技术的出现对政府的治理提出了更高、更新的要求。如何维持宪政秩序和政府稳定，如何在公共管理领域维系并发展民主法治社会的基本价值，如何平衡政府与市场的作用以促进政府治理的有效，如何回应全球化的挑战，如何构建国家与社会的共同治理模式，如何重建公共管理的道德秩序等等，所有这些都是当代政府不得不面对的问题。

随着后工业社会的到来，政府为社会"掌舵"的角色也在悄然改变。如今，"越来越有意义的不是谈论政府，而是谈论治理的过程"[3]。在20世纪80年代末期，治理理论在西方国家率先兴起。所谓治理，至少包括四方面内容：[4]（1）谁——公共服务提供的参与者都有谁；（2）为什么——公共行动的目标是什么；（3）怎样——实现这些目标的手段是什么；（4）是否——它是否决定政府活动的基本目标和基本结构的政治活动。登哈特夫妇将"治理界定为公共权威的行使。……界定为决定权力在社会中的行使——其中包括就公众所关注的问题作出决策的方式以及公民在公共决策中获得发言权的方式——的传统、机构和过程"[5]。治理理

---

[1] ［美］威廉·E.哈拉尔：《新资本主义》，社会科学出版社1991年版，第115页。
[2] 李传军：《信息技术对公共行政的影响》，《中国行政管理》2000年第8期。
[3] ［美］登哈特：《新公共服务：服务，而不是掌舵》，中国人民大学出版社2004年版，第84页。
[4] John, D., D. F. Kettl, B. Dyer, et al., "What Will New Governance Mean for the Federal Government?", *Public Administration Review*, Vol. 54, No. 3/4, 1994, pp. 170–175.
[5] ［美］登哈特：《新公共服务：服务，而不是掌舵》，中国人民大学出版社2004年版，第84页。

论是在对政府与市场、政府与社会、政府与公民这三对基本关系的反思中产生的，它立足于政府、社会与市场三者角色的定位，探讨实现三者之间协调与合作的相关制度和机制等问题。相对于其他理论，治理理论主要在社会治理主体、目标、手段以及责任意识等方面有了新发展，具体来说：① 在社会治理主体上，实现了由单中心向多中心的转变，政府不再是社会治理的唯一主体，非营利组织、市场化组织、公民社会乃至公民个人等已经成为政府治理的重要补充；在社会治理手段上，实现了由平面化向网络化的转变，行政手段、市场化手段、社会动员等多种手段综合运用于公共产品和公共服务的提供；在社会治理目标上，实现了由工具化向价值化的转变，在提高社会效率的基础上体现社会公正，以人的全面实现为最终旨趣，并体现为公民参与程度的提高；在社会治理责任意识上，多元社会治理实现了从片面强调政府在社会管理中的单方责任向同时强调政府、市场、公民社会共同责任的转变。

在治理的框架中，政府、市场与公民社会相互扶持与补充，建立起一个合作共治的网络。这一网络既发挥了相互功能上的协作、合作和协调，形成了责任、去中心、动态、交换、互动、伙伴关系的系列促进机制，获得相互依赖和权力共享的动力之源，并建构起一种充满弹性、非等级的、组织间的、关联性的结构。② 进而，治理网络的形成要求政府必须转变在传统社会治理中所扮演的角色：第一，"政府将在确立各种网络运作的法律规则和政治规则方面继续扮演一种综合角色"，即政府在"元层次"上发挥规则制定和引导作用；第二，"政府很可能会帮助解决各种网络内部，特别是那些网络之间的资源分配和依赖问题"，即政府扮演保护弱者、平衡各方边界关系的角色；第三，"政府应该对网络之间的相互作用进行监控以确保民主和社会公平的原则在具体的网络内部以及不同网络之间得以维护。政府必须确保民主过程得以维护并且确保公共利益最终得到服务"③。

---

① 孙晓莉：《社会治理模式的变迁》，《学习时报》第 288 期；孙晓莉：《多元社会治理模式探析》，《理论导刊》2005 年第 5 期。

② Aaron Wachhaus, Penn State Harrisburg, "Networks in Contemporary Public Administration: A Discourse Analysis", *Administrative Theory & Praxis*, Vol. 31, No. 1, 2009, pp. 59-77.

③ [美]登哈特：《新公共服务：服务，而不是掌舵》，中国人民大学出版社 2004 年版，第 84 页。

但是，应该看到，尽管近年来的社会治理实践有所转变但也并没有一如治理理论所描述的那样实现了根本转变，治理理论及其实践并没有实现对社会治理模式的替代。首先，治理理论是作为一个方法论提出来的，世界银行将其定义为管理一国经济和社会发展过程中权力运作的方式，因此它本质上遵循工具理性的逻辑；在治理活动中，权力中心多元化，治理结构呈现多中心网络状，但各个主体包括政府都成了达至共同目标的一个必不可少的环节或手段，具有强烈的工具色彩。其次，治理理论产生的根源在于：为解决经济的稳定和发展，提升本国经济在世界市场的竞争能力；消除官僚主义，提供更高质量的社会服务，改善政府公众形象；解决20世纪70年代开始普遍面临的财政危机，[1] 因此，它只是为解决问题提供的一种有效的框架或手段，其本身并不提供一种目标导向。最后，治理理论中，政府本身所担负的诸如公平、正义、回应性等价值理性与追求被剥离，而成为多中心治理结构中发挥协调、沟通和引导的工具性作用。卡赞西吉尔准确地看到，由于治理的根本性短处在于"它的官僚技术倾向"，在于"它要通过市场式的决策排斥政治来治理社会"，这就容易"导致决策脱离公众控制而权力向特殊利益的转移"。[2] 当然，尽管治理理论存在自身的局限，但它应对当前社会之各种困难的努力及其实践为政府治理模式的转型做了很好的预演。

3. 政府自身秩序供给的优先化

网络信息技术所带来的人们生活方式的改变以及社会结构的根本性转变，向公共行政提出了不同于以往的全方位的更高的要求，社会治理的要义集中指向政府的能力、效率、回应性、责任、信任以及消除腐败等等，政府自身秩序之供给成为社会治理的中心，社会治理不再是以政府垄断社会秩序供给为历史的必然。

20世纪70年代末和80年代初兴起的以"重塑政府"、"再造公共部门"为目标的全球性公共行政改革运动，从实践到观念层面对政府管理均产生了巨大影响，"公共管理"成为各国政府再造的理论基石和实践指南，其理论及实务均展现其独特之处，成为与传统管理途径、政治途径以

---

[1] 毛寿龙、李梅、陈幽泓：《西方政府的治道变革》，中国人民大学出版社1998年版，第9—10页。

[2] [法]阿里·卡赞西吉尔：《治理和科学：治理社会与生产知识的市场式模式》，载俞可平《治理与善治》，社会科学文献出版社2000年版，第132—133页。

及法律途径并驾齐驱的新研究途径。① 如前文所分析，虽然新公共管理运动并没有超越管理型社会治理模式，但是新公共管理提出了公共服务的新思维，它把改进服务质量作为不懈的追求，使公众的满意度进入公共行政的中心。继而在批判新公共管理过程中兴起的所谓"后新公共管理更加关注建立强大和一致的价值观、信任、协作和以价值为基础的管理等"②，相应的行政改革措施集中于价值和伦理，被认为是一种基于价值的文化层面的改革③。我们认为，以服务为价值取向的伦理诉求与实践，勾画出了服务型政府正从理论走向现实的新图景，并成为服务型政府区别于传统型政府的最大特征之一。

服务型政府是市场经济条件下私人领域发展壮大的历史产物。市场经济中个人利益的充分张扬，凸显了公共利益的重要性。传统社会中，公、私利益混沌不分，整个社会呈现出以国家与社会、政府与公民的一元从属关系为核心的领域合一的结构形式，导致私人利益不"私"，公共利益不"公"，二者经常相互否定、相互排斥，进而国家、政府与社会、公民在形式的统一表象下达到实质上的分裂，公民和社会失去自身独立行为的领域。近代市场经济的发展，在促进社会各个方面迅速分化的同时，出现了公共利益与个人利益的领域分离。市民社会的不断完善，社会自治组织的兴起，不断冲击着由政府唯一代表公共利益的传统观念。虽然国家和政府仍在社会生活中处于主导地位，但社会和公民越来越显示其相对独立的性质，对国家和政府发挥着越来越大的制约、支配和监督作用。私人领域的发展壮大，并不是彻底否定国家、政府的介入，而是向国家、政府提出新型的管理方式或模式。

管理型社会治理模式中，政府通过法律制度强化对社会成员的控制和管理，实际上是将社会成员置于权力作用的客体地位，而自己则成为凌驾于社会之上或独立于社会之外的治理者。因此，政府的注意力往往是集中于如何治理社会的问题，而不是集中在通过治理自己来达到治理社会的目

---

① ［美］罗森布鲁姆等：《公共行政学：管理、政治和法律的途径》，中国人民大学出版社2002年版，第16页。
② Tom Ling, "Delivering Joined-Up Government in the UK: Dimensions, Issues and Problems", *Public Administration*, Vol. 80, No. 4, 2002, pp. 615-642.
③ Tom Christensen, Per Lagreid, "The Whole-of-Government Approach to Public Sector Reform", *Administration Review*, Vol. 67, No. 6, 2007, pp. 1059-1066.

的。然而,"现代公共行政是一个由各种类型的公共组织纵横联结所结成的网络,包括政府组织、非政府组织、准政府组织、营利组织、非营利组织、志愿组织。公民从各个方面以各种形式参与公共事务的管理"①,社会治理主体多元化的趋势,意味着政府不再是社会秩序唯一的供给者,社会团体和自治组织与政府成为竞争性的社会秩序供给者。当然,这并非说政府已经不重要了,政府要治理但不实干,政府"可以把部分的掌舵职能民营化,但是不能把治理的全过程民营化",政府的职责是"穿针引线,把稀缺的公共资源结合起来以达到目的"。② 不仅如此,德雷克斯勒(Wolfgang Drechsler)通过对欧洲国家近年来政府改革的深入分析,认为这些国家在致力于推进改进官僚制的新韦伯主义国家改革(New Weberian State),而被其他国家热炒的新公共管理仅是辅助的手段,并预言"新官僚制"诞生了!③ 这里,所谓新韦伯主义国家,实质上就是使传统的官僚制更加现代化、更加专业有效以及对公民更加友好,其"新"强调的是从官僚规则的内部导向转变为满足公民需求和愿望的外部导向,并运用系列直接反映公民意见的协商工具补充而非代替代议制民主。④ 这就促使政府必须转变治理角色,即政府的治理活动首先是发生在社会中的,是内在于社会的治理,其次才把社会作为治理的对象看待。这样一来,对自身的治理成为政府首要的任务。

政府作为一个自组织系统,自身治理的凸显是公共行政生态环境的变化所造成的,而生态环境的变化又是以信息技术为其支撑和载体的。首先,从政府与公民的关系来看,由于信息技术的渗透和普及,以及整个社会文化水平的提高,一方面,公民在有效的技术支撑下,信息公开的范围扩大了,政府与社会和公众的沟通更加及时有效,行政参与的范围和深度得到了拓展;另一方面,公民参政议政的要求日益高涨,这就向政府提出

---

① [美]乔治·弗雷德里克森:《公共行政的精神》,中国人民大学出版社2003年版,第5页。

② [美]奥斯本、盖布勒:《改革政府:企业家精神如何改革着公共部门》,上海译文出版社1996年版,第23、3页。

③ Wolfgang Drechsler, "The Re-Emergence of 'Weberian' Public Administration after the Fall of New Public Management: The Central and Eastern European Perspective", Halduskultuur, Vol. 6, 2005, pp. 94-108.

④ Christopher Pollitt and Geert Bouckaert, Public Management Reform: A Comparative Analysis-New Public Management, Governance, and the New Weberian State (Third Edition), Oxford: Oxford University Press, 2011, pp. 118-119.

了更高的要求,及时高效地对公民的要求做出反应,并提供相应的服务。其次,从政府与社会的关系来看,"第三部门"的兴起,导致了政府职能的收缩以及政府权力向社会的转移,权力的分解并不意味着政府在社会治理中重要性的下降,而是向政府提出了转变职能、治理工具或管理方式等方面的要求。最后,对于政府自身而言,信息技术的发展与成熟提高了政府管理的技术含量,带来了行政技术的不断更新。一方面,它为政府改善管理水平、改进管理方法提供了条件;另一方面,它也为政府优化自身管理提供了基础,高新技术手段在人事管理、采购系统管理、公共项目管理等领域的大量运用,必然带来行政组织体制与运行方式的变革,改变管理中的层级关系。

作为政府秩序供给中的现实主体,公共行政环境的变化以及社会治理模式的转变对政府的影响和制约直接跨过组织层级集中到行政人员身上,行政人员不再是藏身于等级藩篱中的工具而是被赤裸裸地聚焦于公共领域的舞台上。在管理型社会治理模式中,政府自身秩序供给主要采取法律制度的途径,由此而造成了行政人员人格的工具化。因应时代变化,尤其当政府秩序供给被凸显出来时,就应该超越传统的法律制度供给途径,也只有实现这一超越时,社会治理模式的转变才能真正得以实现。

4. 法治向德治的转变

法治追求中的公共行政,由于对道德规范和价值判断的回避导致了行政人格的工具化,这一现象在20世纪四五十年代引起了西方学者的关注,名噪一时的"芬纳—弗雷德里克"之争,名义上是关于如何实现行政责任的道路之争,实际上是对公共行政如何实现伦理道德的不同看法。沃尔多曾指出,公共行政既是一种伦理道德又是一种意识形态,而其对价值和道德的观照不仅有助于减少公共行政实践中的混乱和压力,也有助于发展公共行政事务中的"道德创造力"或"道德建筑风格"。[1] 公共行政应该包含道德,但是自威尔逊、韦伯以来的公共行政理论,却是拒绝道德的,并在公共行政一百余年来的发展历程中占据着主流地位,深刻地影响着公共行政的实践。

公共行政一味追求科学化的结果就是现实中的政府行政处处充满了悖

---

[1] Dwight Waldo, "Administrative Theory in the United States: A Survey and Prospect", *Political Studies*, No. 2, 1954, pp. 70-86.

论，对于政府而言，只有当政府是道德的，它才会有公共的行政，才能真正代表公共利益和提供能够满足公众要求的公共产品。① 对于行政人员而言，新公共行政认为，行政并非只是专业技术技巧的运用，更是维护政府合法性、社会公平性的"道德努力"，行政人员不仅是道德的思考者，更应成为道德的实践者。20世纪70年代以来，水门事件、伊朗门事件、拉链门事件等一系列丑闻，把人们引向了对政府官员行为的关注，要求在原先的政府体制和法治环境之外寻找伦理道德的规范作用，这也直接促成了美国《政府道德法》的产生。与之相呼应的是，世界各国开始普遍关注政府道德，并着手制定实施政府道德法案。正是在此意义上，第二届明诺布鲁克会议富有预见性地研判出"价值观和伦理学现已被视为公共行政领域的核心"②。

在社会治理模式中，历来存在着道德与法律的主辅之争。在统治型社会治理模式中，德治为主法治为辅，但这种德治本质上是一种等级伦理的德治，是以集权为核心的统治行政，行政人员被塑造成依附人格。在管理型社会治理模式中，尽管法治取得了主体地位，由于法律走向了形式化的工具性追求，法律和道德发生了分离甚至形同陌路。在法律秩序之维护与行政管理效率至上的追求中，随着法制模式的不断完善，法治的道德以及德治的功效被掩盖，法治与德治总是处于一种矛盾状态，这尤其体现在以官僚制为组织模式的社会治理领域里。戴维·沃克认为："人类社会早期发展阶段，调整人们相互关系的习惯、宗教、教条、禁忌以及具有强制力的道德信条等行为规范之间没有多少区别。因此作为特定的社会共同体日常生活中的行为准则，法律与道德拥有共同的起源。"③ 恩格斯通过批判蒲鲁东抽象的"法权"观和"公平"观，科学地揭示了道德与法的起源，那就是人类自身维持生产、分配、交换产品的共同秩序"产生了这样的需要：把每天重复着的生产、分配和交换产品的行为用一个共同规则概括起来，设法使个人服从生产和交换的一般条件。这个规则首先表现为习惯，后来便成了法律"④。因此，人类行为的道德和法律准则不过是人类

---

① 张康之：《论公共行政的道德化》，《唯实》2001年第2期。
② [美]库珀：《行政伦理学：实现行政责任的途径》（第4版），中国人民大学出版社2001年版，第146页。
③ [英]戴维·M.沃克：《牛津法律大辞典》，光明日报出版社1988年版，第521页。
④ 《马克思恩格斯全集》第46卷（上），人民出版社1979年版，第196页。

生产、分配和交换的共同的行为的概括和表现。道德与法律的共源性，决定了社会治理模式不能事实上也无法排除德治的地位，并且，随着服务价值之中心地位的逐步确立，德治将在社会治理模式中占据主导地位，进而标志着新的社会治理模式——服务型社会治理模式的诞生。

德治自人类社会产生以来就一直存在，但在传统农业社会和工业社会中，德治是随机的、任意的，甚至被扭曲为专断的"人治"，而在后工业社会中，德治不再是随机的、任意的，而是一种被制度化了的社会治理模式。当然，说德治之主导地位的确立，是就治理机制的性质而言的，并不是说在社会治理模式中只有道德而无法律，更不能说德治排斥法治。[①] 一方面，法律与道德的同源性已经表明了二者的共生共治。另一方面，公共管理的服务价值取向，将促成公共管理中伦理关系的生成。公共管理中存在三种最基本的社会关系：权力关系、法律关系和伦理关系。权力关系是由公共管理组织结构所决定的领导与被领导、命令与服从的结构性联系。法律关系则是由国家法律和公共管理中的内部规章、规定、条例等所确立的制度性关系。而伦理关系与前两者不同，它是建立在一个社会所拥有的普遍人际关系和行为准则基础上的，是体现在公共管理活动中的价值关系。这三种关系规范着行政人员的行为、心理、意识等，并在服务理念的统摄下，于行政人员的管理行为中达到有机统一。当公共管理伦理关系生成时，就要求公共管理活动必须接受道德的规范，行政人员必须具有较高的道德修养，而此时行政人员的行为就是一种道德行为，并在这种道德行为中，伦理关系统摄权力关系和法律关系，达至有机统一。

### (二) 道德制度：独立人格的制度基础

1. 制度[②]的必要性

作为一种伦理道德化的社会治理，德治所要求的伦理道德首先是向政

---

① 张康之：《公共管理伦理学》，中国人民大学出版社2003年版，第102页。
② 自20世纪70年代以来，在对行为主义、实证主义的反思中，"制度"重新成为西方社会科学研究的热点，从而掀起一股"新制度主义"热潮，并跨越单一学科，成为政治学、经济学、社会学乃至整个社会科学的一种主要分析典范，形成了"制度"研究的百花齐放。但是，各种新制度主义流派对"制度"的理解角度和研究侧重点有所不同，这也一定程度上导致人们对"制度"理解的无所适从：内涵丰富却很模糊，既包括规则、程序或规范，又涵盖习俗、符号、观念与伦理，还涉及一系列关系、约束或规制，甚至还体现为某种结构性安排，如国家、政党、官僚机构等组织。本书中的制度主要从规范及其运行的角度理解，体现为一系列的行为准则及其具体运行过程。

府提出来的而非单纯指向社会,并且是以制度的方式来要求的。张康之教授认为,德治并不是通过道德教化的途径来实现社会治理的方式,而是通过认识人们之间的伦理关系并在伦理关系的基础上做出制度设计和制度安排。① 也就是说,德治不仅不拒绝制度,而且其目的就是要设计和建立一种彰显伦理关系的制度,这与传统上将伦理道德视为软制约进而德治是一种随意的人治等认识具有根本的区别。

回顾人类历史,制度产生于人们在公共利益追求过程中对稳定和谐之社会秩序的渴求,而在现代社会,制度更是普遍存在于人的社会生活中②,甚至在某种意义上它与生活、存在属于同层次范畴,个体人格始终处于制度之中。制度与人格是相互构建的,有什么样的制度,就有什么样的人格;反之,有什么样的人格,就有什么样的制度,"社会的制度形式影响着社会成员,并在很大程度上决定着他们想要成为的那种人,以及他们所是的那种个人"③。制度之于人格的建构性,积极一面在于:作为社会生活的形式系统,制度为人格发展创造必要的空间,其对良善丑恶的褒扬贬抑引导着人格向其倡导的方向发展;消极一面则在于:僵化、教条的制度压抑人格的发展,其对某些伦理价值的固执可能与人格的内在发展不协调,如我国传统农业社会中的制度对等级伦理的强调背离了人格独立发展的倾向。人格之于制度的建构性,积极一面在于——制度的实际运行离不开人格的支持,制度的正当性与合理性往往存在于人格发展的价值践行中;消极一面则在于——分裂的、扭曲的人格将会消解制度的合法性基础,甚至使得制度形同虚设。④ 制度之于人格的建构性要求制度建设必须以人格的健康发展为其价值导向,而人格之于制度的建构性则要求人格的合理性诉求必须得到制度的保障。

制度与人格的相互建构表明,在不同历史时期、不同领域的制度与人格是相互适应的,不存在超越制度建设水平的人格形态,也不存在超前于人格发展形态的制度。由于人类的不同历史时期,制度建设的自觉性和合理性也不相同,因此,相应的人格形态也就出现了历史类型的差异。总体来说,在农业社会时期,制度的生成是一种不断试错的自然演进过程,以

---

① 张康之:《公共管理伦理学》,中国人民大学出版社2003年版,第108页。
② 张康之:《面向后工业社会的德制构想》,《学海》2013年第3期。
③ [美]约翰·罗尔斯:《政治自由主义》,译林出版社2000年版,第285页。
④ 顾红亮:《从制度的视角看人格》,《重庆社会科学》2006年第11期。

习俗、习惯存在于人们的共同生活中，缺少理性的自觉建构和利用，[①] 因而个体人格的自觉性和理性也就不可能吸纳到制度中；相反，共同生活中因人与人相互依赖所产生的权力等级、身份伦理"自然"演化为制度的主要内容，由此在社会中塑造了一种普遍性的依附人格。到了工业社会，在启蒙思想的激发下，制度越来越具有自觉的特征和理性的成分，人的自由和平等成为制度设计的基本依据，独立人格成为社会追求的普遍人格形态。然而，在社会治理领域，理性发生了分化，形式理性取代理性成为制度设计的标准，人格越来越被打上"形式化"的烙印，行政人员逐渐被塑造为一种工具人格的个体。当价值和伦理跃升为当代公共行政领域的核心，现有制度如何吸收和转化价值和伦理，或者价值伦理如何来塑造和转变现有的制度，就成为行政人格构建面临的首要问题。

公共行政所关涉的价值和道德，来源于社会生活，与其他社会规范一样，也是人们尤其是行政人员社会交往的重要规范，通过行政人员的具体行为而成为现实，当然这些道德和价值规范的有效性不完全在于从制度经由组织所进行的外在控制和制裁，而在于人格体的主体自觉，也就是人格体的主体性张扬。[②] 这就提出一个问题，即道德的实现到底依托于个体的自觉还是制度的他律？理论上讲，道德发生作用的实质是一个内化的过程，是个体将观念价值内化为心中的准则并行为于外的过程，因而道德的实现常常被视为个体的责任，更甚的是，道德领域在对个体自由与独立的尊重中逐渐被圈定为个人专属王国而禁止他人涉入，任何外在的干预都被视为非人道的，最可能被接受的方式也就是说服教育了，于是道德实现就只能寄望于个体的道德自律。库珀认为，公共行政人员在面对组织或机构的压力时所表现出的道德行为，是因为"被其性格特质例如诚实、公平心、审慎、对全体公民之忠诚、仁慈、服从特定程序及公共精神驱使着"[③]，换言之，行政人员在面对公共组织或机构的压力时支持其道德行为的关键因素是美德[④]。然而，道德的基本功能是对社会的整合，作为社

---

[①] 张康之：《在后工业社会的背景下思考制度重建问题》，《学术界》2013年第4期。

[②] [德]京特·雅科布斯：《规范·人格体·社会——法哲学前思》，冯军译，法律出版社2001年版，第51—54页。

[③] Cooper Terry L., N. Dale Wright, *Exemplary Public Administrators: Character and Leadership in Government*, San Francisco: Jossey-Bass Publishers, 1992, p. 327.

[④] Cooper Terry L., "Hierarchy, Virtue, and the Practice of Public Administration: A Perspective for Normative Ethics", *Public Administration Review*, Vol. 47, No. 4, 1987, pp. 320-328.

会控制的一种方法,说服在任何复杂的制度中并不能充当决定性的角色,①仅仅通过个体自律是不能实现社会秩序的,不能寄望于通过个体的道德自律来实现对其社会责任的超越。

康德指出,"一个良好的政体(political constitution)并不能期待于道德,相反,一个国家良好的道德状况首先要期待于良好的政体",道德秩序的获取需要自上而下而非自下而上的推动进程,即是说良好的政体包括制度优先于道德个体的存在,在一个好的体制中,"一个人即使不是一个道德良好的人,也会被强制而成为一个良好的公民的"。②也就是说,我们不能把道德的社会整合作用寄托在个体的道德行为上,个人承载道德的社会价值只能实现个别的道德行为,而要获得普遍性和稳定性的道德行为,必须改变个人承载道德价值的状况,建立起道德制度以保证社会在整体上承载道德价值。③因此,当我们反思如何促进官德的张扬和行政人员健康人格的形成时,不能再局限于道德教育,将官德的普遍提高寄望于官员个体的道德教化和自我修养,而是要扛起制度的大旗,这一点无论是在理论界还是实务界都取得了共识,也正是在此意义上,习近平总书记多次强调要"把权力关进制度的笼子里"。对于独立人格的生成而言,以法律、行政伦理规范为主要表现形式的制度具有根本性、全局性、稳定性和长期性。④但是,要清楚的是,这里的制度绝不仅仅是工业社会以来逐渐形式理性化的法律制度、唯效率至上的制度,而是回归实质理性的被道德化的制度、张扬人的价值和德性的制度,即一种道德制度。

2. 关键在于德制⑤

长期以来,学术界一般将制度区分为以法律、法规为核心的正式制度

---

① [美]林德布洛姆:《政治与市场:世界的政治—经济制度》,上海三联书店、上海人民出版社1992年版,第72页。

② Immanuel Kant, *Perpetual Peace: A Philosophical Essay* (The 3$^{rd}$ Edtion), Translated by M. Campbell Smith &Latta, London: George Allen & Unwin LTD, New York: The Macmillan Company, 1917, pp. 154-155.

③ 张康之:《面向后工业社会的德制构想》,《学海》2013年第3期。

④ 张康之等:《行政伦理学教程》(第3版),中国人民大学出版社2014年版,第183页。

⑤ 德制即道德化的制度。"德制"与"德治"有区别,德治是一种社会治理方式,而德制是德治的制度化表现形式。在服务型社会治理模式中,德治由一种边缘化的社会治理方式转变成制度化的主要社会治理模式,在此意义上,"德治"与"德制"是同义的。张康之教授对此进行了详细阐述。参见张康之《公共管理伦理学》第4章,中国人民大学出版社2003年版;或张康之《论伦理精神》第7章,江苏人民出版社2010年版。

和以道德、信用观念为核心的非正式制度,两者构成人们行为的由国家规定的正式约束和由社会认可的非正式约束。所谓"非正式"是一种内在的心理约束,而"正式"意指被社会化、强制化,是心理约束的外在形式。其实,"正式"与"非正式"之分本身将制度规范的内容与形式给混淆了,即它本来意在制度形式上(制定主体、程序、实施效力等)的区分,却是通过制度所反映的内容来界定,更为致命的是这种区分将道德与制度分割甚至对立起来。

在管理型社会治理模式中,韦伯意义上的法律制度是一种工具理性化的规则系统,"法律制度——常常是纯粹合乎理性指定规章的制度——从整个来说,还远比惯例更少具有调整伦理准则的性质。"① 历史上,法律制度的形成与发展是与工业社会所张扬的工具理性密切联系在一起的。工具理性是以利益、效率、程序为目标的,其极度张扬的结果便是对整个社会生活领域的征服,成为社会最基本的组织原则。这反映在法律制度上,就是一系列规则、规范和程序,其形式化特征将法律制度本身应该包含的道德原则和规范给祛除掉了。"由抽象体系建构起来的常规具有空虚和非伦理的特征,这也正是非个人化逐渐湮没个人的观点的要害之所在。但这不仅是个人生活的弱化,它还是个人自身的性质发生的真正转变",② 直接结果就是行政人员人格的工具化。

然而,从本源上看,"道德与法律乃是伦理学的两支,是实现人类目标或伦理实体的两种方法。因而道德不是完全地存在于意识之中,也表现在行为之中。另一方面,法律也不能归为一种完全外形和仪式的实践,本质上也包括某种程度之内容"③。无论是道德还是法律,都内在地具有心理约束之意涵,只不过传统上日常生活中道德之心理约束更多地直接表现于行为中而缺少规则的形式特征,法律则以明确化的规则指向行为而更多地表现为外在的制约罢了,事实上,"法律不仅是世俗政策的工具,而且还是生活终极目的和意义的一部分"④,而"道德由美德、原则和规则所

---

① [德] 马克斯·韦伯:《经济与社会》(上),商务印书馆1997年版,第66页。
② [英] 安东尼·吉登斯:《现代性的后果》,译林出版社2000年版,第105页。
③ [意] 米拉格利亚:《比较法哲学》,商务印书馆1980年版,第248页。
④ [美] 伯尔曼:《法律与宗教》,生活·读书·新知三联书店1991年版,第43页。

组成"①。正是基于法律与道德之歪曲的形式区分，人们往往形成一种思维定式，似乎一谈到道德与伦理，那都是无定在的"乌托邦"，德治被误解为"圣人之治"。进而，道德属于"软性"的自由范畴，"无形"、"无为"进而"无能"，制度属于"硬性"的义务领域，"有形"、"有为"进而"万能"。当制度不能发挥作用时，人们更多的是从制度的"规范"形式上去找原因，而很少想到道德的力量，人为地将二者割裂开来。道德本身具有规范的内在要求，尤其是作为社会治理领域的行政伦理。

行政伦理本身反映了公共行政领域中的道德要求，其内容以规范形式固定下来，成为所有行政人员的行为准则。离开了规范，行政伦理既不能表现自己，也无法发挥作用，因而没有行政伦理规范也就没有行政伦理本身。长期以来，由于对伦理或道德之规范本质的历史必然性认识不清，针对行政人员的道德缺陷，习惯上总是注重道德教育而忽略制度建设。但是，这种道德教育的重点通常是遵循革命战争年代时期的传统，强调行政人员的道德自觉性，而忽略了行政人员的道德自愿性。自觉出于理性认识，自愿出于意志自由，片面强调自觉原则而忽视自愿原则，现实中就会把集体利益与个人利益绝对对立起来，用整体主义原则取代集体主义原则，进而抹杀个人利益，压抑个性自由、独立和解放。另外，由于人类历史上的制度主要以法律的形式出现，人们一讲制度，实际上指的是法律（制度），而长期缺乏制度制约的传统造成了理论界和实务界对法律的渴求，甚至是迷信，法律的必要性被无限扩大。麦金太尔认为，规则只有在和美德联系时才有意义，因为"规则作为自然法的消极戒律，仅仅起着对某种类型的生活划定边界的作用，而这么做，只能部分地定义所追求的善的种类"。② 因而，道德与制度的联姻本不应该成为问题，或者说一种道德化的制度是可能的。

后工业社会中，随着服务型社会治理模式的生成，社会治理中的伦理关系不再像传统社会治理中处于居无定所的状态，而是被纳入社会治理的结构和制度中，"包含着权制和法制全部历史发展中的一切积极成就"③。

---

① ［英］米尔恩：《人的权利与人的多样性——人权哲学》，夏勇、张志铭译，中国大百科全书出版社1995年版，第31页。

② ［美］阿拉斯太·麦金太尔：《三种对立的道德探究观》，中国社会科学出版社1999年版，第140页。

③ 张康之：《论伦理精神》，江苏人民出版社2010年版，第199页。

张康之教授认为，在社会治理体系中，存在三种最基本的关系即权力关系、法律关系和伦理关系。权制模式中，权力关系占主导地位，法律关系和伦理关系只是权力更好地运行的副产品而已，由于权力关系的本质是等级服从和命令统一，因此这一模式下的个体更多的只是被动的服从，依附于上下有别、尊卑有序的等级结构。法制模式中，统治与管理发生形式上的分离，在权力关系外生成了法律关系，权力在法律规则的约束下运行，而法律关系的本质是独立平等的契约关系，它对权力的制约与调整将人对权力等级的依附转变成人在规则面前的平等和对职业的忠诚。但是，这两种模式都没有很好地吸纳伦理关系，或者说伦理关系"始终未获显性化"，权制模式虽然强调道德，但这种道德处处充满着强调亲缘地域、身份先赋的特殊主义取向，本质上是一种与特定身份相适应的等级伦理，而法制模式虽然实现了人的平等，但这种平等只具有形式上的意义，而其对道德的武断拒绝，把制度中的人变成了分散的"无意识"、"不道德"的原子化个体，如果说法制模式中还有伦理，那就是对规则的热情信仰和绝对服从，而对职业的忠诚也变成了仅仅是承担岗位责任，与道德良心没有任何关系，这正是政府不道德的制度根源。

行政人员的社会属性决定了其人格的形成并不是在封闭的自我环境里完成，社会环境作为外在于行政人员的客观存在，对其人格形成有着非常重要甚至是关键的影响，这些影响集中体现在作为总体性范畴的"制度"上。怀疑论的后现代主义者认为工具理性的泛滥造成了公共行政领域无处不在的分裂：政府与民众之间、政府的行政机构内部，以及每个个别管理者的人格内部[①]，因此它极力主张对主体、真理、公共性的解构，强调差异性，对话与沟通。但是，当同一性、公共性被消解掉后，不仅行政人员的主体性难以立足，最终还消解掉人之生存意义的统一性，而且任何制度建构都被看成是一种新的奴役的产生。因此，这种解构更多是对现实的一种破坏性的抱怨，问题不在于是否需要制度，关键是需要什么样的制度。

人类历史实践反复证明，在良好的制度下，人人会从善，至少坏人不能为恶；而在低劣的制度下，人人会作恶，至多存在个别善行，"制度好可以使坏人无法任意横行，制度不好可以使好人无法充分做好事，甚至会

---

① [美]波林·罗斯诺：《后现代主义与社会科学》，上海译文出版社1998年版，第128页。罗斯诺在该书中把形形色色的后现代主义区分为怀疑论和肯定论两类。相对而言，肯定论的后现代主义者在对现代性的批判基础上，对后现代社会持有更有希望、更为乐观的态度。

走向反面"①。所谓"好的社会制度是这样的制度：它知道如何才能够最好地使人改变他的天性，如何才能够剥夺他的绝对的存在，而给他以相对的存在，并且把'我'转移到共同体中去，以便使各个人不再把自己看作一个独立的人，而只看作共同体的一部分"②。这就是说，"好"的制度是能使个体避免陷入孤独境地，抛弃自私特性，进入交互主体性的公共领域的制度。就公共行政而言，一个健全有效的制度，应该是既能够坚持信托原则，又能鼓励人们投身政府，尽心尽责地服务公众。③ 一个社会制度建设水平的高低，决定了行政人员人格的优劣。如果说法律制度在形式化轨道上越走越远进而将行政人员工具化了，那么，张扬伦理精神的道德制度将是可望可即的制度建设方向。

3. 德制构建的途径

在官僚体制构筑的公共行政领域中，"由于行政之恶无所不在，公共事务的根本问题就在于培养一种对公共机构、权力运用以及普遍文化的批判与反思的态度"，如要防止未来行政之恶的发生，"公共事务除了涉及——但不仅仅立足于——采用复杂的组织与管理技巧来执行公共政策，还必须——并且主要是——带入一种历史意识，能够从国家及其代理人员的角度了解可畏的邪恶潜力，同时还必须带入一种社会角色与身份，在其中不仅仅是要灌注个人与职业的伦理，更重要的是要灌注一种能够识别行政之恶伪装并拒绝与之同谋的社会与政治意识，或者说公共伦理"④。然而，传统上的公共服务伦理与一般意义上的职业伦理都停留在科学——分析心理上，都停留在解决行政与社会问题的技术——理性方法与职业本身上，它们在面临行政之恶时都无能为力。这是因为传统的伦理建设及其制度安排是基于原子化个人视角出发的，因此，从公共服务伦理的角度而言，道德制度作为一种新型的制度构建，首先必须"改变认识社会的视角，即从共同体的角度去认识社会，以人的共生共在为出发点去形成相应的制度和社会问题解决方案"。⑤

---

① 《邓小平文选》第 2 卷，人民出版社 1994 年版，第 333 页。
② [法]卢梭：《爱弥儿》，李平沤译，商务印书馆 1996 年版，第 10 页。
③ Richard W. Painter, *Getting the Government America Deserves: How Ethics Reform can Make a Difference*, New York: Oxford University Press, 2009.
④ [美]艾贱博、百里枫：《揭开行政之恶》，白锐译，中央编译出版社 2009 年版，第 26、27 页。
⑤ 张康之：《合作的社会及其治理》，上海人民出版社 2014 年版，第 120 页。

道德制度在人类社会历史进程中的产生"绝不是一个虚构"①，而是像权制和法制那样具有历史的必然性。实践中对"道德制度"构建的质疑一方面概因于对道德规范本质的误解，而"规范既可以是成文的，也可以是默会的"，即道德不仅仅是默会的，完全可以体现为成文的规则；另一方面则是在管理型社会治理中，遵从于社会控制的需要，法律以及组织中的规章往往体现为一系列"以规制对象行为的控制为导向"的控制性规则，这种规则在实践中表现出强烈的强制性、惩戒性，②这与道德的引导规范作用相背离，如此一来，道德常被认为与规则及制度是不相干的或者不合适的。在道德制度的建构中，道德"可以通过促进性规则而得到规则化的表达"，因此"促进性规则可以成为道德制度的一种建构途径"。③2015年10月颁布的党内第一部坚持正面倡导的党内法规《中国共产党廉洁自律准则》，正是这种促进性规则在社会治理实践中的运用和体现。服务型政府的出现将政府自身秩序供给摆在了首要位置，就意味着政府要转变过去对社会以及对内部行政人员进行法律制度的形式化管理途径，改变过去以层级节制、等级控制为主的官僚制模式，恢复价值理性的光芒，促成服务价值理念的实现。换言之，政府自身的制度建设应该不再仅仅局限于形式化的建构，而是代之以更具人性化的制度，高扬行政人员的主体性，这就是制度的道德化和道德的制度化④。制度道德化与道德制度化既是德制构建相向而行的两种基本途径，也是政府实施德治的两个方面，还是政府治理走向德治的标志。

布坎南在谈到资本主义市场体系时总结道，"如果一个体系因无效率和生产不足而不能满足人的根本需要或不能实现人的潜能，那么维护它就不仅是不合理的，而且是不道德的，至少是不人道的"⑤，对于制度建设

---

① 张康之：《论伦理精神》，江苏人民出版社2010年版，第199页。
② 张乾友：《论社会治理中的控制性规则与促进性规则》，《江苏社会科学》2014年第3期。
③ 张乾友：《促进性规则、道德制度与服务型政府的制度框架》，《南京社会科学》2013年第8期。
④ 张康之教授指出，作为社会的一种治理方式，德治必须作为一种制度来建设，必须通过制度设计和制度安排使其成为一项制度化的治理方式，而德治的制度化途径就表现为制度的道德化和道德的制度化。参见张康之《公共管理伦理学》，中国人民大学出版社2003年版，第109—111页。
⑤ [美]艾伦·布坎南：《伦理学、效率与市场》，中国社会科学出版社1991年版，第67页。

而言亦是如此，一个道德的制度应是既能满足人的本质需要又能不断激发人的潜能发挥。从内容上讲，社会治理领域中的道德制度所包含的伦理关系，是"伴随着公共管理服务理念的确立而开始生成的"，是"建立在一个社会所拥有的普遍人际关系和行为准则基础上的，是体现在公共管理活动中的价值关系"①。一方面，公共管理中的伦理关系来源于社会的普遍人际关系和行为准则，首先是以充分尊重个体的类本质实现、视其为完整的个体为前提的；另一方面，公共管理中的伦理关系是以服务理念和服务价值的展开为核心的，生成并实现于行政人员的服务行为之中。因此，在服务型政府建设中，制度安排及设计一方面必须以服务价值作为制度设计的实体性原则，这也是服务价值实现的制度途径；另一方面，服务价值的真正实现还必须坐实于行政人员的具体行为中，制度构建必须以能促进行政人员的道德化为根本目标。②

道德制度是形式化之法律制度走完其历史进程的必然归宿。道德制度成为政府制度建设的方向，并不意味着要取消法律制度，作为人类文明发展的产物，法律制度不仅不会退出历史舞台；相反，将道德原则和价值规范引入法律制度后，它将发挥更大的作用。道德制度一旦生成，一方面，行政人员对制度的遵守与执行就不再是一种强制性的感受，而是出于内心道德意识的自觉自愿的服从，并将自己的行为置于道德的监督和审视之下，这样一种行为就不再是实现目的的手段，而是对行政人员具有了完整的意义。另一方面，行政人员把道德认知转化为内在的道德力量，这种力量促使其把他人融入自己的生命活动之中，把他人的事业、他人的要求看作为促使其行动的命令，同时又把自我生存的意义放置在为他人的服务之中。此时，道德制度既起到了保证行政人员个体真正的自由活动，同时又保证了其社会本质的实现，最后在自由自觉的活动中形成独立人格。

### （三）合作型组织：独立人格的组织基础③

1. 整合机制视角的组织发展

现代社会是一个高度组织化的社会，人们只有通过组织才能参与社会

---

① 张康之：《论公共管理中的伦理关系》，《中国人民大学学报》2003年第2期。
② 杨艳：《服务型政府建设的导向：公务员独立人格的追求》，《南京社会科学》2005年第9期。
③ 杨艳：《公共组织整合机制与行政人格的塑造》，《理论与改革》2012年第1期。

公共生活，社会公共事务的管理过程实际上已成为一种组织活动过程，反之亦然，各种各样的组织业已渗透到了社会的各个领域，并且为公共部门和私人部门的运作提供着重要的服务，成为社会机构中主导性的形式。① 组织作为人类生存与社会存在的一种方式，既具有历史性的脉络，又有总体性的特征，其历史性蕴含着生产、生活交往方式的阶段化特征，其总体性涵盖了文化、道德、价值观念的构成性要素。学术界关于组织的研究主要从组织环境、组织结构、组织形态、组织行为、组织控制等不同角度进行，例如，从组织所处环境来看，"不同类型的环境会由其不同水平的复杂性和不确定性而导致不同类型的组织"，② 包括生产环节的危险程度、技术的复杂性、环境有序与无序等。"虽然组织的制度、体制等方面更多地吸引着组织理论家们的注意，但是，如果探本求源的话，不是因为人们首先做出了制度、体制方面的设计和安排，然后才生成组织的整合机制，相反，组织的制度和体制恰恰应当归因于组织的整合机制。"③ 本书站在历史发展的纵向坐标上，视组织为人之存在的一种社会形式，从组织整合机制入手，进而从组织类型的历史演变过程来宏观把握组织。

组织类型与社会整体系统结构分化的程度及功能互补性有关，因而"组织类型的决定因素是以组织为主要支架的社会系统与邻接的子系统之间交换范围的种类"④，进而帕森斯从组织目标—功能出发，把组织划分为经济生产组织、政治目标组织、整合组织和模式维持组织四种类型。这种类型划分是横向的比较分析，无法把握组织发展的历史趋势。韦伯基于对权威的历史分析，把组织划分为传统型组织、魅力型组织和合理—合法型组织。这一分类基于统治社会学视角，已经涉入对组织整合机制的研究，即韦伯把权威视为维持和支配组织的基础，并在此基础上发展出著名的经典组织模式——理性官僚制。自此，韦伯所确立的理性官僚制标准，一直是区别分化之规则约束的结构与"有机"结构的共同方式，前者在等级和专业化上高度分化，在后者中，灵活的团队工作应当高于刻板的功

---

① ［美］雅米尔·吉瑞赛特：《公共组织管理——理论和实践的演进》，上海译文出版社2003年版，第32页。
② ［美］汤普森：《行动中的组织：行政理论的社会学基础》，敬乂佳译，上海人民出版社2007年版，第9页。
③ 张康之：《论组织整合机制中的信任》，《河北学刊》2005年第1期。
④ ［美］帕森斯：《现代社会的结构和过程》，梁向阳译，光明日报出版社1988年版，第38页。

能化分。①

历史上，社会治理领域的传统组织②即韦伯的传统型组织和魅力型组织中，组织结构以等级关系为架构，组织成员之间是一种严格的人身依附关系；组织目标从属于统治者对社会等级秩序的终极追求，组织一切行为都是以维护社会统治秩序为目的；组织规程主要表现为祖宗之制，在形式上其普遍化程度不高，内容上主要体现了社会等级伦理；组织领导人靠推举或继承而拥有权威，权威的内容则根据先赋角色而获得；组织中人与人之间的交往遵循习俗，是一种"熟人"间的交往，体现为一种习俗型的信任关系，这种信任实质上是对等级权威的人格化崇拜和心理认同。从组织权力运行来看，传统组织中权力垂直、单线运行，高度集中并人格化，组织通过权力的行使或通过权威暗示的方式来控制其成员，使组织成员的行为能够指向权力所确立的方向。这样，组织成员在本质上没有自由和自主性，必须接受权力和权威的支配。因此，传统组织的整合机制是权威主导型的，并通过权威的人格化得以实现，是权威主导型的组织。③

在资本主义的现代化进程中，理性官僚制登上历史舞台，并逐渐成为社会各类机构中组织形式的主角。自公共行政学诞生以来，官僚制组织一直是该领域主流的组织形式，但现实中，官僚制遭到不少猛烈的攻击，舍伍德认为，官僚制之所以在现实中很脆弱，至少有两个原因：一是要明确组织追求的一套目标体系是相当不容易的，比较切实可行的就是"采用典型的方式将组织抽象为一套技术机器，包含着相当标准化的装置，并服从于上面来的命令"，显然，在充满人际关系和人际互动的环境里，这种去人格化的装置效果并不合适；二是官僚组织是极其糟糕的学习者。④ 组织应该是首当其冲的学习主人，而官僚制的预设是，组织中那些主事的人

---

① [英] 克里斯托弗·胡德：《国家的艺术：文化、修辞与公共管理》，上海人民出版社2004年版，第12页。

② 张康之、李传军：《一般管理学原理》，中国人民大学出版社2005年版，第118—119页。

③ 张康之教授认为，组织整合机制存在三种历史类型，即分别以权威、权威—价格、信任为主导因素的组织整合，在这三种历史类型中，信任因素占有不同的历史地位。相应地，张康之教授把组织整合机制中的信任区分为习俗型、契约型、合作型三种历史类型。参见张康之《论组织整合机制中的信任》，《河北学刊》2005年第1期；张康之《在历史的坐标中看信任——论信任的三种历史类型》，《社会科学研究》2005年第1期。

④ [美] 全钟燮：《公共行政的社会建构：解释与批判》，舍伍德序，孙柏瑛等译，北京大学出版社2008年版。

才是首要的学习者,而处于组织与环境交合处的、直接与外部打交道最了解学习需求的人却没有发言权和决定权,于是组织中的学习出现了空缺也发生了颠倒(组织与个人、管理者与一线人员的颠倒)。

在官僚制组织一统江湖的时代,出现了被冠之以不同名称的其他组织类型。格罗弗·斯塔林区分了五种组织类型:"领导者—追随者"型、网络型(合伙型)、金字塔型、矩阵型以及团队型。斯塔林声称从管理者角度进行上述区分,事实上,他在论述过程中却是首先从组织结构出发再到管理者角色进行阐述的,组织结构先于组织成员,即他实际上是从组织结构所做出的区分。在组织类型的研究中,从组织结构入手是一个普遍采取的途径。在斯塔林那里,"领导者—追随者"型组织与金字塔型组织实际上就是韦伯的魅力型组织与合理—合法型组织,真正具有新的特性的组织类型是网络型、矩阵型和团队型组织。这三种组织类型相对于官僚制组织而言,其组织结构更趋于扁平化和弹性化,组织系统更具开放性,组织成员的人格独立性也大大增强。但是,它们也各具自身的缺点。网络型组织面临着三个关键问题:组织成员应该从何接受命令;组织成员如何摆脱原有组织文化的制约;免费搭便车。① 矩阵型组织存在的缺点有:决策复杂化;难以达成权力的平衡;多重利益所造成的政治性活动;双重权威所造成的角色冲突;人员流动性增强造成的心理不安等。② 团队型组织在减少经常性的管理开支时却造成了协调难度加大,以及过度分权化可能带来的危险。

上述所谓新的组织类型,尽管都不同程度地注意到组织成员的人格成长问题,但其主要目的却仍聚焦于提升组织效率和功能。效率始终是组织转变所求的最高目标,工具理性仍是组织运行的主导逻辑,组织成员仍是以一个理性行为者被预期的。同时,这些组织在公共行政领域的寿命常是短暂的,因而也不可能取代官僚制组织的江湖盟主地位。因此,这些组织实际上都是在官僚制组织基础上所做的适应性调整,实质上是同一类型组织。做出此判断的理由在于它们都是以权威—价格为主导因素作为组织的整合机制。③ 在市场经济的历史演进过程中,以货币为标志的社会物化关系逐渐确立并扩展至人类生活的各个领域,价格成为衡量一切包括人之

---

① [美]格罗弗·斯塔林:《公共部门管理》,上海译文出版社2003年版,第259页。
② 张成福、党秀云:《公共管理学》,中国人民大学出版社2001年版,第141页。
③ 张康之:《论组织整合机制中的信任》,《河北学刊》2005年第1期。

价值的标准。社会中组织的设计和安排遵循市场自由平等的交换原则，组织成员与组织之间以诱导—贡献的契约形式约定相应的价格，并由此来决定进入还是退出以及组织任务的执行。在价格杠杆的中介下，组织与其成员之间的所有关系得以平衡。契约不仅为组织的技术运行提供了机会和限制，也为建设职业生涯的个人提供了机会和限制。[1]

当然，在工具理性主宰的现代组织中，价格常常与权威一起构成组织的整合机制。因为，"尽管'官僚制'概念包含很多特征，但其命令特征得到遵从并被广泛采用。于是，官僚制成为集权的代名词，在这样的组织中，人们负责某些指派的事务，被授予权威并承担相应责任"[2]，权威的社会本质属性，决定了任何组织中都不可避免地存在一定的权威，只是在现代组织中，权威首先来自对普遍性规则的崇拜而非特殊性的人格身份认同。相对而言，在社会治理领域，组织常常强化权威因素的整合功能，而在私人领域里，价格因素的组织整合更为突出。[3]

2. 合作型组织的出现

以官僚制组织为主体的权威—价格主导型组织在社会治理领域，建构了一种理性的行政模式。组织的创建是为了提高人的理性，建构人的行为，以便切合抽象的理性，而理性关注手段和目的之间的关系，理性就等同于效率，理性的行为就是有助于实现组织目标的行为，换言之，理性就意味着个体必须服从组织领导（即组织的控制集团）的计划和意图。在西蒙眼里，组织中"理性的个体是而且必须是被组织化的和制度化的个体"[4]。进而，在组织中，按制度办事的人就是理性的人，服从制度设计者命令的人是最有成效的人。在此意义上，理性迅速地转化成了对等级制权威的服从，理性就是服从。于是，初看起来是客观中立的理性实际上掩盖了组织成员强烈的价值偏好。[5] 从组织整合机制来看，一方面，价格对组织的整合表现出组织成员的平等与独立，并且是在规则约束和保障下的

---

[1] [美]汤普森:《行动中的组织：行政理论的社会学基础》，敬乂佳译，上海人民出版社2007年版，第125页。

[2] [美]全钟燮:《公共行政的社会建构：解释与批判》，舍伍德序，孙柏瑛等译，北京大学出版社2008年版。

[3] 张康之:《论组织整合机制中的信任》，《河北学刊》2005年第1期。

[4] Simon, H., *Administrative Behavior (Fourlh Edition)*, *A Study of Decision-Making Processes in Administrative Organizations*, New York: The Free Press, 1997, p. 18.

[5] [美]登哈特:《公共组织理论》（第3版），中国人民大学出版社2003年版，第86页。

普遍的平等和独立；另一方面，这种普遍的平等与独立在权威的整合下却异化为对等级制权威的服从尤其是对规则本身的服从，"诱导—贡献契约为个人在组织中的行为设置了限制，从而进一步减少了组织中表现出来的人类异质性"①，最终将组织成员形式化为一种实现组织目标所需的工具。

组织存在的生命力在于，成员在对组织做出承诺并接受组织特定规范的同时，仍拥有个人自治和自由。② 权威—价格主导型组织在实践中存在的缺陷从反面角度成就了组织变革理论的研究，不断激发着组织的发展和创新。学习型组织的出现以及组织发展理论则代表了组织变革理论与实践的最新成果。所谓学习，虽然是为了促进组织的长期效能与生存发展，提高适应快速环境变化的能力，但它所依赖的途径不仅强调组织成员学习与创新能力的提高，还注重通过组织成员之间的对话与交流促进团队学习，建立组织的共同愿景。因此，学习型组织的理念正视了组织成员的主体性地位及其作为人之存在的意义。至于组织发展理论，主张组织成员参与到变革组织或通过行动探索过程来创造变革方案，给予组织成员珍视并体验自身对创造和成功之贡献的机会和空间。事实上，在此之前的组织人本主义者一直在关注组织中的人际关系问题，而"新公共行政"运动、现象学视域中公共行政的行动理论以及公共行政的社会批判理论、后现代公共行政理论在对官僚组织的批判中，也都深刻地探讨了组织与人的问题，并形成一股超越理性的理论取向。③

然而，传统的组织发展方法在对组织变革进行分析时，往往将变革看作一个对象或是遵从一个特定模型所意欲实现的目标，这些方法对于个体参与者在变革中实际经历了什么却很少说明。事实是在东方和西方国家的组织里，改变一个人的行为都依赖于个体怎样内在化新的观念以及怎样使这些观念变得具有符号意义，因此变革来自反思式行动，而这种行动又源自他或她的批判意识（实践）。④ 在现象学眼里，从工具性上把人降低到客体的地位不仅不恰当，而且也是不可能的。伯杰（Berger）和勒克曼

---

① ［美］汤普森：《行动中的组织：行政理论的社会学基础》，敬乂佳译，上海人民出版社2007年版，第124页。
② ［美］全钟燮：《公共行政的社会建构：解释与批判》，孙柏瑛等译，北京大学出版社2008年版，第114页。
③ 朱国云：《美国公共行政理论的超越理性取向》，《国外社会科学》1999年第6期。
④ ［美］全钟燮：《公共行政的社会建构：解释与批判》，孙柏瑛等译，北京大学出版社2008年版，第97页。

(Luckman)认为,个体具有无限的可能性,具有意向性,有反省能力,并且担负着一种建构社会实体的持续共同的任务。① 这种任务就是人的"行动",是社会世界中的有意义指向的主动者,而不仅仅是对经验现象的被动反应者。现象学的"行动理论"对公共行政学长期以来信守逻辑实证论之事实与价值二分的传统造成了冲击,以科哈特(Kirkhart)、哈蒙(Harmon)为代表的公共行政学者发现了组织中的行政人员决不仅仅是客观性的工具,而是以主体姿态去主动建构一个世界,因此是主客体合一的。在此认识基础上,科哈特提出一种以彼此相互信任、相互坦诚相待为核心内容的"协合形态"试图重建韦伯的理性官僚制。这种"协合模式"具有以下特征:一是以"方案小组"为基本工作单位;二是取消永久的层级,形成不同的权威结构;三是通过开放沟通形成社会关系;四是重视服务对象在组织中的代表性;五是组织成员不仅要有专业技术能力,而且有解决问题的合作精神。②

其实,无论是公共行政的现象学分析,还是公共行政的社会批判理论,主要目的都是在寻求组织行为的统一性,解决组织成员被过于组织化、制度化以致边缘化的问题。他们的开创性研究揭示出组织非理性的一面,发现了或者说突出了组织整合机制中的人性善因素,那就是基于道德意识的信任。事实上,信任一直存在于组织的历史形态中,传统组织中的信任是基于特殊主义的习俗型信任。随着社会发展多元化所需求的复杂社会秩序所创造出的协作需要,以及对于决定未来的需要,以形式化规则为表征的普遍主义兴起,熟人之间的信任变得不合时宜了,契约型信任关系随之建立。③ 然而,由于规则的工具理性塑造,契约型信任实质上是一种可计算的功利性信任,人与人之间并不是推心置腹的深度信任,心理之间的契约是对规则的信任而非对人的信任,内心深处则抱着对人的普遍怀疑。因此,契约型信任实际上是被规则固定化并强化了的不信任。组织人本主义尤其是公共行政的行动理论关于组织中人的观念变化,恢复了人的非理性层面,从而明确将信任关系引入组织整合机制中来。

---

① [美]登哈特:《公共组织理论》(第3版),中国人民大学出版社2003年版,第182页。
② Kirkhart, Larry, *Toward a Theory of Public Administration*, in *Toward a New Public Administration*, edited by Frank Marini, 1971, pp. 127-164, San Francisco: Chandler. 转引自朱国云《美国公共行政理论的超越理性取向》,《国外社会科学》1999年第6期。
③ [德]尼克拉斯·卢曼:《信任》,上海世纪出版集团2005年版,第27页。

尼古拉斯·亨利在评价汤普森提出的公共组织开放模型与封闭模型时指出，两种模型都认为操控是必要的，区别仅在于对操控技术的不同态度，开放模型的操控手段更为隐蔽和人性，封闭模型的操控手段更为直接和粗暴，但都是为组织服务的，无论哪种操控，都"阻止了组织成员的自我实现，并且减少了他们的自我价值感"。[①] 登哈特也认为，组织人本主义在公共行政理论的发展过程中具有十分重要的地位，他们正确地指出了行政理性观点的诸多局限，但他们只主张对管理类型做表面的改变，而不改变组织权力的真实分配，对开放式参与的管理模式过分关注，又很容易被包含在理性途径中。换句话说，员工参与（甚至包括组织发展在内）的技术很容易被理解成一些能够得到员工服从的更精细、更复杂的技术。[②] 登哈特吸收组织人本主义和新公共行政的思想，并在行动理论、批评理论以及后现代主义发展的哲学支撑下，提出了新公共服务的思想，强调公民理念在公共行政实践中的运用，无疑看到了组织症结所在。但是我们也看到，登哈特并没有赋予行政人员以更多的主动性，一方面其主张的"服务"更多局限于事实层面，因而其"新公共服务"思想还是在理性的框架内转悠；另一方面其理论并没有为服务价值理念落到实处提供相应的制度和组织支持，难免落入乌托邦的困境。胡德受人类学家玛丽·道格拉斯的网络—团体文化理论的影响，以网格和团体作为组织的向度，从文化角度把公共组织区分为等级主义式的、平等主义式的、宿命论式的、个人主义式的四种组织形式。[③] 从文化与历史的视角理解组织类型，有助于我们对组织发展做一个总体性的认识，但胡德的重点是根据这四种组织类型对公共管理的运动和实践做一种文化分析与批判，没有指出组织发展的方向。

组织中信任整合因素的发现，意味着组织管理在价格和权威之外加入信任的维度。也正是在信任因素的介入下，价格和权威的二元整合因素所构成的组织整合机制发生了根本性的变革，从而促使组织模式发生了根本

---

① [美]尼古拉斯·亨利：《公共行政学》（第7版），华夏出版社2002年版，第63页。
② [美]登哈特：《公共组织理论》（第3版），中国人民大学出版社2003年版，第125、155页。
③ [英]克里斯托弗·胡德：《国家的艺术：文化、修辞与公共管理》，上海人民出版社2004年版，第7—10页。

性的变革，即一种信任主导型组织的出现。①当组织整合机制以信任为主导因素时，组织的结构和构成方式就不再是严格层级控制和烦琐规则制约下的金字塔型，而是更富扁平化和弹性化的网络状，组织的功能和目标就不再单纯指向效率，而是指向服务，组织的运行方式也不再遵循完全的命令—控制逻辑，而是以组织成员之间的合作精神和理念为主要原则，组织控制让位于信任合作。根据帕特南对北意大利所保存的公民传统之分析，信任整合通常以互惠的规范、相互宽容、交往和参与网络等为组织必备的特点，而组织一旦拥有了这些特点就将"能够在更广泛的共同体内促进制度的成功"，并有助于减少背叛的动力和不确定性，从而"为未来的合作提供模式"，②毫无疑问，这种组织具有巨大的生产性价值，能够通过整合组织行动来提高生产效率。信任主导型组织造就了实质性的合作关系，"建立在成员间信任基础上的组织可以产生合作的'内在'动机，而仅仅建立在外部贡献诱因基础上的组织则不具备。如果众人追求的岗位按信任的标准进行安排和配置，会对这些动机大有裨益"③。

这里的合作源于人之道德存在的根本属性，超越理性的自觉而拥有道德上的自由和自愿，它不同于规则安排控制下的分工协作，而是在信任基础上的一种行为互动，不是主体向客体的单向运动和客体向主体的被动献媚，而是主体间的一曲交互性合奏和双向的主动建构。合作型组织中的成员，以合作者的形象进行自我定义，同时也参与相关对象的定义，这种建构性的行动否定了传统决定论的原则，"由组织及其组织中的职位、岗位去定义组织成员个体"成为历史，而合作型组织中的组织成员个体以"对自我的定义为起点"，并"以与以往相反的路径去从微观到宏观地展开定义相关的世界的活动"④。这就是说，合作型组织本身并不能脱离制度与规则的必要规范，只是在组织成员的合作意愿下在组织成员的行动中超越了制度规则对于人的外在性规范，从而组织行为在其成员的合作行为中实现了统一，组织与人达到了同一。

---

① 张康之：《论组织整合机制中的信任》，《河北学刊》2005年第1期。
② [美] 罗伯特·帕特南：《使民主运转起来》，江西人民出版社2001年版，第206、208页。
③ [德] 米歇尔·鲍曼：《道德的市场》，中国社会科学出版社2003年版，第434页。
④ 张康之：《合作的社会及其治理》，上海人民出版社2014年版，第93页。

3. 交互行动中的组织同一性

后官僚制时代的组织设计与建构，必须致力于解决"和而不同"的问题，即在充分尊重组织成员个体性、自主性的前提下谋求他们之间同质性的增强，或者说，通过组织成员个体性、自主性的张扬而获得同质性，在让组织成员间的差异成为组织体系有机化的动力的同时，从组织成员个体存在中去发现那些内在的同质性因素。[1] 这种基于组织成员个体差异的同质性努力，通过组织个体健康人格的塑造谋求组织的"和与同"，实际上就是长期以来的组织同一性（organizational identity）追求。

组织同一性是由美国学者斯图亚特·艾伯特（Stuart Albert）与戴维·惠滕（David A. Whetten）于1985年提出的。他们通过对哲学、心理学和社会学中个体同一性和社会同一性理论的考察，提出了界定组织同一性的三个标准：核心性（centrality）、独特性（distinctiveness）、持久性（endurance）。在此基础上，组织同一性就是关于组织是什么的自我定义，是由组织成员集体建构并根植于组织内的关于组织核心性、独特性和连续性的信念，是对构成组织自我定义的核心价值观、使命、宗旨、战略、目标、产品和服务等要素的整体把握，规定着组织的本质特征，在主观上表现为组织的自我感，在客观上表征着组织成员与组织、组织与环境的统合关系。[2] 在这里，组织同一性被认为是独立于个体成员而根植于组织中的现实存在，组织成员因此而打上了组织的烙印。

威廉姆·怀特（William H. Whyte，1965）认为，传统组织的主要原则是强调团队和对组织的忠诚高于个人的良知，这也成为大多数组织的"组织伦理"。这种组织伦理需要个人忠诚并接受组织政策和策略，由此个人可以得到友谊、安全、晋升和共担组织风险作为回报。在较大的官僚组织内，组织文化左右了人们的行为，个体的责任就是与已建立起来的法律和规则保持一致，遵循已有的行动章程而不是考虑建设性的替代方案，这种个体被怀特称为"组织人"，"追求稳定性和可预见性、对好的程序或坏的程序都同样执行、对革新和创造不感兴趣、安于现状并且坚守工作

---

[1] 张康之：《公共管理伦理学》，中国人民大学出版社2003年版，第142页。
[2] 郭金山、芮明杰：《当代组织同一性理论研究述评》，《外国经济与管理》2004年第6期。

场所的秩序"①，他们向组织展示了忠诚，同时反过来也要求下属的忠诚。因此，这里的组织同一性就是组织成员对已有的法律和规则的遵从，是组织成员朝向作为整体的组织的单向依附或者组织对成员个体居高临下的线性调整。

在精神分析的组织理论中，组织同一性是指由组织的参与者共享的感情、情绪和经历所组成的网络，关注的是组织文化的无意识基础。戴蒙德以感情移植为核心分析工具，通过对官僚组织中三种经常发生的感情移植和反移植分析，把组织同一性理解为是组织成员为获得自信和免于焦虑安全的精神防御的结果。② 这样，组织同一性就成了组织成员行为的消极产物，从这一角度看，精神分析的组织同一性概念更适合于组织诊断。2002年，哈奇（Hatch）和舒尔茨（Schultz）运用米德的自我理论创建了组织同一性的动态过程模型，该模型认为组织文化与组织形象分别是组织同一性的内部与外部定义情境，组织同一性在组织文化与组织形象相互作用过程中动态变化并成为组织文化与组织形象相互作用的中介。③ 因此，组织同一性不仅仅是组织文化的无意识基础。

事实上，"就行政组织而言，它是一种由个体的职位和角色构成的体系，是一个由人组成的有机群体。这些人的活动被组织精心地设计，以应对特定问题的挑战或用以解决特定的问题，同时，这些人的行为和行动被组织设定的规则和期望影响、决定着，这些规则与每一个成员、组织政治、组织象征符号、组织人群关系密切相关。……因此，行政组织是以社会的方式建构的，用以提供服务，维持社会秩序和向公众学习"④。这就意味着，组织同一性并非局限于组织内部空间，而是存在于组织成员与组织内外其他人交互行为的过程中。我们认为，组织的同一性实际上一直是

---

① [美] 全钟燮：《公共行政的社会建构：解释与批判》，孙柏瑛等译，北京大学出版社 2008 年版，第 146 页。
② 马骏、叶娟丽：《西方公共行政学理论前沿》，中国社会科学出版社 2004 年版，第 6—11 页。
③ 郭金山、芮明杰：《当代组织同一性理论研究述评》，《外国经济与管理》2004 年第 6 期。
④ [美] 全钟燮：《公共行政的社会建构：解释与批判》，孙柏瑛等译，北京大学出版社 2008 年版，第 26 页。

组织存在的不懈追求,它源自于人类对同一性的乌托邦情结,[1] 它不是组织成员无意识的消极产物,而是一种积极的追求,只是在不同历史时期,这种同一性追求被烙上了鲜明的时代印迹。传统组织中,在权威的整合下,组织的同一性体现为组织成员对组织领导的绝对服从,整个组织表现为刻板、机械式的团结。官僚制组织中,在权威与价格的整合下,组织的同一性经由普遍化的制度规章约束,表现出组织行为的统一性。进一步分析,同一性的形式化追求通过被符号化的规则调节人们的一切行为,生存之意义、生活方式之选择以及爱、恨情感等都——被排除,这使得人们轻蔑、遗忘了异质性的存在,从而导致实质同一性的丧失。因此,官僚制组织的同一只是行为表象上的统一,是形式上的整齐划一,而不具有实质内容的一致性,即组织成员作为组织目标实现的工具,其行为不是与内在本性的统一,而是在组织目标的追求中被整合为组织的行为,失去了自我的独立性。

巴纳德(1938)和塞尔兹尼克(1948)等人认为任何组织都是一个适应性系统,"组织不仅仅是技术系统,而且还是政治的和社会的系统——组织必须体现其参与者和更宽广范围内的委托人所重视的准则和价值"[2]。从公共行政的行动理论来看,"组织就是个人行动的产物。对于行动者而言,这些行动是重要而富有特殊意义的。被称为非人格化的组织其实正是人性化世界的活动形式和背景"。换言之,政府工作是一个"活生生的世界",身处其中的人们感受着荣耀和痛苦、失望和喜悦,这实际上是一个非常人性化的领域。反过来看,群体和组织本身是人的发展不可或缺的一部分,是价值观念和感化力的传播者,是希望和愿望、梦想和欲望的载体。[3] 在传统的"官僚制文化中,为了实现既定的组织目标,管理者

---

[1] "同一性"几乎是当代社会科学中无所不在的概念,它遍及哲学、心理学、精神分析、政治科学、社会学、人类学和历史学等多个领域。参见 Sheldon Stryker, Peter J. Burker, "The Past, Present, and Future of Identity Theory", *Social Psychology Quarterly*, Vol. 63, No. 4, 2000, pp. 284-298。"同一性追求"或"同一性思想"一直是人类思想发展的主线。随着传统形而上学向现代性的认识论哲学的转向,以上帝为代表的"理论理性"的绝对同一性被以"技术理性"为核心的新的同一性所取代。参见贺来《奥斯维辛与后现代哲学》,《天津社会科学》2004年第1期。

[2] [美]汤普森:《行动中的组织:行政理论的社会学基础》,斯科特序,敬义佳译,上海人民出版社2007年版。

[3] [美]登哈特:《公共组织理论》(第3版),中国人民大学出版社2003年版,第2、38页。

试图同化和忽略组织成员的不同经验和思想",然而后工业社会中,"组织面对的关键问题不是要把所有成员都同化到占支配地位的文化中,而是要充分意识到不同个体和群体的潜在贡献,与此同时,要尊重差异性,发现共同性"。① 因此,官僚制组织对价值因素的武断拒绝尤其是对个体非理性因素的粗暴漠视,实际上是反人性的、非伦理的。当行政人员被要求只具有工具理性时,他的自我同一性就被割裂了。自我的分裂产生病态的人格,具体表现为依附人格与工具人格两种历史形态。

人格心理学家艾里克森(Eric Erikson)在弗洛伊德的自我概念基础上,关注自我(ego)健康发展过程,提出了自我同一性的概念。所谓健康的自我,就是指人格中与指导行动、应付外在世界和在自身(self)方面整合竞争着的冲动有关的那一部分是如何发展和如何获得的。② 现实中,由于经常否定原有的未分化的、朦胧不清的、非成熟的自我,而又未找到新的自我,于是,自我处于与自身的矛盾与冲突中,造成自由在过去和现在、此地和彼地的不连续,这就是自我同一性的危机。在西方心灵哲学中,"主我"与"客我"是自我的两个方面,这种自我同一性的危机其实就是自我与客我同一性的危机。"主我"是有机体对他人态度的反应,是对个体经验之中的一个社会情境做出的响应,"客我"是有机体自己采取的有组织的一组他人态度,即体现个体态度中对共同体的一种明确组织,并要求一种没有任何物理确定性的反应,但它有一种心理上的必然性。因此,主我与客我在行为中是必然分离的,但它们是一个整体的组成部分,具有共同的归属。当主我与客我存在于思维中时,表明了思维所特有的交换意见的过程,当它们出现于经验中时,便构成了人格。自我两个方面的充分实现是自我同一性的共同保证,主我与客我为了归属于一个共同体,为了进行思考,就必须融入社会共同体之中并将其纳入自身之内。③

毫无疑问,作为人类存在,自我是存在于现象客体(其他人、角色和外部事物)和个体行为及行动之间的最重要的中介因素,④ 是发展我们

---

① [美] 全钟燮:《公共行政的社会建构:解释与批判》,孙柏瑛等译,北京大学出版社 2008 年版,第 48 页。

② Erikson, E., *Childhood & Society*, New York, 1977, p. 256.

③ [美] 乔治·H. 米德:《心灵、自我与社会》第三篇"自我",上海译文出版社 1992 年版。

④ [美] 全钟燮:《公共行政的社会建构:解释与批判》,孙柏瑛等译,北京大学出版社 2008 年版,第 114 页。

与其他组织成员关系以建构主体间实在的核心。自巴纳德以来，组织常常被视为人与人之间相互协作的产物，① 因此组织本质上是由组织成员在交往过程中建构出来的一种主体间的实在，这种建构论的观点增进了自我与他人之间相互尊重的互动关系。在内特森（Natanson，1970）看来，"当我们关系在组织里发展起来的时候，个体与他人分享他或她的经验，并参与到朝向具有社会行动特征的'居间'（betweenness）领域的学习和互动中"，韩裔美籍学者全钟燮在比较东西方文化关于自我的不同认识后也指出，"也许在东方和西方思想之间最重要的共同点，是对在与他人的关系中建构自我的强调"②。自我同一性必须在社会环境中才能得以实现，人格的完整性存在于主体的交互性活动中。

交互主体性的概念对理解组织（或任何社会集体）中意义形成的过程是很关键的，意义的产生是因为社会行为者对世界抱有一定的意向，而这一意向要求意识到是有其本身的自主性和完整性的。因此，在应用于组织行为时，主体间意义的概念就要求组织成员必须以其已知道的"有意义"的东西来应对不断变化的环境（包括与之打交道的组织外的一般社会成员）的挑战，而对这一信息环境的处理也包括在成员之间形成交感的意义。与此同时，组织成员所处理的信息反过来又悄悄改变着行为者对"组织现实"的知觉和定义。③ 这样，组织同一性就存在于其成员的交互性活动中，存在于独立人格的现实建构过程中，只有当独立人格的自我同一性完成时，组织同一性才能真正实现。而当行政人员的人格实现与组织同一性进行对接时，独立人格就不仅仅表现为个体人格，还代表着组织成员人格的群体形象，或者说，独立人格本身也表现为群体人格。

在传统组织和官僚制组织中，行政人员的自我同一性被无情地割裂，组织同一性最多只是表面上的行为统一。"各种官僚制是人类互动和假设的产物，它们并非独立于自我而存在"④，即是说官僚制是人们建构出来的，然而人们却常沉迷其中并失去了自我意识、自我反思。合作型组织

---

① ［美］巴纳德：《经理人员的职能》，中国社会科学出版社1997年版，第59页。
② ［美］全钟燮：《公共行政的社会建构：解释与批判》，孙柏瑛等译，北京大学出版社2008年版，第123、128页。
③ ［美］丹尼斯·姆贝：《组织中的传播和权力：话语、意识形态和统治》第一章，中国社会科学出版社2000年版。
④ ［美］全钟燮：《公共行政的社会建构：解释与批判》，孙柏瑛等译，北京大学出版社2008年版，第133页。

中，在权威—价格—信任的三元整合机制下，在服务精神与合作理念的孕育中，行政人员通过交互性的"意义"交往，自我同一性得到有机统一，独立人格也就获得现实的建构基础。这时，独立人格所代表的组织同一性，就体现为行政人员与组织在行为、文化各个层面的同一。就行为而言，行政人员的个体行为与其职业行为、组织行为都是同一的，职业活动不再是异于自己、与自己分离的被迫行为，而是作为人的本质的愉悦实现，这既存在于他对组织目标的自觉自愿完成，也存在于他与行政相对人之间的平等互动中，还存在于他与领导、同事之间基于信任而非功利谋划的愉快合作中。就文化而言，组织文化是在行政人员与他人之间的交互性活动中共同建构的，行政人员不再是失去生气的工具，而是充满活力的行动者，不再是组织中的边缘性存在，而是真正将组织转化为自身的社会存在方式。

## 三 服务型政府中的独立人格实现

### (一) 服务价值追求中的人格独立

1. 公共行政的价值导向

道德存在是人的道德潜能与社会理性、群体理性或职业理性契合的产物，尽管我们一再强调行政人员作为人之道德存在的实现，并主张以道德制度和合作型组织的创建作为独立人格形成的制度保障和组织基础，但道德存在属于什么样的范型，却是由价值决定的。[①] 当市场体系遵循"自己的内在动力和自主性规律"，像"自我组织"一样按照自身的均衡机制进行调节时，[②] 它不断推动着私人领域的自治运动，随之而来的就是社会生活及利益的多样化和文化与价值的多元化，从而对行政人员人格自我同一性的建立产生不可忽略的影响。自我同一性不仅是个体对自己的本质、信仰及人格发展历程等"事关自身"的完善意识，也是个人内部状态与外部环境持续的整合协调一致，这就不可避免地涉及价值选择的问题。"在两种价值之间舍此去彼，这是一种简单的心理行为；但是，一个人受到以往文化的影响，受到某一特定的集体道德观念及一种独特的、冲突性的情

---

① 张康之：《公共管理伦理学》，中国人民大学出版社 2003 年版，第 308 页。
② [加] 查尔斯·泰勒：《市民社会的模式》，载邓正来、亚历山大编译《国家与市民社会》，中央编译出版社 1999 年版，第 18 页。

境的影响，那么，他所处的这种复杂的伦理情境和那种简单的心理行为就相去甚远了。"① 行政人格是行政人员不断完善自我的价值追求活动，体现着行政人员作为人的合目的性的本性，在多元的社会价值体系中厘定价值等级，为行政人员理想人格的形成提供一个正确的价值导向是行政人格建构的时代要求。

在行政人员与社会其他主体多重建构的公共行政现实中，公共行政的价值追求始终伴随并左右着行政人格的生成。长期以来，在现实的国家政治体系中，公共行政被置换为官僚行政，尽管期间反复出现政治与行政、事实与价值的争论，然而官僚行政的价值追求始终围绕效率的最大化不仅从未发生位移，还以此塑造了强调个人忠诚、顺从而非坚信、团队至上、墨守成规的功能主义和实证主义的"组织伦理"②。在公共行政体系的理性建构中，行政人员被视为理性实现的一个环节，个体的非理性因素进而其价值规定性往往被不点名地、悄无声息地排除掉，最终行政人员成为效率追求中的工具或手段。诚然，作为适应工业社会所需的社会治理，为追求社会秩序的有序，避免日益增多的不确定性，管理行政树起效率的大旗正是对现代性的理性回应，或者说，效率的至上追求在管理行政中具有历史合理性。然而，当后工业社会将高度复杂性和风险性呈现于我们面前时，这种合理性也只能是"历史的"了。

沃尔多指出，效率概念直到18世纪中叶以后才出现在我们的日常话语中，它是与动能机器、经济理性、商业精神等相关联的词语，因此效率"实际上被注入了道德的含义"，甚至"在相当程度上而言，对效率之赞美可被视为新教伦理的世俗化和物质化"③。沃尔多甚至还认为，在宪政民主社会中，主张效率是价值中立的观点是反民主的至少是对立的。④ 在法默尔看来，长期主导公共行政的"效率概念是一个社会构成物"，它"与现代主义世界的目标具有文化上的联系"，而"效率在文化上注定是

---

① ［德］施普兰格尔：《价值的等级》，参见林方主编《人的潜能和价值——人本主义心理学译文集》，华夏出版社1987年版，第16页。

② Whyte, William, *The Organization Man*, New York: Simon and Schuster, 1965.

③ Waldo, *The Administrative State: A Study of the Political Theory of American Public Administration*, New York: Ronald Press Company, 1948, p. 12.

④ Waldo, "Development of Theory of Democratic Administration", *American Political Science Review*, Vol. 46, No. 1, 1952, pp. 81-103.

一个不可回避的道德概念和特殊形态的概念"①。这里的"社会构成",意味着效率只是我们所建构的公共行政现实中的一部分而已,它并非是我们所处真实的公共行政世界的全部。因此,行政效率并不单纯是一个描述性概念,更是一个强有力的道德概念。

如果说产生于现代性进程中的效率概念是否具有道德属性还有争议的话,那么新公共行政学派以及因应新公共管理运动而兴的一些所谓"后新公共管理"流派则是明确扛起了价值与伦理的旗帜。就当前的政府改革而言,公众对政府绩效的批评和不满背后隐藏的是相互冲突的期望值和价值观。作为纳税人,他们一方面希望民选官员卡紧政府预算(经济),另一方面又希望公共管理者使其税收起到最大作用(效率);作为消费者,一方面他们期望自身需求得到满足(计划效能),另一方面其他利益相关者希望自身利益在政策制定和实施时能得到公平的考虑(对事负责),因此有绩效的政府"就是那种既能完成他们的使命,又能高效、有效、负责地执行他们的使命,同时又能恰当地顾及责任、平等和公共服务伦理道德的机构"②。政府应该是追求价值和道德的,作为公共服务实际提供者的行政人员亦应如此,也只有当行政人员正视并有效处理那些互相冲突的角色与价值,才能真正让公众满意并实现公共价值的创造。

然而,由于社会公私领域的分化赋予行政人员双重身份,进而决定了其人格生成中始终面临着公私领域不同甚至对立之价值观的冲击。私人领域中对个人利益最大化的合理追求在公共领域往往演化为权力腐败和异化的根源,而公共领域之于公共利益的正当追求则常常沦为私人利益追逐的副产品乃至牺牲品。私人领域中个人利益的善并不能自动证明其在公共领域中存在的合理性,因为作为私人领域发展的结果,公共领域之存在的合理性就在于消弭因强调个体权利而造成的社会分裂,在于用公共利益去弥补个体社会生活中在私人领域里所追求和实现的利益的不完全性。正是公共领域对权利的拒绝③,规定了行政人员之人格生成在公私领域各自不同

---

① Farmer J. D., *The Language of Public Administration*: *Bureaucracy*, *Modernity*, *and Postmodernity*, Montgomery: University of Alabama Press, 1995, p. 192.

② [美]乔纳森·R. 汤普金斯:《公共管理学说史:组织理论与公共管理》,上海译文出版社 2010 年版,第 2 页。

③ 张康之:《寻找公共行政的伦理视角》,中国人民大学出版社 2002 年版,第 225—230 页。

的价值导向。行政人员作为私人领域中的经济人，其道德价值可以经由外在确定转化为内在确定，作为公共领域中的权力主体，其道德价值确定则必须来自行政人员的内在自觉，这一内在自觉的形成，既要有道德化制度和合作型组织的客观保证，还需要对行政人员提供正确的价值导向，引导其符合公共利益之价值取向的内在生成。

2. 从边缘走向中心的服务价值

在不同的社会治理模式中或社会治理的不同历史阶段，价值体系的核心要素因时而异。"不同社会治理模式之间的差别主要是治理体系的整体及其结构上的不同，至于治理体系中的要素则是治理体系更迭中连续性的纽带"①，也就是说，后一社会治理模式总是包含着前一社会治理模式几乎所有因素，同时也孕育着新的社会治理模式的全部要素，只是这些要素在治理体系中构成方式不同而已。这种区别就表现为价值要素之间构成方式的不同。

在统治型社会治理模式中，人对人的依赖把对社会秩序的整合突出为政治系统的主要任务，对于统治者而言，等级秩序就是价值，并通过意识形态将其合法化，因而，秩序成为社会治理的终极价值追求，成为统治阶级一切行为的指南。在管理型社会治理模式中，人对物的依赖推动了社会关系的物化，社会秩序的整合被纳入制度供给途径，社会秩序的获取通过公平与效率的制度维护而实现，由此，秩序不再是社会治理的核心价值，公平与效率上升为最基本的价值。然而，当理性官僚制成为政府的组织形态时，尤其是行政科学作为解决政党分肥、效率低下之弊端而被威尔逊提出以后，公平与效率的价值追求建立在事实与价值分离的认识论基础上，而工具理性原则指导下的官僚制将这种分离予以制度化，因而，现实中，二者永远处于矛盾和冲突之中，通常是在获得效率的同时却不同程度地忽视了公平。随着社会公私领域的进一步分化，私人领域逐步成熟与壮大，社会秩序供给主体出现多元化，服务型社会治理模式走上前台。

早在20世纪初，面对社会的发展与变革，狄骥就指出："现有的证据已经断然向我们表明：以前曾经作为我们政治制度之基础的那些观念正在逐步解体。到目前为止仍然左右着我们这个社会的那些法律制度正在发

---

① 张康之：《公共管理伦理学》，中国人民大学出版社2003年版，第305页。

生巨大的变化。即将取代它们的新制度建立在截然不同的观念之上……"①，这一观念就是公共服务。信息网络技术的高速发展，对政府的管理体制、组织结构、行为模式带来全方位的影响，既为政府快捷高效的服务提供了技术上的支持，同时也向政府及行政人员提出比以往更高的要求，这一要求首要的体现就是必须确立起以"服务"为核心价值的行为选择标准和依据。服务之核心价值地位的当代凸显，并非否认传统社会治理中存在服务的行为和事实，只是其时服务处于整个社会治理价值体系的边缘，"甚至还可能并未成长为一种价值，只是作为一种边缘性的观念或理念而存在"②。随着服务型政府从理论走向现实，服务在价值体系中由边缘位移至中心，成为基本的价值取向。从表现形式上看，服务价值是以各种精神或原则的形式存在，如现代化的效率观念、协调意识、法治信念、公民精神等③；在实践中，服务价值的中心地位则贯穿政府管理活动的整个过程，反言之，服务型政府的实践则处处践行并构筑着服务价值的核心地位。

在服务型政府的建设中，作为一个关系范畴，服务价值存在于社会治理主体之间，作为一个核心范畴，服务价值则调整着社会治理各主体之间的关系并赋予各自不同性质之地位，也正是服务价值坐镇中心的居间调整，使得服务型政府的活动具备了不同于以往政府活动的本质属性。不可否认，在传统社会治理中尤其是随着近代以来管理型政府的兴起与成熟，公共服务职能不断被凸显出来，④然而这种公共服务只是一种事实行为，还未上升为一种价值行为或者说服务尚未生长为治理价值的核心范畴。这是因为，作为事实层面的公共服务，行为关涉的主体在功能的意义上被区分为二元对立的提供者和接受者或主体和客体，作为价值行为的公共服务，则将公共服务转换成行为各方基于主体间协商与合作的产物，事实上，正是基于行为各方主体地位之变化，服务才从事实层面跃升为价值范畴。更明确地说，这种地位变化体现在政府从公共服务的提供者、掌舵者

---

① [法]莱昂·狄冀:《公法的变迁》，郑戈、冷静译，春风文艺出版社1999年版，第7页。
② 张康之:《公共管理伦理学》，中国人民大学出版社2003年版，第306页。
③ 张康之:《走向现代化的行政价值选择》，《国家行政学院学报》2000年第6期。
④ 周军:《管理型政府公共服务职能兴起的理论考察》，《甘肃行政学院学报》2013年第2期。

向合作者的转变,更体现在公众在公共服务中公民地位的回归。

这种公民地位的回归首先要求超越广泛流行并被接受的顾客观念。公共服务的回应性愈来愈成为政府行政的必然要求和基本标准,这种回应是面向公民而非顾客的。如果将政府与公民的关系等同于市场与顾客的关系,一定程度上就贬低了公民的身份。诚如学者所言:"公民乃是社会契约之一部分,顾客实为市场契约之一部分,顾客仅是公民的一部分,公民位居顾客之上,但新公共管理完全颠倒了两者之间的关系。"[1] 具体来说,在民主宪政中,公民远比顾客的角色复杂得多:[2] 公民是公共服务的接受者,要求政府提供服务时,像对待顾客一样对待自己确属理所当然;但是,公民也是公共服务的合伙人或参与者,其行为亦对公共服务的绩效发生影响;不仅如此,公民还是公共服务的监督者,有责任监督政府的运作;同样,公民亦是纳税等义务的承担者,将政府服务的对象比作顾客,可能无法全面认识公民的角色,使公民与政府之间的关系不健全、角色错乱。要言之,民主治理中,顾客身份仅仅是公民角色中极其有限或者说不很重要的一部分,如果将政府的服务对象视为顾客,则不可避免地具有顾客身份之单一、顾客利益之私利性、顾客消费能力之差异性、顾客参与之消极性、政府责任之狭隘性等难以克服的内在缺陷。[3]

从公民的视角来看,传统政府所提供的服务面向的是"市民"而非"公民",即站在国家与社会分离的角度把社会成员限定于治理作用的客体位置。[4] 换言之,"市民"是站在国家对立面的,拥有自身利益而向国家不断提出要求的一极,"公民"则是积极参与国家政治生活建构的主动者,并且在参与过程中与国家融为一体。服务面向公民蕴含着通过公民的

---

[1] Pollitt. G. and Bouckaert. G., *Defining Quality*, in Pollitt and Bouckaert (eds.), *Quality Improvement in European Public Service*, 1995. pp. 6-9.

[2] 张成福:《公共行政的管理主义:反思与批判》,《中国人民大学学报》2001年第1期。

[3] 杨艳:《精兵简政之道:公共行政的改革与发展》,中国人事出版社2014年版,第317—320页。

[4] 这实际上把市民社会所独具的政治上的积极意义人为地夸大了。马克思在《黑格尔法哲学批判》中指出,市民社会不能局限于其政治功能的意义获得市民的政治解放,要成为真正的公民,要获得政治意义和政治效能,就应该走出自己的市民现实性的范围,摆脱这种现实性,离开这整个的组织,而进入自己的个体性。为探讨人的解放的现实之路,马克思从市民社会的哲学分析转向经济学分析,得出的结论是消灭生产资料的私人占有制以及共产主义革命的必然性。这其实是在寻求人民对于国家的主人翁地位,从而在生产资料共同占有的保障下,实现国家与社会的统一,这时市民就真正获得了公民的身份。

主动参与实现公共行政的目的和功能,这也是保障公民权利即保障公民意志表达和公民利益实现的必要途径,而公民权利的实现过程也就是对传统政府管理模式的扬弃过程。因此,政府必须积极去培育公民参与,当公民去做一个民主政体中公民应做的事情时,"他们不仅会促进社会的进步,而且还会促进他们自己作为积极负责的人健康成长"[1]。雅科布斯认为,当国家放弃对它的市民的灵魂进行拯救,而把拯救灵魂交由私人去料理时,国家实际上在成功地进行着自我组织,由此也就剥夺了公民(对于国家)的权力。[2] 也就是说,国家放弃培育公民社会的责任实际上是在剥夺公民的权力(变成了市民)。与此同时,国家失去信仰的发言权也会导致自身合法性的丧失。当个体积极参与社会事务而成为人格体时,就获得了公民身份,而公民权利的实现,就扬弃了基于国家与社会二分的传统政府管理模式。

公民本位意味着权利本位和社会本位,一旦超越消费者、顾客和市民等单一身份的公民成为公共管理与公共服务的所有者、参与者、提供者、监督者和评价者,就不仅扭转了传统公共产品和公共服务供给的根本性质,同时也必然要求政府及其行政人员转变传统治理中的角色,即不仅仅是站在主客体角度来提供一种事实层面的公共服务,更重要的是在价值和理念层面树立公民本位意识及服务意识,成为社会治理多元主体中促进和导引各方合作共治的服务者,进而与公民个体和其他团体共同成为公共服务的设计者、参与者、合作者和监督者,由此服务真正被赋予了"公共"的性质,并借此从单纯的事实行为上升为价值行为,服务价值跃升为整个政府治理活动的焦点。

3. 服务价值践行中的人格独立

当服务价值成为社会治理体系的中心时,就意味着无论是在组织结构、行为规范等静态的制度设计中,还是在行政人员的具体行动中,政府都要以服务价值的实现为根本目标。在服务价值的统摄之下,传统政府管理模式中的价值实现不再表现为手段与目的、实体与过程、理论与现实的分离式追求,它们之间的冲突和矛盾在得到消解的同时也得到提升。就行

---

[1] [美]登哈特:《新公共服务:服务,而不是掌舵》,中国人民大学出版社2004年版,第29页。

[2] [德]京特·雅科布斯:《规范·人格体·社会——法哲学前思》,冯军译,法律出版社2001年版,第52页。

政人员而言，服务价值成为其职业行为的指引并导引着其独立人格的形成。

服务从事实到价值的跃升意味着公共利益不再是自说自话的单方构建，而是"就共同利益进行对话的结果……公务员不是仅仅关注'顾客'的需要，而是着重关注于公民并且在公民之间建立信任和合作关系"。① 一直以来，无论是利益集团的多元主义观点，还是理性选择的公共选择学派，抑或被代表的立法观点或服务提供的顾客观念，② 都将公共利益视为"所有私人利益的加总"，是"消去私人利益各种加减号之后剩下的总和"，然而公共利益并未与私人利益完全分离，它"源于具有诸多私人利益的公民"，是"从私人利益内部及相互之间产生从而离开和超越私人利益的某种有特色的东西"，进而"可以使人类所能实现的某些最高抱负和最深切的信仰成为政府工作的焦点"③。公共利益不是政府或某些人员的单口相声，而是以公民为中心的众多主体沟通协商合作演绎的协奏曲，在公共利益的对话合作中，各主体间的信任与合作也得以顺利建立。

服务价值核心地位的确立意味着行政人员不再是价值无涉的而是毫不隐讳地成为公共价值的追求者。在凯利等人看来，公共服务不仅满足了公民的基本需求，同时也传递着公平正义等社会价值，而作为结果的公共服务要具有价值，就需要公众与公共部门共同创造，也唯有此才能增强政府的合法性，获取公众对政府的信任。④ 因此，行政人员要在充满挑战性的治理过程中积极拓展行为空间，通过策略主动与上级管理者讨价还价，不仅承担政策执行者和组织管理者的角色，还要承担合作治理者的角色，同时积极主动去识别和发现公共价值。这一过程实质上就是行政人员与"公民尤其是利益相关者共同参与、相互对话、达成共识的过程"，同时"有利于公众提升参与、对话等积极主动维护公平正义的能力"⑤，行政人

---

① [美]登哈特：《新公共服务：服务，而不是掌舵》，中国人民大学出版社2004年版，第40、42页。

② [美]乔治·弗雷德里克森：《公共行政的精神》，中国人民大学出版社2002年版，第28—36页。

③ Applepy, Pual, *Morality and Administration in Democratic Government*, Baton Rouge: Louisana State University Press, 1950. pp. 34-35.

④ Gavin Kelly, Geoff Mulgan and Stephen Muers, *Creating Public Value: An Analytical Framework for Public Service Reform*, London: Cabinet Office. UK Government, 2002, p. 11.

⑤ 杨博、谢光远：《论"公共价值管理"：一种后新公共管理理论的超越与限度》，《政治学研究》2014年第6期。

员与公众相互影响并共同成长。

行政人员作为服务价值在社会治理过程中如何实现的"监护人",要求其本身具有独立的人格形态,而其对服务价值的依归也在事实上促成了自我价值的实现,完成自我价值与社会价值的统一,最终被塑造为一种伦理存在。诚如黑格尔所强调,"担任公职不是一种契约关系,虽然这里存在着双方的同意和彼此的给付"。这种关系内含着伦理和精神的意义,因为"公务员所应履行的,按其直接形式来说是自在自为的价值",也就是说替公家服务是"内在的东西",是有其"自在自为的价值"的,或者说是公民自己自由本性的实现,因此它要求个人的献身精神。① 然而在技术理性的面具下,专业主义模式排除了伦理与道德,行政人员的个人自由本性常常被屏蔽掉,最终制造了普遍存在于各种复杂组织中的行政之恶。要消除行政之恶就必须先认识它,必须具备辨别行政之恶的距离和视角,这就需要经常性地形成批判性反思,并"将伦理基础重新打造成能够揭开行政之恶面具并直面行政之恶现实的伦理基础"②。在服务型政府建设中,以服务为核心价值和理念的职业伦理,有助于行政人员在与公民各方的合作中明确自己的社会角色和身份,并带入一种关于国家与公民的历史意识,不仅能够辨识行政之恶的伪装并拒绝与之同谋,从而在自我价值和社会价值的实现过程中完成自身人格的塑造。

### (二)行政责任实现中的独立人格③

1. 行政责任实现的主体困境

自 20 世纪 80 年代末开始,我国行政主体理论不断发展和完善,研究成果颇为丰富,并逐渐成为行政法学中的一种主导范式。在此之前,我国行政法学界对于行使公共行政职能的一方主体的研究,存在着另一种更为传统的"行政机关范式",即以行政机关或行政组织概念为基点和线索,统领有关行政管理主体及行政组织法律规范的探讨与论述,由此拓延至整

---

① [德] 黑格尔:《法哲学原理》,商务印书馆 1996 年版,第 312—313 页。
② [美] 艾赅博、百里枫:《揭开行政之恶》,白锐译,中央编译出版社 2009 年版,第 57 页。
③ 杨艳:《行政责任的实现与行政主体重构——以行政人员独立人格为视角》,《探索》2012 年第 2 期。

个行政法学体系，包括对行政行为、行政法律责任及监督行政制度的研究。① 出于探讨实现依法行政、确定行政诉讼之被告、确定行政行为效力以及保持行政活动连续性、统一性的需要，② 学界引入国外行政主体理论，寄希望解决"行政机关范式"的不足，进而为行政法奠定坚实的理论基础。行政法的核心是从公民权与行政权的关系来构建行政法理论，③ 公民权的保护理所当然地成为行政法理论建构的宗旨，行政责任之规范与控制则是行政法所应着力解决的关键问题，然而行政主体理论对此却显得力不从心。

行政主体理论的建构，一方面是为合理界定行政组织的权力和责任，以促进行政组织合法地行政，同时保护行政人员积极从事公务行为，免除可能之不利后果的担忧。另一方面，通过主体地位的确立，限制行政组织从事"法无授权"之事项，同时也控制行政人员从事"非公务行为"。按照传统行政主体的理论逻辑，行政组织作为行政主体，应积极行政并承担主要责任，行政人员没有主体地位，只要小心谨慎就不会承担什么责任，如果真承担了什么责任尤其是一些名义上的责任，往往被认为是运气不好或倒霉。因此，行政组织作为主体，并不总是完全地承担责任，行政人员作为非主体，却可能承担一定责任，即行政人员在行使权力时是以非主体地位存在的，而在承担责任时是以主体地位承担的，即"有责无权"。尽管可以从委托代理等角度为行政人员承担责任进行解释，但责任承担者发生了主体的分离确是不争的事实。从另一个角度看，当行政组织从事了"法无授权"之事项后，由于其人格体的非现实性，实际上承担不了多少责任，而对行政人员的"非公务行为"，社会公众总是很难判断，最后也常被归于行政组织的行为，因而其直接承担的责任往往很轻。这样一来，行政人员现实中在大量行使权力明显有主体地位，而在承担责任时无须承担完全之责，又不具备完全的主体地位，这就是常说的"有权无责"。责任主体的相互错位，导致了现实中对行政组织和行政人员赋予的责任约束作用大大减弱。

造成这一困境的根本原因，就在于对行政主体参照民法之法人理论做

---

① 沈岿：《重构行政主体范式的尝试》，《法律科学——西北政法学院学报》2000年第6期。
② 胡锦光、杨建顺、李元起：《行政法专题研究》，中国人民大学出版社1998年版，第109—112页。
③ 罗豪才：《行政法的核心与理论模式》，《法学》2002年第8期。

了"机关"或"组织"的界定,而将行政人员排除在行政主体的范围之外。综观行政法学界对行政主体的研究,主流观点认为行政主体是指依法享有国家行政权,以自己名义行使行政权,并独立承担因此而产生的相应法律责任的组织,即行政主体是指行政机关或法律法规授权的组织,而不包括行政人员。换言之,行政人员不是行政主体,只是行政主体的组成因子或行政手段,而行政主体则是由一个个行政人员组合起来的总体性的法律人格。与之相反的是,在行政学界,一般认为行政主体就是行政职能的承担者和实施者,是在行政管理活动中承担实际的计划、组织、协调、指挥、服务等工作的行政组织和行政人员。行政法学和行政学对"行政主体"截然不同的解释,不仅导致"行政主体"这一"共同概念"的割裂,使得两个学科在各自领域自说自话而难以走向融合,而且在现实中也会造成认识上的混乱。

对行政主体做法律人格的表象化理解,将其局限于确定行政行为的实施者,行政诉讼的应诉者,不仅脱离了行政主体理论存在的基础——宪政及行政体制,还完全割裂了行政组织法同行政行为法研究之间的陈陈相因关系。[1] 行政主体既是行政组织的法律理论基础,又是行政行为成立的前提。但是,目前我国学界对行政主体的界定单纯从法学主体视角进行,在法学研究中注重对已有法律制度的规范分析,侧重于对行政主体表象和浅层次化研究,疏于深层次地探索行政主体及其内部结构,忽视了行政权本身的"一体性"。而从行政任务的实际操作来看,无论在哪一层次,国家行政机关、行政机构都是作为组织而存在,它们只有权利能力而没有行为能力,任何行政任务最后都必须归结到行政人员的身上,他们才是实际从事行政活动的行政主体。[2] 因此,行政主体研究不可能也不应该忽略行政任务的实际执行者即行政人员。对行政主体做"机关"或"组织"的界定,存在以下难以克服的内在缺陷:[3] 与主体的组织构成相矛盾,且会给内部机构和工作人员的法律人格、法律地位等问题留下法律不管范围;与行政活动的运行轨迹不相适应,使得行为与行为主体不相一致,进而可能导致实际行为及主体不受控制,丧失法律之控制功能;难以解决行政违法

---

[1] 李昕:《中外行政主体理论之比较分析》,《行政法学研究》1999年第1期。

[2] 谭宗泽、张民军:《中国行政主体理论的重构:行政体制与WTO规制的双重视角》,《南京社会科学》2007年第3期。

[3] 杨解君:《行政主体及其类型的理论界定与探索》,《法学评论》1999年第5期。

主体与责任主体的衔接关系以及行政违法与行政犯罪的协调关系，出现立法上的冲突；困扰着对行政诉讼被告的确定。只见"组织"不见"人"，这会不可避免地造成行政责任监管的虚位或错位。

对行政主体做组织层面的界定，实际上是在延续传统上的针对公共行政组织建构之合法性问题而形成的行政组织法治主义模式，这是一种"通过民主代议机关的合法化模式"（"民主代议模式"）。① 这种模式的实质是程序论的或形式主义的，即把行政组织的合法性奠基于民主代议机关的立法或者授权过程，而不论依照法律或授权所形成的具体建构方案，是否与人们对特定组织体的实质合法性要求相适配，进而信奉一整套全面、系统、自治的组织法则以及此类法典化体系解决行政组织合法性问题的功效。进一步挖掘，更深层原因在于行政组织法治主义模式的单一原因论的倾向和形式规范主义的理想化，及其背后深蕴的绝对的建构理性主义倾向，即一种对事物在理性思维中之可确定性的过度自信。换言之，排除行政人员个体的行政主体理论，体现了近代社会管理主义组织行为模式的特点，其深层基础是西方社会根深蒂固的"人性恶"的幽暗意识，对行政人员在实际行为中的主体地位视而不见，或者过于担心而表现出对行政人员的偏见，其出发点是对行政人员专业自主性的限制和伦理自由特性的怀疑，② 这也符合行政法一直以来的学理传统。

然而排除行政人员之主体地位的理由并不充分。首先，就权利能力而言，行政机关和法律法规授权组织所享有的行政权并非"独占"的所有权，实是国家和人民的委托和授予，它与行政人员所实际行使的行政权同宗同源，形式上都是一种委托权和代理权，如果只是因为行政人员的权力来自组织的委托而以此不承认其主体地位，无外乎"只许州官放火不许百姓点灯"、"五十步笑百步"。其次，在行为能力方面，传统理论往往将其等同为"能否以自己名义行使行政权"，且不说这并非判断行政主体的唯一和主要标准，现实中行政人员所从事的无论是公务行为还是非公务行为，常会被归于行政组织而非个人，这种区分对于社会公众而言没有实质意义。再次，就责任能力而言，相关法律在为行政组织创设责任时，从未放过对行政人员也创设责任。从社会建构论的角度看，行政责任具有辩证

---

① 沈岿：《公共行政组织建构的合法化进路》，《法学研究》2005年第4期。
② 杨艳：《论行政裁量之控制与行政人格的建构》，《中国行政管理》2008年第6期。

性，它是行政人员与公民、组织以及社会、文化交互作用的结果，正如"组织和社会通过普遍接受的文化准则和期望来影响个体"，行政人员也可以"通过他的自我规则和变化的人际关系来影响组织和社会"。[1] 因此，行政责任的实现不能仅仅遵循由组织到个体的单向逻辑，还应该建立个体向组织的通道。事实上，不仅仅是行政主体理论，行政行为、行政自由裁量等行政法的核心理论均是遵循"组织"视角，因此，对行政权之规范和监督、行政主体责任之限定和控制都是立足于作为整体的行政组织的法律控制，而没有从解决行政人员个体行为之任意性着手。行政人员在规范性法律和行政实践活动所构筑的空间中的现实行为，远非只是执行法律那么简单。这就意味着，行政责任之限定与控制不能仅仅停留在组织身上，还必须达于行政人员个体。

排除行政人员的主体地位不符合事实和社会发展趋势，为此一些学者提出要因应社会治理发展的趋势，重构行政主体理论。从外延上看，因为社会治理主体的多元化趋势，传统行政主体的行政机关和授权组织界定就需要扩大至社会其他公共组织；从内涵上看，针对目前存在的现实困境，需要厘清行政主体内部的机构设置、功能划分以及权力、义务、责任的分配问题。由此可看出，所谓重构实际上是"头痛医头，脚痛医脚"的实用主义疗法和现实主义药方，即仍立足于"组织范式"的视野中，进行组织设计上的修修补补。如前揭所示，行政主体的多元化是内在于社会治理模式的历史变迁之中的，而社会治理模式的转型不仅要求超越"组织范式"的形式化制度建设，更重要的是它提出了对行政人员的道德化要求。这就要求行政主体理论的重构必须考虑把行政人员的道德化纳入制度设计之中，更确切地说，必须把这一要求置于重构的中心位置。有学者敏锐地认识到现实中行政主体理论并不能真正绕过行政人员，进而基于行政权主体属性的区分提出行政主体概念的三重内涵，即名义行政主体（通说的行政主体）、过渡行政主体（内部机构、受委托组织）和实行行政主体（行政公务人员）。行政权的主体包括行使主体和享有（或归属）主体。于是，行政主体是行政权的行使主体而非行政权的享有（或归属）主体；行政主体是行使行政职权的组织及其个人；行政主体是行政机关或

---

[1] ［美］全钟燮：《公共行政的社会建构：解释与批判》，孙柏瑛等译，北京大学出版社2008年版，第148页。

其他行政公务组织及其行政公务人员的共同综合体。[①] 在此之前，已有学者为寻求行政法的价值定位，从哲学视角对行政权的主体进行分解研究，提出行政权有所有权与行使权之分，揭示了行政权归属主体和行政权行使主体的应然关系，进而从两个主体的关系原理出发，得出了行政法的效率价值定位，程序价值定位和程序与效率的和谐定位的结论。[②]

上述行政人员的主体定位一反传统行政主体理论，具有重要意义。但是，要真正实现对传统行政主体理论的重构，还应该就此深入探讨，为行政人员之主体定位更好地发挥重构功能确定合适的形象。这一途径就是行政人员独立人格的现实建构。只有行政人员生成了独立人格，才能打消行政主体之（形式）法治主义的忧虑与担心，从而真正实现行政主体理论的重构，彻底解决行政责任实现的错位和虚位的问题。

2. 独立人格之于行政责任的实现

在库珀看来，行政责任既包括客观责任，即法律、组织机构和社会对行政人员的期望，也包括主观责任，即根植于行政人员心中对忠诚、良知、认同的信仰。[③] 对行政人员来说，其所承担的许多责任都与伦理有关，[④] 甚至可以说行政责任实质上就是伦理责任，因为无论是客观责任抑或主观责任，在实现机制上最终都必须通过道德内化为行政人员的坚定信念。行政人员的独立人格是一个包含了完整人格意识、独立行为能力并体现了自由社会关系的个体之"格"，它生成于行政责任实现的过程中；反言之，行政责任实现于行政人员独立人格的生成过程中，因此独立人格是责任意识与责任行为及其结果的人格化实现。

完整的人格意识是独立人格构成的基础。人格意识是人在自己生命存在的绝对性价值层次上进行自我反思的结果，体现了个体对自身生命意义的理解。人格意识作为人之人性水平的标志，它是人的意识的产物，同时也是人的意识的必然属性。人在意识到他物、他人的同时，也就意识到了自我，这个被意识的对象性自我，既是作为意识的主体自身，又是作为诸

---

① 杨解君：《行政主体及其类型的理论界定与探索》，《法学评论》1999年第5期。
② 关保英：《行政法的价值定位》，中国政法大学出版社1997年版。
③ ［美］库珀：《行政伦理学：实现行政责任的途径》（第4版），中国人民大学出版社2001年版，第74页。
④ ［美］全钟燮：《公共行政的社会建构：解释与批判》，孙柏瑛等译，北京大学出版社2008年版，第138页。

主体间关系枢纽的主体自身。① 人格意识包括"自我意识"和"他我意识",是自我与非我、主体我与客体我、个体的自我与普遍中的自我不断矛盾冲突、互相运动,逐渐达成统一的过程。著名的英国哲学家洛克非常注重自我意识在人格中的地位,他指出:"意识永远是和当下的感觉和知觉相伴随,而且,只能凭借意识,人才对自己是他所谓的自我……因为意识既然常常伴随着思想,而且只有意识能使人成为他所谓的'自我'……因此人格同一性只在于意识。"② 在行政人员与其他人的公共交往中,具有责任心的行为是指"行为者在检验自己的行为时,同时采用将来的专家、一般的他者和自我的视角,这样他就能够从具体社会语境和历史语境客观地看待行为标准"③。显然,完整的人格意识包含着行动的责任意识。

这里的"完整"是指独立人格意识的真正确立,不仅达到自在、他律状态,而且达到自为、自律状态,真正实现人之为人的价值,既理解自己为人,也尊重他人为人。行政管理活动中的服务价值取向要求行政人员必须树立服务意识、合作意识、责任意识,而这种服务价值取向是历史生成的,是适应后工业社会中人们交往的扩大化、社会化和多样化的结果。因此,它是一种"客观精神",行政管理活动按照这种精神来塑造行政人员,并通过行政人员的个体行为内化为一种信念、信仰。行政人员一旦接受服务精神的引导,就会在行政管理活动中"大胆而又审慎"④,独立思考、自主创造,对自己的独立判断和自主行动有着充分的自觉,把执行命令、遵纪守法与自己思想和行为上的独立自主有机统一起来;同时,他也会尊重他人的独立自主,视他人为行为之目的而非手段,努力寻求主体间的合作,共同实现管理之目标和功能。这样,行政人员的人格意识就是在他自身和服务对象的"主体间性"中所达到的"共通"、"共感"、"共约"的自觉境界。

行政人员有了人格意识,只是具备形成独立人格的前提,独立人格的真正实现是在行政人员独立的选择行为中完成的,这是人格意识的外显;

---

① 余潇枫:《哲学人格》,吉林教育出版社1998年版,第145页。
② [英]洛克:《人类理解论》,关文运译,商务印书馆1959年版,第310页。
③ [德]哈贝马斯:《公共领域的结构转型》,曹卫东等译,学林出版社1999年版,1990年版序言第30页。
④ 即"遇到有瑕疵的政策时,我们须大胆;而在我们工作的范围问题上,我们则应审慎"。参见[美]乔治·弗雷德里克森《公共行政的精神》,中国人民大学出版社2002年版,第200页。

反之，独立人格意识的形成本身也是在行政人员的行为过程中逐渐获得的。独立人格的独立行为能力，首先体现在其作为人之存在的价值实现，公共行政不再视行政人员为政策执行的工具，而是尊重其存在的自由和独立性，主张以行政人员的价值创造活动来祛除工具理性的"巫魅"。其次，独立人格具有道德选择的自主性和责任义务选择的创造性。行政人员的行为选择虽然也受到规章、程序等外在因素的影响，但他将公共利益作为自己行为的出发点时，就会自觉去寻找和创造性地发掘他在行政管理活动中的职业责任义务，而且行政人员在做出这种行政行为选择时是独立的、自由的，是自觉自愿的，不会感到有外在的强迫，最终行政责任被真正地承担起来，而不再是外在的、表面化甚至虚假的承担。

人格作为个体之人性规定，其形成自然离不开社会关系的影响。独立人格的形成体现了一种自由的社会关系。在社会治理领域，社会成员既有选择公共服务作为自己职业的自由，且这种机会是平等的，也有选择退出公共服务这一职业领域的自由。社会成员一旦选择了公共服务的职业，便置身于公共服务的关系网络中。而现代行政，已由封闭走向开放，行政相对人不再是行政之客体，而是行政的参与者，行政任务的完成及目标的实现不再只取决于行政人员一方，而是取决于双方的合作。与此同时，这种自由的社会关系还存在于行政人员所处身的公共组织中。组织之外的自由社会关系只是为行政人员自由选择公共服务职业提供了准入资格，而组织中的自由社会关系将为行政人员的自由行政行为提供基本保障。在组织内外的自由社会关系中，独立人格不仅回应了社会对行政人员的责任要求，也主动承担了组织所赋予的职责义务，还积极践行着已内化于心的道德信念和责任意识。

3. 独立人格之于行政主体的重构

当拥有完整的人格意识、独立的行为能力与自由的社会关系时，行政人员的独立人格就生成了，这时的"独立"是人作为完整本性的个体性抑或阿伦特的差异性，它是与其他人交往的前提，也是群体的基础而非对立面。因此，当行政人员保持对自己独特的独立性的认识时不会产生自私，保持个体性时不会导致个人主义。[①] 行政人员的独立人格一旦生成，他就获得了自由行政行为的主体条件，进而就必须为自己的自由行为承担

---

① [美]麦克林：《传统与超越》，华夏出版社1999年版，第47页。

责任。因为，这时的自由行为表现为自愿的而非强制或强迫的选择行为，并且是经过理性选择的自愿行为，所以，他必须承担自己行为的一切后果，不仅要承担客观上的责任，还必须承担道德责任。① 如果说行政人员因没有主体地位而承担责任是一种倒霉或运气不好，那么，当行政人员被赋予了行政主体地位时，无论是公务行为还是非公务行为，这时承担责任则是顺理成章的事，而一旦其独立人格形成时，这种责任承担不仅是被动的，还是主动的。

目前，行政主体重构的目标是建立国家与社会、中央与地方合法、适当分权基础上的行政主体制度，价值追求是实现公共行政组织的法治化、民主化。② 重构的基本思路是：基于行政扩大化的社会现实，承认社会公共行政③；明确行政分权的必要性，实施行政分权与公务分权④；借鉴西方主要国家的行政主体理论，建构以合法、合理分权为核心的行政主体制度⑤。上述重构目标与思路符合当前公共行政之法治化趋势，较为现实可行。当然，行政主体重构之路还可走得更远，尽管这条路并不宽广也更曲折，但绝非无意义之路。汉斯·乔纳斯（Hans Jonas，1984）认为，"充实伦理责任理论的主要障碍是否定行动者、主观或者精神真实性的科学唯物论"，因此为"建立一种新的伦理责任，我们必须将注意力放在非常具有本体论意识的主观性或思想的可能性上，即返回到对我们自身和我们世界的直接体验上"。⑥ 这种返回并非是纯粹的主观性回归，而是回到主体地位的确认和建构上，如果传统行政主体理论因为怀疑行政人员而不愿赋予其主体地位，那么独立人格的最终生成保证了行政主体在行政管理中的功能实现，赋予了行政主体真正的主体地位，从而打消了人们对行政人员的怀疑和担心。以此为行政主体之重构出发点，不仅将大大丰富行政主体的内涵，也有利于破解传统行政主体理论的困境，尤其是弥补其在行政责任方面的力不从心。

---

① 李春成：《行政人的德性与实践》，复旦大学出版社 2003 年版，第 126—128 页。
② 姜明安：《新世纪行政法发展的走向》，《中国法学》2002 年第 1 期，第 63—64 页。
③ 姜明安：《行政法与行政诉讼法》，北京大学出版社 2005 年版，第 3—4 页。
④ 石佑启：《论公共行政与行政法学范式转换》，北京大学出版社 2003 年版，第 21—25、63 页。
⑤ 应松年、薛刚凌：《行政组织法研究》，法律出版社 2002 年版。
⑥ [美] 全钟燮：《公共行政的社会建构：解释与批判》，孙柏瑛等译，北京大学出版社 2008 年版，第 146 页。

独立人格的重构功能首先体现在对行政主体内涵及范围的界定上。除了行政人员是行政主体外,其所属组织即行政机关也是行政主体,判断一个组织是否为行政主体,就人格意识而言,关键是看这一行为的依据和动机是否是对法律政策的执行,是不是追求公共利益的实现,且这种行为是否经过组织规章程序批准和认可;就行为能力来说,主要看其是否在具体行使行政权,是否在具体履行行政职能,至于该组织是否能以自己名义行使职权不是关键,至于行使手段是否合法正当也不是关键;在社会关系方面,主要看是否有明确的法律授权或委托,至于授权或委托的形式、事项范围等不影响其主体地位的成立。现实中,我国《公务员法》关于公务员的首要标准就设定为依法履行公职,对于组织则可结合相关法律法规和"三定"方案来做判断,有关组织法、单行法及《行政诉讼法》等也明确行政机关、授权组织、委托组织在特定情况下可以成为行为主体和责任主体。一般而言,行政人员所属之行政组织为行政主体,而作为行政主体之组织中承担行政事务的人员也是行政主体。

当然,以此为标准来重构行政主体,无疑会扩大行政主体的范围。其实,单纯的范围大小并不是当前行政主体理论困境的根本原因,正如德国行政法学者毛雷尔在论及私法组织能否作为行政主体时所说:"这种私法组织是否可以纳入行政主体的范畴,只是一个概念问题,它取决于人们是将行政主体的概念限于公法设立的组织和主体(主权主体),还是扩展到一切法律上独立的、经授权执行行政任务的组织和主体。"[①] 这意味着,我们不必纠缠于行政主体范围大小、种类多少的概念计较,更重要的是,行政主体理论不应该仅仅是为了确定哪些是行政主体,而是要进一步明确责任承担者,促进责任的有效实现。无论是哪一种组织,具备了行政主体资格时,由于其组成人员也具备了行政主体资格,有利于责任从组织到个人的完备性实现,而组织之"主体"形象就不再是一种"虚幻的共相"。

行政责任的追究应从相对人的权利角度出发,以行使行政权力的实际主体作为承担行政责任的实质要件,凡与相对人的权利义务形成非对等关系的都应认定为行政法律关系,以充分保护相对人的权益,防止受到强势

---

[①] [德]哈特穆特·毛雷尔:《行政法总论》,高家伟译,法律出版社2000年版,第503页。

侵害。① 因此，现代社会，行政法无论是管理法，还是控权法，抑或是平衡法，都不可避免地要追求行政权之有效行使和行政责任之有效实现。主体意味着权力（利），也意味着责任和担当。如果行政人员被赋予了主体地位，必然将以主体应该具备的形象（独立人格）被要求和塑造，这不仅不会因主体范围之扩大而造成更多的行政乱象，反而会促进行政人员积极而又审慎地行政，最大限度地保护相对方的权利，适应社会治理发展的趋势和要求。

从独立人格角度来重构行政主体，并非意在否定传统行政主体理论之贡献，而是在现实与理论、经验与规范之间，提供另一种基于实践的解释，既避免责任分割，解决现实生活中责任错位的现象，又赋予行政人员合适的角色与地位，加强对行政组织中个人的研究，也试图打破行政法学与行政学之间的藩篱，为学科融合奠定一定理论基础。重构行政主体理论，不能绕开行政人员，重构的基础性工作是要解决行政人员的身份和主体地位。至于如何将独立人格纳入行政主体理论中，如何实现行政主体范围层次的划分，如何实现各种主体的责任义务，需要更深入更系统的研究。

**（三）交互主体性的实现**

1. 服务行政中的合作

人作为现实中的一员，其物理意义上的有限存在是从属于道德存在的，正是对道德之终极存在的"持有"和"分有"，他们的"自在之在不是将他们彼此异斥，而是恰因他们分有的个体独特性而彼此相关联"，换言之，"独特性和个体性并不是孤立和切断，而是与别的存在者更为深入和精巧地联系着。"② 对于行政人员而言，其"对于追求生命、自由，追求快乐，对所有公民的自我成长过程提供帮助，以及为公民提供教育等方面的承诺，只能通过人而非物的互动才能发生"。③ 这就是说，行政人员的独立人格是其在与他人的"人—人"交互主体性活动而非"人—物"之主客体活动中生成的，独立人格的完成就是其交互主体性的实现。

---

① 李昕：《现代行政主体多元化的理论分析》，载《行政法论丛》第6卷，法律出版社2003年版，第153页。
② ［美］麦克林：《传统与超越》，华夏出版社1999年版，第134、47页。
③ ［美］登哈特：《公共组织理论》（第3版），中国人民大学出版社2003年版，第175页。

公共行政的社会建构主义承认，"一个组织的成员通过交流互动、对话和话语体系创造了组织的现实；他们在认知自己以及认知周围日常互动环境的基础上持续工作；他们也可以在理解的基础上建构公众可供选择的问题解决方案。社会和组织的现实被建构或者被创造，这取决于作为人类的我们如何去定义、理解和解释这个我们生活的世界。因此，存在于团体间和团体周围的沟通势必存在，以此共同分享它们的现实"①，即一种基于协商、沟通的合作势必产生。肯定论的后现代公共行政则把目标指向"先见之明、开创性、灵活性、敏感性和新的知识形式"，即一种"相互作用的合作性的"知识形式，后现代的行政人员将既不是一名技术员也不是一个通才，而是将各种可供选择的政策概念化并对之进行描述，这就要求行政人员具备同更广大的民众分享信息（不是被定义为知识）的力量和能力。② 这时的行政行为就是一种交互主体性的活动。交互主体理论认为，主体之间的交往活动与主体指向客体的生产劳动不同，主体不可能通过交往活动直接引起对方主体的改变，而是在交往活动中使自己的思想观点为对方主体所了解，并内化为对方主体心智结构的组成部分，而对方主体的思想和行为变化则是他们用了解到的思想观点对自身思想和行为进行自我技术建构的结果。因此，在交往活动中所体现出来的主体性，是作为认识主体在处理外部世界关系时的一种功能表现。它一方面表现在对外部世界的选择上，主要受主体本人需求、动机和兴趣等因素的推动和支配，表现为能动的自觉性和选择性；另一方面表现在对外部信息的内部加工上，受主体本身原有的知识结构和先行经验等因素的制约，表现为自主性和创造性。行政人员自觉性、选择性、自主性以及创造性的充分发挥，在现实中就表征为一种总体性的公共服务行为。

服务型政府建设中，作为统率行政行为的核心价值理念，并不是将服务这一理念简单地输入原行政行为及其理念之中，而是行政行为及其理念的根本性和实质性嬗变，③ 即成为真正意义上的公共服务行为。服务理念

---

① ［美］全钟燮：《公共行政的社会建构：解释与批判》，孙柏瑛等译，北京大学出版社2008年版，第44页。
② ［美］波林·罗斯诺：《后现代主义与社会科学》，上海译文出版社1998年版，第129页。
③ ［德］巴杜垃：《在自由法治国与社会法治国中的行政法》，陈新民译，载陈新民《公法学札记》，台湾三民书局1993年版，第112—113页。

的实现就彻底改变了传统行政模式中行政行为的主体、过程和效果的性质，并赋予行政人员一种新的客观形象。首先，行政人员尽管从事的仍是社会管理和服务行为，行使的权力仍然是公权力，但在承担及满足其生存照顾之任务中已"逐渐摆脱与特殊利益站在敌对立场之角色"①，不再是一种与行政相对人对立的"发号施令"权，而是一种服务权，因为在服务理念统率下，"公共权力绝对不能因它的起源而被认为合法，而只能因它依照法律规则所作的服务而被认为合法"②。行政权力的行使不以相对人的服从为目的，而是寻求相对人的合作并为其提供服务；不以强制为必要的、本质的属性，而是采取说服教育等人性化方式以获取相对人基于信任的内心认同。这样，行政行为就是一种双方的合作行为，行政人员成为服务者。

其次，正是基于服务的理念，"合作是一个过程"，③ 行政行为由过去的主客体单向运动转变成双向交流的沟通过程。在这一过程中，行政人员与相对人遵循法定的行政程序，相互永久地开放，建立对公共政策的概念化理解和双方信息的资源共享，进行主体与主体之间的交流、对话和讨论，最后在共识的达成中确立相互之间的信任。通过这一沟通协商机制，双方之间的各种障碍和误会得以消除，而利益冲突被降低到最小限度。这时，视行政行为主权者之最终决定的传统观点得到颠覆，行政主体与相对人之间的权利义务关系回溯到该最终决定做出之前。④ 最后，公共利益以及私人利益就在行政人员与行政相对人之间的主体间互动中实现并达成一致，共同创建一个和谐的社会秩序，而在这一公共交往的过程中道德也被发掘并确立下来⑤，双方的人格形态得以形塑。事实上为了更好地服务于公众，行政人员需要明白自己的主观责任和客观责任，当他们面对难题不知何为正确的事时，可以与其他人一起讨论获得灵感甚至答案，从而

---

① ［德］福斯多夫：《当作服务主体之行政》，陈新民译，载陈新民《公法学札记》，台湾三民书局1993年版，第66页。
② ［法］狄骥：《宪法论》，钱克新译，商务印书馆1962年版，第2版序言第8页。
③ ［美］庞德：《通过法律的社会控制：法律的任务》，商务印书馆1984年版，第67页。
④ 叶必丰：《现代行政行为的理念》，《法律科学——西北政法学院学报》1999年第6期。
⑤ ［德］哈贝马斯：《公共领域的结构转型》，曹卫东等译，学林出版社1999年版，1990年版序言第23页。

"使得道德秩序成为可能"（Wolfe，1989）①，从而获得团队和组织的支持。

就行政人员而言，在服务价值的导向下，其与相对人的主体间交往并不是无原则地对相对人妥协，更不是私下的利益联盟。在这一过程中，他具有自己的独立性、自主性和创造性，并且只有当行政人员具备了这方面的人格意识并在行为中将其转化为自身的综合能力，行政行为才会是服务行为，其独立人格才会真正形成。需要指出的是，行政人员交互主体性的实现还存在于行政人员之间基于信任的合作行为中。事实上，行政人员独立人格的形成不能仅仅依赖于其与行政相对人之间的片面建构，还必须将其交互主体性的实现扩展至与组织成员的交互活动中，这既是由其组织角色所确定的，也是公共行政职业的内在性规定，还是其实现组织同一性的重要途径。正是在与行政相对人以及组织内部成员之间的交互主体性实现，行政人员所实现的独立人格才是个体人格与群体人格的统一。

2. 独立人格的自我建构

福柯通过对规训的分析揭示了权力如何从外部塑造了主体，晚期则关注"权力微观物理学"，从性的角度考察了权力从内部产生自我的作用。②为此，他在对古希腊和罗马人的道德实践研究中提出了"自我技术"或"生存艺术"的概念，即"允许个人运用他自己的办法或借他人之帮助对自己的躯体、灵魂、行为、存在方式施加某种影响，改变自我，以达到某种愉悦、纯洁、智慧或永恒状态"③ 的实践。换言之，就是指个体通过自由选择生活方式实现个人风格化的存在，这是一个自我改造、自我完善的过程。独立人格是行政人员个体之"格"，其生成过程是行政人员于行政行为中主客体互化的运动，表现为一种内化与外化不断统一的双向运动机制，这便是行政人员的"自我技术"过程，也是独立人格的自我建构过程。

独立人格的自我建构是在其交互主体性实现的行政行为中完成的。行

---

① ［美］全钟燮：《公共行政的社会建构：解释与批判》，孙柏瑛等译，北京大学出版社2008年版，第148—149页。

② ［英］尼格尔·多德：《社会理论与现代性》，社会科学文献出版社2003年版，第111页。

③ ［美］道格拉斯·凯尔纳、斯蒂文·贝斯特：《后现代理论：批判性的质疑》，中央编译出版社1999年版，第79页。

政人员作为一名受托管理者,必须超脱于政治压力和不断下降的单纯工具主义的自我形象,转而寻求"有批判意识"的角色:既要遵守法律规范和有限政府的宪法传统,更应有意识地追求公共利益与维持民主治理过程。这就要求行政人员的行为方式扩展到包括支持先验承诺的实践方法:力求增加公众直接参与治理的机会,这是信任的最终基础;必须培养个人反思能力;必须为自己的行为确立理由。① 全钟燮认为:"应该在行政管理过程中强调个人的成长和个人的责任……只有当每一个个人都能反省和批判我们的行动的时候,体现人类本质含义的理解、综合和合作也许才能发生。"② 正是在此意义上,迪莫克认为公共行政不仅仅是科学,不仅仅是艺术,它还是一种哲学,试图将行政管理与个人有机结合起来。只有当行政人员将实践与反思结合起来,尊重公众,尊重其他人,才能优雅而体面地服务大众。事实上,一种充满活力的行政,必须根植于对"个人和群体的动机及欲望的理解"③。通俗地讲,行政人员的职业特性决定了其自我建构的要领。④ 首先是自我知识,这不是专业化知识与技术能力,而是对自我的认识与关注。其次是自我修炼,包括节制等意志力的训练和自我反思,当行政人员"希望承担伦理责任,希望提升他或她的自我价值感,或希望改变工作环境的时候,他或她就可能首先参与到一种自我实现的活动中。这意味着这个人试图通过批判式自我反思,在与他人及组织情境的关系中理解他自己或她自己",自我反思是行政人员"置疑一个人与其自身及他人联系的必要能力"⑤。最后是重视内在快感。这些自我建构的要领存在于行政人员与其他人的合作行为中,存在于行政人员与其他主体交往的过程中。

在自我建构过程中,独立人格面对日益复杂的外部环境还应该学会选择,创造性地解决可能遇到的各种难题。独立人格的形成受很多因素控制,如遗传、家庭、社会阶层和文化等,但这些因素要产生深刻的、有效

---

① [美]加里·万斯莱:《公共行政与治理过程:转变美国的政治对话》(《黑堡宣言》节选),《中国行政管理》2002年第2期。
② [美]全钟燮:《公共行政的社会建构:解释与批判》,孙柏瑛等译,北京大学出版社2008年版,第31页。
③ [美]登哈特:《公共组织理论》(第3版),中国人民大学出版社2003年版,第71页。
④ 李春成:《行政人的德性与实践》,复旦大学出版社2003年版,第332—339页。
⑤ [美]全钟燮:《公共行政的社会建构:解释与批判》,孙柏瑛等译,北京大学出版社2008年版,第131页。

能的作用,必须通过人的中介活动——选择,这也是人的本质性的体现。雅斯贝尔斯认为,人就是进行着选择的存在,而动物在任何情况下都不具有自我选择的能力,所以,它只有满足于自己的客观存在。① 心理学家凯利的人格建构理论认为,个人有什么样的建构,即用来解释世界,对事件进行分类整理、记录行为过程的方式和概念,是他的选择行为决定的,是选择的结果。② 选择对人格形成具有关键性的作用。因此,行政人员在一定的行政程序中,如何选择就是关键环节。

独立人格既要能动地选择,也要主动地创造。科恩指出:"人格作为主体性的体现,早已被认为是同创造、精神修养和克服时间地点的限制分不开的,而无人格则总是同消极被动、不自由、心胸狭隘和没有尊严联系在一起。"③ 弗洛姆把其所认为的健康人格称为"生产型"人格,即一种创造性的人格。"人之存在的矛盾是,他既要寻求与他人的接近,又要寻求独立;既要寻求与他人结为一体,同时又要设法维护他的唯一性和特殊性,正如我们已指出的那样,只有生产性才能对这一矛盾及人的道德做出解答",所谓生产性就是指"人利用其力量并实现其固有的各种潜能的能力"。④ 只有借助于创造性生产,人才能摆脱个体与社会的矛盾,在获取自由的同时,也被社会认同。行政人员不仅要谨慎地行事,还要积极地创造,不仅是行为方式与手段的创造,还要创造和谐的人际关系。哈蒙认为,在自主性的、社会性的行动者构成的公共组织中,必须以新的观点来处理个体价值与群体价值的关系。这种关系是一种"相互性"的"协合关系",即每个行动者既会考虑别人的期望,也会受到别人的影响。当个人之间的关系推及整个社会时,"相互性"的群体关系就是一种社会正义。⑤ 因此,独立人格的创造性必须在相互的合作中进行,必须通过与他人的沟通、协商、对话来实现。

总体来讲,独立人格是一个自我不断实现和超越的生成过程,人格化

---

① 徐崇温:《存在主义哲学》,中国社会科学出版社1980年版,第176—178页。
② [美]劳伦斯·普汶:《人格心理学》(第4版),郑慧玲译,台湾:桂冠图书股份有限公司1986年版,第369—370页。
③ [苏联]科恩:《自我论》,生活·读书·新知三联书店1986年版,第47页。
④ [美]弗洛姆:《为自己的人》,孙依依译,生活·读书·新知三联书店1992年版,第58、103页。
⑤ Haveman H. A., "Organizational Size and Change: Diversification in the Savings and Loan Industry after Deregulation", *Administrative Science Quarterly*, Vol. 38, No. 1, 1993, pp. 20-50.

运动的结果作为一种客观存在对社会、对他人有示范和教化的作用，同时，它对行政人员自身也有一种导向和激励作用。构成独立人格的各种要素相互联系、相互作用，形成独立人格的内在机制。这种内在机制的作用指向两个方面。一是内化作用，即调整和改善独立人格的综合素质，使独立人格不断完善。人格化运动每一阶段上所生成的结果是对这一阶段的总结，行政人员一方面借助他人对自身现实人格得以认知、理解和反应，另一方面通过对已形成的现实人格的自我再认识，自觉反省并不断调适自身，以期形成自我心目中理想的行政人格。二是外化作用，即行政人员提高自我认识和改造外部世界的能力，通过实践促进社会的发展和进步，在此过程中实现自我的超越。静态上的已有独立人格是下一阶段行政人格生成运动的基础和出发点，行政人员在对前期成果的自我意识、自我认知、自我体验的基础上，经过主观努力提高自我道德能力，推动社会发展和进步。独立人格的这两方面作用是同一过程的两个方面，二者有机结合，共同作用，促成行政人格的不断完善。

# 第六章 行政人员独立人格之构建

因应社会治理发展之趋势，如果说独立人格是服务型政府建设中行政人员的理想人格形态，是行政人格在当代社会发展的必然趋势，那么独立人格如何生成呢？唯物辩证法认为："事物发展的根本原因，不是在事物的外部而是在事物的内部，在于事物内部的矛盾性。事物内部的这种矛盾性是事物发展的根本原因，一事物和他事物的互相联系和互相影响则是事物发展的第二位原因。……外因是变化的条件，内因是变化的根据，外因通过内因而起作用。"① 这就是说独立人格之生成与否关键在于行政人员自身。然而，作为自我价值和社会价值实现的载体，独立人格是行政人员自我交互主体性的完满呈现，这意味着行政人员之独立人格的生成不仅仅是个体的事，内因的决定作用离不开外因的条件保障，这就是人格的社会建构。事实上，从传统社会治理中依附人格和工具人格的普遍性来看，人格的社会建构更具决定性意义。因此，就人格生成来说，个人内因是关键，就人格建构而言，社会外因更具决定意义。进而政府作为社会治理主体的核心，其在行政人员独立人格生成中的外因地位并未免除其积极构建的责任和义务；相反，只有政府积极承担起并将行政人员独立人格的建构作为其自我改革的价值导向，通过行政人员独立人格的建构来实现政府之价值与目标，这时的政府才是真正的以人为本的政府。因为，此时的独立人格不仅具有超强的社会整合力，成为政府整合社会的枢纽，同时还实现了权力、法律与伦理的真正统一。

## 一 独立人格的社会整合力

整合是一切社会组织生存与发展的必要前提。整合即一体化，是指由

---

① 《毛泽东选集》第 1 卷，人民出版社 1991 年版，第 301—302 页。

部分结合而生成具有特定功能的有机整体的过程或状态,① 作为一种普遍现象,它时时刻刻存在于人类生产、生活之中。整合有赖于一定的制度、体制和组织结构,也必须以此作为整合的路径依赖。现代社会中的人们"无往不在组织之中",这是社会组织化的客观过程。在此意义上,现代社会的整合实际上就是组织整合。在社会治理中,公共组织整合不仅包括内部的整合即公共组织之间、组织各部门之间以及部门内部各机构之间的整合,② 同时也包括对外的整合即社会的整合。但是,整合所依赖的制度、体制和组织结构等路径终归是外在的,政府组织自身并非具有行动能力的人格体,其对内对外的整合过程必须指向组织成员并通过组织成员的行为来实现。因此,对于组织的系统行动而言,必须在整合过程中考虑组织成员之个体多样性,进而通过一定手段和方法,对组织成员的个体活动加以控制和协调,从而实现组织成员之个体目标与整体目标的统一。就政府而言,政府整合机制功能发挥作用的关键在于行政人员,行政人格作为行政人员的总体性存在,不仅是政府自身整合的关键因素,也是政府对社会整合的现实承担者。

在现实生活中,独立人格的作用表现为一种人格的力量,即行政人员通过自身的人品、气质、能力等人格因素的展现,以奉公守法、实事求是、公正无私、以身作则、言行一致的模范行动,带头实践正确的世界观、人生观、价值观,给人们以思想引导和行为示范。人格的力量不同于权力的力量。它是一种无声的命令,通过榜样的垂范产生感召力和号召力,使人心悦诚服,产生敬佩、信赖和亲切感,而权力是一种带有强制性的外力,它使人产生的是被动服从的敬畏心理。人格的力量也不同于金钱的力量。金钱所反映的是一种价值尺度,是以利益为根本的,但人格的力量所具有的行为感染力,是金钱所没有的。独立人格对于社会有一种示范和教育作用,而对行政人员自身则有一种人生的导向和激励作用。在现实中所表现出来的独立人格,对行政人员之外的社会其他成员来说,是一种看得见、可体验到的客观存在,而这种客观存在既是他们认识的对象,也是与之交往的另一种主体性存在。因此,在公共服务和公共管理活动中,

---

① 李习彬、李亚:《政府管理创新与系统思维》,北京大学出版社 2002 年版,第 78—79 页。

② 齐明山、陈虎:《论公共组织整合的三种模式》,《探索》2007 年第 3 期。

行政人员的一举一动、一言一行都会对社会其他成员产生重要影响。

  首先，独立人格会给其他人员尤其是行政相对人以良好印象，有助于双方实现良好的情感沟通。情感对人们认识外部世界及相应的实践活动有着重要的推动作用。在人们的内心深处，都有一种对崇高精神的向往和追求。行政人员不计个人私利、时时处处为相对人利益着想等外在形象会使对方产生敬佩、信服、信赖以及亲切的心理感受。这种崇高的、积极的情感和情绪能够感染相对人的精神和热情，强化他们对行政管理目标及功能的情感认同。其次，在情感认同的基础上，独立人格会对行政相对人起到行为示范的作用。情感认同推动行政相对人的理性思考，自觉接受行政人员的行为方式，并以此作为自身行为的参照系，加以模仿或纠正自己的不良行为。再次，独立人格具有对真理与正义的形象化作用。具有独立人格的行政人员在行政活动中，会自觉地去认识和运用真理。这些真理是经过实践检验和证明的正确的思想认识结论，它符合历史发展的客观规律，代表了广大人民群众的根本利益。行政人员利用实际的行为及其效果使得真理具体化、形象化，从而说服行政相对人，赢得他们对科学理论的信服。至于正义，有实质正义与形式正义之分，行政人员依法行政、以德行政本身就是在演绎着正义的内涵。最后，独立人格作为一种现实的伦理存在，会对社会的道德环境产生净化作用。正所谓："吏不畏吾严，而畏吾廉；民不服吾能，而服吾公。公则民不敢慢，廉则吏不敢欺。公生明，廉生威。"行政人员以身作则，清正廉洁，办事公道，自觉搞好党风、政风建设，既能有效地遏制腐败、抵制歪风邪气，营造出一方道德净土，同时，又能为其他人树立道德典范，成为社会的消毒剂或防腐剂。

  政府的责任在于培育成熟的社会，这是"政府应有的价值取向，同时又是政府对自己的主观定位，即定位在服务者的角色上，为社会提供服务"[①]。公共行政是现代政府的核心，是将治理与政治紧密相连的部分，尽管它常常可能被换作他用，但是它通过扮演奖赏、剥夺、分配、再分配和进行控制的角色来替换人们对此的担心、期盼和焦虑。这就要求行政人员必须在政治和治理过程中，与其他参与者一起为追求公正、合法和资源而奋斗，要始终为实现公共利益而行动，并按照合法的形式执行公众的意

---

[①] 张康之：《公共行政中的哲学与伦理》，中国人民大学出版社 2004 年版，第 237 页。

志。① 在行政人员的各种责任中,"促进公民能力成长"或者说"促进和培养所有公民对社区的公民责任意识"是一项常被有意或无意忽略但却十分重要的公共义务,通过这一过程,公民、非政府组织、各种协会和以社区为基础的组织就能够积极地进入并参与公共话语体系。但是,如果行政人员不能培养自己具有公民精神的那些美德,那么他们与社区公民建立相互信任关系的过程就不会真正有效,因为"行使美德也被认为是与公民一起进行集体行动的一部分。……如果他们想成为公民社会中有效率的行政管理者,他们就需要拥有某些美德或者表现出有与公民一起工作的能力"。② 公共行政的不可替代性赋予了行政人员在政府整合机制中的主体地位。

如果说传统政府形态中的行政人员也具有社会建构力,那么在统治行政中,行政人员以依附人格的形象成为社会等级秩序的统治者代言人,社会被整合为秩序有余而活力不足的"机械团结社会",极大地限制了社会成员人格的发展;在管理行政中,行政人员的工具人格在实现高效的社会整合的同时,也塑造了精于计算的功利谋划者形象,而在公共领域中对非理性的拒绝则将整个社会整合为单向度的有序系统,实现了表面的效率繁荣,却导致了人的片面发展。服务型政府中,独立人格所具有的良好示范和教育作用,在相互合作的过程中激发了社会成员之间的充分信任,从而最大限度地实现了政府对社会的有机整合。

## 二 权、法、德的统一

### (一) 服务型政府的整合机制

在某种意义上,社会秩序的供给包含着社会的整合,即通过制度、组织、价值体系等连接纽带把各种不同的构成要素、互动关系及其功能结合成一个有机整体。③ 帕森斯从结构—功能角度指出,社会的进化过程展现

---

① [美]加里·万斯莱:《公共行政与治理过程:转变美国的政治对话》(《黑堡宣言》节选),《中国行政管理》2002 年第 2 期。
② [美]全钟燮:《公共行政的社会建构:解释与批判》,孙柏瑛等译,北京大学出版社 2008 年版,第 32、155、158 页。
③ 庞玉珍:《中国社会结构变迁与新型整合机制的建构》,《社会科学战线》1999 年第 3 期。

为：(1) 系统单位日益分化形成功能上互相依赖的模式；(2) 在分化的系统中，确立新的整合原则和整合机制；(3) 分化后的系统适应环境的能力日益提高。① 换言之，社会的进化实际上就是其结构不断分化、整合的过程。社会整合机制就是能够有效协调社会各种因素共同发挥作用的稳定的社会关系模式和活动力量，它是以某种管理系统为载体的，是可以通过人的努力建构的。② 一个社会整合机制的构成与社会结构分化程度相适应，社会分化程度越高，自由流动越频繁，社会整合机制结构就越复杂。

在传统社会治理模式中，社会整合的主要任务是由政府来承担的。政府通过各种政治、经济、文化活动，实现着对社会的整合，为社会发展提供必要的社会秩序。然而，随着社会治理模式的变迁，政府不仅不再是唯一的社会整合的功能承担者，而且社会自治力量的不断成熟，还对政府自身的整合提出了要求。这时，政府的整合机制就不仅包含着对社会的整合机制，也包含着对自身的整合机制。当然，无论是对社会还是自身的整合，整合机制的实际内容都可从整合的精神实质、组织体制、整合方式三方面做出区分，科学的整合机制是三者的有机统一。③ 事实上，政府整合机制外延和内容的结合就表现为政府的治理模式，或者说，政府治理模式本身就包含着政府的整合机制。在后工业社会中，政府整合机制的物化形式就是服务型政府，它不仅在外延上把对自身的整合上升为首要任务，还在内容上超越了传统治理模式中对社会整合的目的。

在治理模式的意义上，政府整合机制在历史上体现为权治、法治和德治三种模式。就整合机制而言，权治模式对应的是行政性整合机制，法治模式对应的是契约性整合机制，著名学者孙立平教授从此角度精确而简练地概括道："中国的社会整合机制经历了一个从传统社会以血缘、地缘为基础的先赋性整合，到改革前的行政性社会整合，再到契约性社会整合的历史性变革。"④ 这里的先赋性整合与行政性整合都是基于权力的运用，

---

① [美] 乔纳森·特纳：《社会学理论的结构》，华夏出版社 2001 年版，第 40 页。
② 朱力：《我国社会整合机制的转换——兼论"和谐社会"的理念》，《学海》2005 年第 1 期。
③ 刘红凛、李卫华：《论社会整合机制》，《山东师范大学学报》（人文社会科学版）2003 年第 6 期。
④ 孙立平等：《改革以来中国社会结构的变迁》，《中国社会科学》1994 年第 2 期。这种行政性社会整合机制还可表述为"行政控制—强制服从"模式。参见孙立平《转型与断裂：改革以来中国社会结构的变迁》，清华大学出版社 2004 年版，第 4 页。

契约型整合则是基于对法律的强调和凸显，我国政府整合机制的发展历程，契合了社会治理模式的历史过程。服务型政府作为一种新型的政府治理形态，它与传统政府治理形态的根本区别在于以服务为核心价值取向的伦理诉求，它超越了权治与法治并赋予二者新的内涵将之有机整合于德治模式中，因此，服务型政府整合机制的全部内容都具有道德的性质。这种道德性是通过行政人员的服务行为来体现的，是在行政人员与相对人的合作中展开的，据此我们将其称为合作性整合机制。

在政府整合机制中，价值整合是其核心机制。服务型政府高扬服务的价值理念，建立起以服务为核心的价值体系，并以之作为政府整合机制的指导原则。在制度安排上，道德化的制度为政府整合提供了一套超越工具理性之形式化的规则系统；在组织建构上，合作型组织通过权威—价格—信任的三维整合，将价值与制度有机结合起来，为政府整合功能的充分发挥提供了现实的载体。合作型组织就其结构而言是一种信息网络组织，"网络倾向于水平延伸，而不是纵向发展。……网络中的各个环节属于平级，或根本无等级区别"。[①] 更确切地说，网络的完整定义包括"（1）功能：协作、合作和协调；（2）促进机制：责任、不对称、连接、去中心、动态、交换、互动、伙伴关系；（3）动力因素：相互依赖、权力；（4）结构：群集、复杂、弹性、非等级、组织间的、关联性等；（5）舞台：治理、政策"这些内容，最小概念的网络至少包含"复杂、交换、互动、相互依赖、非科层制、治理、政策"[②]。由此看来，网络关系是同等级间的横向联系，这种横向延伸的特征可以有效地打破纵向的官僚等级结构，使社会结构逐步扁平化。当然，这种结构的扁平化并不意味着组织结构的虚无化。因此，合作型组织中也存在权力关系与法律关系，并且这两种关系是被作为传统治理模式的纽带进入服务型社会治理模式中的。在传统政府模式中，权力关系是一种层级节制或等级差别的关系，法律关系是一种规范的形式上的平等关系。而在服务型政府中，由于伦理关系的普遍生成，尽管权力关系和法律关系依然存在，但它们已然不同于其传统形态，它们被赋予了新的内容。

---

① ［美］阿尔温·托夫勒：《权力的转移》，中共中央党校出版社1991年版，第220页。
② Wachhaus A., "Networks in Contemporary Public Administration: A Discourse Analysis", Administrative Theory & Praxis, Vol. 31, No. 1, 2009, pp. 59-77.

### (二) 独立人格的构建机制

独立人格的构建内含在政府整合机制之中。全钟燮指出，公共行政的社会建构本身事实上很少关注政策制定者和管理者怎样做出决定和怎样控制机构或组织中的人，更多关注的是人们如何建构和赋予他们的经验特定意义，进而这些意义又是如何成为公共行政之客观化要素的，包括"规则和规章、职位、角色、制度、组织简称、符号、分类和专业任务"。总体而言，"现有公共行政理论没有适当地处理个体—组织—社会（和个体—组织）之间的关系，因为其理论的发展都是为了反映快速增长和工业化时期的组织需要"，官僚制理论乃至现代管理中至高无上的关注点就是为了保证效率和产出，因此，"组织必须确保工具和技术理性"。[①] 这就是说，就行政人格构建而言，即便是公共行政的社会建构主义，遵循的仍然是组织和制度之于行政人员个体的线性逻辑，是一种单向的自上而下的控制机制，没有建构起自下而上的从行政人员个体出发的双向互动机制。完整的独立人格构建机制不能过分地关注和强调某一条逻辑通道，应是真正确立人的中心地位，从制度经由组织到个体和从个体经由组织到制度双向通道的有机统一。

正如前文所言，独立人格是一个自我不断实现和超越的生成过程，人格化运动的结果作为一种客观存在对社会、对他人有示范和教化作用，同时，它对行政人员自身也有一种导向和激励作用，也是自我不断建构和完善的过程。在服务行政模式中，道德化的制度根植于行政人员深蕴的道德性存在，制度对行政人员而言不再是外在的强制性规则，而在以信任关系为内核的合作型组织气候下，行政人员不再是边缘性的存在，其独立人格的建构成为组织一切行为所指向的根本目标。因此，当独立人格形成时，实际上也就实现了组织的同一性，而独立人格的自我建构力在获得自身的意义时，也具有社会的意义，实现了政府对社会的整合功能。换言之，独立人格的生成过程融合于政府整合机制的展开之中。

行政人员的独立人格生成于服务型政府建设的过程中，实现于服务型政府对传统政府治理模式的超越与扬弃过程之中。服务型政府高扬服务的

---

① [美]全钟燮：《公共行政的社会建构：解释与批判》，孙柏瑛等译，北京大学出版社2008年版，第44、52页。

价值理念，建立起以服务为核心的价值体系，并以之作为政府整合机制的指导原则。在制度安排上，道德化的制度必须以服务价值作为制度设计的实体性原则，这是服务价值实现的制度途径，而服务价值的真正实现不能仅仅局限于制度途径，还必须坐实于行政人员的具体行为中，这就决定了制度的道德化设计必须以能促进行政人员的道德化为根本目标。在道德化的制度中，行政人员道德存在之实现就是其独立人格的生成，这种道德化是通过行政人员的服务行为来体现的，是在行政人员与其他人员的合作中展开的。在组织建构上，合作型组织通过权威—价格—信任的三维整合，将价值与制度有机结合起来，为政府整合功能的充分发挥提供了现实的载体，而行政人员在服务精神与合作理念的孕育中，通过交互性的"意义"交往，自我同一性得到有机统一，独立人格也就获得现实的建构基础。

在个体的自我建构方面，行政人员置身于道德制度与合作型组织型构的行动背景中，其行政行为由过去的主客体单向运动转变成双向交流的沟通过程，行政人员与其他人员相互永久地开放，进行主体与主体之间的交流、对话和讨论，最终在共识的达成中确立相互之间的信任。与此同时，行政人员在主体间的合作中获得了自己的独立性、自主性和创造性，并且只有当行政人员具备了这方面的人格意识并在行为中将其转化为自身的综合能力，行政行为才会是服务行为，其独立人格才会真正形成。由此一来，无论是根植于人际交往中的行政权力，还是产生于法律制度的工作职责，都在伦理的调整下发生了实质性的变化，建立于交互主体性基础上的信任与合作成为行政人员行为的基本准则，公共性的信仰也不再是形式乃至虚幻。这时，服务价值不仅经由制度、组织具体化于行政人员个体的行动中，同时也在行政人员个体具体的现实行为中，实现了由个体到组织、制度层面的上升，因而制度、组织与个体不再是传统的单向的、封闭的自说自话，而是在伦理关系的调整与整合下，充分实现了双向互动与建构。

进一步讲，从社会治理的演变来看，存在于政府组织中的权力逐渐受到法律的调控，社会治理从权治向法治进行转变，政府整合从僵化的一维控制转向了形式公平的二维调控。服务行政作为一种新型的社会治理模式，它实现了对权力关系、法律关系的超越，并凸显出伦理关系的重要性，这种伦理关系形成于行政管理活动中并可以根据道德原则加以判断。因此，随着伦理关系的制度化，社会治理依归于道德的调整，真正意义上的德治走向历史前台。这一过程的转变是以行政人员独立人格之生成与建构为枢纽的，即现代意义上的德治一方面立足于道德化制度的建设和合作型组织的建构，确保行政人员独立人格的生成，将服务价值和理念坐实于行政人员的具体行为中；另一方面又以塑造和型构行政人员之独立人格为目标，通过行政人员饱含服务价值和理念的合作行为，实现对组织与制度的伦理改造（如图6—1所示）。

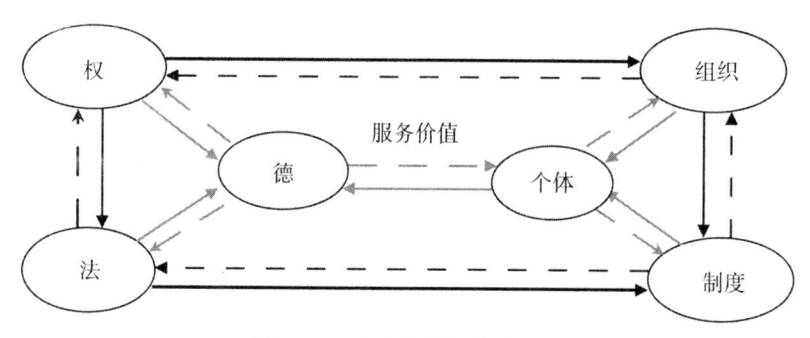

图6—1 独立人格的构建机制

要言之，在道德制度与合作型组织中，营造了以服务价值为核心的文化氛围，此时的行政人员个体不再是被分隔的碎片化原子而是拥有人之类本质实现的完整性，个体不再是目的实现所凭借的手段而是在主体间性的层面成为了目的本身，这时人与人之间的合作与信任是一种主体的自觉，不再是外在的强迫；合作与信任是稳定的普遍的，不再是个别的暂时的；合作与信任是客观的，不再是个体选择性的。而在基于信任的合作与服务中，服务价值得到了充分实现，行政人员则拥有了完整的人格意识，获得了独立的行为能力，在道德选择的自主性和责任义务选择的创造性中完成了自身独立人格的塑造。

# 结语　历史与逻辑的统一

公共行政学作为一门学科的历史并不久远,然而这并不否认行政管理作为国家之主要功能在人类历史中的现实存在。恩格斯指出:"历史从哪里开始,思想进程也应当从哪里开始,而思想进程的进一步发展不过是历史过程在抽象的、理论上前后一贯的形式上的反映;这种反映是经过修正的,然而是按照现实的历史过程本身的规律修正的,这时,每一个要素可以在它完全成熟而具有典范形式的发展点上加以考察。"① 因此,对行政学的研究不能言必称威尔逊、古德诺、韦伯等人,不能仅仅局限于学科史的学究考察,它的逻辑起点不能仅仅停留于一百多年前,而应该站在历史的高度,去追寻行政管理发展的历史脉络与内在逻辑,只有这样,行政学的发展才能是历史与逻辑的统一。本书以行政人格的历史演进为线索,宏观地把握人类社会治理活动的发展历程,从而将公共行政的历史置于行政人格历史类型的演进过程中。并且,通过行政人格历史类型的分析,契合当代社会治理活动的变化趋势,提出了服务型政府建设应该以塑造行政人员的独立人格为导向。

黑格尔告诫我们,"官吏的态度和教养"关系到公民对政府满意与否、信任与否,以及政府计划能否顺利实施或遭到削弱破坏,"为了使大公无私、奉公守法及温和敦厚成为一种习惯,就需要进行直接的伦理教育和思想教育,以便从精神上抵消因研究本部门行政业务的所谓科学、掌握必要的业务技能和进行实际工作等等而造成的机械性部分"。② 因此必须对行政人员进行政治教育,以减轻或抵消技术性的行政工作之机械性。当然,历史和现实也证明,单纯的政治教育并非是获得良好之官吏态度和教

---

① 《马克思恩格斯全集》第13卷,人民出版社1974年版,第532—533页。
② [德]黑格尔:《法哲学原理》,商务印书馆1996年版,第313、314页。

养的有效途径，还需要在制度安排、组织设计、机制建设等方面下足功夫，而最重要者无论是传统区分的"硬途径"还是"软途径"，都应该以塑造行政人员之独立人格为价值导向。

改革开放以来，我国的行政改革一直遵循机构改革、目标再设计（职能转变）、流程再造、权力再分配、制度创新、运作机制重构、主体重塑（文化价值观念及行为方式的重塑）的路径，职能转变、流程再造、行政制度创新、良性运行机制的建立，已成为各级政府加强自身能力建设的重要途径。但是，应该看到，受传统机构改革的路径"定型"甚至"锁定"，实践中，主体重塑的路径选择仍然被忽视或者说形式上重视而实际上良方不多。如果行政改革不能看到行政人员之独立人格建构的重要意义，其他路径选择往往会落入形式。更为重要的是，随着社会治理模式的转型，服务已成为社会治理活动的核心价值，而以服务为核心的价值体系内含着伦理关怀和道德诉求。康德说："一切有价值的东西能被其他所替代，这是等价；与此相反，超越一切价值之上的，没有等价东西可替代，才是尊严。"① 所谓人的尊严其实就是人格的独立性和完整性，这是所有社会活动包括公共管理与公共服务活动中最高的价值取向，公共行政的一切活动都必须以人的全面发展为旨归，即以人为本。

确立行政人员之独立人格建构为服务型政府的价值导向是以人为本的本质要求，是科学发展观指导政府治理实践的具体体现。政府治理活动中所贯彻的以人为本原则，其"人"首先是人民群众，其"本"则是人民群众的根本利益，因为"如果公共行政不能与公众联系在一起，那么，它或许就只能服务于官僚体系的目标，从而丧失了改进其内部局限性的任何机会"②。但是，这里的"人"还应该包括行政人员。这是因为，从一般意义上讲，行政人员作为人类的个体，也是人类历史的"前提"与目的，而作为"全体民众的高度智慧和法律意识"所集中的中间等级的主要部分，国家和政府职能的实现必须由其组成人员主要是行政人员的具体行为来体现。行政人员作为政府治理活动中事实上的主体，如果其本身只得到片面发展，其人格出现扭曲和分裂，那么，政府活动实际上就矮化为行政人员的一种单向度追求，其职能目标就会被私利追逐所替代，进而影

---

① ［德］康德：《道德形而上学原理》，苗力田译，上海人民出版社1986年版，第87页。
② ［美］全钟燮：《公共行政的社会建构：解释与批判》，孙柏瑛等译，北京大学出版社2008年版，第30页。

响政府的合法性。

以人为本的原则是现实社会中所有活动领域里的基本原则，决不允许存在任何盲区。在传统社会中，以人为本的原则和事实或者被淹没了，或者被歪曲、被贬抑了，而轻视人、蔑视人反而成了普遍的原则，并表现为普遍的事实，这在政府治理模式中，表现为行政人员的依附人格和工具人格。统治型政府模式中，行政人员处于以权力关系为轴心的等级森严的行政体系中，受人与人之间的依赖关系控制，其人格是一种未完成的人格模式。管理型政府模式中，人与人之间的社会关系被物化为人对物的依赖，物的联系成了市场交换中社会关系的中介，人被异化为物的奴隶，行政人员的人格在效率的至上追求和公平的形式化追求中发生了分裂，进而被塑造为一种失去个体特征的被形式化了的工具人格。这两种人格模式都以牺牲、扼杀行政人员的个性为代价，忽视个体自我价值的实现，社会生活的内容被排除在人的行为之中，因此，传统社会中行政人员的发展是片面的、不完整的。

即便是从技术的角度看，公共行政不仅要结合系统论和管理科学的观点，还应该有伦理学的考察，即伦理自由的技术。[①] 因此，要超越传统的公共行政实践，以人为本的服务型政府建设，就必须立足社会现实，既要正视行政人员正当的物质利益需求，更要把行政人员视为具有社会生活之实质内容的整体意义上的人，即其职业活动与他的全部社会生活和个人生活统一在一起的整体，同时通过道德化的制度，将行政人员的行为整合进政府的职能实现中，促进行政人员独立人格的形成。只有行政人员形成了独立人格，才会从根本上实现政府卓越能力的再造，最终实现服务价值目标。具体而言，加强行政人员独立人格的建构，对于服务型政府建设具有重要的实践意义。

首先，行政人员独立人格的发现为服务型政府建设提供了切入点。综观当前关于服务型政府的理论探讨和实践，大多是在服务行政的名义下贩卖管理主义的操作理念，而独立人格的发现，则为祛除工具主义和扬弃管理主义指明了努力方向。也就是说，我们在进行服务型政府的制度安排、组织模式设计时，以能否塑造出行政人员的独立人格为一项必须加以考量

---

① Farmer J. D., *The Language of Public Administration: Bureaucracy, Modernity, and Postmodernity*, Montgomery: University of Alabama Press, 1995, p. 97.

的指标,以能否为行政人员独立人格的生成提供广阔的空间为判断成功与否的标准。其次,行政人员独立人格的发现为解决现实中行政人员人格冲突的问题提供了正确方向。在现实的政府治理实践中,常常存在着严重的人格冲突问题,行政人员表现出"双重人格"甚至"多重人格"共存的情况,往往表现为当面一套、背后一套,台上一套、台下一套,说一套、做一套,等等。出现这种情况的原因就在于传统行政模式中忽视了行政人员的人格建构问题,换言之,传统行政模式中的依附人格和工具人格是一种"自然"状态的人格,缺乏自觉的建构,独立人格的提出则要求行政人员必须在服务行政模式中自觉塑造自我的独立人格,从而做到言行一致。再次,独立人格的发现使建立制度化的行政人员人格评价机制成为可能。服务行政中的独立人格是一种独立性、创造性、自主性得到充分张扬的自觉的人格存在形态,这种自觉,不仅使行政人员有了自我人格塑造的方向,而且也为建立行政人员的人格评价机制确立了明确标准,而传统的行政人员行为控制机制就失去了意义。最后,独立人格的自觉塑造将使行政体系成为真正的社会调整机构。独立人格的最终生成,不仅为服务价值的实现提供了现实的载体,为建设和谐社会、落实执政能力建设,提高政府的回应性与责任性、加强公共行政的合法性提供了人格支持,而且,通过其服务行为的完成,还为促进社会普遍独立人格的生成起到示范作用,从而实现行政体系对社会关系的充分调整。

# 参考文献

## 一 中文著作

1. ［澳］欧文·E.休斯：《公共管理导论》，中国人民大学出版社2001年版。
2. ［德］恩斯特·卡西尔：《人论》，甘阳译，上海译文出版社1985年版。
3. ［德］哈贝马斯：《公共领域的结构转型》，曹卫东等译，学林出版社1999年版。
4. ［德］哈贝马斯：《交往行动理论》第1卷，重庆出版社1994年版。
5. ［德］海德格尔：《技术的追问》，载孙周兴编《海德格尔选集》（下），上海三联书店1996年版。
6. ［德］胡塞尔：《欧洲科学危机和超验现象学》，张庆熊译，上海译文出版社1988年版。
7. ［德］京特·雅科布斯：《规范·人格体·社会——法哲学前思》，冯军译，法律出版社2001年版。
8. ［德］亚图·考夫曼：《类推与"事物本质"：兼论类型理论》，台北：学林文化事业有限公司1999年版。
9. ［德］马克斯·韦伯：《经济与社会》，商务印书馆1997年版。
10. ［德］尼克拉斯·卢曼：《信任》，上海世纪出版集团2005年版。
11. ［德］舍勒：《价值的颠覆》，罗悌伦、林克、曹卫东译，生活·读书·新知三联书店1997年版。
12. ［德］舍勒：《资本主义的未来》，罗悌伦等译，生活·读书·新知三联书店1997年版。
13. ［德］施路赫特：《理性化与官僚化》，广西师范大学出版社2004

年版。

14. ［俄］尼古拉·别尔嘉耶夫：《人的奴役与自由》，贵州人民出版社1994年版。

15. ［法］彼得·布劳、马歇尔·梅耶：《现代社会中的科层制》，学林出版社2001年版。

16. ［法］莱昂·狄冀：《公法的变迁》，郑戈、冷静译，春风文艺出版社1999年版。

17. ［法］马克·布洛赫：《封建社会》（下卷），张绪山译，商务印书馆2004年版。

18. ［法］麦克林：《传统与超越》，华夏出版社1999年版。

19. ［法］让-马克·夸克：《合法性与政治》，中央编译出版社2002年版。

20. ［加］菲利普·汉森：《汉娜·阿伦特：政治、历史与公民身份》，江苏人民出版社2004年版。

21. ［美］J.科尔曼：《社会理论的基础》，社会科学文献出版社1999年版。

22. ［美］阿拉斯太·麦金太尔：《三种对立的道德价值观》，中国社会科学出版社1999年版。

23. ［美］艾赅博、百里枫：《揭开行政之恶》，白锐译，中央编译出版社2009年版。

24. ［美］安东尼·唐斯：《官僚制内幕》，中国人民大学出版社2006年版。

25. ［美］昂格尔：《现代社会中的法律》，译林出版社2001年版。

26. ［美］巴纳德：《经理人员的职能》，中国社会科学出版社1997年版。

27. ［美］彼得斯：《政府未来的治理模式》，中国人民大学出版社2001年版。

28. ［美］波林·罗斯诺：《后现代主义与社会科学》，上海译文出版社1998年版。

29. ［美］博登海默：《法理学——法律哲学与法律方法》，邓正来译，中国政法大学出版社1999年版。

30. ［美］查尔斯·林德布罗姆：《政治与市场：世界的政治—经济

体制》，上海三联书店、上海人民出版社 1995 年版。

31. ［美］丹尼尔·贝尔：《后工业社会的来临》，新华出版社 1997 年版。

32. ［美］丹尼尔·贝尔：《资本主义文化矛盾》，赵一凡等译，生活·读书·新知三联书店 1989 年版。

33. ［美］丹尼斯·朗：《权力论》，中国社会科学出版社 2001 年版。

34. ［美］丹尼斯·姆贝：《组织中的传播和权力：话语、意识形态和统治》，中国社会科学出版社 2000 年版。

35. ［美］登哈特：《公共组织理论》（第 3 版），中国人民大学出版社 2003 年版。

36. ［美］登哈特：《新公共服务：服务，而不是掌舵》，中国人民大学出版社 2004 年版。

37. ［美］弗洛姆：《人的呼唤》，王泽应等译，上海三联书店 1991 年版。

38. ［美］弗洛姆：《逃避自由》，中国工人出版社 1989 年版。

39. ［美］弗洛姆：《为自己的人》，孙依依译，生活·读书·新知三联书店 1992 年版。

40. ［美］福克斯、米勒：《后现代公共行政》，楚艳红等译，中国人民大学出版社 2002 年版。

41. ［美］格罗弗·斯塔林：《公共部门管理》，上海译文出版社 2003 年版。

42. ［美］古德诺：《政治与行政》，华夏出版社 1987 年版。

43. ［美］古尔德纳：《知识分子的未来和新阶级的兴起》，江苏人民出版社 2002 年版。

44. ［美］汉娜·阿伦特：《人的境况》，上海人民出版社 2009 年版。

45. ［美］凯尔纳、贝斯特：《后现代理论：批判性的质疑》，中央编译出版社 1999 年版。

46. ［美］库珀：《行政伦理学：实现行政责任的途径》（第 4 版），中国人民大学出版社 2001 年版。

47. ［美］罗伯特·贝拉等：《心灵的习性：美国人生活中的个人主义和公共责任》，生活·读书·新知三联书店 1991 年版。

48. ［美］罗伯特·帕特南：《使民主运转起来》，江西人民出版社

2001年版。

49. [美] 罗尔斯：《正义论》，中国社会科学出版社1988年版。

50. [美] 罗森布鲁姆等：《公共行政学：管理、政治和法律的途径》，中国人民大学出版社2002年版。

51. [美] 麦金泰尔：《德性之后》，龚群译，中国社会科学出版社1995年版。

52. [美] 米歇尔·鲍曼：《道德的市场》，中国社会科学出版社2003年版。

53. [美] 乔纳森·特纳：《社会学理论的结构》，华夏出版社2001年版。

54. [美] 乔治·H. 米德：《心灵、自我与社会》，上海译文出版社1992年版。

55. [美] 乔治·弗雷德里克森：《公共行政的精神》，中国人民大学出版社2002年版。

56. [美] 全钟燮：《公共行政的社会建构：解释与批判》，孙柏瑛等译，北京大学出版社2008年版。

57. [美] 全钟燮：《公共行政：设计与问题解决》，黄曙耀译，台北：五南图书出版有限公司2001年版。

58. [美] 塞缪尔·亨廷顿：《变化社会中的政治秩序》，生活·读书·新知三联书店1989年版。

59. [美] 斯蒂芬·L. 埃尔金等：《新宪政论：为美好的社会设计政治制度》，生活·读书·新知三联书店1997年版。

60. [美] 斯蒂尔曼二世：《公共行政学：概念与案例》（第7版），竺乾威等译，中国人民大学出版社2004年版。

61. [美] 汤普森：《行动中的组织：行政理论的社会学基础》，敬义佳译，上海人民出版社2007年版。

62. [美] 文森特·奥斯特罗姆：《美国公共行政的思想危机》，上海三联书店1999年版。

63. [美] 雅米尔·吉瑞赛特：《公共组织管理——理论和实践的演进》，上海译文出版社2003年版。

64. [美] 英格尔斯：《人的现代化》，四川人民出版社1985年版。

65. [美] 詹姆斯·Q. 威尔逊：《美国官僚政治》，中国社会科学出版社 1995 年版。

66. ［苏联］科恩：《自我论》，生活·读书·新知三联书店 1986 年版。

67. ［以色列］艾森斯塔得：《帝国的政治体系》，贵州人民出版社 1992 年版。

68. ［英］戴维·米勒等编：《布莱克维尔政治学百科全书》，邓正来译，中国政法大学出版社 2002 年版。

69. ［英］哈耶克：《自由秩序原理》，生活·读书·新知三联书店 1997 年版。

70. ［英］胡德：《国家的艺术：文化、修辞与公共管理》，上海人民出版社 2004 年版。

71. ［英］尼格尔·多德：《社会理论与现代性》，社会科学文献出版社 2003 年版。

72. 白钢：《中国皇帝》，天津人民出版社 1993 年版。

73. 车玉玲：《总体性与人的存在》，黑龙江人民出版社 2001 年版。

74. 陈新民：《公法学札记》，台湾三民书局 1993 年版。

75. 陈仲庚、张雨新：《人格心理学》，辽宁人民出版社 1986 年版。

76. 邓正来、亚历山大编：《国家与市民社会》，中央编译出版社 1999 年版。

77. 丁念金：《独立型人格建构——人格转型与教育改革》，吉林教育出版社 2002 年版。

78. 葛承雄：《中国古代等级社会》，陕西人民出版社 1992 年版。

79. 何怀宏：《世袭社会及其解体——中国历史上的春秋时代》，生活·读书·新知三联书店 1996 年版。

80. 贺善侃：《实践主体论》，学林出版社 2001 年版。

81. 黄小勇：《现代化进程中的官僚制》，黑龙江人民出版社 2003 年版。

82. 金观涛、刘青峰：《兴盛与危机》，湖南人民出版社 1984 年版。

83. 李春成：《行政人的德性与实践》，复旦大学出版社 2003 年版。

84. 李江涛、朱秉衡：《人格论》，辽宁人民出版社 1989 年版。

85. 李淑梅：《社会转型与人的现代重塑》，山西教育出版社 1998 年版。

86. 李文治、江太新：《中国宗法家族制和族田义庄》，社会科学文献出版社 2000 年版。

87. 李治安、杜家骥：《中国古代官僚政治——古代行政管理及官僚病剖析》，书目文献出版社 1993 年版。

88. 林方主编：《人的潜能和价值——人本主义心理学译文集》，华夏出版社 1987 年版。

89. 刘广明、王志跃：《中国传统人格批判》，江苏人民出版社 1995 年版。

90. 刘小枫：《现代性社会理论绪论》，上海三联书店 1998 年版。

91. 刘泽华、汪茂和、王兰仲：《专制权力与中国社会》，吉林文史出版社 1988 年版。

92. 刘泽华主编：《中国传统政治哲学与社会整合》，中国社会科学出版社 2000 年版。

93. 马长山：《国家、市民社会与法治》，商务印书馆 2002 年版。

94. 马德普：《普遍主义的贫困——自由主义政治哲学批判》，人民出版社 2005 年版。

95. 马骏、叶娟丽：《西方公共行政学理论前沿》，中国社会科学出版社 2004 年版。

96. 毛寿龙、李梅、陈幽泓：《西方政府的治道变革》，中国人民大学出版社 1998 年版。

97. 彭和平、竹立家等：《国外公共行政理论精选》，中共中央党校出版社 1997 年版。

98. 苏国勋：《理性化及其限制——韦伯思想引论》，上海人民出版社 1988 年版。

99. 孙越生：《官僚主义的起源和元模式》（附录四），网络电子版。

100. 王世洲主编：《人格》，北京大学出版社 2014 年版。

101. 王亚南：《中国官僚政治研究》，中国社会科学出版社 2005 年版。

102. 吴增基等：《理性精神的呼唤》，上海人民出版社 2001 年版。

103. 武斌：《现代西方人格论》，辽宁人民出版社 1989 年版。

104. 肖川：《主体性道德人格教育》，北京师范大学出版社 2002 年版。

105. 颜良恭：《公共行政的典范问题》，台北：五南图书出版有限公司 1998 年版。

106. 余潇枫：《哲学人格》，吉林教育出版社 1998 年版。

107. 岳庆平：《中国的家与国》，吉林文史出版社 1990 年版。

108. 张成福：《大变革——中国行政改革的目标与行为选择》，改革出版社1993年版。

109. 张分田：《亦主亦奴——中国古代官僚的社会人格》，浙江人民出版社2000年版。

110. 张凤阳：《现代性的谱系》，南京大学出版社2004年版。

111. 张康之：《公共管理伦理学》，中国人民大学出版社2003年版。

112. 张康之：《公共行政的行动主义》，江苏人民出版社2014年版。

113. 张康之：《公共行政中的哲学与伦理》，中国人民大学出版社2004年版。

114. 张康之：《合作的社会及其治理》，上海人民出版社2014年版。

115. 张康之：《论伦理精神》，江苏人民出版社2010年版。

116. 张康之：《寻找公共行政的伦理视角》，中国人民大学出版社2002年版。

117. 赵世瑜：《吏与中国传统社会》，浙江人民出版社1994年版。

118. 郑敦淳、郑雪等：《经典人格论》，广东人民出版社1988年版。

119. 朱义禄：《从圣贤人格到全面发展——中国理想人格探讨》，陕西人民出版社1992年版。

## 二 中文期刊

1. ［澳］欧文·休斯：《新公共管理的现状》，《中国人民大学学报》2002年第6期。

2. ［德］格哈特·克鲁伊普：《市民社会在现代国家发展中的作用》，《世界经济与政治》2004年第3期。

3. ［法］福柯：《什么是启蒙运动?》，于奇智译，《世界哲学》2005年第1期。

4. ［美］加里·万斯莱：《公共行政与治理过程：转变美国的政治对话》(《黑堡宣言》节选)，《中国行政管理》2002年第2期。

5. ［美］J. S. 朱恩：《什么是行政哲学》，孟凡民译，《北京行政学院学报》2004年第4期。

6. 蔡立辉：《公共管理：公共性本质与功能目标的内在统一》，《中国人民大学学报》2003年第2期。

7. 邓正来：《市民社会理论的研究》，《中国书评》（香港）1995年第 7 期。

8. 高鸿钧：《现代西方法治的冲突与整合》，《清华法治论衡》第 1 辑，清华大学出版社 2000 年版。

9. 高清海、余潇枫：《"类哲学"与人的现代化》，《中国社会科学》1999 年第 1 期。

10. 高兆明：《公共权力：国家在现时代的历史使命》，《江苏社会科学》1999 年第 4 期。

11. 顾红亮：《从制度的视角看人格》，《重庆社会科学》2006 年第 11 期。

12. 郭金山、芮明杰：《当代组织同一性理论研究述评》，《外国经济与管理》2004 年第 6 期。

13. 何艳玲：《"公共价值管理"：一个新的公共行政学范式》，《政治学研究》2009 年第 6 期。

14. 何增科：《市民社会概念的历史演变》，《中国社会科学》1994 年第 5 期。

15. 洪向华：《权威理论浅析》，《科学社会主义》2005 年第 5 期。

16. 黄小勇：《行政的正义——兼对"回应性"概念的阐释》，《中国行政管理》2000 年第 12 期。

17. 黄宗智：《中国经济史中的悖论现象与当前的规范认识危机》，《史学理论研究》1993 年第 1 期。

18. 金相文：《论宗教个人主义的世俗意义——分析 16 世纪宗教改革的起源和影响的一个视角》，《学海》2002 年第 4 期。

19. 李汉林：《中国单位现象与城市社区的整合机制》，《社会学研究》1993 年第 5 期。

20. 李可：《类型思维及其法学方法论意义》，《金陵法律评论》2003 年秋季号。

21. 李慎之：《中国文化传统与现代化——兼论中国的专制主义》，《战略与管理》2000 年第 4 期。

22. 李昕：《中外行政主体理论之比较分析》，《行政法学研究》1999 年第 1 期。

23. 刘光宁：《中国社会的父权家庭与权威人格》，《杭州师范学院学报》（自然科学版）2003 年第 2 卷第 6 期。

24. 刘红凛、李卫华：《论社会整合机制》，《山东师范大学学报》（人文社会科学版）2003 年第 6 期。

25. 刘能：《等级制和社会网络：社会场域中的权力与交换关系》，《河南社会科学》2004 年第 1 期。

26. 刘祖云：《历史与逻辑视野中的"服务型政府"》，《南京社会科学》2004 年第 9 期。

27. 马文运：《社会转型中的行政人格》，《决策探索》1994 年第 12 期。

28. 庞玉珍：《中国社会结构变迁与新型整合机制的建构》，《社会科学战线》1999 年第 3 期。

29. 沈岿：《重构行政主体范式的尝试》，《法律科学——西北政法学院学报》2000 年第 6 期。

30. 沈岿：《公共行政组织建构的合法化进路》，《法学研究》2005 年第 4 期。

31. 孙立平等：《改革以来中国社会结构的变迁》，《中国社会科学》1994 年第 2 期。

32. 孙晓莉：《多元社会治理模式探析》，《理论导刊》2005 年第 5 期。

33. 孙珠峰、胡伟：《后新公共管理时代钟摆现象》，《南京社会科学》2013 年第 9 期。

34. 孙珠峰、胡伟：《后新公共管理改革的起因研究》，《学术探索》2015 年第 1 期。

35. 吴琼恩：《公共行政发展趋势的探究：三种治理模式的互补》，《公共行政学报》2002 年第 7 期。

36. 肖川：《"个性教育·人格教育·主体性教育"辨析》，《江西教育科研》1999 年第 5 期。

37. 肖峰：《技术的返魅》，《科学技术与辩证法》2003 年第 4 期。

38. 杨博、谢光远：《论"公共价值管理"：一种后新公共管理理论的超越与限度》，《政治学研究》2014 年第 6 期。

39. 杨建顺：《论行政裁量与司法审查——兼及行政自我拘束原则的理论根据》，《法商研究》2003 年第 1 期。

40. 杨建顺：《行政裁量的运作及其监督》，《法学研究》2004 年第 1 期。

41. 杨艳：《服务型政府建设的导向：公务员独立人格的追求》，《南京社会科学》2005年第9期。

42. 杨艳：《行政人格研究现状及述评》，《南京社会科学》2007年第1期。

43. 杨艳：《论行政裁量之控制与行政人格的建构》，《中国行政管理》2008年第6期。

44. 杨艳：《服务型政府中行政人员独立人格的社会整合功能》，《学习论坛》2009年第8期。

45. 杨艳：《行政责任的实现与行政主体重构——以行政人员独立人格为视角》，《探索》2012年第2期。

46. 杨艳：《公共组织整合机制与行政人格的塑造》，《理论与改革》2012年第1期。

47. 杨艳：《服务型政府的概念、模式与构建路径》，《学习论坛》2014年第7期。

48. 杨解君：《行政主体及其类型的理论界定与探索》，《法学评论》1999年第5期。

49. 叶必丰：《现代行政行为的理念》，《法律科学——西北政法学院学报》1999年第6期。

50. 张成福：《公共管理的职业主义与职业伦理》，《新视野》2003年第3期。

51. 张康之：《行政人员的道德意识与行政人格的生成》，《云南行政学院学报》1999年第2期。

52. 张康之：《行政文化在行政人格塑造中的作用》，《青海社会科学》1999年第6期。

53. 张康之：《走向现代化的行政价值选择》，《国家行政学院学报》2000年第6期。

54. 张康之：《论政府的非管理化》，《教学与研究》2000年第7期。

55. 张康之：《论社会治理模式中的德治及其制度安排》，《云南行政学院学报》2002年第5期。

56. 张康之：《德制建设：社会主义政治文明的目标追求》，《学术研究》2003年第5期。

57. 张康之：《公共管理：社会治理中的一场革命》，《北京行政学院学报》2004年第1、2、3期。

58. 张康之:《论组织整合机制中的信任》,《河北学刊》2005 年第 1 期。

59. 张康之:《在历史的坐标中看信任——论信任的三种历史类型》,《社会科学研究》2005 年第 1 期。

60. 张康之、张乾友:《对"市民社会"和"公民国家"的历史考察》,《中国社会科学》2008 年第 3 期。

61. 张康之、张乾友:《论权力分化的启、承、转、合》,《学海》2011 年第 2 期。

62. 张康之、张乾友:《行政裁量为公共行政学注入新的因素》,《四川大学学报》(哲学社会科学版)2013 年第 4 期。

63. 张乾友:《促进性规则、道德制度与服务型政府的制度框架》,《南京社会科学》2013 年第 8 期。

64. 张乾友:《论社会治理中的控制性规则与促进性规则》,《江苏社会科学》2014 年第 3 期。

65. 张文显、信春鹰:《民主+宪政=理想的政制》,《比较法研究》1990 年第 1 期。

66. 赵明:《关于人身依附关系和等级制的社会根源理论试探》,《江西师范大学学报》1994 年第 1 期。

67. 朱国云:《美国公共行政理论的超越理性取向》,《国外社会科学》1999 年第 6 期。

68. 朱力:《我国社会整合机制的转换——兼论"和谐社会"的理念》,《学海》2005 年第 1 期。

### 三 外文资料

1. Aaron Wachhaus, "Penn State Harrisburg. Networks in Contemporary Public Administration: A Discourse Analysis", *Administrative Theory & Praxis*, Vol. 31, No. 1, 2009.

2. Applepy, Pual, *Morality and Administration in Democratic Government*, Baton Rouge: Louisana State University Press, 1950.

3. Argyris, Chris, *Personality and Organization: The Conflict between System and the Individual*, New York, Harper & Brothers, 1957.

4. B. Guy Peters, *The future of governing: four emerging models*, Law-

rence, KS: University Press of Kansas, 1996.

5. Brad Verhulst, Peter K. Hatemi, Nicholas G. Martin, "The nature of the relationship between personality traits and political attitudes", *Personality and Individual Differences*, No. 49, 2010.

6. C. Hood, "A Public Management for all Seasons?", *Public Administration*, Vol. 69, 1991.

7. C. Hood, "Contemporary Public Management: a New Global Paradigm?", *Public Policy and Administration*, No. 2, 1995.

8. Christopher Pollitt, Geert Bouckaert, *Public Management Reform: A Comparative Analysis-New Public Management, Governance, and the New Weberian State (Third dition)*, Oxford: Oxford University Press, 2011.

9. Christopher Pollitt, *The Essential Public Manager*, Berkshire: McGraw-Hill Education, 2003.

10. Clark Kerr et al., *Industrialism and Industrial Man*, California, 1973.

11. Cooper Terry L., "Hierarchy, Virtue, and the Practice of Public Administration: A Perspective for Normative Ethics", *Public Administration Review*, Vol. 47, No. 4, 1987.

12. Cooper Terry L., N. Dale Wright, *Exemplary Public Administrators: Character and Leadership in Government*, San Francisco: Jossey-Bass Publishers, 1992.

13. David Beetham, *Bureaucracy*, Open University Press, 1987.

14. Dunleavy, P., C. Hood, "From Old Public Administration to New Public Management", *Public Money and Management*, Vol. 14, No. 3, 1994.

15. Dwight Waldo, "Administrative Theory in the United States: A Survey and Prospect", *Political Studies*, No. 2, 1954.

16. Edward Bell, Michael A. Woodley, Julie Aitken Schermer, Philip A. Vernon, "Politics and the General Factor of Personality", *Personality and Indvidual Differences*, No. 53, 2012.

17. Erikson, E., *Childhood & Society*, New York, 1977.

18. Ernst-Wolfgang. Böckenförde, *State, Society and Liberty*, Translated by J. A. Underwood, Published by Berg Published Limited, 1991.

19. Farmer J. D., *The Language of Public Administration: Bureaucracy Modernity, and Postmodernity*, Montgomery: University of Alabama Press, 1995.

20. Frederickson H. G., "The Lineage of New Public Administration", *Administration & Society*, Vol. 8, 1976.

21. Fred I. Greinstein, *Personality and Politics: Problems of Evidence, Inference, and Conceptualization*, New York: The Norton Library, 1975.

22. Gavin Kelly, Geoff Mulgan and Stephen Muers, *Creating Public Value: An Analytical Framework for Public Service Reform*, London: Cabinet Office. UK Government, 2002.

23. Golembiewski, Robert T., *Men, Management, and Morality: Toward a New Organizational Ethic*, New York, McGraw-Hill Book Co., c1989. 1965.

24. Golembiewski, Robert T., *Public Administration As a Developing discipline: Part*1, *Perspectives on Past and Present*, New York: Marcel Dekker, Inc., 1977.

25. Gruening G., "Origin and Theoretical Basis of New Public Management", *International Public Management Journal*, Vol. 4, No. 1, 2001.

26. Haveman, H. A., "Organizational Size and Change: Diversification in the Savings and Loan Industry after Deregulation", *Administrative Science Quarterly*, Vol. 38, 1993.

27. Henry N., "Paradigms of Public Administration", *Public Administration Review*, Vol. 35, No. 4, 1975.

28. Herman Finer, "Administrative Responsibility in DemocraticGovernment", *Public Administration Review*, Vol. 1, No. 4, 1941.

29. Jack H. Knott, Gary J. Miller, *Reforming Bureaucracy: The Politics of Institutional Choice*, Englewood Cliffs, New Jersey: Prentice-Hall, 1987.

30. Jay M. Shafritz, Albertt C. Hyde, *Classics of Public Administration*, $2^{nd}$. Chicago: The Dorsey Press, 1987.

31. Jennifer A. Chatman, Sigal G. Barsade, "Personality, Organizational Culture, and Cooperation: Evidence from a Business Simulation", *Administrative Science Quarterly*, Sept., 1995.

32. J. Gray, *Post-liberalism*, New York, 1993.

33. John B. McConahay, "Personality, Politics, and Path Analysis", *PsycCRITIQUES*, Vol. 21, No. 4, 1976.

34. John B. Washbush, "Personality Characteristics and Group Perform-

ance in Total Enterprise Simulation", *Developments In Business Simulation & Experiential Exercises*, Vol. 19, 1992.

35. John, D., D. F. Kettl, B. Dyer, et al., "What Will New Governance Mean for the Federal Government?", *Public Administration Review*, Vol. 54, No. 3/4, 1994.

36. John Rawls, *Political Liberalism*, Columbia University Press, 1996.

37. Kettl, D. F., "The Global Revolution in Public Management: Driving Themes", *Missing Links. Journal of Policy Analysis and Management*, Vol. 16, No. 3, 1997.

38. Kettl, Donald F., *The Global Public Management Revolution*, Washington DC: Brookings Institution Press, 2000.

39. Kirkhart, Larry, *Toward a Theory of Public Administration*, in *Toward a New Public Administration*, Edited by Frank Marini, San Francisco: Chandler, 1971.

40. Michel Crozier, *The Bureaucratic Phenomenon*, Chicago: University of Chicago Press, 1964.

41. Norman, Richard, "New Zealand's Reinvented Government: Experiences of Public Managers", *Public Sector*, Vol. 18, No. 2, 1995.

42. Pauldu Gay ed., *The Values of Bureaucracy*, New York: Oxford University Press, 2005.

43. Paul M., Sniderman, "Personality and Democratic Politics", in *Political Psychology: Classic and Contemporary Readings*, New York: Paragon House Publishers, 1993.

44. Philip H. Anderson and Leigh Lawton, "Dominant Personality Types and Total Enterprise Simulation Performance: A Follow-up Study", *Developments in Business Simulation & Experiential Exercises*, Vol. 20, 1993.

45. Richard W. Painter, *Getting the Government America Deserves: How Ethics Reform can Make a Difference*, New York: Oxford University Press, 2009.

46. Robert K. Meton et al., eds., *Reader in Bureaucreacy*, 2$^{nd}$, New York: The Free Press of Glencoe, 1960.

47. Sheldon Stryker, Peter J. Burker, "The Past, Present, and Future of Identity Theory", *Social Psychology Quarterly*, Vol. 63, No. 4, 2000.

48. Shergold, Peter, "Regeneration: New Structures, New Leaders, New Traditions", *Australian Journal of Public Administration*, Vol. 64, No. 2, 2005.

49. Simon, H., *Administrative Behavior (Fourlh Edition): A Study of Decision-Making Processes in Administrative Organizations*, New York: The Free Press, 1997.

50. Tom Christensen, Per Lagreid, "The Whole-of-Government Approach to Public Sector Reform", *Public Administration Review*, Vol. 67, No. 6, 2007.

51. Tom Ling, "Delivering Joined-Up Government in the UK: Dimensions, Issues and Problems", *Public Administration*, Vol. 80, No. 4, 2002.

52. T. Parsons and E. Shils, *Toward a General Theory of Action*, Cambridge: Harvard University Press, 1951.

53. Waldo, "Development of Theory of Democratic Administration", *American Political Science Review*, Vol. 46, No. 1, 1952.

54. Waldo, D., *The Study of Public Administration*, New York: Random House, 1955.

55. Waldo, *The Administrative State: A Study of the Political Theory of American Public Administration*, New York: Ronald Press Company, 1948.

56. Whyte, William, *The Organization Man*, New York: Simon and Schuster, 1956.

57. William G. Scott and David K. Hart, *Organizational America*, Boston: Houghton Mifflin, 1979.

58. Wolfgang Drechsler, "The Re-Emergence of 'Weberian' Public Administration after the Fall of New Public Management: The Central and Eastern European Perspective", *Halduskultuur*, Vol. 6, 2005.

59. 杰拉尔德·凯登、马国泉编：《行政道德文选》（英文版），复旦大学出版社2003年版。

60. 竺乾威、马国泉编：《公共行政学经典文选》（英文版），复旦大学出版社2000年版。

# 后　记

　　本书是在笔者博士论文基础上修改而成，说修改乃因原计划进行大的调整和修正，并为此申请了国家课题的资助。但在经年观察和深入思考后发现，整体框架和基本观点仍具有一定价值，这也是决定出版的重要原因之一。因此所谓修改仍只是细枝末节的缝缝补补，而在小修过程中常因各种看似正当的理由和借口断断续续拖延了数年之久。个中缘由之一便是对书中观点和结论的不自信，尤其是对阐释过程的惶恐与不安，而在一个工具理性和技术理性弥漫整个社会的时代，说阐释或许比论证更能免于被质疑，事实上这种小心可能仍不免书中观点会受到来自各方的批评甚至诘难，当然若能真有如此效果，本书的意义也就达到了。

　　选择行政人格作为研究对象，出于一种偶然。当我刚刚硕士毕业投入到张康之教授门下攻读博士研究生时，适逢张老师主持一本行政伦理学的教材编写，说是教材，仅是就体例和阅读对象而言，就内容看因此前并无相关教材可参考而更像是具有开创意义的专著。当张老师确定由我来编写"行政人格"这章内容时，对于一个刚刚跨专业而来的初学者来说，我是既高兴又惶恐，深感力有不逮，唯恐负老师厚望。然在张老师的耐心指导和鼓励下，算是顺利地完成了"任务"。随后张老师建议我的博士论文就以行政人格为选题。其间，曾经参加过一次有关服务型政府的全国性会议，更加坚定了我在服务型政府的框架中来思考行政人格，进而很快确定了选题方向。方向虽然明确，但过程却是艰辛甚至痛苦的。当第一稿大纲拿出来去征求导师意见时，导师并未直接点评，而是委婉地带着我和另一位同门去访友。回校后在校园散步中，聆听了导师的教诲和想法，犹如醍醐灌顶，当晚便拿出大纲，没想到第二天开题时顺利通过了，而心里仍是惴惴不安。开题后便着手论文写作，由于已经习惯于"命题式作文"，原本想和导师再仔细斟酌大纲然后"填空"就好，但导师鼓励说先写，写完后再调整。这种信任和更多的鼓励支撑了随后"痛并快乐着"的七个月，并一直延续到今天,而上学期间唯一一次在校过春节的记忆,成就了如今的回忆。

作为理论研究,无论是在西方还是国内学术界,行政人格研究从未成为重点关注内容更别说焦点了。也许,在个人主义至上的西方社会,行政人格被视为行政人员的私事而反感、拒绝并抵制社会尤其是政府的窥视,而所谓私权在系统的制度安排及组织运行的严格保护中,独立人格也似乎理所当然或顺理成章。然而事实确实如此吗?反观中国,在集体主义至上的文化中,独立人格常被视为另类。在改革开放已30多年的现代社会,个人权利得到充分尊重和保护,多元文化价值体系已然形成,政治昌明,经济繁荣,社会和谐,独立人格成为世所公认之人格形态并确也成为社会个体所追求之、所标榜之。然而事实确实如此吗?如果将视线聚焦于公共领域,这种疑问可能会更重。

本书最后并未就如何构建行政人格提出实操性的行动方案,只是自以为是地提出了大概的框架。也许,提出行政人格本身就具有深远意义,因此声称拥有权威答案不仅是冒昧之举更是无知之行。我们讨论行政人格的时候,往往是在透过一块幽暗的棱镜在观察和言说,如果能意识到这块棱镜就已经很深刻了。回到人格本身的问题上来,严肃的思考应该是直面自己心中的原则并予以评估或再评估,即我们心中到底如何看待人格?尽管行政人格研究并未在浩如烟海的文献中占得一席之地,但公共行政研究应该重视甚至置顶,至少应与诸如效率、效能、问责、生产力等耳熟能详的问题同等重视。这些文献的缺失,是我们研究得过多已成定论,还是根本就是一个假问题?人格或许并未或从未在人们视线中消失,然而行政过程中的人格却不为人所注意是不争的事实。这其中原因到底何在,是否有可解决的方向和出路?

最后,照例是致谢,尽管这种致谢不可能将所有人一一列出。首先要感谢的是恩师张康之教授,曾经是、现在是、将来是吾辈们师法的典范,学习的楷模。同样的谢意致敬于在中国人民大学十年的授业恩师们,尤其是我的硕士生导师李海洋教授。北京理工大学管理与经济学院尤其是公共管理系的同事们,给予我莫大的关心和支持。感谢中国社会科学出版社的王茵编辑给予的耐心与宽容,让我从容得近乎慵懒地完成论文修改。感谢我的妻子刘秀明博士,在自己实验如此紧张繁忙的时刻,仍主动承担起家务，尽量给予我思考写作的自由空间。感谢国家社会科学基金和教育部人文社会科学基金的支持，使得相关研究得以继续进行。

杨　艳<br>2016 年 3 月